U0140496

下册

金庸评传

刘国重 著

北京联合出版公司
Beijing United Publishing Co.,Ltd. · 時音

目　录

第八章

香港报业巨子

金庸在香港，大有"客居感"

金庸和他的小说，成就于香港，又深深地融入了香港这座城市。

罗孚曾说，香港人也是怪，在金庸武侠风靡香港的那个年代，街头巷尾的人"谈到正事，谈到政事，也往往要引用金庸武侠小说里的人和事来教训。仿佛那些武侠小说，都是现代社会的《资治通鉴》，而且他们谈得非常正经"。

香港人把金庸这个"造侠者"直接当成"大侠"来膜拜，甚至认为他应该当香港特别行政区行政长官……

20 世纪 50 年代，在……香港，金庸虚实相间的"新派武侠小说"，大大拓展了香港人阅读的想象空间，纵深了历史记忆……恍然间，我发现我在香港所追寻的，是一个已融入这座城市记忆的金庸，这个特别会讲故事的人现在成了被讲述的故事。（蒲实《金庸：传奇香港和辽阔江湖》）

金庸解释他 20 世纪 80 年代后期参加香港特别行政区基本法起草委员会的缘由："我认为我应该为我所爱的香港出一番力。我于 1948 年 3 月来到香港，身无分文，此后在这里成家立业，过了几十年自由自在的生活，香港给予我的实在极多。我在香港社会中受到爱护尊敬，能有很好的物质生活，心中常有感激之情，只觉得我比别人所得为多，而回报不足。"（冷夏《文坛侠圣——金庸传》第 231 页）我相信，这里金庸说出的，确是真情实感。

金庸如此感激香港，也不妨碍他在 2002 年大幅增改的《碧血剑》后记中写下"客居香港"四字[1]。其时，金庸在香港已经生活了半个多世纪，但他也还没有把自己完全看成香港人，梦里也知身是"客"。

香港本身就是一个移民城市，多数港人都像金庸一样，并非香港"土著"。然而，落户于此，他们中的绝大部分都把自己当香港人，以此为荣。

傅国涌 2013 年接受《时代周报》采访，说金庸"把香港当作了家园，没有客居感"。他可能没注意到新版《碧血剑》后记中，晚年金庸亲笔写下的"客居香港"四字。

（丁不三）道："……阿琇，你为甚么不将自己的身分说给他听。"丁珰脸现尴尬之色，道："……这中间并无他意。"那老人道："没有他意吗？我看不见得。只怕这中间大有他意，有些大大的他意。（《侠客行》第五回）

金庸在香港，没有"客居感"？我看不见得。只怕他心中大有"客居感"，有大大的"客居感"。

金庸说："我喜欢香港，香港这里是中国人的社会，生活得很舒服的。"他在香港数十年，却是一直不喜欢粤语、粤菜、粤剧和粤语歌，当然，金庸也意识到，"这是个偏见，靠不住的"。

说有容易说无难。金庸在港的"客居感"，不仅表现于《碧血剑》后记，在很多场合都有流露。

---

1 《碧血剑》后记说："（《袁崇焕评传》）这篇文字并无多大学术上的价值，所参考的书籍都是我手头所有的，客居香港，数量十分有限。"

郭宇宽问金庸："从您的小说中我们能感觉到扑面而来的中国文化之美，有人把您的作品视作对中国文化最深沉的一次回眸，为什么这次回眸偏偏是在香港这个……文化孤岛上完成的？"金庸答说："我是从内地过去的，从小读的是中国的书，我的根在内地。在香港生活以后，远离故土，那个时候和内地交流不方便，只是远远地看到内地发生的一切，害怕文化的根断了，也有一种忧患在里面。只有用小说寄托对故土延绵不绝的思念和乡愁，也许是离得越远这种情感反而越强烈。"身在香港七十年，金庸一直心向"故土"。

温迪雅问他："您生长在浙江，在重庆、上海都念过书，后来您又在香港这么多年，对香港的感情，与很多土生土长的香港人相比，肯定会有所不同？"金庸回答："这种感情是不同的，我真正的感情还是对家乡、对祖国的依恋。所以，我有这样一个想法：老了以后，回到杭州去，死在浙江。"（温迪雅《初访武侠小说大师金庸》）

《南方周末》记者张英谈到："很多学者喜欢你，是因为除了讲故事外，你在小说里淋漓尽致地展现了中国传统文化的美。"金庸接着谈及："我本身是在中国内地受的教育，对故土有一种怀念，恋恋不舍的感情，对中国传统文化恋恋不舍，我把这种感觉写到了小说里。到了香港，当时是英国人管制……我写小说的时候，也是在发思古之幽情，希望国家强大，希望国家好，希望老百姓的日子好。我自己爱（家）乡、爱祖国、爱自己祖国的文化，这个是与生俱来的，一直到现在还是保持这样子，有的可能不知不觉地渗透在小说当中，我不是故意想表现这种感情的。"（张英《侠是一种很崇高的道德》）

广东卫视记者问金庸，香港算是你的第二故乡吧？金庸答："第二故乡也不是，这儿住了很久了，住了差不多有 60 年了。"（吴晓靓《广东卫视"文化珠江"访金庸》）由此节，最能看出金庸在香港大有"客居感"，有大大的"客居感"。

金庸，把自己当成哪里人？

2004年，金庸在深圳，有读者问："您的根在哪里？有想过落叶归根吗？"

金庸答："因为我是杭州人，浙江大学请我，我就来了。我现在不想落地生根，四海之内皆兄弟，到哪里住下来都很好，在深圳落户也很好嘛。"（方勤、冯明《侠之大者，笑傲江湖》）

金庸的童年在海宁度过，生活了十四年，到外地读书之后，就很少回去了。尤其这三十多年，金庸居然从未回乡，回他真正的故乡，就是他的出生地——海宁袁花镇旧宅。

年老莫还乡，还乡须断肠。

这里可能有父亲在海宁遭害的不愉快记忆在起作用，但也可以看出金庸并不完全把自己当作海宁人。

金庸，把自己当成哪里人？

中国人啊。

白先勇谈到："很多人问我故乡在哪？桂林是我出生的地方，有一种原始的乡情。但是，中国传统文化是我的故乡。"又说："人家问我说，你的家在哪里，我一下答不上来。不是地理上的，我说，我的家乡，是中国传统文化。"这两句话，对金庸也适合的。(《白先勇：中国传统文化就是我的故乡》)

金庸曾说："我也喜欢听西方音乐、西方歌剧，但是我一听京戏的话，歌剧一概不听了；二胡那个调子其实很简单，小提琴很好听，两个音乐比较起来，我还是喜欢听二胡——中国人的习惯问题。我到巴黎、伦敦博物馆去看一些世界非常有名的油画，有些看不懂，也不去管他，看得懂了，也还是觉得中国国画味道好。我想中国人一生下来就喜欢中国东西，这个没办法。陕北小调很高亢的，其实内容很简单，但是听起来比外国的名家歌剧还好听。"(张英《金庸严家炎贾平凹冷成金等：侠至绝顶金为峰》)

白先勇又曾说，他们这一代人灵魂上有一种漂泊感，而他要肩负的是寻找那一条已经被切断的归家的路，他的故乡不是桂林、台北等任何地名，让他魂牵梦绕的故乡是中国传统文化。金庸与白先勇，在心路与观念上，颇多相似之处。

1959 年 5 月 20 日，《明报》创刊。当年 11 月 7 日，《明报》发表社论，金庸即已宣称"本报乃民族主义者"。

金庸是中国文化的遗民，流落在被英国实行殖民统治的香港。

一个真正"大陆型"知识分子，困守在海隅的港岛上。

我一直认为，香港是一座伟大的城市，但是，可惜，只是一座城市，太小了。黄永玉为金庸惋惜："以他的才能、他的智慧怎么写武侠小说呢？他应该做比这个重要得多的事情……在我来讲是可惜了……我感觉太奇怪了，怎么弄成武侠小说家了呢？"然而，在香港这样的小地方，不写小说，不办报，金庸又有什么"重要得多的事情"可做呢？

一想到中国，立刻就出现"庞大"的概念。九百多万平方公里的面积，是香港的九千多倍；十二多亿人口，是香港人的二百倍。我们投入这样一个大家庭之中，真正是前程无限，什么事情都可以做，什么事业都有无穷无尽的可能性。对于一向精打细算、小眉小眼的香港人，真像是"小人国"的人物走进了"大人国"，岂仅是《红楼梦》中的乡下女人刘姥姥进入富丽豪华的大观园而已。（笑）（《探求一个灿烂的世纪》第 55 页）

让自己的作品在世界范围内为读者所阅读，甚至自己获得诺贝尔文学奖，自然是金庸乐见的，但他想得不会太厉害。20 世纪 80 年代，他的小说进入中国内地，为数亿读者所阅读，却足以让金庸兴奋至极，没有版税可拿，在当时也是开心的。[1]

对"收回香港"一事，金庸认为"天经地义"，"即使要我牺牲生命，也在所不惜，绝对不需要考虑。"（冷夏《文坛侠圣——金庸传》第 228 页）这

---

[1] 1994 年，金庸在北大说："直到三联书店经我正式授权，几年前天津百花文艺出版社为我出版过一套《书剑恩仇录》，那是正式授权而付版税的，此外市面上所有都是翻版。我也不是很生气，能多一些内地读者看到，我也高兴的。"

样的想法，很"个人"，也很"中国"。

金庸创办《明报》，最早打算把报道重心放在香港新闻，很快就转变为以评论报道国内外形势为主。有人把这种转变解释为"市场需要"。这样解释，完全没道理。香港新闻做好了，《明报》在香港（也只能在香港发行）一样会畅销，甚至会更畅销。

一个人做自己最喜欢、最关注的事，才能做到最好。金庸真正感兴趣的，他的关注点，从来不在香港，而在整个中国、在世界。他的《明报》，必然转而更关注国内与国际新闻。

自立门户如张三丰，《明报》诞生

在《倚天屠龙记》中，金庸将自己"折射"到张无忌，更"折射"到张三丰身上。

张三丰走了一会，仰视庭除，忽然伸出右手，在空中一笔一划的写起字来……原来写的是"丧乱"两字，连写了几遍，跟着又写"荼毒"两字……正是王羲之"丧乱帖"的笔意。

……他（张翠山）在柱后见师父以手指临空连书"羲之顿首：丧乱之极，先墓再离荼毒，追惟酷甚"这十八个字，一笔一划之中充满了拂郁悲愤之气，登时领悟了王羲之当年书写这《丧乱帖》时的心情。

王羲之是东晋时人，其时中原板荡，沦于异族，王谢高门，南下避寇，于丧乱之余，先人坟墓惨遭毒手，自是说不出满腔伤痛，这股深沉的心情，尽数隐藏在《丧乱帖》中。张翠山翩翩年少，无牵无虑，从前怎能领略到帖中的深意？这时身遭师兄存亡莫测的大祸，方懂得了"丧乱"两字、"荼毒"两字、"追惟酷甚"四字。（《倚天屠龙记》第四回）

此中似乎隐藏着金庸始终不回海宁袁花镇赫山房故居的缘由。

像王羲之一样，金庸亦迭遭"丧乱"。

话说张君宝被少林派逐出山门，起初也想听郭襄小朋友的安排，到襄阳投靠郭靖夫妇，路经武当山，在山脚下倚石休息，忽见一男一女两个乡民从身旁山道上经过——

两人显是一对少年夫妻……但听那妇人说道："你一个男子汉大丈夫，不能自立门户，却去依傍姐姐和姐夫，没来由的自己讨这场羞辱。咱们又不是少了手脚，自己干活儿自己吃饭，青菜萝卜，粗茶淡饭，何等逍遥自在？偏是你全身没根硬骨头，当真枉为生于世间了。"那男子"嗯、嗯"数声。那妇人又道："常言道得好：除死无大事。难道非依靠别人不可？"……

妇人这番话，句句都打进了张君宝心里，心想："郭姑娘说道，她姊姊脾气不好，说话不留情面，要我顺着她些儿。我好好一个男子汉，又何必向人低声下气，委曲求全？这对乡下夫妇尚能发奋图强，我张君宝何必寄人篱下，瞧人眼色？"（《倚天屠龙记》第二回）

"言念及此，心意已决……便上武当山去，找了一个岩穴……修习觉远所授的《九阳真经》……数年之后……仰望浮云，俯视流水，张君宝若有所悟，在洞中苦思七日七夜，猛地里豁然贯通，领会了武功中以柔克刚的至理，忍不住仰天长笑。这一番大笑，竟笑出了一位承先启后、继往开来的大宗师"，那便是中国武学史上不世出的奇人张三丰。

很大程度上，《倚天屠龙记》这段描写，即是金庸在自抒怀抱。

金庸说："我个人在左派团体中没有受到什么真正的打击……"但金庸这个人，不可能久居人下、一辈子给人打工，早晚他是要自立门户的。

我这样由金庸的作品，解读金庸的经历或心境，是否可行？我不知道。我所知道的是，金庸正是这样解读梁羽生的："他写名著《云海玉弓缘》第十二回的回目是：'太息知交天下少，伤心身世泪痕多。'可见他内心的伤心处还多，只因知交无多，旁人不知罢了。"（金庸《痛悼梁羽生兄》）"以彼之道，还施彼身"，我以金庸解读梁羽生的方式，解读金庸，想来也不致大误。

写下《倚天屠龙记》张三丰成道故事的两年前，金庸新创一份报纸，叫作《明报》。

罗孚说："在左派报纸工作，他（金庸）的自由主义思想使他和一个'右'字结了不解之缘。思想上的分歧使他先脱离左派的报纸，再脱离左派的电影公司，而逐渐发展了自己去打天下的想法……他初时想办的无非是一张独立于左派的报纸，或中立的报纸。但发展下去，越走越远……"（罗孚《南斗文星高》第130—131页）

1997年，温迪雅问："您办报的最初原因是什么？"金庸答："我办报前做了十几年的新闻工作，对办报有兴趣。在其他报馆工作，不能自己为所欲为，有很多事情我想做但上面领导不同意，就做不了……希望自己办报，能把自己的意见写出来，不受人家的干预，这一直是我的愿望。做编辑、记者的时候，常常是文章写好了不能用，这是记者很生气的事。而有机会自己办一个报纸，就能做到我高兴写什么就写什么。"（《温迪雅访谈》第136—138页）金庸办报，为了赚钱，但不仅为了赚钱。他要像张三丰一样，开辟出自己的新天地，不复"寄人篱下，瞧人眼色"。

张三丰初创的"武当派"，只是江湖上一个"小门派"。金庸的《明报》，成立之初，连股东及职员在内，也只有五人。核心成员，就是金庸、沈宝新和潘粤生三位。当日的《明报》，在香港报界，只是一个"小门派"。

当时金庸提出，《成报》办得很成功，可否仿效《成报》，报名只用一个单字。三人经过一番苦苦思量之后，潘粤生提出何不用"明"字，有"明辨是非"之意，金庸一听便表示很好，补充说"明"字也有聪明之意。报名就这样定了。（张圭阳《金庸与〈明报〉》第31页）关于《明报》的报名，金庸晚年又对池田大作解释说：《明报》的'明'字，取意于'明理''明辨是非''明察秋毫''明镜高悬''清明在躬''光明正大''明人不做暗事'等意念。"（《探求一个灿烂的世纪》第115—116页）

金庸当时请香港书法家王植波题写报名，一直沿用至今。

《明报》于 1959 年 5 月 20 日发行了创刊号，只是一张纸，四开、四版的小报，只印了八千份。整四十年后，《明报》发行量最高，达二十万三千五百份，是创刊号发行量的二十五倍。

在香港，申请办一份报纸，是很简单、很容易的事，难在怎样把报纸办下去，而不倒闭。当时香港流传："假如和人有仇，最好劝他拍电影；假如和人有三世仇，最好劝他办报纸。"为了让自己的报纸生存下去，继而发展起来，金庸想尽了办法。

《明报》最初阶段，格调不高。遇上犯罪和色情新闻，往往以极大篇幅予以报道。报道的标题也多有粗鄙词句。

1959 年 6 月 19 日，香港商人黄应求遭自称"野狼"的三名歹徒绑架，并被歹徒割下右耳寄给黄氏家人，勒索五十万元。其后黄先生被撕票。此案在香港轰动一时，创办不久的《明报》自然也极为关注此案。

6 月 24 日，《明报》第一版有一篇特稿，标题为"黄应求之妹与本报记者的恳谈"。细看内容，连黄应求之妹的名字也没见刊，她推说对绑架勒索案一无所知，根本是不想对记者讲话，又何来与记者"恳谈"？（张圭阳《金庸与〈明报〉》第 53 页）十二年前，1947 年 12 月 5 日，还在《大公报》工作的金庸，在《大公园地》编译《自扁其说录》，其中一条："一位记者访问了一位要人之后，总编辑问他：'他说了些什么？''一句话也没有说。''嗯！你把他的话写一个专栏。明天见报。'"这本是报业常态，只堪一笑，不足为病。

1961 年 5 月，《明报》刊出小学会考试卷范本，附上答案，供学生参考。此事更容易使人联想到约二十年前，金庸编撰的第一本畅销书——《献给投考初中者》。

《明报》第二股东沈宝新喜欢赛马运动，希望《明报》也办"马经"版。金庸对此并不热衷，尤其不想背上"诲赌"之名。但为了打开销路，1961年开始，《明报》也大办"马经"版。

金庸认为："参与政治活动，意志和尊严不得不有所舍弃，那是无可奈何的。"（《笑傲江湖》后记）参与"商业活动"，想来也是如此。好在金庸在1993年退出《明报》之前的三十四年间，守住了底线，提升了"报格"。

普利策——这位举世公认的伟大报人——创立的《世界报》，也曾引领"黄色新闻大战"。

《明报》有时会刊登欧美女明星的泳装照片，但这些照片，充其量就是带点"情色"，"色情"是不会的，往好处说，算是"艺术照片"。

《明报》第二股东——老同学沈宝新

金庸终究是要离开左派文化机构的，若非凑巧遇到老同学沈宝新，他的离开应该更晚一些。

他们两位遇到一起，最初想办的，也不是报，而是刊。

金庸1970年谈《虬髯客传》时说："高中一年级那年，在浙江丽水碧湖就读，曾写过一篇《虬髯客传的考证和欣赏》，登在学校的壁报上，明报总经理沈宝新兄和我那时是同班同学，不知他还记得这篇旧文否？"

金庸后来对冷夏说："我们两人是初中、高中同班同学，沈宝新先生比我大几岁，所以当时并不是很熟悉，他是大朋友，我是小朋友。后来在香港碰上了，老同学相见，自然很亲热，以后大家就常来往……我跟沈先生合作到退休。"（冷夏《文坛侠圣——金庸传》第401页）再后来，金庸又对池田大作说："沈宝新先生，是我初中三年级时的同班同学。1938年开始认识。"

金庸与沈宝新，在联合初中读的是初三乙班。金庸与另一位同学马尚骧共同提议，将本班命名为"亚历山大级"。90年代初，金庸找沈宝新商量一起从《明报》退休，沈宝新回忆旧时光，说："我和你初中同级时，你是级长，我打篮球，是级队选手。"金庸是"亚历山大级"级长，其实是班长。

初中毕业，同学们彼此题写临别赠言，马尚骧还珍存着昔年的纪念册。金庸为他写赠别词："一席言把心深许，只有良朋笑问：'考后还剩功课几许？'而今乍觉别离滋味，一向眼前常见心不足，怎禁得真个分离！须知不久须相见，一日甚三秋天气！使君才气卷波澜，共把离情细诉。他日相遇知何处？直恐好风光尽随你归去！"沈宝新写："希望固然不可没有，可是奢望却要不得！"（马尚骧《六十年前少年行，年逾七十更关心》）可以看出金庸与沈宝新性情大是不同。

他们都很尊敬的老师王芝簃，也以刚劲有力的书法，为马尚骧题词："处今日之势，舍奋斗无以为生！"颇具豪杰意象，与金庸笔下的大英雄乔峰（萧峰）可以共鸣。

1938 年，金庸与沈宝新在联合初中同窗一年；1939 年至 1940 年，又在联合高中做了一年的同学。两所学校，都在丽水碧湖。

1940 年，金庸被赶出联合高中，转到衢州中学读书。近二十年后，金庸才再次见到老同学沈宝新。

1946 年，金庸想进浙江大学读研究生，考上了，因经济方面的考虑，终于不曾入学。之前一两年，沈宝新已在浙江大学农学专业毕业。

抗战胜利以后，沈先生曾经在中国邮政、储汇银行工作。1946 年，他到香港，担任香港嘉华印刷厂经理。金庸则是 1948 年被《大公报》派到香港来。

沈宝新、金庸在 40 年代后期先后来到香港，香港很小，也很大，两位老同学未必此时就遇见了。相遇，应该是 50 年代中期以后的事。

老同学相遇，商量着合办一份刊物。

当时金庸的小说在报纸上连载，每天写一千字，每隔七天就被人盗印成单行本出版。金庸本来把小说交给三育图书出版公司结集出版，但盗印的速度实在太快，三育被抛在后面。金庸、沈宝新就商量着办一份十日刊的武侠小说杂志，主要登载金庸小说，自己发行，自己赚钱。

《香港商报》的调查显示，金庸小说的读者至少有三万。掌握了这个数据，二人心中有数，觉得办杂志不会亏本，于是注册登记了野马出版社。

金庸为刊物取名"野马"。《庄子·逍遥游》："野马也，尘埃也，生物之以息相吹也。"金庸说:"我喜欢自由自在,取名'野马',也是取其行动自由,有云雾缥缈之意。"

刊物筹备出版前,有报贩建议,不如办报纸,每天出版,赚钱更容易,于是《野马》杂志改成了《明报》。

金庸到底不能忘情于"野马"二字。《明报》出版后第十八天,报纸改版,由原来只出一张的小报,改成一份对开的大型报。改版后的《明报》,第三版就是"野马"小说版。

1962年,金庸、沈宝新二人还是办了一份《野马》杂志,办了七年,1969年结束。

金庸不忘"野马",因为他爱自由,也爱庄子。第一部小说《书剑恩仇录》中,陈家洛从《庄子·养生主》参悟武功;《倚天屠龙记》中,殷素素与张翠山纵谈《庄子》;《天龙八部》中的逍遥派,从头就建立在《庄子》一书之上,无崖子和李秋水的名字、北冥神功,皆出自《庄子》;最得《庄子》神髓的金庸小说,却是一字未提《庄子》、主人公基本不读书的《笑傲江湖》。

金庸与沈宝新1959年共同创立《明报》,1993年一起离开《明报》,三十四年间,合作良好,善始善终。

有一种说法是,《明报》最初两年,"金庸对老同学沈宝新有所倚仗,虽然金庸是大股东,但在老员工看来,他们两个股东的权力却是均等的,甚至有金庸怕沈的说法。金庸在家中请客,如果沈还没到,他也不敢开席"(傅国涌《金庸传》据张圭阳《金庸与报业》)。

金庸那时非常仰仗沈先生应该属实,金庸那时"怕"沈先生也不是完全不可能,但"沈先生没到金庸就不开席"一事,不能证明这个"怕"。此一推断,极其荒谬。我要是在家中请客,哪位朋友有事晚来,我也不会急着开席,却不是因为我怕他。其他宾客,也会表示可以再等等,并不证明大家都怕他。沈先生晚到了十几二十分钟,金庸等他来了才开席,表现的是金庸的教养和对沈先生的尊重,与敢不敢、怕不怕,完全没关系。

1964 年 8 月，金庸以笔名徐慧之在《明报》"明窗小札"上发表《香港文坛的围棋迷》一文，谈到："金庸兄就是很爱下围棋的，经理沈宝新兄是他经常切磋的对手。"

与沈宝新一起退出《明报》之后，金庸在与池田大作对谈时，谈及二人的关系："1959 年同办《明报》，精诚合作地办了三十几年报纸，到今年已四十九年。在共同办报期间，挑拨离间的人很多，造谣生非的事常有，甚至到现在也还有。但我们互相间从不怀疑，绝无丝毫恶感。"

金庸说："沈先生很能干，他负责经理部门全部的工作，我从不干预他的决定。"（《金庸：中国历史大势》第 89 页）这话基本属实。金庸还说过："很感谢沈先生向来尊重我的意见，我说什么，他从来没有反对的。"（冷夏《文坛侠圣——金庸传》第 401 页）这话，也大体属实。

《明报》大的决策，金庸说什么就是什么，沈先生不会提出反对意见；《明报》的经理部，由沈先生具体负责，金庸也不干涉。

沈宝新一直负责经理部的全部工作，金庸从不干预。金庸也从未看过一次经理部的大小账簿（偶尔查阅薪水、成本等，目的只在做计划，而非审核）。

印刷厂同时替包括《明报》在内的九家报社印报纸，《明报》是小报，印数少，只能排在后面印刷。为了早"出纸"，沈宝新经常到了晚上排字的时候，请排字铺的工人们吸烟，请他们先排《明报》的稿子。凌晨三点报纸出版后，沈先生又穿着睡衣到印刷厂，逐个工友派发香烟，请他们善待《明报》。

《明报》的成功，金庸确居首功，但沈先生的劳绩，也不该被忽视。

《明报》赚钱了，金庸得到八成利润，沈先生得二成。

沈先生除了从他的二成股权获利，在大股东金庸的默许下，还得到其他利益。

《明报》经理部有一个不成文的规定，即《明报》的主要客户要在《明报》登广告，必须先交给一家广告代理——集艺出版有限公司。这家公司以八折价格向客户收取广告费，《明报》再把广告价格的一成回佣给集艺。从 1986 年至 1989 年，四年时间内，集艺就从《明报》收取了港币一千五百二十四万元的广告回佣。这家集艺，是沈宝新的公司。

《明报》经理部还有一项不成文规定，明报集团出版的各类报刊、书籍，一律交由新昌印刷有限公司承印。从 1986 年到 1990 年，仅在四年零七个月内，新昌就从明报集团收取了一亿六千三百二十万的装订及印刷费。这家新昌印刷有限公司也是沈宝新开办的。（以上，多数取材于张圭阳《金庸与〈明报〉》一书）

金庸回顾："我跟沈先生合作到退休，合作无间，两人从来没有吵过架，他对我很尊重，我对他很客气，我们私交也不错。我们两人个性都很温和，都不是斤斤计较的。"（冷夏《文坛侠圣——金庸传》第 401 页）应当说，金庸有时候对人还是很有些"斤斤计较"的，但他并不是任何时候、对任何人都斤斤计较。对老同学沈宝新，金庸绝不是斤斤计较之人。

《明报》第三位股东，退股了

在修订版《金庸传》后记中，傅国涌说："对于武侠小说家的金庸，老实说，我的兴趣并不大。"他更重视金庸的报人身份。

傅先生 2003 年与 2013 年所出前后两部《金庸传》，写到金庸的办报历程，取材于张圭阳《金庸与〈明报〉》一书的，真是太多了。每一处都注明，确实有难度，起码也该在《金庸传》的引言或后记中，向张先生郑重致谢。傅先生思虑竟不及此，似乎不很合适。

张圭阳这部大著，2000 年首先在香港出版，2007 年 9 月终于在内地出版，由湖北人民出版社印行。两个月之后，11 月 18 日，傅国涌为《南方都市报》写了篇《〈明报〉王国的秘密》，说："五六年前，我在为北京十月文艺出版社写《金庸传》的时候，读过不少香港等地出版的关于金庸的书，其中最令我欣喜的就是张圭阳先生这本书……"

2007 年，张圭阳为简化字版《金庸与〈明报〉》所写序言的第三段很有意思："七年来，华人社会论述金庸的办报理念……等等，每每引述本书，更多是一大段一大段的撮录，并不注明出处。本书能与大陆的读者直接见面……是作者感到很快意的事。"

"一大段一大段的撮录，并不注明出处"，与此同时，对书中人物的品德吹毛求疵，这是很不可思议的。

这部《金庸评传》，写到金庸的报业生涯，包括前面已经写过的和下面将要写到的，也多是取材于张圭阳此书，凡引述到的，会尽最大可能一一注明出处。

《明报》初创，金庸投资三万元，沈宝新投资两万元。这五万元资金，在三四个月之后就花光了。金庸又投入五万元，加上原来的三万元，总共投资八万元。沈宝新没有增资。

金庸向《大公报》旧同事郭炜文招股。郭先生出资一千五百元，成为《明报》的第三位股东，时间不早于1959年底。1961年，《大公报》社长费彝民逼迫郭先生退股，金庸连本带利还给郭先生两万元。

港币两万元，在当时的香港，并不是一笔小钱。

1959年的金庸，全部积蓄，也不过是四个两万，都投入了《明报》。这是金庸本人在电视节目中说的。

投入《明报》的第一笔资金已经花完，沈宝新却没有增加投资，因为他所有财产就是当初投入的港币两万元，再没钱了。沈先生曾多次接受张圭阳访问，《金庸与〈明报〉》一书有关于沈宝新当时经济状况的记述。

1959年到1961年，港币币值没有大的变动，通货膨胀率很低。1959年的港币两万元值钱，1961年的两万元也值钱。

金庸在1965年5月20日发表的《明报》社评中，自豪地宣称：《明报》每年向香港政府缴交的所得税以万计（张圭阳《金庸与〈明报〉》第70页）。由此可见，一直到1965年，港币一万元在金庸眼中，在多数《明报》读者（也可以说是多数港人）的眼中，仍是一笔巨款。

1959年底，金庸从郭先生手中拿了港币一千五百元。1961年，金庸连本带利还给郭先生港币两万元。

《明报》上市，是三十年以后的事了。1961年，不存在令金庸必须付出港币两万元的硬性规定。

欠债还钱，天经地义，港币一千五百元的本金是必须还的。但是，付出多少利钱，就是金庸——还可以加上沈宝新——与郭炜文两三人商量着办的事了。

是郭先生自己主动退股的，这种情况下，金庸连本带利，还给郭先生港币两千元，也并不少——不到两年时间，算起来年利是百分之二十，已经很高了。

金庸还给郭先生的，不是两千元，是两万元。罗孚之子罗海雷谈过："查良镛最终投入写武侠小说赚来的稿费八万元，联同沈宝新出资二万元，创办《明报》。当年八万元是什么概念，据说是可以购买两层普通民居。如果换算今天的价格，大约是一千多万。因此多事的人就怀疑，查良镛稿费有这么多？"（罗海雷《查良镛与〈大公报〉的小秘密》）如此说来，金庸还给郭先生的港币两万元，换算今天的价格，超过二百万元，相当于借十五万元，还二百万元。

傅国涌在他的《金庸传》中，把张圭阳《金庸与〈明报〉》一书中写到的郭炜文参股与退股的经过，复述了一遍，然后说："费彝民要郭退股，金庸连本带利都还给了郭。"傅先生只说金庸还钱，没写清楚金庸还了多少钱。《金庸与〈明报〉》原文则是："费彝民逼迫郭炜文退股，金庸连本带利还给郭炜文二万元，约为郭炜文投资额的十三倍。"（张圭阳《金庸与〈明报〉》第35页）[1]

多数时候，金庸是不会亏待朋友的，尤其不会亏待在自己困难时伸出援手的朋友。2016年5月，与金庸感情极深的王世瑜，对《明报周刊》记者

---

1 1961年，郭炜文退股，整整三十年后，1991年，明报集团上市，估值为港币五亿八千万元。若是郭先生没退股，1.5%的股权价值港币八百七十万元，是当初一千五百元投资的五千八百倍。

谈到，金庸"尤其重情"。当年金庸初到香港，身上没带钱，幸得飞机座位旁的一位先生借了一百元[1]。等金庸要还钱的时候，这位先生已经搬走了。对于此事，金庸几十年来一直耿耿于怀。

倪匡问金庸："你手上一定有不少借条，如何处理？"金庸说："放在哪里，都不记得了。"（倪匡《金庸一二三》）

也是倪匡说的，香港一知名作家也是金庸的好朋友，向金庸借一笔数目很大的钱，金庸刚把钱给他，他赶紧补充说，这件事你不可以告诉我的老婆知道。金庸马上说，是的，是的，我不会告诉嫂夫人听的。后来这位朋友，也没有还钱。

这么多年来，我们确实没听说过金庸向朋友讨过债，当然更听不到金庸因为讨债而与朋友闹得不愉快的传闻。

倪匡一次赌钱输急了，说输了的钱本来是准备买相机的，金庸立时以名牌相机一具相赠。倪匡说，金庸不是只对他一人如此，而是"对朋友大抵类此"，金庸"堪称是第一流朋友"。

倪匡认为："施惠毋念，金庸是做得到的，但受恩勿忘，受过金庸好处的，若能表达一下心中的感激，查先生总也会高兴的。"（同上）

金庸逝后，李纯恩说："查先生就是这样，他平时不言不语，有很多人也对他其实不大了解。但是有一次我记得王世瑜先生跟我说过，他帮过很多人，老同事老朋友，他们那些孩子要出去读书的，有什么需要的，他自己掏钱，帮过不少朋友，但是他从来不说。'情义'这两个字，在查先生身上是很明显的表达出来。"（腾讯视频配的字幕，写作"情意"，而我认为李纯恩说的应是"情义"。）石扉客兄总结说："老先生生前助人甚多，却从来缄口不言，颇有胡适之先生之风。这一点，此前读一本回忆录时亦可见踪影。"

傅国涌在《金庸传》一书和《偶像的黄昏：从金庸到"金庸酒"》等文章中写到的金庸种种"抠门"之事，我相信大部分是真实的，但是金庸取港

1　本书第五章中，说邻座潘公弼先生借给金庸港币十元，与此处"一百元"，各有信源，不特作分辨。

币一千五百元还两万元的事也是真实的，金庸默许老同学沈宝新在《明报》股权之外获得数以亿计的额外利益也是真实的，金庸从来不向朋友讨要欠款的事也基本属实。[1]金庸先后捐出六千万元资产，约占他财富的百分之三，是国人平均捐款比例的几十倍，这更是真实不虚的事。这些真实的事，在傅国涌的《金庸传》中，大多数给忽略，给淡化，给无视了。2013年修订版的《金庸传》虽稍有进步，但金庸的很多事情、很多侧面，仍遭忽略。

只见金庸之吝啬，不合适。说金庸在任何时候对任何人都慷慨大度，也不合适。金庸既慷慨，又吝啬。这个人身上，满是矛盾。

高阳文章，刊于《明报》第三期

《明报》第三期第四版，有高阳写的一篇文章，介绍一位名作家高雄（史得）。不知高阳发表在《明报》创办第三天的这篇文章，是不是金庸拉到的稿子。是的话，金庸与高阳的交情真是很长久了。

即便不是金庸拉的稿子，即便二人在1959年尚未曾晤面，高阳的文章那么早刊载于《明报》，也是二人间可贵的文字因缘。

1963年，金庸在《谈〈彷徨与抉择〉》一文中说："榆瑞对饮食很有兴趣，也有相当研究。他写酒经和食经的笔名叫做'高阳'，出典当是从'高阳酒徒'这四字而来。"在《明报》第三期发表文章的，亦可能是周榆瑞这位"高阳"，可能性相对较小。

读过一篇文章，介绍《明报》第三期："有高跻甲的香港典故杂文《香港述异》，有台湾作家高阳介绍名作家史得其人其事；史得也就是高雄的另一个笔名。"该文作者很确定在《明报》第三期发表文章的就是"台湾作家

---

1 金庸写在《袁崇焕评传》中的一段话，其实很有意思："崇祯对袁崇焕的猜忌，从'请发内帑事件'开始。带兵的统帅追讨欠饷，本是理所当然的事情，但债户对于债主追讨欠款，不论债主的理由如何充足，债户自然而然的会对他十分憎恨……"

高阳"。台湾只有一位作家高阳，就是与金庸齐名的历史小说家高阳。

梁羽生与金庸齐名，古龙与金庸齐名，高阳与金庸齐名。窃以为，有资格与金庸并称的，是写历史小说的高阳，而不是同时代的哪一位武侠小说家。

1973年，金庸首访台湾，撰文《在台所见·所闻·所思》，谈到："台湾的武侠小说家诸葛青云、古龙、历史小说家高阳他们公请我，去了一家酒家。"此或是金庸、高阳第一次见面。

金庸生平只去过台湾约十次，有几次还是高阳逝后去的，高阳到香港的次数也不多，二人晤面有限，更多是"神交"。

1992年，高阳逝世。

1997年3月，金庸访台，或问："历史小说和武侠小说最大的不同点？名历史小说家高阳先生的历史小说是否有借镜之处？如果您写《红顶商人》，您会如何诠释？"金庸答："我很喜欢高阳先生的小说，历史小说有个基本范围，被历史事件所局限，限制较多、想象空间较少，像《鹿鼎记》比较像历史小说，但真正的历史小说，有可能让韦小宝娶七个老婆，却不能创造出韦小宝和俄国打仗。"（《金庸一百问》）

2001年，金庸再到台湾，谈及亡友："高阳先生是第一流的历史小说家……高阳先生在生时，和我是相当好的朋友，我明白他的个性和修养。"最后这句话，最能看出金庸引高阳为知音、知己。金庸接着又说："我很喜欢高阳先生的小说。"他认为高阳当然知道历史与小说的分别，不会问"乾隆到底是不是陈家洛的兄弟"这样无聊的问题。从始至终，话里话外，透露的都是与高阳的"知己"之感。

高阳的小说，金庸读得很多。高阳重要作品，只有一百多万字的《红楼梦断》我没读完，金庸读完了，而且评价不低。2003年，金庸与王蒙在香港谈《红楼梦》时，问王蒙："你以前有没有看过台湾高阳写的关于秦可卿的一部小说，写得很好的。王先生你有没有看过？（王蒙答：没有。）他是详细描写洗澡的时候贾珍怎么看她，怎么被小丫头发现了。后来怎么上吊自杀了，他详细描写了这个过程，当然这是他自己幻想的。"

金庸办过刊物《武侠与历史》，主要登载武侠小说与历史小说这两类小说。金庸与高阳，分别代表了20世纪中国武侠小说和历史小说的最高成就，并且都不同程度地突破了这两种文类的限制。

金庸记武侠，又渗透相当多的历史内容（例如《鹿鼎记》）；高阳述历史，则带有浓重的武侠色彩（例如《风尘三侠》）。

金庸、高阳，几乎是同龄人，大同乡。高阳，1922年3月15日生于浙江杭州横河桥，本名许晏骈。金庸，一般说1924年3月10日[1]生于浙江海宁，本名查良镛。海宁县在清代归杭州府管辖。高阳和金庸都算杭州人。

海宁查氏与横河桥许氏，皆是世家大族。

高阳《命中注定做傀儡的溥仪》谈到：

清朝对士大夫及百姓，远胜明朝。所谓"深仁厚泽"并非虚语……洪杨事起，军需浩繁。而朝廷仍坚守康熙三十八年"永不加赋"的祖训……与明朝末年情愿将田地送人的情况完全不能比。（高阳《大故事》第178页）

金庸、高阳对清代都有佳评。金庸肯定清朝前期，高阳则对晚清也颇认可。

这当然是他们掌握大量史实后作出的独立的价值判断（遭遇"三千年未有之大变局"，清政府的应对表现很难令人满意。不过，把中国衰落的责任全扣到它头上，并不公道），与他们的家世也不能无关。海宁查氏，在清朝前期，尤其是康熙朝，盛极一时，雍正上台，便衰落了。横河桥许氏的辉煌期，正在晚清。高阳的高祖许乃钊于咸丰年间出任江苏巡抚，帮办江南大营。许乃钊之兄许乃普（高阳称他"伯高祖"）是嘉庆庚辰年（1820）榜眼，道光咸丰年间历任兵部、工部、刑部、吏部尚书。光绪初年的军机大臣许庚身，再早些入值南书房的许寿彭，都是高阳的曾叔祖。

1　关于金庸的出生日期，本书后文另有讨论。

金庸对康熙的高度评价，恐怕多少也存在类似状况。金庸在海宁老宅的十几年岁月中，必有长辈不断指点着殷殷告语，祠堂门上那副"唐宋以来巨族，江南有数人家"的对联、前厅以九条金龙装饰的"敬业堂""澹远堂"匾额，便是某某皇帝御笔。金庸看惯了匾额、对联，自然对这个与自己家族颇有渊源的"小玄子"大起亲近之感。此后金庸多读清代史料，了解了康熙的文治武功，更是钦佩，甚且会心生"与有荣焉"的感觉。如果金庸对康熙的基本评价原是九分，加上一份幼年便有的亲近感，最后的评价就可能是十分甚至十二分了。

王熙凤说她们家的孩子没吃过猪肉，也见过猪跑，金庸、高阳世家子弟，于旧国繁华，虽未亲历，毕竟曾睹其余光。

二月河、唐浩明、熊召政等，读书虽多，史实虽精，对明清之时代气氛、社会心理，已经隔膜得很了。

金庸、高阳写历史故事，即便有些地方与史实乖违，然而"不隔"。二月河、熊召政等，即便所写更贴合史实，终是"隔"了一层，乃至数层。

金庸指出二月河小说"在男女感情上面的描写比较粗糙一点"，话已经说得很客气了。

历史小说至高阳，正如武侠小说至金庸，已是巅峰。

胡河清对金庸的认知，也完全适用于高阳："有着一个古老的名宦世家的血缘。他的情感体验，尤其具有一种饱经沧桑的家世感，'接通'到了中国文化传统的深处……他们都具有深远的家世感，从而从遗传密码和贵族生活方式中摄取了大量关于中国士大夫文化的隐蔽信息。同时'破落'又使他们降入中国老百姓的生活之中，领略到了民间情感生活的深广天地。"

这份"家世感"，是今天及以后的中国小说家不能具备的。

世卿世禄的体制，在华夏消失甚早。上千年来，中国的平民与世家，可以相互转化，而非一成不变。每一个时代的平民子弟与世家子弟，既互争雄长，又彼此协力，如鸟之双翼、舟之两桨，乃有华夏文明的千年传承。

当代作家，写当代题材，还好些。写起了武侠或历史小说，便如瞎子摸象，不免隔膜。金庸倒是很赞赏二月河作品中对于历史细节的把握。然而，明了某一时代的所有"历史细节"，不代表他有能力复现彼时的时代氛围、社会心理。可以成就一个优秀的历史学者，难能造就一个杰出的历史小说家。胡河清所言"从遗传密码和贵族生活方式中摄取了大量关于中国士大夫文化的隐蔽信息"，是今天的历史小说家所不能梦见的。

王跃文《国画》等当代题材小说，很不错。他与人合著的那本以晚清为背景的《龙票》，简直就……《国画》胜在真实，《龙票》窳在失真。

我看冯小刚以往的贺岁片，很喜欢，蛮好玩。等到冯导拍古装片《夜宴》，鄙人断乎不敢承教。

1972 年，金庸完成《鹿鼎记》连载，从此"封笔"。1973 年，高阳起笔写作《胡雪岩》。后者很能证实前者"在康熙时代的中国，有韦小宝那样的人物并不是不可能的事"的揣想。韦小宝、胡雪岩、杜月笙类型的人物，在中国大多数时代都不缺乏，而且都活得——虽未必有小说中那样夸张——很好。

香港有金庸《鹿鼎记》，台湾则有高阳《胡雪岩全传》、章君毅《杜月笙传》，这三本书，虽不好说是必读，要没读过，总是很遗憾的事。

三书皆鸿篇巨制，过百万言。

书中主人公韦小宝、胡雪岩、杜月笙三人亦颇有相似。他们都在黑白两道游刃有余，都是"通吃"各界的大人物。

小说《胡雪岩》的主人公，最常说的一句话，"前半夜想想自己，后半夜想想别人"。这话是胡雪岩说的，还是作者让他说的，我并不确知。我所确知的是，这话实在是杜月笙的口头禅。

三人各自在自己的时代左右逢源，风光无比，因为他们"讲义气"。

士大夫懂的道德很多，做的很少。江湖人物信奉的道德极少，但只要信奉，通常不敢违反。江湖上唯一重视的道德是义气。（金庸《韦小宝这小家伙》）

讲义气不算太难，难得的是将义气贯彻到底，且出乎自然，不落痕迹。韦、胡、杜在这方面的道行皆属超九段高手。梁羽生曾说："旧上海时代，青红帮自称'侠门'，哥们讲义气就是'侠'，杜月笙也讲'侠'的。"

当然，区别还是有的。韦小宝从政，胡雪岩营商，杜月笙在帮。

将妓院与宫廷并举，刻露出政治的肮脏。这不是金庸的专利，高阳《八大胡同》一书也有类似倾向。

高阳对金庸小说评价甚高。金庸对高阳小说，也曾直言其优缺点："高阳的描写非常细腻，文学的修养比较高，但是高阳的一个缺点是非常罗唆。我跟他是好朋友，有时候跟他指出过这个问题，但是他说这是个性，改不了的。他不舍得放弃一部分东西，影响了他的小说的价值。他的个性不大容易集中。"

也有不少人批评过金庸本人的《天龙八部》太松散、"不集中"。陈世骧却认为："间有以《天龙八部》稍松散，而人物个性及情节太离奇为词者……弟亦笑语之曰……读《天龙八部》必须不流读，牢记住楔子一章，就可见冤孽与超度都发挥尽致。书中的人物情节，可谓无人不冤，有情皆孽，要写到尽致非把常人常情都写成离奇不可……要供出这样一个可怜芸芸众生的世界，如何能不教结构松散？……所谓离奇与松散，大概可叫做形式与内容的统一罢。"

批评高阳小说"太罗唆"，与指摘《天龙八部》"太松散"，道理都是对的，终嫌求全责备太甚。改掉《天龙八部》"松散"的毛病，只怕便如陈世骧所言，再不能"写到尽致……供出这样一个可怜芸芸众生的世界"。

鱼与熊掌，势难兼得。同理，太啰唆、不集中，确是高阳小说短处，又何尝不是其所长？不啰唆了，集中了，高阳作品的情节可能更紧张、更刺激，但那种围炉夜话式的娓娓道来的谈话风，难以保持。

玛丽莲·梦露说："如果你无法忍受我最坏的一面，你也无法得到我最好的一面。"这道理，也正如《倚天屠龙记》中小昭所唱："日盈昃，月满亏蚀。地下东南，天高西北，天地尚无完体。"

自然，如天假以年，高阳且有雅兴与自觉，像金庸那样把旧作认真修改一遍，其作品价值当有较大提升。

我一向认为，第一流长篇小说创作，其艺术价值远高于一流的短篇小说和短篇小说集，二者很难同日而语。同时，又觉得汪曾祺的看法大有道理："长篇小说无论从结构还是从表现手法上来说都不够自然，生活中都是一个个片段，不可能处处都那么精彩……长篇小说一定要有一个架构，再往里面去填东西，加入各种各样虚构的东西。"

好的长篇小说，结构要好，但我们的生活并无什么"结构"。一群人，在长篇小说中必有大结局。现实生活中，一个人当然有，一群人难得同时有一个"大结局"。

高阳不讲什么结构，拉拉杂杂，写到哪里算哪里，这种写法可能更接近真实人生，就像我们活到哪里算哪里。

历史，本如长河漫流。高阳超长篇的几部历史小说，也是漫漫流淌，"大概可叫做形式与内容的统一罢"。

汪曾祺喜欢读、喜欢写短篇小说，认为"短篇小说可以抓取吉光片羽，把它写得尽量精彩"。

唐代有一篇文言短篇小说，写得就极精彩。

金庸于唐传奇，尤其是名篇《虬髯客传》，特致推崇，念高一的时候，即已撰文考证其作者为谁。1970年，金庸在《卅三剑客图》中再次对小说作者杜光庭致敬："这许多事情或实叙或虚写，所用笔墨却只不过两千字，每一个人物，每一件事，都写得生动有致，艺术手腕的精炼真是惊人。当代武侠小说用到数十万字，也未必能达到这样的境界。"

金庸曾立意为任渭长版画集《卅三剑客图》的每幅画"插"一篇短篇小说，1970年1月，《越女剑》在《明报晚报》刊出，而后继无文。金庸道是："写了第一篇《越女剑》后，第二篇《虬髯客》的小说就写不下去了。"

何以故？

当是深知"用到数十万字也未必能达到这样的境界"，此事做来，吃力，难以讨好。

金庸不做，自有人做，且在金庸写此文的四年前，已经做成了。1966年，高阳所著《风尘三侠》，明显改写自《虬髯客传》。

某年某月，将此书取出，重读一遍，益发叹服：金庸确有先见之明！

以高阳的笔力、才气，他的《风尘三侠》自然差不到哪里去。但持与原作《虬髯客传》对照，就不免如虬髯客遇上李世民，相形见绌，神采尽失矣！

《风尘三侠》近二十万言。大抵如金庸所说，"当代武侠小说用到数十万字，也未必能达到（原作）这样的境界"。

《虬髯客传》如烈酒，《风尘三侠》如冰啤，多出来的是水，丧失的则是原作的神味。高阳笔下的李世民，但见宽厚坦诚，原作中那份"精采惊人，长揖而坐，神气清朗，满座风生，顾盼炜如"的大气，则缺乏表现。

这样强烈的对比，我在阅读唐浩明《曾国藩传》时也曾感受过。该书1500页，逾百万字。读罢全篇，感觉书中的曾文正公面目模糊、有气无力，整个一标准"死人"，相对照的是高阳的《慈禧全传》，书中正面描写曾国藩仅数十页，然而透过这几万字，仿佛仍可触摸到曾文正公的脉息……

金庸与高阳，写小说起步都晚。1955 年金庸发表《书剑恩仇录》，1962年高阳创作《李娃》，当时皆已过而立之年。《风尘三侠》可算作高阳的早期作品，如果他改写《虬髯客传》不在 1966 年，而在 1986 年，当有更佳表现，即使还是达不到原作的境界。

高阳笔法细腻，以白描见长，至于雄放开阔一路，仍要让金庸出一头地。如果金庸改写《虬髯客传》的初衷未改，书成，当比《风尘三侠》好些，怕也达不到原作的境界。

《神雕侠侣》撑持着最初的《明报》

《神雕侠侣》中，杨过渴望受重视、被关注：

当下陆家庄上重开筵席，再整杯盘。杨过一生受尽委屈，遭遇无数折辱轻贱，今日方得扬眉吐气，为中原武林立下大功，无人不刮目相看，心中自是得意非凡。(《神雕侠侣》第十四回)

《神雕侠侣》后半场，郭襄出场了。这个小姑娘，渴望受重视、被关注：

郭芙道："十五是英雄大宴的正日……"郭襄"啊"的一声。

郭芙问道："怎么？"郭襄道："没甚么，廿四恰好是我的生日。你们推举帮主。这么一乱，妈妈再也没心思给我做生日了。"郭芙哈哈大笑……郭襄涨红了小脸．道："爹爹便不记得，妈妈一定记得的。你说是小事，我却说不是小事。我满十六岁了，你知不知道？"(《神雕侠侣》第三十五回)

我感觉，这是金庸本人渴望他新办的《明报》受重视、被关注的心情，在小说中，不自觉的流露。

《神雕侠侣》一书，撑持着最初的《明报》。

《明报》创办于1959年5月20日，到这年年底就开始赚钱了。1961年7月8日，《神雕侠侣》写完，在《明报》结束连载。此时《明报》已经进入第三个年头。两年前《明报》创刊，发行量是八千份，到《神雕侠侣》连载结束时，已经增长到日均二万二千六百七十七份。

《明报》初创，惨淡经营，这两年的状况，只能说是"尚可"。在"尚可"的状况下，1961年，郭炜文要退出他那港币一千五百元的股份，金庸连本带利还给郭先生两万元，是非常不容易，是很仗义的。

金庸说："我们的半张小报，经半年时间便收支平衡，我的武侠小说可有一定读者啊！"倪匡更认为："《明报》不倒闭，全靠金庸的武侠小说。"

"不倒闭"，是基础，有了这个基础，才能徐图发展。"不倒闭"也只是最低标准，《明报》要发展，要壮大，还是要另想办法。

《明报》初创，就是"小报"的规模、"小报"的形式，走的也是"小报"的路线。

草创期的《明报》处理香港新闻的手法，与许多小报没有两样：都用大标题、以极为煽情的文字报道。大肆报道的新闻内容，离不开犯罪和色情新闻……内文用词也很具体，绘影绘声，极尽夸张之能事。（张圭阳《金庸与〈明报〉》第 54 页。下面的内容，也多取材于此书）

《明报》创办的第四天，即以四五栏高的篇幅，刊登西方电影女明星的半裸照片。

《明报》初创，金庸就出了很高的稿酬标准，邀请雷炜坡写香港社会新闻。后来又以与他自己和沈宝新一样的月薪，聘请雷炜坡做了《明报》第一任采访主任。1961 年初，雷炜坡以笔名柳闻莺在《明报》开了一个"伶星"专栏，写的是电影圈的种种秘闻和明星琐事。

1961 年初，《明报》推出"马经"版，重金礼聘简而清、简而和兄弟任主编，关注赛马活动，为"赌马"提供信息，为《明报》争取了不少读者。

当年办报，有"无宋玉不成副刊，无高雄不成副刊"之说。《明报》刚创办十几天，金庸就请到了这两位。高雄还用过三苏、史得等笔名，后来为《明报》写了几十年的专栏，与金庸交情不浅。

据沈西城说，"高雄，浙江绍兴人……绍兴盛出刀笔吏，高雄亦沾其气，运笔如刀，刁钻触刻，三言两语，直戳人心"（沈西城《六七十年代香港报纸副刊》），所写三苏怪论，深受读者欢迎。

2018 年上半年，倪匡谈起一段旧事。金庸曾以倪匡和高雄二人为反面教材，劝诫《明报》专栏作者，字要清楚，不要像这两位写得那么潦草，难以识认。辗转听闻此事，高雄大怒，罢笔不给《明报》写稿。金庸将此事告知倪匡，问是否也生气。倪匡回答，自己的字本来写得就糟，没道理生气的。倪匡就是当作一段趣闻来说的，言语间没有抬高自己、贬低高雄的意思。

1984年，沈西城写《金庸与倪匡》，已经谈过此事，与倪匡所述，稍有不同："香港作家当中，字体最潦草的，以三苏与倪匡为最。三苏的字，人称象形文字，不看惯的人，可能连一个字也看不懂，因此引起了《明报》排字工人的抗议。金庸就在排字房贴了一张纸，表明对三苏字迹潦草一事已有所闻，将会跟他商谈，请他把字写得整齐一点。本意是好，不料听在三苏耳里，大不以为然……一怒罢写。金庸知道原委后，立即亲自向三苏道歉，事件方始平息。"（沈西城《金庸与倪匡》第93—94页）

字迹潦草，因为写得太快。金庸说过："倪匡写得很快，快得不得了，我说你这样快的文章写不好。"窃认为，写得快未必写不好，但难能写得特别好，倪匡本来可以写更好的。

倪匡自述：

稿量最多的时候，我同时要写十二篇武侠小说，在墙上拉一个绳子，拿小夹子把每个要写的故事夹在绳子上。今天该写这个了，就把这个摘下来，一口气写上十二天；明天该写那个，就把那个摘下来写上十二天，每次写大概不到两万字。我写二万字不用五个小时，很轻松，还可以有空搓麻将牌。我也不知道怎可每天写这么多，这是我唯一吃饭的本事。一般来说我一个小时可写九张五百字的稿纸，除去空格标点，最多三千字。最高纪录是一小时四千五百字，那是所谓"革命加拼命"的速度。（龙俊荣《倪匡创作五十年》）

倪匡写稿很快，高雄（三苏）写得恐怕比倪匡还快：

（高雄）大概也是首创每一天都要写稿一万多字的人。平常一万二千字，最高纪录一天二万五千字……最多的时候每天有十四家报纸登载他的作品。

……他说："很多朋友都常常笑我，说我写稿是'车衣式'的……"所谓"车衣"，就是用衣车（缝纫机）缝衣裳……简直有些写稿机器的味道了。（罗孚《南斗文星高》第 246 页）

"明窗小札"，瞭望世界

金庸之大成，殊非幸致。

一个人，要有大成就，只靠聪明是不够的。

金庸天分之高，固不待多言，更难得他精力过人、勤勉过人。治事与著述，两不相误。治事，乃将《明报》经营为全港最具公信力的报纸。著述，写出了约千万字的小说，其他类型的文字（《明报》社评、杂著、译作等等）也有一千万之数。这两千万字作品，又绝大部分写于 50 年代后期到 70 年代短短二十年间。

目今我们所见的《金庸作品集》，不论是明河版、远景版、远流版、三联版，还是朗声版，都名不副实，只可称为"金庸半品集"——仅收录了金庸一半的作品，是谓"半品"，不是说内中十五部小说尽是"半成品"。

1998 年，陈平原便有所期待："倘若有一天，《查良镛政论集》出版，将其与《金庸作品集》参照阅读，我们方能真正理解查先生的抱负与情怀。"可惜，金庸对自己先前所写政论性质的文字，可不像对他的小说那么措意。金庸曾对记者说："我们这个报纸的评论是很公正很中肯的……但新闻工作是一个短期的，不是永久性的，而文学创作是一个长期的、永久的事情。"是故，金庸只在 1984 年出版过一本《香港的前途——〈明报〉社评选之一》。

2013 年的金庸，年纪已经很大了。也许，这时的他，更有意愿"却顾所来径"，才有《明窗小札 1963》的结集、出版。

金庸生平，大宗的著述，也就这么三份了：十五部小说，千万字；二三十年间，七千余篇《明报》社评，超过五百万字；起于 1962 年 12 月，讫于 1968

年10月，每日一篇的"明窗小札"，总数约两千篇，二百多万字。

出于同一作者，三类著作，分属三个名字：小说作者，叫作金庸；《明报》社评一般是不署名的，特别重要的篇章，会标出查良镛之名；"明窗小札"则以徐慧之之名发表，虚拟了一个《明报》编辑的身份，而在"札"中将《明报》老板称呼为"金庸兄"。

周树人，父姓为周，母姓为鲁，取母亲的姓氏，就有了鲁迅的笔名；在《明报》发展史上地位非常重要的雷炜坡，用过一个徐实的笔名，张圭阳认为是雷先生的母亲姓徐的缘故（张圭阳《金庸与〈明报〉》第56页）；金庸这个徐慧之的笔名，似乎也是如此。查先生好像在感情上与父亲并不如何亲近，对母亲的孺慕之情却甚是深挚，因此在初版《书剑恩仇录》中比照母亲的名字给陈家洛的母亲取名徐惠禄。

金庸委托李以建整理出版"明窗小札"，目前已经出版了1963、1964、1965三年的。2013年，李以建对《江南周末》记者谈到：

上世纪60年代的香港……报纸刊物种类繁多，竞争甚为激烈……诸多大报，均设立专栏，范围涉及很广，但更多是街谈巷议和生活小知识之类。虽也有少数涉及海内外政经评论的专栏，但都囿于左右的政治立场，无法做到客观中立。

……《明窗小札》是当年《明报》为金庸撰写国际政局分析和时评专门开设的一个栏目，正是为了秉持"明辨是非，积极中立"的原则。取笔名"徐慧之"，有着多重考虑，其目的在于有意识地将自己在报纸上扮演的不同身份和角色严格区别开来，这是很有深意的。他为了让外界读者不至于将"徐慧之"等同于创作武侠小说的金庸，以致先入为主，认为只是从事文艺创作的作家议论政局时事。金庸刻意隐去其作家身份，是为了表明自己是一名从事新闻事业的时事评论者，他将给读者呈的是专业人士的评论……他有意识地将文艺创作、评论、政论和翻译加以区别，即通过撰写不同类型的文章来扮演不同的角色，也不断提醒自己必须从不同的角度来审视周围的世界。

严格来说，金庸的这种写作策略，无论是双重身份的互换，还是三种身份的重叠，或是四重身份的交错，其中最清晰的是他作为新闻工作者和文学作者的泾渭分明。即小说就是小说，新闻就是新闻，二者不容产生混淆……

金庸惊人的天赋和能力展示，体现了他极为尊重不同文类的写作，且对各领域都研究得极为深透，无论是双重身份的互换，还是多种身份的交错，从来不会有丝毫的含混。

金庸所写三样文章，笔致大不一样。小说自然与社评不同。小说感性，社评理性。写这两种不同的文类时，"两个脑子分开"（金庸自语）。即便同样以时事为话题，金庸所写社评，与"小札"风格也大不同。社评张，"小札"驰；社评如酒，"小札"如茶；社评多论辩，"小札"似清谈；社评更严正，"小札"更放松。

金庸坐在"明窗"之下，谈京剧，谈武侠小说，谈香港九龙城寨，谈古巴导弹危机，谈疯狂变态的日本影迷，谈奶罩与苏联的经济……四海五洲，无所不谈。

略带谈话风，而时有逸趣。谈及戴高乐，"他执政的时间不长，今天算得上是他最得意的时候，大鼻子比前越发光亮了"。看着这两句话，再想想戴高乐那高耸的大鼻子，越想越可乐。

这位徐慧之先生，旧历年底，在一家国货公司买到一个大花瓶，瓶底居然写有"成化年制"字样，一望即知此为"明朝名瓷"，然而价钱又实在太廉，不免稍觉疑惑。且不管它是真品赝品，但见"这花瓶上绘的都是战将武士，杀气甚重"，买回家利于"新年赌钱，大杀三方"。感觉有一位大人物，已然孕育胎息于这几句话中，那就是清朝初年统兵大败罗刹国的韦小宝韦爵爷。

打扑克牌，打完一局后，一人说："我这底牌是A。"另一人不信，就说："你这牌如果是A，我就吃了下去。""小札"作者说："真有人把啤牌吃了下去的。"很容易让人想到《笑傲江湖》，桃根仙与祖千秋打赌："你如身上有这八只酒杯，我一只一只都吃下肚去。"等祖千秋取出酒杯，桃根仙竟当真"将半只古藤杯嚼得稀烂，吞下肚去"。

1970 年金庸作《卅三剑客图·秀州刺客》，由罗伯特·肯尼迪遇刺，想到、谈及中国历史上的刺客。我早前读此文时，就觉得金庸对肯尼迪兄弟甚多好感，虽然他就很少说美国的好话。这一感觉如今从"小札"中得以证实。当中提及约翰·菲茨杰拉德·肯尼迪总统处不少，而无一恶言，多有褒语。例如，说他四十六岁初握政权时，别人都瞧他不起，"但事实证明，他的表现不比任何年老的政治家们失色"。这句话，金庸写在 1963 年 5 月。半年之后，肯尼迪总统遇刺，身死。[1]

五十年前，金庸写"小札"，谈的多是当时热点；五十年后，我们方得见此"明窗"，其间论及的人与事，早成陈迹，正是"箫管有遗音，梁王安在哉"！

隔着五十年的烟尘，恍恍惚惚，不知今日所读，算是历史，还是新闻？好在，许倬云早有解释："新闻是短历史，历史是长新闻。"

金庸修改自己的小说，改了又改，这"明窗小札"，却是一字不改。他对编者李以建说："不要做事后诸葛亮，刻意修改或掩饰自己当时的观点和立场。文学创作和时政评论不同，前者允许不断修改，臻于完善，后者则不容随意修饰或篡改。"这种态度，最是要得。

金庸说过："倪匡写得很快，快得不得了，我说你这样快的文章写不好。"金庸本人，不仅是天分极高，也不仅是写得勤、写得多，最难得，是他那种敬慎的态度。写社评，推敲琢磨，"字字皆辛苦"；写小说，"我的写稿速度其实是很慢的，一字一句都斟酌"；这约两千篇"明窗小札"，亦是他心血所聚，写来并不轻松。

---

1 1999 年，金庸发表《两种社会中的新闻工作》演讲，回忆他和《明报》同人在肯尼迪遇刺时的反应："编辑部下午可能打个电话到我家里：'查先生，美国总统肯尼迪遇刺身亡，我们怎么反应？'我在电话里回答'即刻出版号外，评论与做新闻都谴责政治上的恐怖行为。'但我们反对美国打越战啊！'那是两回事，美国打越战，照样反对。但反对行刺肯尼迪。谁有美国签证，即刻订机票去华盛顿采访。''好的。×××有签证。''就派他去。叫他来听电话，我来告诉他怎样采访。'"

2013 年，《明窗小札 1963》整理出版。金庸的"明窗小札"，从 1963 一直写到 1968 年。而在 1967 年，金庸开始写作《笑傲江湖》，1968 年在写，一直写到 1969 年。

"明窗小札"重点关注西方与世界。金庸 1947 年进入《大公报》，做的是国际电讯编辑。更早前，金庸在《时与潮》杂志，在他自办的《太平洋杂志》，都关注国际问题。金庸始终不能忘怀世界。

《笑傲江湖》这部小说，也不曾忘怀世界。金庸在新修版《笑傲江湖》后记中说："本书没有历史背景，这表示，类似的情景可以发生在任何时代、任何团体之中。""任何团体"中，最大的一个，就是世界。

有些朋友非要将《笑傲江湖》的历史背景锁定在明朝，我不赞成。《笑傲江湖》展现的政治格局比大明帝国可是大多了，大到足以映现金庸写作《笑傲江湖》一书时的世界格局。

"明窗小札"写得不算好，以"叙"为主，"评"的成分并不多。金庸所写《明报》社评，比"小札"更好、更深。

金庸写《明窗小札》，大材小用了。"小札"就是普及性文章，告诉读者最近世界上发生什么事，深度不够。金庸若不是《明报》老板，应该不会写这个专栏。

当然，也可以说"明窗小札"是为同期的社评做资料方面的准备。"明窗小札"是"积"，《明报》社评是"发"。

"明窗"中，亦舒初见金庸

"明窗小札"所谈，绝大部分是世界上的人与事，但金庸也没有忘记中国。"明窗小札"谈中国问题，亦有所侧重，几乎不谈内政，谈的是中国的国际地位与外交问题等等。

"明窗小札"偶尔也谈香港，谈及香港"新的一代"："在香港成长的十六七岁的孩子……他们读文艺作品，主要是《异客》《日安，忧郁》……而不是鲁迅或茅盾。"《日安，忧郁》很明显就是法国女作家萨冈的《你好，忧愁》，《异客》即加缪的《局外人》，这两部篇幅都不很长的法国小说，既然金庸谈及，他应该也读过。

金庸在"明窗小札"中，之所以写这篇《香港的"新的一代"》，他在文章开头谈到：

报社新来了一位女记者，她只有十七岁。上班的时候还是穿着她学生时代所穿的裙子，说话天真烂漫，毫无机心。但是她的英文程度极好，胆子也大，具有成为一个好记者所必须的各种条件。

她和我见过一二次面后，就拿她写的一篇小说给我看……她又告诉我，她的一本短篇小说集就快出单行本了，到时候还会送我一本……

我翻翻她那篇小说，虽不能说很成熟，但基本的结构是完整的，文字也流畅，少女的心情写得特别逼真……（《明窗小札1964》第480—481页）

这位女记者，金庸称作"N小姐"的，竟是哪位大神？很明显，就是（倪）亦舒。香港采行的拼读方案虽与中国内地不太一样，但这个字母N，仍有极大可能指向"倪"这个姓氏。

亦舒拿给金庸看的那篇小说，可能是《王子》，也可能是《满园荷花帘不卷》。亦舒对金庸说将要送他的，是自己的第一本小说集《甜呓》。

N小姐（我们的女记者）的小说中所表现的是这样一个世界：在小说里面，女孩子爱站在街上看汽车的颜色与式样；在电话里聊天，以三十分钟为最短的时间；对男孩子评头品足，以为某一些男性的声音是她们"不可抗拒"的；逛公司、选衣料，对化妆品有特殊的了解。她们无忧无虑，在生活上另有一套哲学。（同上，第481页）

"这样一个世界"，至少其一部分，在亦舒以后的小说中，一直延续着。

"N 小姐在报社里，和每个人都合得来。大家把她当小妹妹。有时寻她的开心，她也不着恼"，金庸对初次见面的十七岁的亦舒，印象非常之好。

金庸解释《鹿鼎记》第二回的回目："'最好交情见面初'是'一见如故'的意思，并不是说初见面交情最好，后来就渐渐不好了。"我说金庸对刚认识的亦舒印象非常好，也不是说他对她以后的印象就不好了。

比起"见面初"，印象没那么好了，也是很可能的。尤其在倪匡、亦舒兄妹，或单兵作战，或联合起来，向《明报》老板金庸强烈要求加稿费时，金庸对她的印象，就没当初那么好了。当然，因为被逼着加稿费，金庸就对亦舒心生恶感，也是决计不会的，他的气量没那么小。

林燕妮谈到："亦舒向他要求加稿费，他说：'你不花钱的，加了稿费有什么用？不加。'亦舒在《明报》副刊骂他，查社长笑哈哈地说：'骂可以骂，稿照登，稿费则一样不加。'我要求他加稿费，他说：'你那么爱花钱，加了又花掉了，不加。'总之左也不加，右也不加，你开口他便不加。反而，不开口，到年底倒会稍作调整一下。这反映了他性格的一面：主意不可以由你出，要由他出。"（林燕妮《香港第一才子查良镛》）

亦舒写有短文《信件》：

C 先生不擅辞令，遇到刁钻古怪，强辞夺理的我们，当面说不过，讷于言的他只得写便条回复。

久而久之，手头上至少藏有十封八封这种墨宝，通常是大家对他有要求，他婉拒，并加以解释、教诲，某次，要求加稿费一元，他几乎没把全世界经济情况分析给我们听。

老匡知后大笑，"拿信去发表，可当一年稿费用。"

真的，打算着手辑录这些信，原文照登，然后由收信人，即当事人写一千几百字解释来龙去脉，譬如说怎么会挨骂之类。

那真是明教的全盛时期，光明顶上人才济济，由四大法王与左右光明使护法，即使小喽啰如我等也尽心尽意出一分力发一分光。

受他的影响有多大，也不用去说他了。

其中一封信，措辞严厉，收到时纸张是团皱的，分明光火过度，早已扔到字纸篓，然后实在下不了气，再拣出寄上。

教主不易为，信焉，终于退下来的他，不知有否怀念一大班教众。（亦舒《我哥》第137—138页）

亦舒此文中的"C先生"就是查先生，就是金庸；"老匡"就是倪匡。金庸如何不厌其烦地写信解释何以不能加稿费，倪匡做过与妹妹相似的描述："老查的耐性真是好，为了稿费，他可以写三四张纸，阐述明报的种种困难，文辞恳切，令你觉得要他加稿费，实在是你的一大罪过。"（沈西城《金庸与倪匡》第121页）

亦舒文中，"明教"就是《明报》，"即使小喽啰如我等也尽心尽意出一分力发一分光"，是从她十七岁加入《明报》开始。

林燕妮、亦舒回忆起当年金庸不肯加稿费，好像都觉得很好玩，没有多大的怨气，更没有对金庸这个资本家的"阶级仇恨"。

"要求加稿费一元"云云，亦舒当然用的是"夸张"的艺术手法，不可能这么低的要求、这么小的胃口。

金庸、倪匡、黄霑与蔡澜，合称"香港四大才子"。金庸的武侠小说、倪匡的科幻小说和亦舒的言情小说，又并称为"香港文坛三大奇迹"。

约2007年，金庸接受《财富人生》访问。主持人说，因为种种原因，倪匡在中国内地的名气，不如其妹，甚至不如亦舒的侄子、周慧敏的老公倪震。金庸替老朋友抱屈，说倪匡的小说写得确实好。

金庸认为："文学的想象力是天赋的，故事的组织力也是天赋的……至于语言文字的运用，则由于多读书及后天的努力。"这话由他来说，就不及由倪氏兄妹来说那样有说服力。毕竟，孤证不足采信，海宁查氏这一代只出了查良镛一位小说家，而体现在宁波倪氏兄妹身上那超凡的"文学的想象力"，确实是，也只能是出于天赋。

金庸对白岩松说起"我擅于讲故事这个是天赋，好像不是学得来的"，倪匡、亦舒也都是"编故事"的天才，倪匡的想象力，似高于亦舒。至于语言文字的运用，则不得不让妹妹出一头地。

《明报周刊》登过一篇亦舒的《金庸的孤灯》，记她初见金庸：

想起来，并非那么遥远的事，当年明报馆在湾仔谢菲道，我去见工，完了之后，有人说："你去看看查先生。"

那真是最奇怪的办公室。简陋到极点，门虚掩着，一盏孤灯。一位中年男子伏案疾书，闻声抬起头来，寒暄几句。

少年的我根本不愿走近，随即下了楼，心里想着：做老板要如此刻苦，真划不来。

其实他那时才四十岁左右，可是不知怎的，年轻之际，他已像个中年人。

成功当然有所得，可是付出的代价只有当事人才最明白，创业所费时间精血，不足为外人道。

读者最开心，所费无几，捧住《射雕英雄传》读了又读，每次都兴奋得搔头拍腿，说：都会背了，不知为何激动，没有这几套书，不知如何是好。

后来他的办公室装修得美轮美奂，书房面积也非常宽敞，可是我总是记得那一盏孤灯。

亦舒还有一篇短文，列举她"喜欢与乐意见到的人"，包括"二哥亦明。他的理智与能力，他的科学幻想小说"。此文结尾极之简约，只有四个字："金庸。偶像。"（亦舒《偶像君子艺术家》）

亦舒撰文说，假如金庸晚十年"封笔"，她这辈子就不用结婚了，有金庸的书做伴即可。金庸的作品，她是一本本地买，重重复复地买，大概已第十次买《鹿鼎记》了。重看《书剑恩仇录》仍会泪如泉涌，虽然它并非金庸最好的一部，可是浪漫缠绵的细节特别多，让喜读爱情小说的亦舒再次潸然泪下。

对金庸的作品，亦舒的评价甚高，认为它们甚有传世的可能，因为"阁下最初看射雕是几岁？二十八岁，令郎在高中时也读射雕，什么，令孙今年十一岁，也已对射雕感兴趣？所以，一本书卖了三十五年还是一直畅销，一纸风行，已经踏上传世第一步"。

金庸比倪匡大十二岁，比亦舒大二十几岁。倪亦明（倪匡）与金庸平辈论交，他妹妹倪亦舒视金庸却在父、兄之间。

2003 年，已很少接受媒体采访的亦舒，顾念昔年的香火之情，仍慨允了《明报》记者的采访要求。访谈中，亦舒谈起："写文章应该尽量写得浅白，改十次也要改得它最浅白最易懂。当年金庸是这样教我们的。"

2011 年，亦舒撰文谈及"我最爱听金庸讲他当年写《雪山飞狐》每月稿费七百港元的故事"。亦舒的小说、散文谈及金庸的地方很多，口气间很不把金庸当外人，也尊崇，也调侃。

《寂寞的心俱乐部》中，报纸编辑劝一位女作家做"爱情信箱"主持人，是这样说的："今日被人捧上天际的大师也不过靠江南七怪、桃谷六仙起家。"我从这句话中读到的，更多是亦舒对金庸的亲厚之意，嘲谑的成分微乎其微。

《玫瑰的故事》中的溥家明，很像《笑傲江湖》里面的黄钟公。时代、经历自然大异，二人的气质，却是出奇的相似。

亦舒《玫瑰的故事》，自有金庸的位置。书中庄国栋读《射雕英雄传》不知多少遍，以至于几乎可以背下来，当他回到香港登报寻找玫瑰，自然选择了金庸的《明报》，居然很快就有回音，这里，亦舒可能跟星宿派门下弟子学了那么一招半式，给"《明报》广告"做起了广告，借罗振中之口，颂扬道："《明报》广告，效力宏大！"

庄国栋、罗振中二人亟亟赶到《明报》社，"看到一个中年人步入编辑室，长得方头大耳，神态威武，面容好不熟悉"，这个人，当然就是金庸。

至于那位接待庄、罗二位的"瘦瘦高高，戴黑边眼镜"的《明报》人员，亦实有其人。这位亦舒在《明报》做记者时的旧同事，在《玫瑰的故事》中自供"小姓蔡"，却不是蔡澜，是在《明报》工作了二十八年的副刊编辑蔡炎培。

金庸逝后，蔡炎培回忆："记得有一年亦舒为了稿费问题嚷着不写。当时总编辑打算给她加人工，来问我意见，我说：'要她声明以后只替《明报》撰稿！'"建议被双方采纳。多年后，蔡炎培离开《明报》，转投《新报》，想把亦舒挖过去，亦舒提醒他："你忘了我给《明报》签了卖身契吗？""始作俑者万万没料到自己会弄块石头绊自己。"（《缅怀泰斗·拥抱鸿篇——细味金庸传奇一生》第 57 页）看来，亦舒的稿费，最后还是加了，而且加了不少，否则，以亦舒之精明，怎肯签下这份"卖身契"？

亦舒小说中，《玫瑰的故事》最光焰万丈，《风信子》最光怪陆离。

《风信子》是一大杂烩，小说中的季少堂，微带林语堂的影子；那位鲍船王，也很容易让人联想到包玉刚；同时，这部小说又糅合了《圣经》福音书、蒋宋家族故事以及金庸小说《天龙八部》等等元素。

《玫瑰的故事》之所以会写到庄国栋熟读《射雕英雄传》，因为亦舒"自从发现《射雕英雄传》到今日，匆匆数十寒暑，小学六年级开始，年年重阅"（亦舒《小说迷自白》）。除了《射雕英雄传》，亦舒也熟读金庸其他小说，例如《天龙八部》。她的一本散文集《刹那芳华》，书名就出自《天龙八部》（第三十五回"红颜弹指老，刹那芳华"）。

《天龙八部》与《风信子》，存在种种微妙的对应。宋家明对应慕容复，宋老夫人对应慕容博，宋榭珊对应王语嫣，宋总管的四个儿子（约翰、路加、马可、保罗）正对应慕容家族的四大家臣（公冶乾、邓百川、风波恶、包不同）。

虽则有这么多微妙的对应，我并不确认亦舒写作《风信子》一定想到了《天龙八部》。就算没有明确想到，但一个小说家熟读过的作品，仍自会在她的创作中留下自己的影子，如亦舒所言，"受他（金庸）的影响有多大，也不用去说他了"。

金庸逝世后，蔡澜给亦舒写信："多年前，当查先生因心脏重病入院，你在远方关怀，来信问我一切时，我将过程像写武侠小说般，记下查先生与病魔大打三百回合报告给你听。这次心情沉重，多方传媒要我写一些或说几句，我都回绝了，不过在这里我把这几天的事写信给你，当成你也在查先生身边。"1995 年，金庸因心脏重病入院，亦舒很是关切。蔡澜写长信，告知她详情。蔡澜 2018 年这封信写得也很长，将过程像写武侠小说般，记下金庸逝世时以及葬礼的各种情形，因为蔡澜知道，亦舒对金庸的关怀，并不客套虚假。

金庸在"小札"中谈到，十七八岁的亦舒在《明报》社，大家"寻她开心，她也不着恼。她说，我们（报社）的环境是十分新鲜的"。亦舒这话，应是发自内心，并非世故。她在《明报》的那些岁月，确实很开心，很喜欢报社的环境氛围，有她五十年后的《信件》为证："小喽啰如我等也尽心尽意出一分力发一分光……终于退下来的他，不知有否怀念一大班教众。"出语似乎很平淡，而她对金庸与《明报》的眷恋之情，很深，很真。

我妄作解人，说一句：远在加拿大的亦舒，得知金庸逝世，就像自己生命的一部分丧失了一样。

倪匡与金庸，亦舒与金庸，不能说从来没有芥蒂龃龉，但他们之间一生一世的友情，是难得的，是美好的，是足可珍贵的。

看重副刊，海纳百川

"明窗小札"是金庸以笔名徐慧之为《明报》副刊写的一个专栏。亦舒、倪匡、蔡澜、林燕妮，都是《明报》副刊的长期作者，蔡炎培则是当时的副刊编辑。

《明报》的副刊，十分重要，大大有名。

经倪匡向金庸推介，蔡澜开始在《明报》写专栏：

电影界闻人蔡澜……想在《明报》弄个专栏玩玩，商诸倪匡。

倪匡摇摇头："这个很难，你还是叫我请你吃饭，这比较容易办。"

蔡澜不解，讶然问其故。

倪匡皱起眉头说："蔡澜，你这个可不知了。查良镛当他那张《明报》是性命、宝贝，尤其是那个副刊，一直以来，都死抱着不放。蔡诗人炎培不过是副刊校对，故此有个'蔡校书'之誉。你要写《明报》副刊，真是难过登天。"……

倪匡天不怕，地不怕，最怕人哀求，当下说："让我想想办法，不过，你别太急。"接住想了一下："期诸三月，必有所成。"

倪匡去见金庸……便赞蔡澜的文章写得好，金庸没有插嘴。

过了一个星期，倪匡请金庸吃饭，又跟人大赞蔡澜。

金庸忍不住问："蔡澜是谁？"

"哎哟！蔡澜你也不认得，文章写得这么好的人，你居然不认得，你怎能说是写稿佬？"倪匡故意丑金庸："快点去买张《东方》看看吧！"

过了三天，倪匡又见到金庸。

金庸忽然对倪匡说："你说得对，蔡澜写得不错，有多大年纪？"

"四十左右。"

"这么年轻文章就写得这么好，难得难得！"金庸不禁称赞。

"还不止呢！"倪匡跟着就把蔡澜精于饮食电影、琴棋书画的事，一一告诉金庸。

"哗！真是英雄出少年，什么时候给我介绍一下？"

"他很忙，我替你约约看。"倪匡吊金庸胃口。

其实那时候蔡澜正闲得发慌。

过了三天，倪匡对金庸说，蔡澜约好了。

金庸盛装赴会，一见蔡澜，态度诚恳得出人意表，令蔡澜不知所措。

三人欣然就座，天南地北的谈，至中席，金庸推了推倪匡，轻声说："我想请蔡先生替《明报》写点东西，不知道蔡先生有没有时间？"

倪匡一听，把眉头一皱，结结巴巴地说："这个……这个……这个嘛……"

金庸又推了他一把。

倪匡这才勉强说了。蔡澜一听，欣喜若狂，皆因距他求倪匡向金庸说项前后仅两个星期而已。（沈西城《金庸与倪匡》第 91—93 页）

林燕妮看金庸："他有眼光，（香港）文坛精英大部分出身于《明报》《明周》和《明报月刊》。而以前《明报》副刊的稿，全部作家都是由他选定的，副刊老总并无约稿的权力。"（林燕妮《香港第一才子查良镛》）

蔡炎培说，自己名义上负责《明报》"大副刊"的编务，但真正主编其实是金庸。对于选用专栏作者，蔡炎培只有提名权，用与不用，须由金庸决定。（《缅怀泰斗·拥抱鸿篇——细味金庸传奇一生》第 56 页）

如倪匡、林燕妮、蔡炎培所言，金庸对《明报》副刊尤其看重。从《明报》创立以来，就是如此。只是初期的《明报》正在挣扎求生存的阶段，开办的副刊专栏，未免鱼龙混杂、泥沙俱下。至 1962 年《明报》推出"自由谈"副刊，方始风格一变，而《明报》的报格，亦随之大提升。

"自由谈"之名，沿袭的是老《申报》的"自由谈"。用此三字，是董千里向金庸提议的。董千里曾任《申报》副总编辑，1949 年到了香港。1960年就开始为《明报》撰写专栏，后来也曾写过《明报》社评。

金庸开始不太想用这三个字，因为《申报》"自由谈"长期以来都只是刊登一些风花雪月的内容。这丝毫不奇怪。十七岁的金庸，就在《人比黄花瘦——读李清照词偶感》一文中说过："我是对现代一切吟风弄月，缺乏战斗精神的思想提出抗议，我控诉那种自我怜惜的心理。"

董千里与潘粤生终于说服金庸袭用"自由谈"之名，主要的原因还是金庸很喜欢"自由"一词。（张圭阳《金庸与〈明报〉》第 78—80 页）董千里后来写过《和而不同的老友——金庸》，说："我们相识之初，彼此的政治观颇有距离，但我在金庸的作品中和谈话中体会出他是一个彻头彻尾的自由主义者，是可以和而不同的谦谦君子，所以并不理会闲言闲语，不仅保持交往，而且发生业务上的关系。后来的事实发展证明我判断无误，虽然我们迄今在若干问题上仍然是和而不同。"看来，董千里也自居为"自由主义者"，这才与金庸相交默契。两个"自由主义者"，最终选定"自由谈"三字为《明报》副刊命名，就更不奇怪了。

1962 年 6 月 8 日，《明报》刊登"自由谈"征稿启事：

> 本报定本月十七日起，每星期增出"自由谈"副刊，内容自由之极，自国家大事、本港兴革、赛马电影，以至饮食男女、吸烟跳舞，无所不谈。欢迎读者诸君，惠赐稿件。来稿思想意见极端自由……《明报》不受任何政治力量的影响，为纯粹的民间报纸，有条件同时刊登资本主义和马克思主义的文章……"自由谈"副刊由本报总编辑亲自处理来稿，保证不偏不倚，公正无私，对任何读者均极端尊重……

1962 年 6 月 17 日，"自由谈"副刊第一期见报。这一天，"自由谈"编辑部定下"有容乃大，无欲则刚"八个字为座右铭，后来升格为《明报》"报训"。

"自由谈"副刊越来越关注中国、关注文化，而"本港兴革、赛马电影、饮食男女、吸烟跳舞"等等，分量并不大。"自由谈"副刊也越来越得到香港及海外知识分子关注、推重。

"自由谈"的出现，很大程度上改造了《明报》的报格，使《明报》从一份侧重武侠小说、煽情新闻和马经的"小市民报章"，提升到一份为读书人、知识分子所接受的报章。（沈西城《金庸与倪匡》)第 82—83 页)

直到金庸 90 年代退出《明报》，他都极为重视副刊。蔡炎培名为副刊编辑，其实做得更多的是校对工作，倪匡这才会对蔡澜说："蔡诗人炎培不过是副刊校对，故此有个‘蔡校书’之誉。"

《明报》副刊的选稿标准，金庸定为"新奇有趣首选，事实胜于雄辩。不喜长吁短叹，自吹吹人投篮"二十四字。"不喜长吁短叹"一句，很容易让人想起金庸十七岁时写的那篇《人比黄花瘦——读李清照词偶感》。

金庸更关注中国与文化，尤其关注中国文化，这都反映在《明报》副刊，以及整份《明报》上。

《明报》自1964年1月起，第一版不再刊登香港新闻（重大港闻发生者例外），改而刊登中国大陆的新闻。头版中还会有一个"大陆小事"专栏……（张圭阳《金庸与〈明报〉》第84页）

罗孚说过："《明报》的成功，不是金庸一个人的功劳，也毕竟是他一个人的功劳。"也可以说，《明报》反映的，不是金庸一个人的风格，也毕竟是金庸一个人的风格。

《明报》副刊，从50年代到70年代末，一直维持两个版位，一版为小说，一版为杂文。几十年间，香港比较著名的文人，多曾在《明报》副刊上发表文章，有些甚至是起步于《明报》，继而声名日著。

温瑞安谈过："《明报》日报自然‘高手如云'，首先三位老板：查良镛、沈宝新、潘粤生都非同等闲……明报副刊自然网罗了不少名家好手：包括张彻、黄霑、哈公、倪匡、林燕妮、亦舒、严沁、王亭之、石瑛、项庄（即董千里）、张君默、何紫等，我的小说也在那儿厚颜作个点缀。至于《明报》日报的编辑阵容，也不简单，采访主任龙国云（即写食经的陈非）、副刊编辑现代诗人蔡炎培、校园版的李翠丽、把影视版搞得别开生面的孔昭，全都网罗其中，且不管他们做得是否开心如意，但都为这份报纸携手共进，增添光采。"（温瑞安《王牌人物金庸》）

说香港是"文化沙漠"，此一论调极端可笑。[1] 张五常说得好："香港的确是奇人云集，以人口的比例算，内地输了几条街。"（张五常《日暮黄昏话金庸》）香港人口仅占全国人口的约一百八十分之一。若将香港的文化成就扩大一百八十倍，该多么可观。

金庸在香港，虽然一直有很强的"客居感"，虽然他最大的关注点不是香港，但即便不考虑他自己的文学与政论写作，只说其报业生涯，对香港文化的发展已经有大贡献。

等到 1966 年，《明报月刊》创刊，金庸不仅是对香港文化，他对中国文化的保存与发展都是有大贡献的。

海上生"明月"，天涯痛此时

金庸生平，在精神与心智上，有两次"大欢喜"。第二次，在这里：

1976 年 10 月，我十九岁的长子传侠突然在美国纽约哥伦比亚大学自杀丧命。这对我真如晴天霹雳……此后一年中，我阅读了无数书籍，探究"生与死"的奥秘……我经过长期的思索、查考、质疑、继续研学等等过程之后，终于诚心诚意、全心全意的接受。佛法解决了我心中的大疑问，我内心充满喜悦，欢喜不尽——"原来如此，终于明白了！"从痛苦到欢喜，大约是一年半时光。（《探求一个灿烂的世纪》第 154—158 页）

1　2001 年，《凤凰周刊》记者问："谈到香港经济就会想到香港文化。很多人一直认为香港是个文化沙漠。随着近些年媒体的一些不断的改进和提升，您怎么看待香港整个文化气氛？"金庸答："香港作为文化沙漠，这是以前的讲法，现在肯定不是了。上半年香港文化促进会成立让我做主席，我也在会上讲到文化沙漠的问题。我们香港的电影长期是世界第二，美国第一。报刊、书籍的发行量普及整个东南亚。我们的歌曲对整个东南亚的影响都是很大的，甚至对加拿大、澳洲、美国都有影响。比较起来中国哪个大都市，可以有香港这种繁荣的文化。"（小青《金庸：不能退出的江湖》）

第一次，早在 1945 年——

在上海西书店里买到一本汤恩比大著《历史研究》的节本……汤恩比根据丰富的史实而得出结论：世界上各个文明所以能存在，进而兴旺发达，都是由于遇上了重大的挑战而能成功应付。我非常信服这项规律。这本书越是读下去心中一个念头越是强烈：我如能受汤恩比博士之教，做他的学生，此后一生即使贫困潦倒、颠沛困苦，最后在街头倒毙，无人收尸，那也是幸福满足的一生。（同上，第 8 页）

两次"大欢喜"，第二次关乎个人，第一次关乎国家民族。

金庸关注中国、关注文化，尤其关注中国文化。

自从读了汤因比《历史研究》，金庸对中国的前途一直是很有信心的，因为他对中国文化有信心。然而，60 年代中期的金庸，难以从容。

《明报月刊》创刊于 1966 年 1 月。其时，"破四旧"的喧嚣尚未发动，而山雨欲来，智者早见其几。

在《明报月刊》发刊词中，金庸宣称："我们重视数千年中华文化的传统和价值，认为那是全人类文化的一部分宝贵的遗产。但是世界交通日益迅速、文化交流日益频繁的今日，我们以本刊的重大任务之一，是介绍世界上最新的思潮、重要的创造和著作。我们对中华文化决不妄自菲薄，篇幅中的一部分，将用来探讨和介绍中华文化，另一部分，将着重于赶上这个崭新的时代。"金庸私淑陈寅恪。金庸写在《明报月刊》发刊词的这段话，其实可以用陈先生"一方面吸收输入外来之学说，一方面不忘本民族之地位"一语来概括。

金庸晚年，自称陈寅恪的"私淑弟子"。

2001 年金庸做客中山大学……演讲结束，在中山大学黑石屋贵宾室稍事休息后……在他极为景仰的陈寅恪先生的中大故居前合影留念。金庸说：

"我学写诗词得益于王力先生颇多，学历史则得益于陈寅恪先生，王力、陈寅恪都是中山大学的知名教授，我认为自己是两位先生的私淑弟子，称得上是中大的半个校友。"（黄茜、贺蓓、朱蓉婷《金庸笑称"中大半个校友"》）

我实际上是私淑弟子，因为我曾被好几所学校开除过，为此没能在学校真正好好做学问……我是四位先生的私淑弟子。中国两位，一位陈寅恪先生，一位钱穆先生。英国两位，一位汤因比，一位伯特兰·罗素……说到哪些人影响我最大，在我心目中，我是把这四位先生当成老师的。（王卫华《金庸：但求去惑不为师》）

1961年8月23日，吴宓由重庆启程，赴广州中山大学会晤阔别已久的陈寅恪。8月30日，吴宓在日记中谈到："寅恪兄之思想及主张毫未改变，即仍遵守昔年'中学为体，西学为用'之说（中国文化本位论）……仍确信中国孔子儒道之正大，有裨于全世界，佛教亦纯正。我辈本此信仰，故虽危行言殆，但屹立不动，决不从时俗为转移。"

1976年，《明报月刊》创刊十周年，金庸作《"明月"十年共此时》："……倘若中华文化没有什么价值……那么毁灭了也不足可惜。但事实恰恰相反……中华文化正为全人类提供一条可行的道路。未必这是唯一可以解脱困难的方向，然而事实摆在那里……别的国家都不能，中国文化却做到了。这样的文化决不会是没有价值的。"像陈寅恪、吴宓一样，金庸也坚信中华文化"正大""纯正"，"有裨于全世界"。

从1966年到1976年，金庸不可能读到《吴宓日记》，能看到的陈寅恪的新著作亦绝少，但金庸的立场和思路，与陈先生基本一致。

金庸晚年仍是坚称："我对传统文化是正面肯定的，不会感到虚无绝望。"2006年，《明报月刊》创刊四十周年，金庸再次回顾："我们当时办《明报月刊》这本文化性、思想性、知识性的刊物，宗旨是'爱中国'、'爱中华文化'。按现在对国家的定义，一般讲，国家有人民、有土地，最主要还有文化，包括语言、生活习俗等民族传统……我们坚持爱中华民族的文化，坚持爱国，爱中华文化这个中华。"（金庸《爱中国、爱中华文化》，金庸等《莫若相逢于江湖》第 173 页）

《明报月刊》当初的编辑宗旨，"简单说来，希望是五四时代的北京大学式、抗战前后的《大公报》式"，这是金庸的期望。然而，我们看《发刊词》中这段话，可以确信，金庸认同的"五四时代的北京大学式"和"抗战前后的《大公报》式"，是二者严肃讨论的态度与灵活的办刊办报风格，而不是其思想倾向。

《明报月刊》的思想倾向，与五四时代的北京大学诸君创办的《新青年》《新潮》《每周评论》是不同的。

林毓生认为："整体性或全盘式的反传统思想在五四时代占有极大的优势是一项明显的事实……虽然反传统态度与反传统运动在别的时代与别的地方也曾发生过，但，就五四反传统思想笼罩范围之广，谴责之深，与在时间上持续之久而言，在整个世界史中可能是一个独一无二的现象……我发现最好的方法是对五四知识分子中三位领袖人物——陈独秀、胡适与鲁迅——的反传统意识的源流及性质做一比较研究。这三位人物极不相同，但在他们的思想中却都达到了一共同的结论：现代中国社会、政治与经济改革的先决条件是思想革命，而这种思想革命首先需要全盘摒弃中国的过去。"（林毓生《"五四"式反传统思想与中国意识的危机——兼论五四精神、五四目标与五四思想》）

白先勇则认为："爱护传统之余，如何把传统延续创新？这是大大的学问……中国人过去有一套美学，不管是建筑庭院，颜色的搭配，都曾有非常美的美学，现在都被抹煞了……只知道东边抓一点，西边抓一点，凑成一个大拼盘，不敢创造自己的风格，自己失去信心。问题是：你没有传统，你怎么能创新？"（张素贞《学习对美的尊重——在巴黎与白先勇一席谈》，1996 年）

"你没有传统，你怎么能创新？"三复斯言，一声长叹。

金庸和他的《明报月刊》，与五四时期的《新青年》等刊物，在对待中国固有文化的态度上，大不相同。

五四时期"全盘式的反传统思想"，到了金庸创办《明报月刊》的年代，终于发展到极致。金庸创办《明报月刊》，却是"做了一堵小小墙壁，保藏了一些中华文化中值得宝爱的东西"（金庸《"明月"十年共此时》）。

金庸谈到："我们宝爱中华文化，不仅仅是因为它有价值，并非纯是出于理智的考虑。我们生在这个文化环境中，吸取它的乳汁而长大，不管它好也罢，坏也罢，就是热烈地爱它。"（金庸《"明月"十年共此时》）这主要谈的是他与中国文化感情上的联系，少谈"理智的考虑"。其实，从"理智"上说，一个彻底毁灭固有传统的民族，断无可能迅速、普遍地接受更高的现代文明。旧的文明毁了，新的文明难立，此国必将成为蛮荒之地。英国大思想家伯克认为，唯有接续上本国、本民族之自由传统，方能繁殖养育，长久延续。

如果对中国固有文明只是一味彻底否定与破坏，大概只能让我们远离而不是走近现代文明。

与胡菊人携手，光大《明报月刊》

金庸办《明报月刊》是不赚钱的，是打算赔钱。金庸感觉，办这样一份杂志，每月的亏累数字恐怕相当不小，想以《明报》的人力、物力、组织力来支持。1976年，金庸回顾："十年来……《明报月刊》仍是不牟利的。现在每个月结出帐来，有时赚一两千元，有时蚀一两千元，赚得多了，总在月刊本身花了去。至于房租、水电等等费用，则一直由《明报》津贴。"这一切，都为了他对故国、对故国文化的热爱。

2006年，《明报月刊》四十周年，金庸又说："人家不知道明报集团这样艰苦，不去了解它，说它从小到大，以为只是从一家普通报纸，到发展成功——他的眼光太低了。其实它背后有很大的理想在里面。"（金庸《爱中国、爱中华文化》，金庸等《莫若相逢于江湖》第 173 页）

《明报月刊》第一年，由金庸本人主编。一年中，金庸为之付出太多的心力。1976 年，金庸回顾并展望：

当我在亲自主编之时，我妻朱玫每天从九龙家里煮了饭，送到香港来给我吃。她在这段时期中没法照料孩子。我们的小女儿阿讷那时还只两岁多。这个向来文静的小女孩忽然爬到钢琴上，摔了下来，跌断了左臂。我接到大孩子的电话，连忙赶回家去，抱了她去请医生医治。她没有哭，只是睁着圆圆的大眼睛望着我，我心中却在想着，那一期的"明月"还没有找到合适的插画，而发稿的期限却已经到了。

现在阿讷十二岁了，已会翻阅月刊中的图片和一些最浅近的文字……我只希望，当我自己的生命结束而离开这世界时，阿讷（还有她的哥哥姐姐）也仍是这样乖，过得很幸福。我们的月刊也仍是像过去十年那样，从不脱期出版，得到许许多多人的喜爱。

更加希望，到了那时候，《明报月刊》已不只是消极地企图保存一部分中国文化，而在发展中国文化的工作上已做出相当贡献。（金庸《"明月"十年共此时》）

1967 年第一期的《明报月刊》，即由胡菊人主编了。金庸何以选中胡先生接编月刊，一般认为是看重他的学识与才干。我想，更大原因，是二人的思想倾向非常接近。胡菊人也是"保守主义者"，与金庸志趣相同。

之前，胡菊人曾长期担任《中国学生周报》社长。

《中国学生周报》……成了香港报刊史上的重要媒介，给香港文学和文化带来典范性的转变，它的创办后面有许许多多历史因素相互激荡……友联支持出版《中国学生周报》，美援的文化产物，竟是一本以中国文化为诉求的刊物。这里有复杂的线索交错：当时新亚书院为主的一群文人成为《中国学生周报》幕后重要的精神资源。在《中国学生周报》出刊的头几年，钱穆、唐君毅、张丕介等新亚重要创始人都有很深介入，他们觉得花叶飘零，但灵根自植。（王德威《文学史上香港的十个关键时刻》）

《中国学生周报》我今尚无缘寓目，看王德威的介绍，其思想倾向与后来先由金庸、后由胡菊人主编的《明报月刊》是相当接近的。

张圭阳在《金庸与〈明报〉》一书中谈到：

《明报》高举儒家思想……在讨论中国大陆、台湾的事务上，或涉及中国与第三国的领土纠纷问题上，金庸都以儒家的教导和民族感情作为评论的准绳……1974年4月金庸离港一个月，胡菊人代金庸撰述中国问题之社评，其立论与思考方式，与金庸非常接近……毫无保留地接受儒家学说，一以贯之的，是《明报月刊》总编辑胡菊人……胡菊人在六十年代起亦在《明报》副刊撰写专栏，同样地，他在专栏中处处以青年导师自居，指导年轻读者要好好地全面掌握中国文化……胡菊人大力尊崇孔孟所产生的作用，大大强化了《明报》作为知识分子报纸的形象。

胡菊人后来回忆说，当时海内外中国人有一种中国文化将要灭绝的危机感，他们觉得"明月"就像是从垃圾堆里捡回了珍宝，一图一文都特别珍贵，似乎"明月"在做一种文化艺术救亡的工作。（胡菊人《中华文化救亡的实践者》）

黄维樑谈胡菊人"为中国古代的赛先生感到自豪"：

他开始翻译李约瑟的著述，持续了几年，而这是自定的艰巨任务，单干户式的。1970至75年间，他陆续译写成长短十多篇文章，并在《明月》等刊物发表之，后来结集成书……书名是《李约瑟与中国科学》……胡氏并非科学学者，且有编辑的繁重职务，而他单干式从事译述，其艰难辛苦可想而知……译述时"还原"十分困难，胡氏叹道："往往为了一个专门术语，要费十多小时去查书"；"有时为了一个名字，要三番四次的查二十五史"。（黄维樑《胡菊人：报人、作家、隐士》）

50年代初，金庸也曾如此竭尽心力，翻译汤因比《历史研究》。

金庸、胡菊人这两位译者，翻译这两部史学名著，都不仅是出于学术上的兴趣，更为帮助国人树立起对中华民族和文化的信心，如黄维樑所说："壮年中年时的胡菊人，身形一向'窈窕'，为了让国人知道中国古代的科学，'衣带渐宽终不悔'，他消得人更清减了！人的清减，是为了中国增光。"

1978年10月，金庸与胡菊人一同到香港中文大学拜访钱穆。金庸的思想倾向更近于陈寅恪与钱穆。

访问中，金庸称钱穆为"一个伟大的学者"。在他的心目中，相比"五四"诸公，陈寅恪与钱穆更明哲、更伟大。

出于工作目的，不需要《明报》社长和《明报月刊》总编辑两个人一起采访，是二人都仰慕钱穆，得聆謦欬，以为荣幸。过程可能是这样的：先是胡菊人代表《明报月刊》要去采访钱穆，跟金庸说了，金庸说这么好的机会这么好的事，我也去！于是，一同去。

在对待华夏历史与传统文化上，金庸与钱穆路向相同。也可以说，金庸是宾四先生自觉的追随者。这一路向，概括言之，就是钱先生《国史大纲》所说的"对其本国已往历史有一种温情与敬意"，"不会对其本国已往历史抱一种偏激的虚无主义，亦至少不会感到现在我们是站在已往历史最高之顶点，而将我们当身种种罪恶与弱点，一切诿卸于古人"。

拜访钱穆归来，第二年，1979年底，胡菊人已决定离开《明报月刊》，行将与金庸分手之际，二人同坐一辆车，一时竟缄默了，终于，金庸打破沉默，说："菊人兄，我们共事这么久，就算是此刻死了，也是值得的。"菊人答："是呀，十多年来，查兄你不用与我说一句话，而我也不必向查兄征问一句话，就把《明报月刊》编得相当出色，这是非常难得的！"

金庸说自己"平日很少对人热情流露"，而他对胡菊人说这几句话，就是他少有的"热情流露"的时刻。胡菊人离开，无可挽回，金庸所说，相信是发自内心的肺腑之言。

胡菊人从 1967 年 1 月开始主编《明报月刊》，1979 年底离开，任《明报月刊》主编整十三年。胡菊人时代的《明报月刊》，已成为港台及海外最重要的泛文化知识刊物，一直延续到今天。

《明报月刊》与胡菊人，互相成就。金庸与胡菊人，都为对方"圆梦"。

金庸 1945 年办《太平洋杂志》，1951 年想办《新杂志》，他梦想中一直有一份刊物，可以嘉惠士林，助力"中国文艺复兴"，《明报月刊》若是办砸了，他的梦就碎了。胡菊人使《明报月刊》成为海外华人备致崇敬的刊物，金庸二十多年的梦想，终于成真。

《明报月刊》创刊二十周年，1986 年 1 月，胡菊人发表《明月去来——记查先生的几句话》，说：

> 如果说到尽文化人责任的话，查先生对我说的话果然实现了。事实上没有任何一个地方，为这两件国家大事，可以像在《明报月刊》那样，尽到这样彻底的文化人责任。
>
> 这得感谢查先生。而查先生那句话，也确是使我在以后一直当编辑，至今未已，学者之梦当不成，但是文化人的职分倒是尽成了。

胡菊人最大限度地"尽文化人责任"的梦想，借由《明报月刊》这一平台，亦完满实现。

1966 年 12 月，胡菊人尚未办完在《今日世界》的离职，利用晚上和周末时间编成《明报月刊》1967 年 1 月号。1967 年春，胡菊人正式来到"明月"，编辑部这时已从跑马地搬到北角的南康大厦，和《明报》一起。金庸与胡菊人"双剑合璧"，明报报业于中国文化界大放异彩。

金庸说，胡菊人接手后，十三年来自己完全不必为月刊的编辑工作费心，得到这样严谨负责的人来合作，是一生最大的好运之一。这样说话，也是金庸平生少有的热情流露的时刻。

对胡菊人这位朋友，金庸充满挚爱之情，此情始终未改。

"明月"之下，抱憾与胡菊人分手

胡菊人为傅朝枢所延揽，决定离开《明报月刊》，转投新创的《中报》，任总编辑。胡菊人既与傅朝枢签约，找金庸请辞《明报月刊》总编辑。金庸做了自我批评，我认为，他是真诚的，也必须如此。虽说《明报月刊》本身不盈利，但这是老板金庸的理想寄托，不能要求月刊编辑都为这个理想而生活不宽裕。金庸的《明报》和《明报周刊》都是赚钱的，很可以挹注到《明报月刊》，为《明报月刊》编辑提供更高的薪酬。

胡菊人与倪匡交情甚好，二人性情却大不同。倪匡时不时要求金庸加稿费，金庸或加，或送重礼给他。胡菊人是不会跟金庸开口要求加薪的，二人君子之交，金庸不方便送礼物给他，胡菊人也几乎不会收金庸的礼物——除了分手时接受金庸所赠劳力士金表。

1967 年，金庸给胡菊人的薪酬是很丰厚的。十几年后，1979 年，胡菊人的月薪是港币四千七百元，偏低了。偏低是说与胡菊人的成就和江湖地位不匹配，并不是低到说不过去，否则以傅朝枢开始展现的土豪作风，就不是只给胡菊人港币一万元月薪了。报界"挖角"，月薪涨一倍左右，是常规操作。

胡菊人到"明月"之前，任职于《今日世界》，月薪港币一千二百元，公认是薪水很高的优差，金庸开出月薪港币两千元，延揽胡菊人进入"明月"。不能因为金庸开出两千元的高薪就说《今日世界》给胡菊人一千二百元是吝啬。按这个比例，1979 年胡菊人月薪四千七百元，傅朝枢开出一万元，假如金庸之前将胡菊人的月薪涨到五千五百元就很好了，涨到六千元就相当优厚。四千七百元偏低了，却不是有些人渲染的寒酸可怜。

1975 年，金庸与牟宗三等人一起出席胡菊人和刘美美的婚礼，当时胡菊人已 42 岁。到 1979 年，胡菊人已近半百，因晚婚，两个孩子还很小，这种特殊的、格外需要用钱的家庭环境，金庸是知道的，而只提供偏低的月薪，有亏"友道"，不仅是以老板身份的考虑不周。

假如胡菊人在"明月"的月薪已经涨到八千元，即使傅朝枢开出一万五千元的价码，胡菊人或也会在签约之前跟金庸商量的。签约之前不知会，后来金庸请倪匡、农妇（孙淡宁）等人劝说慰留胡菊人，转圜的余地也大一点。

傅朝枢的背景，相当复杂。马家辉说："《中报》果然短命到无人相信……闻说胡老总曾为此借酒消愁，一夜之间头发尽白……胡菊人在政治旋涡里欲做知识分子，不可能不折翼败走。"（马家辉《金庸作品浮想札记三则》）

现代社会，不存在"卖身契"，胡菊人离开《明报》系统，无可指责。期间试图拉拢《明报》精英到《中报》，也不算做得多么失格。然而，沈西城说："查太阿 May（林乐怡）告我，胡菊人离《明月》前，将新一期的稿件悉数卷走，存稿不足应付下一期的出版。金庸挑灯夜书，以一人之力，填补空缺。新一期《明月》顺利出版，水准无损。"（沈西城《金庸逸事》第 139—140 页）若是属实的话，胡菊人这事做得太不仗义了。

存稿是作者们投给《明月》而不是给胡菊人个人的，可以算是《明月》资产。"《中报》成立时亦有《中报月刊》，为了对抗《明报》和《明报月刊》的舆论阵地而来"，取走《明报月刊》全部存稿，胡菊人竟做出这等事，未必纯出于本人意愿，《中报》老板可能也在背后撺掇。无论如何，总归是做得太过分了。带走一半，留下一半，是底线了。胡菊人此举，突破底线。胡菊人一生正直，唯独此事，做得不正不直。

金庸接编《明报月刊》，在 1980 年 1 月号的《编者的话》中，一字不提胡菊人取走月刊全部存稿之事，只说好话："胡菊人兄和我们是在十分友好的情况下分手的……这十三年中，他辛勤的努力，使得《明报月刊》成为海外华人社会中一本极有影响力的刊物。"

对真正的才士，金庸是肯于格外优容的。李敖骂金庸二三十年，金庸一直不回应，更从来没回骂过一句，除了金庸自重身份，恐怕也是他深惜李敖之才（萧孟能说李敖"才胜于德"），这才不与之计较。

倪匡说金庸气量大。金庸的气量，似乎因人而异，他觉得自己做错在先，对朋友有亏有愧，气量就格外大。因妻子朱玫不满，金庸辞退王世瑜，王世瑜在报纸上极力诋毁金庸，金庸并没有放在心上，因为是他先有亏于王世瑜。

胡菊人取走《明报月刊》存稿，金庸后来似亦未介怀，或许他真的意识到，是自己没有及时提高胡菊人的薪酬，胡菊人才会"遇人不淑"，跟傅朝枢走到一起。金庸挽留胡菊人，最多一半是为自己、为《明报月刊》，一多半是为胡菊人担心，怕他栽在傅朝枢手上。

胡菊人辞职，金庸举行相当隆重的欢送会，金庸难得地也喝了酒，用非常诚恳的态度和言辞来挽留他。知道不可挽回，给了胡菊人三个忠告：

第一点，菊人兄，你要知道，人的性格是个个不同的，你将来到那边工作，他们家庭成员当然要来管事，同时，在你下面还有很多人要管，人的个性既然人人不同，那么就算有人当面对你发脾气，拍桌子，你也要忍耐，不要动怒。

第二点，报纸杂志的销路，是有起有伏的，如果销路下跌，你也不要忧心，只要冷静去做就是了。

第三点，你要知道，办报难免时时接到律师信，就算打官司，你也不必惊慌。

1986年，胡菊人为《明报月刊》创刊二十周年所写《明月去来》，谈到金庸当年给他的这三个忠告，后来"全部应验"，"而我未能遵守"。

马家辉则说，金庸曾提醒胡菊人，傅朝枢这个老板绝对不可靠，他的资金来源很不可靠。

胡菊人毕竟是书生。

人格就是报格，报纸老板人品有问题，怎么可能办出一份高格调的报纸？胡菊人离开《明报月刊》可以理解，决定与傅朝枢合作，实在太孟浪了。

胡菊人非常敬重徐复观，傅朝枢就是辗转请托徐复观，延揽胡菊人成功。徐复观后来谈到他对傅朝枢的第一印象："虽然我感到此人一股俗气，但听其言甚为诚恳，乃介绍菊人与他认识，万想不到此人乃属大奸一类的角色，使菊人上了一个大当。"

1986年，傅朝枢的《中报》试图在核电站问题上与金庸的《明报》论战，《明报》对于《中报》的挑衅，一点回应也无。一般认为，金庸"知道与《中报》骂战，只会提高了《中报》的地位和声势"，这才不做回应。或许更重要的是，金庸鄙视傅朝枢为人，与其论战有失身份，就算不会提高《中报》声势，也不去理他。

1980年，胡菊人为傅朝枢打工一年。《中报》创刊，先声夺人，发行六万份，到年底，发行量只剩数千。胡菊人在那里，种种掣肘、挫辱，种种不如意。他离开《中报》那天，一夜白头有些夸张，这一年的工作，确实极大损伤了他的身心健康。

胡菊人是好学者、好编辑，并不是一流的经营人才。

1981年春，傅朝枢毁约，赔偿给胡菊人港币二十万元。某日，胡菊人等人在金庸家里聊天，金庸建议他们不妨办一个杂志，就是当年6月创刊的《百姓》。

《百姓》创刊，以"九七"为主题，打响了第一炮。金庸又为他们提供自己办报刊的经验：出版半年后，会出现一个下滑期，必须提高质量，赢得读者的爱好，才能保持上升的气势。

有一年圣诞节前，金庸在尖东一家酒楼宴请台湾女作家三毛，得知胡菊人就在附近一个酒会，连忙通过李文庸（慕容公子）邀来挚谈，诚意拳拳。

张五常回忆："一九九〇年……我邀请了刚来香港的刘诗昆到港大的一

间音乐室演奏琴技，请了数十位知音人，查老也来了。诗昆演奏后我见到查老小心地扶着胡菊人下梯级，心想，外间传说查、胡两人有过节，应该不严重。"（张五常《日暮黄昏话金庸》）"有过节"不如说"有芥蒂"，"有芥蒂"不如说"有心结"。"心结"主要出在胡菊人一方，假如他离开《明报》转投《中报》不是那么失败，就不会"羞见江东父老"，会更开心地与金庸欢然道故。

《明月去来》文中，胡菊人说："查良镛先生是我的老上司，并有深厚的知遇之交。"

胡菊人主编《明报月刊》十三年，主持《中报》一年，随后主编《百姓》杂志，刚好也是十三年。后因严重坐骨神经病痛，胡菊人将杂志售出，又于 1996 年移民加拿大。

"办《明报》是拼了性命做事"

金庸创办《明报月刊》，除了经济损失，还要承担其他更大的风险。四十年后，2006 年，金庸追忆当年：

下决心出版这本杂志的时候，我是决定把性命送在这刊物上的，当时心里只念着这句话："人总是要死的！为了中国文化而死，做个读书人，心安理得！"（金庸《拼了命出版〈明月〉》）

同一时期，《明报》也正遭遇极大的凶险。

金庸晚年谈到："《明报月刊》的态度还比较温和一点……《明报》就是跟'文化大革命'对着干。我说过办《明报》是拼了性命做事。幸亏最后没有死，那是运气好……我当时是拼着性命来办的，准备给打死的，结果没有打死，还好。他们觉得我很勇敢，我说在香港做事情，勇敢一点也不奇怪……香港这个环境中，要勇敢很容易的。办报是真正拼了性命来办的，写小说是玩玩。"（李怀宇《专访金庸：办报纸是拼命，写小说是玩玩》）在香港，要勇敢，只是相对更容易，其实也大不易，否则当时勇敢的就不会只有金庸等少数报人。

1966年，《明报月刊》初创那一年，《明报》上半年日均销量已达82959份，已是香港有数的大报。销量增加的同时，金庸也以自己几乎每日都要撰写的社评为报纸树立了极高的声望。

金耀基称许金庸所写社评："知识丰富，见解卓越，同时有战略，有战术，时常有先见之明，玄机甚高，表现出锐利的新闻眼。"

金庸写社评，喜作预测，而准确率甚高。

查先生当年在《明报》天天写社评议论世局国事，有口皆碑，不少人想知道他判断政情为什么都那么准。查先生私底下总爱说，人是自私的，推测个人或政府的用心和行动，必须推己及人，先从其自私的角度衡量其得失，然后判断其下一步之举措，一定不会离题太远。（董桥《文字是肉做的》第126页）

金庸对政局预测精准，也得力于他对《资治通鉴》一书几十年的研读深思，金庸说："《资治通鉴》令我了解中国的历史规律，差不多所有中国人也按这个规律行事。"

当然，百分百的准确率，谁也做不到。金庸说："我常常大胆地假定一件事可能会如何发生，即使说错了，顶多读者写信骂骂我。香港读者很忙碌，他们总希望看到一些比较肯定的意见，如果意见错了，再解释自己为什么会错。譬如我说苏联派飞弹部队到古巴一定会撤退的，我提出了一些理由，结果苏联不撤退。我后来当然要向读者解释什么理由不撤退，我说：'美国政府没有用。'"

1967年，"五月风暴"席卷香港，而金庸正在"风暴眼"中，家人也被波及。罗孚之子罗海雷说："'六七暴动'时查良镛……人身安全受到威

胁……据说，他的大女儿还因为在外地生病时，没有得到及时治疗，影响了听力。"（罗海雷《重读查良镛与父亲信札有感》）

后来，金庸对着池田大作回首当年："每一个阶段中，在坚持自己的主张时，都面对沉重的压力，有时甚至成为暗杀目标，生命受到威胁，但是非善恶既已明确，我决不屈服于无理的压力之下……我也常常以我写的武侠小说中虚构的人物作为模范来勉励自己：'虽然危险，内心不免害怕，但不可卑怯退缩，以致被我书中的英雄们瞧不起。'"（《探求一个灿烂的世纪》第119—122页）

总体而言，作为一位报人，金庸表现出很高的品格和极大的道德勇气。

《南方人物周刊》记者问他，办报时"有没有政治压力或别的压力"，金庸回答："政治的压力我不理他。当然引诱也是有的，美国给我钱，我没要；英国给我钱，我也没要。但是在危险的时候他们派警察来保护我，我接受了。有一阵子新闻纸很紧张，贵得不得了，还买不到，就有人打电话来说'我们借给你'。接受赠物嘛，是玩不起的，因为你只能拿文章作回赠，但我实在不想受他们影响而换文章。这样下贱的（交换）我不要。"

《中华读书报》记者问："从创刊到现在，《明报》实现了您这种新闻追求吗？"金庸回答："我办《明报》四十年，我问心无愧。直到现在为止，《明报》不是香港发行量最大的报纸，但是它不传播流言，不制造谣言，没有失实的新闻，在香港的报纸评比中，品行和公信力都是第一，是值得信任的一张报纸。而且，当年《明报》确定的'公正无私'、客观报道、客观评论，信守'明辨是非'，靠良知办报的传统直到现在还在延续。读者可以在《明报》看到最靠得住的新闻。"

王世瑜与韦小宝，金庸与令狐冲

金庸对杨澜说："他们把这些炸弹送到我报馆来，我的秘书看到炸弹就报警察……"这话有些表达不清。这枚炸弹并不是赤裸裸地送到《明报》社，而是放在一个邮包里面，隐蔽性很强，危险性就更大。当时若不是金庸的秘书那么机警，后果不堪设想。

这位秘书，就是王世瑜，公认为《明报》系统内金庸最喜欢的人，五十年来，与金庸情同父子。1991年，金庸为王世瑜题字："共事数十年，友情始终不渝。"

2016年，王世瑜接受《明报周刊》访问，谈到："查先生是个多'桥'的人，跟韦小宝个性相近，我也有韦小宝的脾性；查先生钟意我机灵利落主意多……说起来查先生比我大十六岁，他属猪，我属兔，我们气味相投——人人觉得查先生严肃，但我们讲缘分，他什么也跟我说。"

沈西城曾当面问王世瑜："阿哥（你）可是金庸心中的韦小宝？"王世瑜大笑不停，既不承认，也不否认。（沈西城《金庸逸事》第198页）

我与沈西城同一意见，也觉得，王世瑜就是金庸笔下那个"小滑头"韦小宝的"人物原型"之一，并且很可能是最重要的一个。

（王世瑜）22岁在珠海读文史系，还差两年便毕业，即考入《明报》当校对……王世瑜在《明报》工作的第四个晚上，金庸叫他转做编辑，负责编"星期文库"。《明报月刊》筹备出版时，金庸为主编，王世瑜为助理编辑兼金庸的私人秘书……1967年《明报》创办《华人夜报》时，王世瑜为总编辑，金庸第二任太太朱玫任采访主任。（张圭阳《金庸与〈明报〉》第202页）

《笑傲江湖》中，黑木崖上，东方不败说："任教主，你待我的种种好处，我永远记得。我在日月神教，本来只是风雷堂长老座下一名副香主，你破格提拔，连年升我的职……此恩此德，东方不败永不敢忘。"在《明报》系统，王世瑜升职之快，比东方不败在日月神教，比韦小宝在清康熙朝，都有过之而不及。

1984年，金庸邀请王世瑜出任《明报晚报》总编辑兼总经理，同时兼任《财经日报》社长。1986年，王世瑜再兼任《明报》总编辑，在《明报》架构内权力极大，《明报》历史上再也没有人像他一样兼任四个领导职级的头衔。（张圭阳《金庸与〈明报〉》第202页）

金庸对王世瑜毫不吝啬。王世瑜对沈西城说："我在《明报》收入非常好，除了工资，《明报》《明晚》《明月》《明周》，我都有钱分，另外每年都有花红。"（沈西城《金庸逸事》第197页）

金庸对王世瑜如此，除了出于爱才一念，实在也为王先生的机智、机变、机灵、机巧很能投合金庸的脾胃，就像韦小宝之于康熙。

沈西城眼中的王世瑜，真是"话头醒尾"[《鹿鼎记》中，"索额图见他（韦小宝）精乖伶俐，点头知尾，更是欢喜"]，"鬼灵精，点子多，懂承色，最得金庸欢心"。

王世瑜对沈西城说："几十年了，我已成为金庸肚皮里的蛔虫。"韦小宝在领会康熙意图方面的造诣，差堪近之。

韦小宝是"宝"，王世瑜是"玉"（"瑜"），或者说，"宝"与"瑜"中，都有"玉"在焉。二人的名字，都不是不相似的。

"小宝"二字，本身就有"世上的小宝"（比"世上"其他东西更好，才可以称为"宝"）或"现世宝"的意思，王世瑜名字中那个"世"字，在"韦小宝"的名字中，也不是一点着落没有。

王世瑜写"乐在其中"专栏时，用的是笔名阿乐，很多朋友就一直叫他阿乐。"阿乐"与"小宝"，多少也有点相似。

（金庸）卖《明报》于于品海。阿乐顿足捶胸大喊："这是一个极其错误的决定！"九一年，于品海借机靠近金庸，婉言巧语，博取好感；到九三年，两人交往渐密，终于获得金庸的彻底信任，不把《明报》卖给传媒大亨梅铎（默多克）反而转让与一个名不经传的小伙子……于品海可称幸运儿。

《明报》出售后，金庸仍保董事一职……某日金庸兴致勃勃地跑来开董事会，一到会议室门口，却遭挡驾，有人对他说："查先生，奉上层命，今天你不用开会了，请回吧！"金庸一怔，继而气得双手发抖。闯荡江湖历有年所，何曾受此大辱？回家好几晚没好睡。（同上，第194—195页）

王世瑜接受《明报周刊》采访，说法略有不同："后来《明报》卒之卖了给于品海，但不幸于品海信错人，用了郑君略。不久，我返回加拿大，却收到查先生电话（当时他仍任《明报》名誉社长），他说当时《明报》正计划出版《中国日报》……查先生便跟郑说反对出版。谁知郑跟查先生说：'查先生，我们请得你做名誉社长，也可以随时请你走！'这番说话让查先生气到打电话跟我诉冤屈……那次《中国日报》给他的打击很大……郑君略的'逼宫'也着实伤透了他的心。"（2016年5月7日《明报周刊》）

金庸体质一直不错，此前基本不曾生过大病，1995年一场心脏病，来得相当突然，险些丧命。起病之因，或许与他被逐出《明报》后长期的郁闷难宣有关。

金庸病愈后，写给老同学余兆文的信函中，稍微透露出此中消息。金庸没有谈自己发病之前精神上是否受到伤害打击，但说手术完成后，"在深切治疗部休养时，护士小姐们密切观察心跳、呼吸、供氧的数据，进展甚为顺利，但一星期后，由于听到一个与出版事业有关的不快消息，受到一些刺激，清晨醒来后竟出现轻微中风的现象，幸好是在医院之中，医生例行检查时及时发觉……"这"一个与出版事业有关的不快消息"几乎不可能与他的小说版权有关。《金庸作品集》在香港一直由他自己拥有的明河社出版，不可能有麻烦；在台湾地区，由远流出版公司发行，一直合作愉快；在中国内地，刚授权三联书店出版，要闹不愉快，也不会如此快。所以，这个"出版事业"，指的就是《明报》。这个"不快消息"，九成是与于品海相关。

金庸的朋友倪匡、王世瑜等，也都谈过金庸在出售《明报》后为于品海所赚，而感到的愤懑和极大的精神打击。

其时，王世瑜夫妇及女儿，一起从温哥华赴港，专程探病。

于品海和郑君略，两位先生，真是不仗义。想将金庸排除在《明报》领导层以外，还不算十分过分，而出以这样的手段，太不成话！

1995 年 3 月 21 日早上，香港下了暴雨。刚辞去《明报月刊》主编的潘耀明……接到查良镛太太的电话，说查先生要做个心脏搭桥手术……手术不太成功，淤血进入脑部，查良镛甚至一度丧失了语言能力，"讲不出话来，对他打击蛮大的。后来他们通过找的三个香港最有名的脑科专家会诊，清理了，元气大伤。"潘耀明回忆。（荆欣雨《金庸的遗憾》）

我怀疑，这次不很成功的手术，损伤了金庸的脑力。几年后，他开始第二次修改小说，文笔都比以前差很多，或与手术有关。

1993 年 4 月 1 日，金庸宣布辞去明报集团董事局主席职务，改任名誉主席。1994 年 1 月 1 日，金庸辞去明报集团名誉主席及非执行董事之职。

金庸认为应当趁自己头脑还清醒的时候，为公司做长远的策划。在精力还好时离开，对自己、对报馆都比较有益。假如自己突然死了，报馆没有人领导的话，同事都会很彷徨。

1997 年，金庸接受新加坡《新明日报》采访，谈到："我跟李光耀同年，所以他退休不做的时候，我也是要退休不做了。"（韩咏梅《访问金庸》）李光耀辞任新加坡总理是在 1990 年，三年后，金庸退出《明报》。

将《明报》的领导权完全交付继任者，金庸不是不肯，但被于品海以这样粗暴卑劣的手段逐出，金庸不能忍，打电话给已经移民到加拿大的王世瑜："世瑜兄，侬回转来得我办一张报纸，好弗？"（沈西城《金庸逸事》第 195 页）要王世瑜回归，辅佐自己办新报，与于品海的《明报》竞争，这情形很像金庸多年前所写《鹿鼎记》中康熙帝对韦小宝的两次征召。第一次，康熙帝漫海撒网，遣派多艘海船搜寻韦小宝，大喊："小桂子，小桂子，你在哪里？小玄子记挂着你哪！"第二次，"罗刹军民又大举东来……决意将黑龙江一带广大土地席卷而有之"，康熙就想起了韦小宝，召他回来，打罗刹鬼子。

接了金庸的电话，王世瑜回答很是明快："只要查先生要办，阿乐我立刻滚转来！"愿意放弃加拿大的一切，重上战场。

毕竟金庸年事已高，妻子林乐怡也反对，这张新报终于不曾开张。而金庸与王世瑜在这一过程中那份情逾父子的深情，总是令人动容。

最相似的，是金庸与王世瑜、康熙与韦小宝，彼此间那份深情。

金庸与王世瑜，感情这么好，这么深，中间却也曾出现裂痕。

（金庸）想抢占晚报市场，见阿乐鬼点子多，就交他去办……不到两个月，《华人夜报》昂然出版，内容重情色，报道走偏锋，标题耸人，内幕爆炸，正合男性读者胃口，销路开畅……查太（朱玫）以《明报》乃正宗大报，四海扬名，旗下焉能有邪报之存在？劝金庸立即改革《华人夜报》并开除阿乐。（同上，第188—190页）

金庸夹在中间，为难之极，最后逼于无奈，只好把查太的意思对王世瑜说了。王世瑜年少气盛，立刻告辞。（沈西城《金庸与倪匡》第76页）

《华人夜报》创刊于1967年9月22日，不久销量就到了三万份，编访工作人员只有十二人，成本低，是一份非常赚钱的晚报。王世瑜率多名记者离开，《华人夜报》就在1969年关闭了。（张圭阳《金庸与〈明报〉》第116—117页）王世瑜离开《明报》系统，稍微有点像金庸1969年开始写作的《鹿鼎记》中韦小宝的离京出走。

王世瑜离开《明报》，投身于一直视《明报》为对手的《新报》老板罗斌麾下，延续《华人夜报》风格，创办《新夜报》。《新夜报》只有王世瑜和雅伦方二人，销量很快达到数万份。此人才干，于焉可见。

据沈西城说来，王世瑜满腹怨气离开《明报》，经常在《新夜报》拿金庸开玩笑，尤其《射鸡英雄传》的连载，大受读者欢迎。当时有人劝金庸将他告上法庭，金庸只是笑笑说："小孩子嘛，总是这样的！"他并不放在心上。沈西城曾问王世瑜：查先生生不生气？王世瑜笑着摇头。又问："你写《射鸡英雄传》骂他，查先生不记恨？"王世瑜又摇头，说："哪会呀！查先生看了，哈哈笑，夸我写得好！"沈西城听了，暗叹："天呵！查先生气量海样深。"

金庸逝世后，倪匡谈到："他是一个有器量的人，有些人得罪他，行为很下流，对他人身攻击，不只口出恶言，还发文攻击，金庸非但一笑置之，还很看重那个人，我很佩服，器量那么大，是做大事的人！金庸的胸襟宽到我们都看不过眼！"（《倪匡追忆金庸："一流朋友，九流老板"》）倪匡这里说的"有些人"，应该不是只指王世瑜一人。

我感觉，金庸的气量胸襟，更多出自后天的教养，很多时候他不是内心不生气、不记恨的。但是，他对王世瑜，生气记恨的成分，应是极微。

王世瑜被迫离开《明报》，是金庸对他有亏欠。金庸是讲情理的人，王世瑜骂他，他不会特别生气。

金庸在《韦小宝这小家伙》一文中说："我写《鹿鼎记》写了五分之一，便已把韦小宝这小家伙当作了好朋友，多所纵容，颇加袒护，中国人重情不重理的坏习气发作了。"他可能发自内心，有点喜欢韦小宝和王世瑜这种性格的人。王世瑜骂他，他不是很记恨。

我觉得，最大的原因是，当年若非王世瑜及时发现那颗炸弹，金庸的人身很可能要受到伤害，甚或丧命。

金庸对杨澜说炸弹寄到《明报》社，更早前，他在别的场合说的却是："我家曾经收到一个邮包炸弹，王世瑜发现邮包可疑，于是报警。警方就在我跑马地家门口引爆了那个炸弹。"（傅国涌《金庸传》2003年版第221页）若后者属实，炸弹是寄到金庸家里，一旦爆炸，幸免的可能性就更小了，且将伤及家眷。

1967年，王世瑜帮金庸逃过一劫。1969到1972年连载的《鹿鼎记》中，韦小宝也几次救过康熙性命。

当时若非王世瑜警觉，后果将如何？死？伤？重伤？没事？各种可能性，都是有的。然而，作为被拯救者，只能往最坏的方向设想，而不应作如是想："就算炸弹炸开，本人有百灵呵护，必能逢凶化吉。"真要这样想，那还是人吗？

金庸对王世瑜始终如一的优容宽待，相当程度上是出于一种"感恩"心理。

一位朋友，很不满意令狐冲对岳不群的态度，说："很不喜欢令狐冲对岳不群一味容让和姑息的态度。在《笑傲江湖》的后部，连傻子都能看出岳君子的奸诈和虚伪，令狐居然对其还是一再容忍已到了懦弱的地步。岳不群几次险些要了令狐冲和任大小姐的命，可令狐冲居然还要求一再放过岳不群。这已经是令狐性格上致命的弱点。我觉得金老爷子在这一点上把令狐写得有点假了，偏离了人性的真实。"这一论点，是我万分不能赞成的。

令狐冲个性极美。始终不能忘怀岳不群对自己的恩义，正是令狐冲最大优点之一。西塞罗认为："感恩不仅是最伟大的美德，也是其他美德之母。"

令狐冲"想起师恩深重，师父师娘于自己向来便如父母一般，不仅有传艺之德，更兼有养育之恩"。他也永远记得"自幼父母双亡，蒙恩师、师娘收入门下，抚养长大，名虽师徒，情同父子"。

令狐冲受恩深重。行走天地间，一个无依无助的孤儿，而为岳不群收养，解衣衣我，推食食我，授以武功。在岳不群对《辟邪剑谱》动念之前，令狐冲被江湖中人普遍认为是最有可能接岳师衣钵的首席大弟子。在《笑傲江湖》的江湖世界，各大门派的"少侠"们，没有谁获致这样的地位。

令狐冲的一切，都是岳不群给的。说岳不群对令狐冲恩同再造，并不过分。对令狐冲来说，岳不群既是"师"，亦是"父"。父师往日恩情，如何可以遗忘？

"人有德于公子，公子不可忘也；公子有德于人，愿公子忘之也。"（《史记·魏公子列传》）中国人的传统观念，是这样的。

《韦小宝这小家伙》一文中，金庸说："在民间的观念中，'无法无天'可以忍受……甚至于，'无赖无耻'的人也有朋友，只要他讲义气。但'无情无义'绝对没有，被摒绝于社会之外……'情义'是最重要的社会规律，'无情无义'的人是最大的坏人。传统的中国人不太重视原则，而十分重视情义……不孝父母绝对不可以……"传统中国人的观念，是这样的。

读到马勇的一条微博，很有同感："中国原本是一个最重知恩图报的族群。滴水之恩当以涌泉相报，饮水不忘挖井人。这些都是传统中国人精神世界的真实写照。只是到了近代，许多人开始习惯用阴谋论看待世界看待人，感恩的观念渐行渐远。"

令狐冲可与电影《霸王别姬》中程蝶衣的徒弟小四对照看。同样是孤儿，为恩师所收养。对于小四来说，程蝶衣既是其师，也是其父。一旦程蝶衣成了"坏分子"，小四当即反戈一击，挞伐恩师。令狐冲这样做，并不难，在江湖上极力表现自己的"正义感"，与岳不群"彻底划清界限"，对令狐冲来说，只有好处，毫无损失。对己有益无损的"正义感"，我总觉得先有三分可疑。

《神雕侠侣》一书中，最恶心的人物，其实并不是郭芙，而是武修文。

武修文笑道："……他二人师不师、徒不徒，狗男女作一房睡。"黄蓉板脸斥道："修儿，你不干不净的说甚么？"武敦儒道："师娘你也忒好，这样的人理他干么？我是决不跟他说话的。"郭芙道："今儿他二人救了咱们，那可是一件大恩。"武修文道："哼，我倒宁可教金轮法王杀了，好过受这些畜生一般之人的恩惠。"(《神雕侠侣》第十四回)

武修文说的最后这句，是《神雕侠侣》中，也可能是金庸十五部小说中，最具"正义感"，又最恶心的一句话，极端轻佻，而毫无感恩之心（此时的郭芙，反而记得杨过的"大恩"）。西谚有云："地狱里尽是不知感激的人。"

至于金庸本人，在绝大多数时候，他都是恩义观念极重的一个人。受惠于人，永矢勿谖，念念不忘。

办过的报刊，用过的笔名

袁紫衣姑娘，凭借个人的努力，终以九家半门派总掌门的身份，昂然步入天下掌门人大会会场。

金庸生平办过的报、刊，有十一份半，可以称为"十一家半"报刊总掌门（以下，多取材于张圭阳《金庸与〈明报〉》一书）。

《明报》：创办于 1959 年，1994 年金庸彻底退出。新掌门于品海彻底逼退金庸后，《明报》风格大变。有几年时间，金庸竟再不看这曾是他心血所聚的报纸一文一字。

《明报月刊》：前面已经详细介绍过，兹不赘。

《明报周刊》：1968 年 11 月创刊。金庸的明报集团，最重要的，就是一报（《明报》）两刊（《明报月刊》和《明报周刊》）。

《明报周刊》开风气之先，是香港第一份娱乐性周刊，迄今也还是最受香港读者欢迎、销量最大的娱乐性周刊。1988 年统计，《明报周刊》发行量、广告收入稳居十大周刊榜首。（雷渝平《1988 年的香港新闻事业》）《明报周刊》的广告收入，占到《明报》所有出版报刊总收入的两成。

《明报月刊》为明报集团赢得了知识分子读者和学术界的尊重，《明报周刊》则为明报集团创造了经济效益。温瑞安说："《明报周刊》可能是明报系统中除了日报之外最赚钱的一份刊物。以《明周》每期出纸之厚，只有卖一本、赔一本的份，但《明周》仍然大赚，为什么呢？因为《明周》的广告客户委实太多，单只广告费，已赚够了。《明周》一直是在香港历史最久，销量最好，走较为客观、稳重路线的周刊，八二年起香港'八卦周刊'满街是的风潮，完全不能威胁这份周刊的站立。这份周刊的总编辑是雷炜坡，被人称为'遥控编辑'，反应快、能用人……《明周》历来也出来不少人才。"（温瑞安《王牌人物金庸》）

《武侠与历史》：这份刊物兴办，仅比《明报》略晚。金庸在《飞狐外传》后记中说："《飞狐外传》写于一九六〇、六一年间，原在《武侠与历史》小说杂志连载，每期刊载八千字。"

武侠与历史，武侠小说与历史小说，一直都是金庸最感兴趣的

在 1962 年 5 月 11 日第 79 期《武侠与历史》的第 20 页，出现了一个预告，最上面一行是"金庸先生又一新作"，下面是新作的名字，大大的字体，印着"黑旗英雄传"五个大字，最下面两行是内容简介，"叙述两广英雄刘永福及其部属之事迹。情节曲折离奇真人真事，较之凭空创造者更为引人入胜。请注意刊出日期。"（赵跃利《有图有真相之金庸轶事 3》）可惜，这部《黑旗英雄传》，终于没有写。

金庸只给《武侠与历史》杂志写过武侠小说，想写历史小说，而未写。

《野马》：这份杂志从 1962 年办到 1969 年，性质与《武侠与历史》相近，内容更为芜杂。《野马》是金庸与沈宝新合办的，《明报》也是二人合办，但《野马》是独立的，并不隶属于明报集团。

《华人夜报》：与王世瑜关联甚密，前面谈王世瑜时，已经详细介绍过这份报纸，兹不赘。

《明报晚报》：1969 年，《华人夜报》停刊。不久，当年 12 月 1 日，《明报晚报》创刊。1970 年，金庸短篇小说《越女剑》、系列随笔《卅三剑客图》皆连载于此。《明报晚报》慢慢转变为一份以财经为主的报纸，风行一时。

1988 年，《明报晚报》停刊。金庸说："当《明报晚报》要停办时，全报馆的人都反对，因为这张报纸已办了很久，而且还很成功过。但我对他们说，作为报人，我希望她能办下去，但作为企业家，看到她亏损，且没有好起来的可能，我只能把她结束。有人说结束会对我的声誉有损坏，我说如果不结束对我的声誉也是损坏，但过后人们会认为我的决定是对的。"（冷夏《文坛侠圣——金庸传》第 404—405 页）

《财经日报》：记者黄杨烈离开《明报晚报》后，与人合股创办《财经日报》。出版后，销路不佳，黄杨烈邀金庸入股。金庸没有怪黄杨烈离开明报报业，反而百般安慰他，答应入股。此后，销路仍无多大改善，股东纷纷退股，金庸看黄杨烈太辛苦，就把《财经日报》买了下来。（沈西城《金庸

与倪匡》第 82—83 页）之后，这份报纸一直亏损，只好停刊。

《新明日报》：1967 年，金庸远走新加坡，与当地商人梁润之合办《新明日报》。"创报不久，《新明日报》已是当地销量最高的三份报纸之一。"（《缅怀泰斗·拥抱鸿篇——细味金庸传奇一生》第 116 页）

新加坡脱离马来西亚独立后，报纸分为新加坡《新明日报》和马来西亚《新明日报》。再后来，两国政府先后限制外地人士所持有的股份数量，金庸也就退出了。1979 年，新加坡《新明日报》的日销量已达十万份（当年香港《明报》的日销量是十二万份），是新加坡的一家大报。

1995 年 7 月，金庸大病初愈，为《金庸作品集》东南亚版写序，谈到："在与南洋文化界、新闻界的交往中，结识了《南洋商报》总编辑兼总经理施祖贤先生，他要求转载《神雕侠侣》……《神雕》写完后，在马来西亚柔佛新山出版《新生日报》的梁润之先生和潘洁夫先生殷殷邀请，要求转载续写的《倚天屠龙记》。一来他们态度诚挚，二来中间有好友极力推介，于是《倚天》在《新生日报》连载……由于与《新生日报》合作的渊源，双方友谊与信任的增进，我们决定合办一份报纸，本来想叫作《新加坡明报》和《马来西亚明报》，几番商议之后，我们接受李炯才先生（当时他任新加坡文化部部长）的建议，将这份报纸命名为《新明日报》，最初是在新加坡出版，后来星马分别独立，《新明日报》也分为星、马两版，梁润之先生担任董事长，我任副董事长兼社长，请香港《明报》的总编辑潘粤生先生去新加坡任总编辑。《新明日报》连载《笑傲江湖》与《鹿鼎记》，也相当得到南洋读者的欢迎。（现在《新明日报》已改组，在杜南发兄主编下蒸蒸日上，仍常刊载我的小说。）"

杜南发谈到，很多人以为金庸是因为 1967 年在香港人身安全受到威胁才到新加坡办报，其实那是时间上的巧合，据他所知，金庸在 1965 年和 1966 年已多次到新加坡考察当地报业。"金庸是纯粹从一家报社要扩展业务的角度去看这件事。那时候，他已有跨界办报的概念，就是要走出来，扩展到境外。"（赵晓彤《金庸星洲办报绝招，〈笑傲江湖〉即撰即印》）

《明报电视周刊》：1986 年 10 月 8 日创刊，不到一年就停刊了。

身居香港的金庸，办了以上十份报刊。他早年在中国内地的时候，还办过一份半刊物：

《太平洋杂志》：1945 年，金庸与同学合办，主要刊登从国外翻译过来的时政文章。因时势不靖、通胀高企，杂志只出了一期就结束了。

《喔喔啼》：小学五年级的时候，金庸在老师陈未冬指导下办的一份级刊，金庸的报人生涯实发轫于此。但它毕竟不是一份正规刊物，算半份。

金庸生平所办报刊，就是这么十一家半。

此外，金庸还办过三家出版社。

明报出版社，创立于 1986 年。出版的第一种图书，是倪匡（卫斯理）的小说《钻石花》。

明窗社，像明报出版社一样，从属于明报报业。

温瑞安谈及："（明窗社）主要负责人是前面提到的许国（又名许八公），他原是邵逸夫手下红人……出版社除了出版脍炙人口的金庸作品集之外，还有卫斯理的科幻小说、克丽斯蒂的侦探小说，以及各种各类的诗、散文、小说、评论，譬如农妇的杂文、张君默的散文、蔡炎培的诗、林太乙的小说等。我的十五部小说，香港和海外版亦由明窗社印行。"（温瑞安《王牌人物金庸》）

明河社，则由金庸独资创立，不属明报报业，主要出版金庸自己的十五部小说。潘耀明说："他离开《明报》后本来想写历史小说……成立明河出版社集团，就是为了完成这个心愿，打算创办历史文化杂志，他写的历史小说在这本杂志连载，可惜他的健康亮起红灯，这个心愿再也没有机会实现。"（2018 年 11 月 3 日《明报周刊》第 51 页）

1959 年金庸创办《明报》之后，他的文章几乎全部发表在自己的报刊上。1959 年之前金庸的文章，则散见于多种报刊。

据赵跃利兄考证（以下，多取材于赵跃利《金庸笔名知多少》一文），已知的金庸（本名查良镛）用过的笔名，有二十多个：

冷莹：应是"良镛"二字的谐音。据金庸的同学马尚骧回忆，约 1939 年，金庸以此笔名，在小册子上为同学马尚骧写下赠别词，即本章前文所见"一席言把心深许"等句。

查理：这是金庸在报刊发表文章所用的第一个笔名，用在他生平第一篇登报的文章《一事能狂便少年》，时维 1941 年 9 月 4 日。后来他在《东南日报》主持"信不信由你"栏目，也用这个笔名。

宜：金庸在《东南日报》副刊主持的第二个栏目是"咪咪博士答客问"。这个栏目第一期，署名宜，其余则署名镛。"宜"应是金庸小名宜孙与宜官的简称。

镛："镛"是本名查良镛的简称。"咪咪博士答客问"第二期开始署名镛。从 1947 年 7 月 31 日开始的小栏目"咪咪录"，也是署名镛。

"镛译"的文章，则始自 1948 年 11 月 15 日《大公报》的《赛珍珠谈中国米价》。金庸用镛这个笔名译了很多文章发表，其中包括长篇《我怎样成为拳王——乔路易自传》。此篇，可见金庸对体育一直比较关注。最后一篇"镛译"是 1951 年 1 月 27 日发表的《瓦维洛夫谈他的工作》。

白香光、香光、光：在 1947 年 5 月 1 日《时与潮》副刊上，有一篇白香光译的《万能衣服》，是目前发现的最早一篇署名白香光的文章。

1948 年 9 月 6 日，《大公报》开始连载冷扬的短篇小说《记者之妻》，署"白香光译"。有读者问："白香光是谁？是先生呢还是小姐？有名的还是没有名的？……"回答："白香光是先生，他还年轻，未享盛名，但在我们看来，他对英文的了解程度以及他翻笔的流畅，比时下知名之士并不差。"这个答复，可能是别人写的，也可能出自金庸本人手笔（这种做法，在报界并不稀见）。若是他人所写，可见《大公报》同人对金庸的推重。若出于金庸，可见其年少自负。

1947 年 5 月 31 日《东南日报》上，有一篇小品文《自由职业者》，写了医生、律师和强盗三种人的三个笑话，署名"香光辑译"，首次出现"香光"字样。金庸对笑话故事一直极感兴趣，他的多部小说也就幽默感十足。

金庸是 20 世纪中国最具幽默感的几个小说家中的一个，虽然他本人与人交往谈话很有几分木讷。

1949 年 5 月 29、31 日有一篇《对作家的嘲笑》，署名"光译"。

宜孙、徐宜孙： 在 1947 年 11 月 1 日的《时与潮》半月刊里，第一次出现"宜孙节译"的文章。

徐宜孙之名，仅用过一次，在《香港的自由贸易》（发表于 1948 年 9 月 13 日的《大公报》）一文上。宜孙是金庸的乳名。他小时候是查宜孙，现在换了母亲徐禄的姓氏，就有了笔名徐宜孙。

小渣、小喳、小查： 1948 年至 1949 年间，正是金庸在《大公报》发轫的两年，除了上述一些常用笔名或署名，还散见署"小渣译""小喳""小查辑译"等的填报缝小文章。

乐宜： 在《新晚报》，金庸以笔名乐宜，翻译美国记者写的长篇纪实报道《中国震撼着世界》，从 1950 年至 1951 年，共连载三百四十一期，其后由香港文宗出版社结集出版。最后用笔名乐宜翻译的是英国记者写的《朝鲜血战内幕》，从 1952 年 1 月连载至 6 月，后来也由香港文宗出版社结集出版。

这个笔名，应该也是从其乳名宜孙（或宜官）演化而来。看来金庸相当喜欢自己名字中这个"宜"字。宜，是儒家中庸的精神。

温华篆： 1952 年 6 月，金庸以笔名温华篆，翻译了达蒙·鲁尼恩的三篇短篇小说，发表于《新晚报》。

姚馥兰： "你的朋友"（Your Friend）的英文音译，是金庸在《新晚报》主持副刊"下午茶座"所使用的一个女性化笔名，据说是为了冲淡副刊过重的男性氛围。金庸用此笔名写了影评专栏"馥兰影话"。

1952 年 8 月 21 日，"馥兰影话"登出最后一篇，题为"姚馥兰小姐的信"，信中说："我明天要走了……关于继续写影话的事，你催催子畅，要他快些开始……"

林子畅： 姚馥兰小姐走了，1952 年 8 月 22 日，"子畅影话"如约登场，作者"林子畅"在第一篇《关于〈城市之光〉的故事》中即说:"我生平做过许多笨事,大概答应姚馥兰小姐来接替她写影话的工作,要算是最笨的事之一。因为大家想念姚小姐……"

萧子嘉:金庸重回《大公报》,自1953年4月28日开始写"每日影谈"专栏,第一篇是《蜡像院魔王》,署名萧子嘉。每天一谈,萧子嘉一直写到本年年底,最后发表的是《与姚嘉衣兄一夕谈》。又如姚馥兰和林子畅的交接班一样,故技重施,萧子嘉煞有介事地对姚嘉衣说,他明年所属的公司要扩充海外业务,想多做点生意,有许多工作派给他,没有时间天天写影谈,所以请姚嘉衣帮忙。萧子嘉答应姚嘉衣,"假如生意赚了钱,一定请他和他的女朋友看戏吃饭",姚嘉衣也就答应了下来。

姚嘉衣:萧子嘉消失不见,姚嘉衣闪亮登场。据说是因为夏梦戏呼金庸为"姚家阿姨",金庸就自名"姚嘉衣"。姚嘉衣在1954年2月7日正式开写"影谈",第一篇是《相爱与谅解——谈欢喜冤家》。

畅:最早一篇署名畅的文字,出现在1953年7月1日《大公报》的"今天广播音乐"专栏,题目是"《蜂飞》及其他"。

子畅:《大公报》从1954年7月18日开始连载美国剧作家J.劳逊的《美国电影分析》,连载至1954年10月20日结束。每期均没有署名,仅在结束的最后一期,印有"子畅译"。

金庸:1953年6月18日,查良镛在《大公报》发表文章,开始用这个笔名。写武侠小说,一直用它。与百剑堂主、梁羽生三人合写"三剑楼随笔"专栏时,用的也是金庸之名。这是他最常用、最为人所熟知的笔名,几乎掩盖了本名查良镛。

林欢:金庸在《长城画报》写特稿时署名林欢,给电影写剧本时署的也是这个名字,还以此名在《大公报》写各种影评、剧评和文艺批评。

1956年10月,长城画报社出版了署名林欢的《中国民间艺术漫谈》,书中文字都曾以姚嘉衣或林欢之名发表在《大公报》或《长城画报》上。

徐慧之:这个笔名用于写"明窗小札"专栏,评论国际上的重大事件和新闻，共写了六年。2013 年《明窗小札 1963》结集出版，我给《南方周末》写过一篇稿子，介绍评论此书，猜测徐慧之中的"徐"用的是金庸母亲徐禄的姓氏。那时我还不知道金庸另有一个笔名徐宜孙。两个笔名都姓徐，与徐禄有关的可能性就更大了。

黄爱华：金庸在《明报》"自由谈"专栏，所用笔名是黄爱华。"黄爱华"，把爱表达得很直白。"黄爱华"表达的是对中华之爱，"温华篆"表达的是对中华文化之爱。金庸说："中国文化是我生命的一部分，有如血管中流着的血，永远分不开的。"

华小民：《明报月刊》1966 年 10 月号，金庸在《读史随笔五则》的题记上说："1962 年六七月间，我写了几则随笔，发表于《明报》'自由谈'副刊（发表时用'华小民'的笔名）。"以华小民之名，发表这五则札记的时候，金庸正在写《倚天屠龙记》。华小民三字，有"怜我世人，忧患实多"之意。第二年，金庸又写出《连城诀》。

金庸各种佚文，赵跃利兄说他已经收集得很全了。希望能早日读到结集出版的金庸佚文。

金庸的英文名是 Louis Cha（路易士·查）。我一直不明白他何以取这个名字。金庸逝后，《鹿鼎记》的英译者闵福德，在《金庸不只是作家，更是个象征——志金庸辞世》一文中谈及："金庸的英文名字 Louis，则是向另一位说故事的大师致敬：《金银岛》的作者史蒂文森（Robert Louis Stevenson）。"这一猜测，我很佩服，很赞成。金庸最喜欢的西方小说家，第一大仲马，第二司各特，第三就是罗伯特·路易斯·斯蒂文森。

《明报》麾下，英才如云

董培新认为："查先生是一个很有修养的人，他不会在下属面前摆架子，且爱才如命。"（《明报月刊·金庸纪念专号》第 101 页）"爱才如命"一词，用得好。

几十年来，金庸培养了大批报业人才。不少报业精英，如潘粤生、雷炜坡，始终在《明报》工作，有些则因种种原因而离职。《明报》的中高层人员，离开《明报》后，开创一片新天地的有之，到其他报社独当一面甚至统筹全局的更有之。某种程度上，可以说，明报集团是香港报业的"黄埔军校"。

王世瑜离开他为明报集团创办的《华人夜报》，先是依附《新报》，办起了《新夜报》，销量更胜《华人夜报》；又脱离《新报》，自办《今夜报》，销量盖过所有香港"小报"，成为"小报之王"；再后来，王世瑜卖了《今夜报》，移民加拿大，金庸知道了，赶紧召他重回《明报》。

梁小中，曾任《明报》总编辑，后来又先后做过包括《成报》在内的约十家报纸的总编辑。

李文庸（慕容公子）、董梦妮，离开《明报周刊》后，先后创办《香港周刊》和《城市周刊》，声势虽仍不及《明周》，却也让《明周》和《明周》总编雷炜坡感受到竞争的压力。

《明报》港闻版编辑韩中旋，一直很受金庸器重。60年代英国公主访港，韩中旋为新闻起的标题是"打炮廿一响，送御妹过海"，惹得港英政府华民政务司质问金庸，金庸只好劝韩中旋离开《明报》。韩中旋后来成为《成报》总编辑。金庸创办《明报》时，是引《成报》为模楷的，该报销量一直高于《明报》。

胡菊人离开《明报月刊》后，1980年做《中报》总编辑，1981年与他人合办《百姓》半月刊。

董桥离开《明报》后，做了《读者文摘》（香港版）总编辑。

董桥在《文林回想录》中谈到："我给金庸管理月刊管理日报那么多年了，他是社长我是总编辑……我在金庸手下工作十多年最大的益处是得到了一向客气的指导，他的学问他的阅历他的处事手法让我毕生受惠。编辑部的文稿天天多得排山倒海，金庸不太过问，很少插手拿去亲自处理，报纸、月刊、周刊一出版，他倒是细心审阅，偶尔写字条给相关同事提意见……这份报纸这份月刊永远含带着金庸先生的影子;《明报》的社评既是金庸的手笔居多，他的议论和他对一些议题的申辩向来是读者爱看的文章，微起微落之间平均的销量保持稳固。那是金庸这位倾倒万千读者的武侠小说家永不褪色的魅力。这个现象古今中外非常罕见，像我这样的书生有缘在这样一个机构工作十多年确是人生难得的际遇。"

我说明报集团是香港报业的"黄埔军校"，温瑞安则说，《明报》是香港文化界的"少林寺"。

马家辉说过:"金庸就不仅是侠客了，他也是皇帝、大将军，大将军有一个本领，当成功的大将军除了自己会打仗以外，通常的超级领袖都懂得用人，金庸一方面对他报社的员工很苛刻的，要节省，另外一方面他非常懂得用人，看到谁是人才就找进去，然后对你非常礼遇，礼遇不一定是钱方面的礼遇，是给你训练，教你，提点你，把你放在最适合你的岗位。你是适合写社论的人就给你写社论，你最适合当编辑请你当编辑，你是适合出来应酬的，他给你当对外的，用人非常准确……大家都以曾经进入《明报》工作为荣。《明报》精神，这也是他在武侠小说以外留下来的一个很大的标记。"(游海洪《马家辉:就算金庸没去世，那个时代也早就结束了》)

在《小孩假如中文不好，就给他们读金庸》一文中，马家辉又谈到:"1997年我回去《明报》担任副总编辑，那时候《明报》已经不属于金庸了。可是我还是在报社里面听到好多高层，都是以前跟着金庸工作的，说了很多金庸的故事，点点滴滴……他的本领是什么呢? 两个字，用人，懂得用人。他看到江湖上面有谁好的，他就找来，然后很准确地把那个人放在某一个位置上面，谁替他编辑月刊，谁替他编晚报，谁替他写社论，谁替他管着财务。而且他很用心，很温暖。对他喜欢的人才，很有温度，也有很重要的培训。比如到了1990年代之后，很重要的报界的人才，像董桥先生。"

金庸识才，爱才，惜才，能放手用才。金庸谈过，他在《明报》的工作，主要在决策方面:"我觉得办一份成功的报纸要看你如何用人，因为机器、纸张大家都可以买到，但能否将有才能的人安放在适当的位置才是办报成功的要素。我较注重这方面，其他琐事、日常的业务等等则不需要经过我。"

在长期的共事过程中，金庸的工作和管理方式给潘耀明留下深刻印象："他对待工作非常认真，更有用人的智慧。用人不疑，疑人不用，给大家很大发挥空间。"

《明报》出人才，与金庸"给大家很大发挥空间"，有着莫大的关系。

潘粤生回忆："他不时邀约有份量的名家写稿，以加强内容，但（《明报》）副刊的编排、分配、取舍、联络，都是由我负责，查先生不会过问。"（《明报月刊·金庸纪念专号》第35页）此后《明报》副刊由蔡炎培接管，金庸仍是这样，并不"过问"细节。

胡菊人说，在他主编《明报月刊》的十三年间，金庸给了他最大的自由。接编《明月》的是董桥，编到1986年10月，整整编了八十期。当时董桥在《明报月刊》上发表《"八十"自述》，谈到："查先生自始至终容忍我的学术癖性和编辑品位，我尤其衷心感激。"接替董桥做《明报月刊》总编辑的是张健波，上班第一天，金庸就对他说："具体编务，由你全权处理。"

刘天梅在明报集团工作了六年，前三年做《明报晚报》广告部经理，后三年是《财经日报》总经理。她这六年的突出感受是，"查先生大方向执得很紧，但绝不插手日常管理，对我的建议全都大力支持。我不可能找到更好的老板了"。（刘天梅《金庸与我的小故事》）

不少人，小有成就，已经忙得不得了，遗憾地说根本没时间读书。金庸给自己定的每日读书四小时，是最低标准。很多日子里，他读书七八小时。金庸何以不曾忙到没有读书时间？一则，金庸爱读书，就总能找到时间；再则，他对明报集团的管理有细致的一面，更有疏放的一面。否则，每天都要写小说、写社评、写"明窗小札"等等，还对《明报》每件事都管，别说没时间读书，身体先就扛不住了，所谓"食少事繁，其能久乎"？

1973年，金庸在台北，敦劝蒋经国："听说台湾的军事、政治、经济、社会各方面，事无巨细，都要由蒋先生亲自决定。我以为你应当只掌握政策，一般实际事务交由部属分层负责。"

内地报人杨奇回忆："1988 年 7 月我应聘到香港《大公报》上任之初，查良镛因为知道我患冠心病，体内安装了起搏器，写信劝我要保重身体，其中着重说：'惟我兄毕生劳瘁，奋力奉公，致心脏较弱，今后事当剧繁，敬盼时时以节劳、使能为念，不必事事躬亲，择贤而督责之，观其效否，定其奖退，总其大务而优游从事，于报社及个人，均有利乐。过去日夜不休之习惯，务请有改。忝在知交，欣喜之余，深以为念。'"（《忆我与独立报人查良镛的交往——粤港老报人杨奇访谈录》）金庸对杨奇所言，是经验之谈。

金庸在某些方面，也有些琐碎，管得太细，但总体而言，他是"时时以'节劳'、'使能'为念，总其大务而优游从事"的。

倪匡看金庸：是做大事的人。

可惜，舞台太小。

20 世纪后半叶，金庸所办的报、刊与出版社，都只能面向香港与海外华人，目标读者也就一千来万人。办得虽好，影响的范围则很小很小。

其中，《明报月刊》在海外的影响更大一些。张圭阳谈到："《明报月刊》创刊后，在海外华人知识分子中间有良好的反应……虽然没有为《明报》赚到什么钱，却为《明报》及金庸赚到了良好的国际声誉，也为《明报》凝聚了一批海外知识分子。以 1979 年 12 月号的《明报月刊》的发行来看，共发行了 34,830 本，海外占 12,130 本，为全部发行的百分之三十五，其中美、加、英三国共占 6,650 本，新加坡 2,100 本，马来西亚 500 本，澳洲 300 本，泰国 270 本，巴西 250 本，另其他各地共计 2,060 本。"（张圭阳《金庸与〈明报〉》第 119 页）

"伟大的报人"，金庸做不到

金庸一生中较长期的工作，也就两个：一是，给自己打工，从 1959 年创办《明报》到 1994 年退休，服务《明报》三十五年；之前，为老板打工，

1947 年进入，1957 年离开，金庸为《大公报》工作十年多。金庸的《大公报》十年，对他《明报》三十五年，有奠基之功。

2001 年，金庸在南开大学，回答"您曾经在《大公报》工作过，那么这份报纸对您后来的工作有什么影响"的问题，说："很多技术问题都是我从《大公报》学来的……我投身《大公报》，心里很佩服《大公报》当时的不党不卖，评论事件很公正，完全报道。报纸不应该歪曲事实，应该讲真话，不好讲的可以不讲。讲谎话骗人不是好事情，办报纸骗人也不是好事情，做人不可以，办报同样也不可以。"

2004 年，金庸接受《南方人物周刊》访问，说："我在《大公报》受到一个新闻工作者应有的训练，和培养起一个报人的理想。"

傅国涌对《时代周报》记者谈金庸："他是一个普通人，他缺乏能够成为伟大的那些因素，我可以称他为一代报人，但不能说是伟大的报人，伟大必须要付出，但他做不到，他都要得到。"

金庸不是一个"伟大的报人"，这一点，我很赞同。但是，面向仅一千余平方公里上约四百万市民，没有哪个报人可以办出一份"伟大"的报纸，也没有哪份香港报纸可以成就一位"伟大"的报人。这一点，似尚非傅先生思虑之所及。

1989 年 5 月 20 日，《明报》创刊三十周年之际，金庸在社评中谈到："一家报纸是集合了许多人的力量、品格和智慧而成，其中包括了广大读者的要求和支持。"香港广大读者的要求和支持成就了《明报》的辉煌，香港区区几百万人口的规模，却也限制了《明报》走向"伟大"。

胡政之说起他的《大公报》："销路普遍到全国，在（中国）任何角落都会得到反应。"金庸和他的《明报》，无论怎样努力，可能有如此广泛的影响力？

现世中找不见一个读者，一样会出伟大的文学家，只要他的作品不曾湮灭，天下后世必有识者。办报，可是与著书不同。著书可以闭门，办报总得开张。报纸是有即时性的，是需要与读者互动的。没有与分布在广阔地域的众多高素质读者的相互促成、相互激荡，"伟大的报人"的出现，绝无可能。

金庸1949年发表《再听不到那些话了》，怀念刚逝世的胡政之，文中即以"这位伟大的报人"称呼胡先生。金庸对张季鸾的评价只有更高，他1963年说起："大公报在天津初创时也只是普通的一家地方性报纸，至张季鸾先生主持笔政后，方始脱颖而出。"

时势使然。张季鸾、胡政之是"伟大的报人"，而金庸不是，这是事实。把事实表达清楚就可以了。

只有当两方处于相似的时空背景下，我们才可以以此压彼。即便将唐宋两朝地位相当的甲乙两位政治家的表现进行对比，显示出甲的高明与乙的不堪，我觉得都是可以的，因为时间跨度虽大，整个社会形态却无太大改变。

20世纪前五十年与后五十年太不一样了，中国一国与香港一城太不一样了。拿前五十年面向全国办报的报人，去踩低后五十年只可以面向一座小城办报的报人，没什么意思。

金庸固然不是"伟大的报人"，但与他同时，香港出过哪一个"伟大的报人"？

金庸从少年时期开始，一直胸怀天下、志在天下。有机会办一份报纸，影响时代进程，我认为他所能获得的满足感、成就感，远在多赚一倍钱以上。

2004年，金庸在泉州，谈到："年轻人不要老想着赚钱，怎么样成功，而应该为整个社会的进步多做点事。"（赵志松《十四年前，大侠在泉州》）青年与壮年时期的金庸，不是不想赚钱，不是不想成功，但同时他更切望"为整个社会的进步多做点事"。

何况，《大公报》又不是不赚钱，《大公报》很可能比金庸的《明报》更赚钱。《大公报》重要人物徐铸成回忆：

报馆钱越赚越多。1926年复刊时的资金是五万元，1936年创刊上海版时，报馆资财已核算为二百万元，十年间翻了四十倍。（徐铸成《报海旧闻》）

抗战期间，《大公报》先后在武汉、重庆、香港、桂林四个地方出版，不仅都站住了，而且营业额很快就位居前位。如抗战时的《大公报》重庆版，发行高达九万多份，先后添置了十六架平板机，才得以赶印出来。当时它的发行数，几等于《中央日报》等其他九家报纸的总和……《大公报》香港版出版后，不久发行即扶摇直上……（桂林版）一经发行，销路就如脱缰之马，步步上升，发行数最高达六万份，也大约相当于《广西日报》《扫荡报》等其他几家报发行之总和。（徐铸成《报人张季鸾先生传》）

张圭阳说："金庸、沈宝新二人也常把两人的合作关系，比作民国时期《大公报》的张季鸾与胡政之的关系。香港报界深信这个比喻的人也不少。张季鸾、胡政之与商人吴鼎昌 1926 年接办《大公报》时，三人就有一个明确的分工：吴鼎昌任社长，负责为报社筹募经费……"（张圭阳《金庸与〈明报〉》第 195 页）

《大公报》有三"巨头"，《明报》则只有金庸和沈宝新这两"巨头"，独缺一个吴鼎昌式人物。

要论"文人办报"，金庸或许更"纯粹"。吴鼎昌是何等人物？入民国后历任中国银行总经理、四行储蓄会总经理、民国实业部长、贵州省主席，当日国中第一等的大财阀。1926 年，他与张季鸾、胡政之携手，收购《大公报》。"由吴鼎昌拿出五万元，除接盘房子、设备用去一万多元以外，全部存着作基金，准备赔上三年……在经济上有比较可靠的准备，的确是《大公报》成功的一个条件。"（徐铸成《报海旧闻》）

金庸与同学沈宝新 1959 年创办《明报》时，哪有如此雄厚的资金支持？他们所能拿出的，不过自己一点可怜的私蓄。徐铸成《报海旧闻》写道："有人说，《大公报》的成功，得力于吴鼎昌的钱，胡政之的经营，和张季鸾的一支笔。"《明报》要成功，能靠的只有沈宝新的经营和金庸的一支笔，没钱！《南方人物周刊》记者问："办报中遇到的最大困难是什么？"金庸回答："最大的困难是经济问题。"《明报》创办之初，商业味道重了些，可以理解，未必就因此而品格更低。

1926 年，吴鼎昌拿出五万元资金，实际用到的，也就两万元左右。1936 年，《大公报》报馆资财核算为二百万元，将五万与两百万各减三万，这样算下来，《大公报》的资产在十年间翻了约一百倍。它盈利增长的速度，或者还在《明报》之上。然而，将此时《大公报》风格完全移植到金庸办报时期的香港，就行不通了，报社八成是要倒闭的。

傅国涌认为："伟大的报人必须要付出，但金庸做不到，他都要得到。"

作为《金庸传》的作者，傅先生难道不记得，1967 年，金庸"是拼着性命来办（报）的，准备给打死的"，而张季鸾、胡政之主持《大公报》那十几二十年从未面临如此险境，这便是"付出"。

作为《金庸传》的作者，傅先生难道不记得，金庸数十年间经营一份不以营利为目的的《明报月刊》，这便是"付出"。

作为《金庸传》的作者，傅先生难道不记得，为了《明报》的长远发展，金庸没有将报纸卖给出价最高的收购者，为此损失超过一亿，这更是"付出"。

看金庸 1959 年后对报业的投入，得不出他要是有条件面向全国办报不能成为"伟大的报人"的结论。

金庸不太可能成为"伟大的报人"，不为他的商业心机，而为政治情结。金庸视为第一志业的，不是办报，是从政。张季鸾 1908 年在日本主编《夏声》杂志，鼓吹革命，而不入革命组织同盟会，因为他初入新闻界，"已决心以新闻为终生事业"（徐铸成《报人六十年》），我不认为金庸 1946 年进入《东南日报》当外勤记者时有同样的决心。张季鸾在遗嘱中自述："余生平以办报为唯一之职业。自辛亥以还，无时不以善尽记者天职自勉，期于国族有所贡献。"金庸对新闻事业固然很有兴趣，也有感情，却远不像季鸾先生这样专情。甚至，我怀疑金庸于 20 世纪 40 年代后期进入新闻界，本来就有以此为跳板投身政界的打算。从清末到民国，此路一直很通。以办报起家，终成政坛大人物的，这个名单可以开得很长。1938 年，金庸的表叔蒋百里对记者陶菊隐就说过："现在国家的中坚人物，哪个不是新闻记者出身？"

金庸获中华人民共和国外交部顾问梅汝璈赏识，有了从政的机会。金庸没怎么犹豫，已将新闻业弃如敝屣，欣然北上求职，惜乎不顺。仕途既阻绝，金庸这才重返《大公报》，后自办《明报》。视《明报》为"毕生的事业和荣誉"，在金庸，是被逼处此，不得已也。于右任写诗赞张季鸾："发愿终身作记者，春风吹动岁寒枝。"这一点，金庸怕是很难做到。

张季鸾与金庸易地而处，未必比金庸做得更好，金庸确有成为"伟大的报人"的潜质。金庸要是在张季鸾的年代办报，有张季鸾那样的际遇，却难能像季鸾先生那样全始全终，尽瘁于报业，有机会在一个大舞台（而不是香港这样的小地方、小舞台）上大展拳脚，金庸很可能就跳槽了。为此，唯此，金庸终与"伟大的报人"无缘。

第九章

超越武侠小说（上）

金庸绑架张三丰，联袂叛离少林派

2002 年金庸为新修版《金庸作品集》写序，谈到："武侠小说并不是现实主义的作品。有不少批评家认定，文学上只可肯定现实主义一个流派，除此之外，全应否定。"

1979 年，在香港市政局举办的首届"中文文学周"中，白先勇、余光中、胡菊人三人座谈，也谈过此一问题。座谈记录，发表在由金庸创办，胡菊人主编的《明报月刊》上。

胡菊人问白先勇："我们自'五四'以来，一直强调写实主义（重按：即现实主义），据你写作经验而言，写实主义是不是完全'写实'呢？您又怎样看'写实'这个字眼呢？"白答："可以给写实主义下个定义。我们普通所说的文学上的写实主义，是西方对浪漫主义的反动。所谓浪漫主义，就小说而言是写一些较传奇的故事，如司各特的小说不是写现实社会，不是日常生活所遇的事。后来法国的巴尔扎克及福楼拜传下写实主义，不久更演变为自然主义，如左拉等写外界的一种手法。"

《红楼梦》不尽符合自然主义的标准，胡适就此认定此书没有文学价值。自然主义算是现实主义之一种。吾国自胡先生起始，即有"只可肯定现实主义一个流派"的倾向。"五四"之前，还真没有这个坏毛病。那时候，小说这种体裁，虽被归于"俗"类，但自由散漫，无拘无管，任意所之，什么都可以写，反正所有的小说都是下九流，各种类型的小说，谁也不用看不起谁。"五四"之后，小说地位骤然升高，而人们对小说创作的认识与要求却越来越狭隘。

金庸最喜欢的西方小说家，除了大仲马，就是白先勇提到的司各特。金庸像司各特一样，走的是浪漫主义的路子，就像白先勇说的那样，"不是写现实社会，不是日常生活所遇的事"。

后来，金庸多次谈到现实主义与浪漫主义的话题。

2000年，金庸对湖南卫视记者说："武侠小说是浪漫主义的作品，很多是想象的，跟事实是有距离的。这是两种文学流派。所以有人用现实主义观点来批评武侠小说，我也不反驳。我说我们的看法不同。我喜欢写浪漫主义，而你是现实主义，不是一家。"（《金庸论争实录》第288页）

2003年，金庸补写《飞狐外传》后记，有言："这部小说比《天龙八部》多了一些现实主义，但决不能说是一部更好的小说。根据现实主义，可以写成一部好的小说，不根据现实主义，仍可以写成好的小说。虽然，我不论根据什么主义，都写不成很好的小说。因为小说写得好不好，和是否依照什么正确的主义全不相干。"这段话的重点，应在最末一句。

新修版《金庸作品集》序中，"有不少批评家认定，文学上只可肯定现实主义一个流派，除此之外，全应否定"之后，金庸接着说：

这等于是说：少林派武功好得很，除此之外，甚么武当派、崆峒派、太极拳、八卦掌、弹腿、白鹤派、空手道、跆拳道、柔道、西洋拳、泰拳等等全部应当废除取消。我们主张多元主义，既尊重少林武功是武学中的泰山北斗，而觉得别的小门派也不妨并存，它们或许并不比少林派更好，但各有各的想法和创造。

这像是谁的口吻？

倒像是"邋遢道人"张三丰。

写下这段话的 2002 年，金庸虚岁八十整，很接近《倚天屠龙记》第三回之后武学大宗师张三丰的年纪了。

相对于"泰山北斗"的少林派，金庸将武当派归于"小门派"之列。金庸小说中，武当派比少林派实力一般更弱一点。即便是《倚天屠龙记》中的少林、武当，将少林的神僧空见大师和渡厄、渡劫、渡难三位老僧考虑在内，少林派的声势与实力也还在张三丰老人家的武当派之上。可以想见，当张三丰的青壮年时期，他开始自立门户，其时的武当派相对于少林，更是不起眼的"小门派"。

小女儿查传讷说金庸："他的小说就是他的平生，所以他写完一本又一本，每本都是他的人生经历。"这话，不可全信，亦不可全不信。窃以为，在《神雕侠侣》与《倚天屠龙记》中，与张三丰有关的情节，我们几乎可以全信查传讷的话。

若非金庸自己也有类似叛离少林的经历，实在难以想象，金庸会把张三丰写成少林派的"逃徒"。

历史上的张三丰，与少林派毫无渊源。金庸让张三丰从少林寺逃出来，有些瞎胡闹，完全背离历史事实。在《神雕侠侣》与《倚天屠龙记》的故事安排上，也毫无张三丰必须从少林寺逃出的道理。张三丰的武学根基是《九阳真经》，他几乎没有从少林派本身的武学中有何得益。《九阳真经》也不像是佛家武学，其作者完全不需要是一位少林僧人，没必要将这部《真经》写入佛经夹缝中，放到少林寺藏经阁。

"一气化三清"。觉远大师临终背诵《九阳真经》，听众三人。张三丰听到了部分《九阳真经》，以此为根基，创立武当派；郭襄听到了部分《九阳真经》，以此为根基，创立峨嵋派；无色大师听到了部分《九阳真经》，之后呢，少林派还是少林派。

连载版《倚天屠龙记》中说：

其后武林之中，以少林、武当、峨嵋、昆仑四派最为兴旺，人才辈出，各放异采。那日觉远大师在荒山中临终之时，背诵《九阳真经》，郭襄、张君宝、无色禅师三人虽均同时听闻，但因三人天资和根底不同，记忆和领会颇有差别……无色禅师听闻《九阳真经》时本身已是武学大师，这经文于他只是稍加启迪，令他于武学修为上进入更高的一层境界，但基本行功，却丝毫无变。

……少林派因有七十二项神功绝技，专练九阳功的人更少。自无色传至空见，都是一线单传，因少林僧俗弟子均认觉远是本派弃徒，自他传下来的功夫，纵然精妙，大家都不屑钻研，反正本派绝技甚多，便是两世为人，也学不了这许多，何必去走这条说来不够响亮的路子？只是每一代均有一名弟子修习，庶免失传，便算已足。

此时少林寺中，只有空见的关门弟子圆真，会此少林九阳功。

在金庸小说的设定中，少林派的武学典籍，已经够多够深，不需要加多一部《九阳真经》，不需要以《九阳真经》深化、强化少林派武学。

《九阳真经》完全不必要出自少林寺，觉远完全不必要是少林寺和尚，其徒张三丰当然更不必从少林寺逃出。

让张三丰与郭襄听到《九阳真经》就够了，不需要少林僧无色在边上"打酱油"。

严家炎问："有人说郭靖形象中有您的影子，这可能吗？"金庸答："作家其实都有折射自己的时候，都会在作品中留下某种烙印。"（严家炎《金庸答问录》）

个人感觉，在每部小说中，金庸不是只把自己"折射"在一个人物身上。在《书剑恩仇录》中，金庸将自己"折射"于陈家洛、袁士霄和（苦恋别人妻子的）余鱼同；在《碧血剑》中，金庸将自己"折射"于袁承志、袁崇焕、夏雪宜和李岩；在两部《飞狐》中，金庸将自己"折射"于胡斐和（遭妻子背叛的）苗人凤；在《射雕英雄传》中，金庸将自己"折射"于郭靖、王重阳、黄药师和铁木真；在《神雕侠侣》中，金庸将自己"折射"于杨过和郭靖；在《天龙八部》中，金庸将自己"折射"于段誉、乔峰和无崖子；在《笑傲江湖》中，金庸将自己"折射"于令狐冲、莫大先生和任我行；在《鹿鼎记》中，金庸将自己"折射"于韦小宝、陈近南和康熙……在《倚天屠龙记》中，金庸主要将自己"折射"于张无忌和张三丰。在张三丰身上，就像在王重阳身上一样，有金庸的个人经历，尤其可见金庸本人的胸襟抱负。

1957年，金庸脱离《大公报》及其子报《新晚报》；1959年，金庸脱离长城电影公司，自创《明报》；1961年7月8日，《神雕侠侣》连载结束，两天前，《倚天屠龙记》已开始在《明报》连载，开篇就是少林派"逃徒"张三丰的故事。

1959年，金庸彻底脱离香港的左派团体；两年后，在金庸笔下，张三丰从少林派逃跑。

觉远与张君宝（张三丰）师徒，在《神雕侠侣》尾声中，突然出现。他们本与《神雕侠侣》之前的人物、情节毫不相干。1961年7月，张三丰很突兀地出现于《神雕侠侣》，此后张三丰走进《倚天屠龙记》，又一步步被少林派排挤，终于出走。

金庸脱离《大公报》与长城，相当于张三丰出走少林。

20世纪三四十年代的《大公报》，就是中国报界的"泰山北斗"，就是少林派。一直到50年代，《大公报》在香港也是一家极有声势、气派俨然的大报。

1959年，金庸创办《明报》。后来，《明报》在香港，销量虽居第三，却是"公信力第一"的大报。金庸退出《明报》后，1997年至2009年，在香港中文大学举办的香港新闻机构公信力调查中，《明报》仍获评为最具公信力的中文报章。退出《明报》的金庸长期担任香港报业组织的名誉主席。中国改革开放初期，金庸数度表示，要把《明报》办成"全世界最好的中文报纸"，也许他当时很期望《明报》能面向全世界的华人读者发行。若得如此，金庸在全中国报界就相当于张三丰之于武林。

《倚天屠龙记》第三回，张三丰对弟子们说："本派与少林派之间，情形很是特殊。我是少林寺的逃徒，这些年来，总算他们瞧我一大把年纪，不上武当山来抓我回去，但两派之间，总是存着芥蒂。"此时张三丰已是九旬高龄。我们把时间拉回张三丰还年轻，刚创立武当派的时候，张三丰在少林的旧相识，谈起这位少林派"逃徒"，应该就像《大公报》的老同事谈本报"逃徒"金庸一样，关注他在武学（报业）上的新成就，关注武当派（《明报》）怎样崛起于江湖，一步步在声势上与少林派（《大公报》）并驾齐驱，直至压过少林（《大公报》）。

《大公报》老同事看本报"逃徒"金庸，就像少林派看本派"逃徒"张三丰一样，既重视（"他的成就、气势很早就在了"），又"总是存着芥蒂"。

1959 年后的金庸，不仅是办报上自立门户，他在艺术创作上（金庸一直强调，小说属于"艺术"范畴）也更独立、更自我。

余光中在与白先勇、胡菊人座谈时说："这样作家永远都像中学生一样，有了题目然后去作文了。据我了解，学生最喜欢自由创作、自由命题。自由命题就是作家最大的愿望。"这种"自由"，金庸一度自觉受到限制，是"有了题目然后去作文"。

1957 年的金庸，在人事关系上、组织上脱离了《大公报》系，但仍与《大公报》联系密切。说金庸是在 1959 年同时脱离《大公报》与长城，不是完全不可以。

《大公报》的重点在新闻，不在文学艺术创作。长城电影公司就完全着力于电影艺术了。《大公报》与长城，在文艺创作上，可有少林派的声势地位？它们没有。但是，《大公报》与长城代表了文学艺术上的正统、正宗和主流，都推崇现实主义。

回到新修版《金庸作品集》序，金庸说有人认定"文学上只可肯定现实主义一个流派"，而"我们主张多元主义，既尊重少林武功是武学中的泰山北斗，而觉得别的小门派也不妨并存，它们或许并不比少林派更好，但各有各的想法和创造"。这段话，蛮值得回味。

"它们或许并不比少林派更好"，什么意思？

金庸并不认为现实主义的小说（"少林派"）更高贵。"非现实主义"小说，"或许并不比少林派（现实主义小说）更好"，但完全可以写得更好，至少是不必然写得更差。金庸以这句很含蓄、很含糊（"或许"）的话，彻底而决绝地否定了雅俗之见，就是说，浪漫主义的武侠小说并不比恪守现实主义的"新文学"（或"纯文学"）更低，更不可能写出杰作。

金庸不认为别派高手的武功一定比少林派第一高手的武功更高，但是他也不认为，少林派第一高手的武功，一定高于出身于"小门派"的高手。

金庸十五部小说中，武功最高的大宗师，多是出于"小门派"，或是无门无派。

金庸十五部小说中，少林派高手为天下武功第一的，只有《书剑恩仇录》与《天龙八部》两部。《书剑恩仇录》尾声中，陈家洛进入南少林，不免相形见绌，束手缚脚，可以理解为南少林第一高手的武功比陈家洛的师父袁士霄更高，是整个江湖第一高手。

《天龙八部》武功第一，是少林寺中那位无名老僧。然而，这位老僧，是否属于少林派，我也一直有所怀疑。陈世骧说《天龙八部》"背后笼罩着佛法的无边大超脱"。我认为，无名老僧就是佛法的象征，甚至，他就是佛！少林派皈依于佛，佛并不隶属少林派。

《天龙八部》中，另一情节，亦堪寻味：

本因、本观、本相、本参四僧见了鸠摩智献演三种指力，都不禁怦然心动……

本因道："师叔，明王远来，其意甚诚。咱们该当如何应接，请师叔见示。"……枯荣大师问道："你在一阳指上的修为，已到第几品境界？"本因额头出汗，答道："弟子根钝，又兼未能精进，只修得到第四品。"枯荣大师再问："以你所见，大理段氏的一阳指与少林拈花指、多罗叶指、无相劫指三项指法相较，孰优孰劣？"本因道："指法无优劣，功力有高下。"枯荣大师道："不错。咱们的一阳指若能练到第一品，那便如何？"本因道："渊深难测，弟子不敢妄说。"枯荣道："倘若你再活一百岁，能练到第几品？"本因额上汗水涔涔而下，颤声道："弟子不知。"枯荣道："能修到第一品吗？"本因道："决计不能。"枯荣大师就此不再说话。(《天龙八部》第十回)

"泰山北斗"的少林派武功，相当于现实主义作品，"小门派"天龙寺的武功，相当于浪漫主义等别的类型的文艺创作，而"指法无优劣，功力有高下"！

文学如武学，各种文学体裁并无明显的优劣之分，文学家的功力则有甚巨的高下之别。

武侠小说这种浪漫主义作品，写到再好，写到比金庸更好，最大限度地克服了武侠小说这一文类的限制，就相当于"练到第一品"，然而，比起同样"练到第一品"的现实主义杰作，如《红楼梦》，或仍有一点差距。然而，20世纪中国，真正"练到第一品"，几可与《红楼梦》媲美的现实主义长篇小说，有吗？

出身于"小门派"，却成天下武功第一高手。"小说写得好不好，和是否依照什么正确的主义全不相干"(新修版《飞狐外传》后记)，写作浪漫主义性质的武侠小说，金庸终成20世纪中国最好的小说家，这是我的判断，却并不是我所乐见的事。金庸如果不是，就是五洲四海普天下以汉语为母语的文学爱好者最大的福音，我们就有媲美《红楼梦》《战争与和平》《卡拉马佐夫兄弟》的"新文学"作品可读，此是何等幸事！可惜，没有。

1959年，就像张三丰逃离少林派一样，金庸脱离了《大公报》和长城电影公司，他的报业生涯，他的小说创作，由此"且自逍遥没谁管"矣！

到了金庸最后五部小说——《连城诀》《侠客行》《天龙八部》《笑傲江湖》与《鹿鼎记》，金庸才真正达到文学创作的自在境界，圆融浑成，卓然自成一家，金庸终于创出自己的"太极拳"与"太极剑"。

某一日在山间闲游，仰望浮云，俯视流水，张君宝若有所悟，在洞中苦思七日七夜，猛地里豁然贯通，领会了武功中以柔克刚的至理，忍不住仰天长笑。这一番大笑，竟笑出了一位承先启后、继往开来的大宗师。（《倚天屠龙记》第二回）

《连城诀》，走过死荫的幽谷

说金庸时刻想着迎合读者，并非事实；说金庸从始至终丝毫没考虑过迎合，却也是夸诞。

《明报》初创之时，为了报纸的销路，金庸写小说，迎合读者的成分，可能——只是可能，不敢确定——更重一点。

从张圭阳提供的"《明报》历年销量表"来看，1959年第一期《明报》只印了8000份，到1962上半年平均日销量也才29203份，当年下半年陡增至41805份，1963年更增至52000份，此后，《明报》日销量就逐年平稳增长。

至1964年，《明报》根基已稳。这一年，金庸写了一部小说，就是《连城诀》。《连城诀》主人公狄云的原型，是金庸小时候家里一个名叫和生的长工。和生的经历，前面已谈过，兹从略。

90年代后期，金庸对池田大作谈及《连城诀》："我写成小说《连城诀》后，忽然惊觉，狄云在狱中得丁典授以《神照经》一事，和《基度山恩仇记》太接近了，不免有抄袭之嫌。当时故意抄袭是不至于的，但多多少少是无意中顺了这条思路。"金庸写《连城诀》，受《基督山伯爵》影响并不甚大，只是"无意中顺了这条思路"。这段表白，应该可信。

法利亚长老耸耸肩。"这件事现在一清二楚了，"他说道，"你（邓蒂斯）一定是天性极不会怀疑人，而且心地太善良了，以致不能猜出这是怎么回事……这件事的全部来龙去脉，我现在看得清清楚楚，甚至比你看见的这

缕阳光还清楚。可怜的孩子！可怜的小伙子呵！……"（《基督山伯爵》第十七章）

狄云直到今日，才从头至尾地明白了自己陷身牢狱的关键。他不断伸手击打自己头顶，大骂自己真是蠢材，别人想也不用想就明白的事，自己三年多来始终莫名其妙。（《连城诀》第二回）

我感觉，在此一细节上，《连城诀》受《基督山伯爵》影响极深。而在整体思路上，《连城诀》受《基督山伯爵》影响并不大。

和生是金庸自幼熟识的，二人长期相互依赖，感情很深。从和生的早期经历出发，金庸可以在小说中写他含冤而死，可以写他遇到金庸祖父查文清这样的"青天大老爷"。除此之外，还能写出另一种结局，就是逃狱成功，报复仇敌。这三种结局，在现实生活中都是可能发生的。写其中任何一种，都未必意在迎合，也未必不是为了迎合。

若是金庸写狄云在狱中被迫害致死，就不是迎合？我看不见得，大大的不见得。还是毛姆说得好："批评家的工作是判断他所批评的作品有什么优缺点，作家写作的动机不关他的事。"

千百年来，那么多蒙冤入狱惨死的人，渴望获得自由，也渴望报复。千百年来，人们看到那么多人蒙冤入狱惨死，热切盼望他们终能重获自由，让作恶者受到报应。这是人类共同的期望，而非大仲马的臆想和首创，大仲马只是更早表达出来罢了。

基督山伯爵靠着在狱中从长老那里得知的大宝藏来报复仇敌，金庸写的是武侠小说，很自然，以和生为原型的狄云，在狱中得到的，就应该是从明师那里习得的武功。

写狄云终于逃狱成功，这要算是迎合的话，金庸迎合读者，也太不"专业"，太不"敬业"。

《基督山伯爵》一书，或译为《基度山恩仇记》。"恩仇"，是说邓蒂斯出狱后怎样报恩与复仇。邓蒂斯终于报答了莫莱尔一家的恩德，至于狄云，却是无"恩"可报，也是可悲。

复仇呢？

这部小说，可以称为"素心（剑）"，也可以叫作"连城（诀）"，唯独不能起一个"复仇记"的书名。狄云根本没复仇，甚至，他都没着手去复仇。

狄云并没有将陷害自己的万氏父子害死。他们父子既不是狄云杀死的，也没有陷在狄云所设的局中不得不死。万氏父子的死，几乎与狄云没什么关系。万圭已经中了别人下的剧毒，狄云甚至给他送上解药。

狄云转开了头，仰天哈哈大笑，说道："是我救活了他，是我救活了他，哈哈，哈哈！真好笑！天下还有比我更傻的人么？"他纵声大笑，脸颊上却流下了两道眼泪。(《连城诀》第十回）

狄云武功虽高，几乎已是武林"第一人"了，但他从来没有扬眉吐气过。我们读《连城诀》，可不像读《基督山伯爵》那么"爽"。金庸真要向傅国涌说的那样"时刻想到那些读者会不会喜欢"，他应该写狄云娶了万圭和师妹戚芳所生的女儿，写他凭神照功和血刀刀法，做了武林盟主，写他掘出连城诀所指向的那个大宝藏，拿出一小部分，救济贫民，从此成为"万家生佛"……金庸连这么简单的"迎合"都想不到，写不出。他的"迎合"读者，太不"专业"，太不"敬业"。

吴思认为："金庸笔下的大侠既富且贵……走哪儿吃哪儿，华服美屋……有能力随心所欲地伤害别人……一个比皇上还幸福的角色。"吴思的指责，有点道理，却是说得太过分、太绝对，对金庸的其他作品已经不完全适用。我尤其不解的是，他可曾读过《连城诀》？狄云既富且贵？华服美屋？随心所欲地伤害别人？比皇上还幸福？

《连城诀》中的狄云与戚芳，是真正的草根、底层，被侮辱与被损害的。

《连城诀》，忧患之书，亦悲悯之书也。

金庸把狄云看作自己所塑造最好的一个（男）人，我不觉得奇怪。

金庸塑造的女性形象中，戚芳不是优点最多的，却是缺点最少的。她说的每句话、做的每件事，皆清白干净，无可指责。戚芳，可以被视为金庸笔下最好的女人。

狄云与戚芳的命运，分明在诉说着中国数千年来无数底层民众的无尽苦难。戚芳，一支野花，独自芬芳（"芳"），而终于逃不出悲哀（"戚"）的命数。

千百年来，亿兆底层民众，谁又逃得出呢？

只能寄望于权贵强梁内心可能的仁慈，还有一点点运气。未遭权势者特别注意尚可活得稍安逸，一旦被盯上了，全没有逃脱的指望。

戚芳的一生，一直都在被人"设计"。先是父亲"设计"她，她就成了纯真的乡下姑娘，再则为万氏父子"设计"，她就成了富家少奶奶。戚芳的一生，什么都是别人给她定下的，完全不能自主。等她终于尝试自己做决定也做出了决定——救出万圭之后再与狄云逃离万家——已经走到人生的尽头。

狄云与戚芳，可以被视为千百年来底层民众的典型，一直被侮辱、被损害、被作弄、被践踏、被强制、被自愿……

最黑暗的夜空，有几颗最光亮的星点缀。

体现在狄云、戚芳、丁典、凌霜华身上的品质，是最美好的，最可珍惜的。

美好的，总是令人忧愁，让人不自禁为它（他、她）担心。

在强烈的明暗对比中，《连城诀》才显出它极大的张力。

暗，是人心的阴暗；明，是人性的光明。

凌退思、戚长发、万震山、血刀老祖有多么黑暗，狄云、戚芳、丁典、凌霜华就有多么光耀。

黑暗如此强大，仍掩不住狄云等人的光耀；狄云等人身上固然尽显人性的光明面，在阴暗的背景下，那么孤独无助。

《连城诀》，光明之书，更是黑暗之书。

父亲（凌退思）活埋女儿（凌霜华），父亲（万圭）与爷爷（万震山）研究探讨并一致同意要杀死他们唯一的孩子（"空心菜"），丈夫（万圭）击杀妻子（戚芳），师弟（戚长发）手刃师兄（万震山），弟子（戚长发等三人）格毙师父（梅念笙），师父（万震山）扼死弟子（吴坎）……

师父们欺骗弟子，传授他们掺水的"武功"。

狄云又看几招，更觉奇怪："……临敌之时使一招不管用的剑法，不只是无用而已，那是虚耗了机会，让敌人抢到上风，便是将性命交在敌人手里。为甚么师祖、师父、师伯都这么狠毒？都这么的阴险？"（《连城诀》第九回）

万震山（自认为）将师弟戚长发杀死，将尸身砌在墙中，藏尸灭迹，此后他每夜睡梦里都要起身砌墙，居然不是因为做了亏心事而心中不安，却是得意极了，喜心翻倒，不可自持，砌墙之时一直微笑。

《连城诀》所呈现的人性之黑暗，真正至于极点了。

《连城诀》呈现的，是一个"非人间"的世界，但不能因此而断定其不真实，发生在和生这个人（狄云的原型）身上的故事，在那万恶的旧社会，太多了。

在明暗之间，站着一个人——花铁干。花大侠并不曾摒绝黑暗投奔光明，正相反，他终于沉没在永世的黑暗之中。在《连城诀》世界，花铁干的转变，其实很正常，很可以理解。

到最后，狄云武功很高了，甚至绝顶了，但他在江湖，仍是弱势，永远都是弱势。因为他不能扭曲自己，自觉斲丧本性中的善良。如此，再高明的武功，也无力战胜诡谲的人心。狄云只有逃，逃到曾经的"雪谷"，像躲进桃花源。但狄云的桃源，阴冷而黑暗，不复陶渊明笔下的明媚温暖。

相较于"连城诀"，我更喜欢原先"素心剑"的书名，应是出自陶渊明"闻多素心人，相与数晨夕"句。只是，书中的"素心人"多乎哉？不多也！全书数十人物，称得起这一名号的不过丁典、凌霜华、狄云、水笙、戚芳，寥寥数人而已。余者都是人性被各种欲望和恐惧所扭曲的"社会的人"，"书中的世界是朗朗世界到处藏着魍魉和鬼蜮"（陈世骧语），这一点，《素心剑》(《连城诀》）较之《天龙八部》更甚。

如此江山如此路，不如休去，直是少人行！

水笙说："我等了你这么久！我知道你终于会回来的！"水笙与狄云不约而同，前后回到荒蛮的雪谷，两个"素心人"，同命鸳鸯，相依为命，而与红尘隔绝，正是不得不尔。因为人心太可怕，他们别无他处可去！

我读到此书，至幽微之处，不禁毛骨悚然，有一种怕敢读下去的恐惧，又猜想作者撰作此书时，内心该是何等的荒凉与绝望。

金庸逝世当日，李静睿的一条微博甚好："重看了一遍连城诀，不知道1963年金庸经历了什么，要写这样一个阴森森黑漆漆的故事，简直像比较简陋的陀思妥耶夫斯基，最让我痛苦的两件事书里都齐了：好人蒙冤屈，弱者受欺凌。陀思妥耶夫斯基说，地狱是不能再爱而受到的痛苦，这本书里的大部分人就是这样，活着也是深陷炼狱。相较之下丁典和凌霜华的结局倒不是那么差，墙头那一盆花比酷刑和死亡更了不起。"

金庸曾对严家炎谈过，自己是1948年到香港后开始阅读陀思妥耶夫斯基小说的。金庸写《连城诀》，可能受陀氏很大影响，也可能受影响较小。

梁羽生认为"金庸的武侠小说，从《倚天屠龙记》开始渐渐转变"，似乎是将《倚天屠龙记》视为金庸小说前后期的分界。我更倾向于，将金庸小说前后期之分野，定在《连城诀》，而不是《倚天屠龙记》。

金庸在《倚天屠龙记》后记中说："张无忌的个性却比较复杂，也是比较软弱。他较少英雄气概，个性中固然颇有优点，缺点也很多，或许，和我们普通人更加相似些。"狄云有点像张无忌，性格都更与普通人相似。

张无忌的作为，可是太不普通了。做了江湖第一大组织的教主，手握"号令天下，莫敢不从"的屠龙刀，甚至，至少是有希望，成为新朝的开国皇帝。我是觉得，这里面"意淫"的成分极重，真实性与可信性就差了。

武侠故事都是编的，但有些情节，置换到别的情境下，有相似的事情发生，这也算真实性。例如，由朱贞木所开创而为金庸所继承的"众女倒追一男"的模式，就不能说没有真实性，因为现实生活中，这种事还真是普遍存在着。而张无忌在光明顶独力拯救明教这种事，除了在《倚天屠龙记》小说中，在别的情境下，永远、绝对不会发生，这就叫不真实。我不是非常喜欢《倚天屠龙记》，这是一个重要原因。

　　身为普通人，狄云就从来没有像张无忌那样扬眉吐气过，虽然他像张无忌一样，也练成了天下第一的武功。

　　《倚天屠龙记》读起来更过瘾，而《连城诀》更为深刻。

《连城诀》：金庸小说前后期之分野

　　金庸写至"射雕三部曲"，已到武侠小说的最高峰。自1964年的《连城诀》（《素心剑》）起始，金庸写的，都不再是纯粹正规的武侠小说。

　　金庸后期五部作品——《连城诀》《天龙八部》《侠客行》《笑傲江湖》和《鹿鼎记》，别有寄托，旨趣深远。金庸非凡的想象力，在前期，主要表现于故事情节，到了后期创作，更表现为"他居然想到可以这样写，而终于写出了如此独特的'武侠小说'"！

　　《鹿鼎记》后记中，金庸看金庸小说："长篇比中篇短篇好些，后期的比前期的好些。"我不太反对前半句，而完全赞同后半句。

　　论金庸小说的紧张刺激、好玩过瘾，当然是超长篇优于长篇，长篇优于中篇，中篇优于短篇。

　　至于艺术手腕、思想内涵，金庸的几部中篇、短篇（尤其后期的《连城诀》《侠客行》）在前期的《神雕侠侣》以上。

　　前期、后期的分野，鄙意当以1964年创作的《连城诀》为断。

　　《连城诀》之前，作品九部：《书剑恩仇录》，连载于《新晚报》，1955

年 2 月 8 日至 1956 年 9 月 5 日；《碧血剑》，连载于《香港商报》，1956 年 1 月 1 日至 1956 年 12 月 31 日；《射雕英雄传》，连载于《香港商报》，1957 年 1 月 1 日至 1959 年 5 月 19 日；《雪山飞狐》，连载于《新晚报》，1959 年 2 月 9 日至 1959 年 6 月 18 日；《神雕侠侣》，连载于《明报》，1959 年 5 月 20 日至 1961 年 7 月 8 日；《飞狐外传》，连载于《武侠与历史》，1960 年 1 月 11 日至 1962 年 4 月 6 日；《鸳鸯刀》，连载于《明报》，1961 年 5 月 1 日至 1961 年 5 月 31 日（《武侠与历史》连载此部早于《明报》，但结束时间晚于《明报》，回目也略有不同）；《倚天屠龙记》，连载于《明报》，1961 年 7 月 6 日至 1963 年 9 月 2 日；《白马啸西风》，连载于《明报》，1961 年 10 月 16 日至 1962 年 1 月 10 日。

《连城诀》同时或之后，作品六部（含《连城诀》）：《天龙八部》，连载于《明报》，1963 年 9 月 3 日至 1966 年 5 月 27 日；《素心剑》（后改名《连城诀》），连载于《东南亚周刊》，1964 年 1 月 12 日至 1965 年 3 月 7 日（《东南亚周刊》香港版）；《侠客行》，连载于《明报》，1966 年 6 月 11 日至 1967 年 4 月 19 日；《笑傲江湖》，连载于《明报》，1967 年 4 月 20 日至 1969 年 10 月 12 日；《鹿鼎记》，连载于《明报》，1969 年 10 月 24 日至 1972 年 9 月 23 日；《越女剑》，连载于《明报晚报》，1970 年 1 月 1 日至 1970 年 1 月 31 日。《连城诀》后记中说，"这部小说写于一九六三年"，这样看，虽则面世时间稍晚，实际构思或动笔时间或不晚于《天龙八部》。

金庸作小说，1955 年始，1972 年终，总计十七年。《连城诀》前，八年；《连城诀》后，八年。

《金庸作品集》共三十六册。《连城诀》前，十九册；《连城诀》后，十七册。

大致而言：

《连城诀》之前，昂扬向上；《连城诀》之后，反抗绝望。

《连城诀》之前，摹写人物；《连城诀》之后，映现社会。

《连城诀》之前，亮色；《连城诀》之后，灰色。

《连城诀》之前，礼赞江湖；《连城诀》之后，质疑江湖。

《连城诀》之前的江湖，天高地迥、光风霁月；《连城诀》之后的江湖，乌烟瘴气、沆瀣沉浊。

《连城诀》之前的气象，如"花枝春满，天心月圆"（李叔同临终偈）；《连城诀》之后的氛围，似"落花辞枝，夕阳欲沉"（李叔同题丰子恺《诀别之音》）。

《连城诀》之前的人物，"知其不可而为之"；《连城诀》之后的人物，知其为之而不可。

《连城诀》之前诸作，精彩源于对真善美的描画。《连城诀》之后诸作，高明在于对假恶丑的揭示。1957年《射雕英雄传》中的丐帮，只有一个坏人（梁长老）；1963年《天龙八部》中的丐帮，几无一个好人（新修版甚至又把原来年高德劭的徐长老改写成色魔）。

1961年开始写作的《倚天屠龙记》中，被视为"魔教"的明教，看到后来，竟像"正大门派"一样好，甚至更好，这样的江湖，总体上是好的；1967年开始写作的《笑傲江湖》中，所谓的"正教"，看到后来，竟像被称为"魔教"的日月神教一样坏，如此江湖，总体上就是坏的。

《连城诀》之前的金庸小说，主要着力于编造故事；《连城诀》之后的金庸小说，记录作者本人的心灵史。

《连城诀》之前的金庸，努力使作品符合古代的背景氛围；《连城诀》之后的金庸，则在小说中表现了强烈的现世关怀。

《连城诀》之前的写作，商业动机似更明显；《连城诀》之后的创作，经济考量渐弱。1955年至1958年，金庸写小说，要挣稿费。1959年至1963年，金庸要靠小说为草创的《明报》吸引读者和订户（"我写小说实际上是当时的一种副业，我主要是要办报纸。报纸要吸引读者，那么我写点小说就增加点读者"）。

至1964年，《明报》已经站稳了，此后他的武侠小说对《明报》越来越不重要，到1972年金庸写完《鹿鼎记》宣布"封笔"之时，几乎完全不重要了。当时香港人口四百多万，《明报》十几万订户、几十万读者，市场接近饱和。没有了武侠小说，多数读者还是会订阅《明报》，尤其要看预测时局极准的金庸《明报》社评，继续连载武侠小说，能增加的订户怕也有限。

假设1972年《明报》销量出现大滑坡，我感觉金庸的小说还是会写下去的。

全世界的小说家绝少有像金庸的，起步（集中写作而非发表小说的年龄）如此之晚（三十二岁）而封笔如此之早（四十九岁）。

通俗小说的商业性，向来为人所诟病。金庸作品商业性最明显的，或在《明报》创立之初。

金庸自述："《神雕侠侣》的第一段于一九五九年五月二十日在《明报》创刊号上发表。这部小说约刊载了三年，也就是写了三年。这三年是《明报》最初创办的最艰苦阶段。"

在这篇《神雕侠侣》后记中，作者写道："杨过和小龙女一离一合，其事甚奇，似乎归于天意和巧合，其实却须归因于两人本身的性格。"

金庸这段话似乎在为自己辩解，而我仍然与倪匡"《明报》初创时期，《神雕》在《明报》上连载。若是小龙女忽然从此不见，杨过凄凄凉凉，郁郁独生，寂寞人世，只怕读者一怒之下，再也不看《明报》"的"科幻推理"同感。

归结到金庸1964年至1972年这八年的创作，我不认为其商业动机比现今绝大多数所谓"纯文学作家"更强。

纯文学作家也不尽是"不食五谷，吸风饮露"的"神人"，写作发表作品，多少也会考虑稿费以及版税问题？每字少算他一分稿费，怕不是也要拍案而起？

凡是写"纯文学"的，便心中全无一点渣滓，丝毫不考虑经济利益；凡是"通俗文学"作者，便心无旁骛，一门心思只想着赚钱；这样"黑白二分"的臆想，是极端可笑的。

金庸在《雪山飞狐》后记中谈到："《雪山飞狐》于一九五九年在报上发

表后，没有出版过作者所认可的单行本。坊间的单行本，据我所见，共有八种，都是书商擅自翻印的。"1955年至1975年，这二十年印行的金庸小说书籍，大多是盗版，金庸自己赚到的钱只占一小半。

给自己办的报纸写连载，稿费又怎么算？左手交给右手，双手互搏？1964年以前，写武侠为了"增加《明报》的销量"，1964年以后，这个作用也降低了。

金庸当然是商人，但商业动机在他后期的小说创作上已经不明显，他有更大的商业利益需要考虑，整个报系每年赚得千万，十几万的稿费或版税相对不重要了。

要"迎合"读者，金庸完全不应该写什么《连城诀》《侠客行》，这种作品根本不讨好，把这份时间精力用在写《飞狐外传》类型的作品，定能得到更多赞美，获得更大商业利益。《侠客行》很容易给人造成"没头没脑、莫名其妙"的印象，而《连城诀》的气氛一如书中大雪山样的孤寒阴郁，更难为读者带来阅读快感，这种书他早先几年未必写得出，即便能写大概也不会去写。

金庸在其创作初期，就算怀有希望，也不太敢确信，自己的社会、历史地位能靠武侠小说奠定。历史的经验值得注意，金庸之前的武侠作家写得并不差，但其社会地位很低，更不要说靠它名垂后世了。

金庸早期作品写得也很用心，个性决定的，一件事不做则已，做了总要做到最好。金庸自《连城诀》之后的后期作品写得尤其用心，因为他的小说在社会上层得到了相当认可，一些大学问家对它们评价也很高，而经济方面的压力与诱惑同时大幅减低，他后期几部作品的写作以及后来对旧作的认真修订，将其当作"文章千古事"来经营的味道，更浓厚了。

《连城诀》之前的作品，金庸写给读者；《连城诀》之后的作品，金庸写给自己。

鄙见似与金庸写小说是为了自娱娱人，"现在（指后期）娱乐自己的成分，是越来越少了，主要都是娱乐读者"的夫子自道正相反对。那是因为视角不同，两论似相反而实相成，朋友们可细思之，我不详细解释了——因为说不清。

对比金庸前期与后期作品的不同，完全根据印象。金庸小说当然可以作前、后期的划分，同时又是一个整体。为了凸显两期的不同，有些话说得过于绝对，忆昔"绝，则错"的警告，汗涔涔下矣。只好以英国佬"规律之所以正确，正因为它有例外"的谚语，为自己解嘲。

"通俗"，但不刻意迎合读者

我将金庸小说前后期的分野，定在《连城诀》。

《金庸作品集》三十六册，《连城诀》一册，写于《连城诀》之后的《天龙八部》五册、《侠客行》两册、《笑傲江湖》四册、《鹿鼎记》五册，合计十七册。

金庸后期所写《袁崇焕评传》，收在《碧血剑》中，《越女剑》收入《雪山飞狐》那一册。《袁崇焕评传》与《越女剑》，再加上《成吉思汗家族》《关于"全真教"》（附录于《射雕英雄传》），大致也有一整册的篇幅。

将金庸小说前后期的分野，定在《连城诀》，正好之前十八册，之后十八册。"二水中分白鹭洲"，《连城诀》就是金庸小说创作的白鹭洲。

这样划分，主要考虑的当然不是金庸前后期写作的字数相当。在我看来，《连城诀》之前的作品，金庸主要写给读者；《连城诀》之后的作品，金庸主要写给自己；这才是金庸前后期小说创作最大的不同。

然而，20世纪60年代末，金庸对朋友们说，写小说是为了自娱娱人，"现在娱乐自己的成分，是越来越少了，主要都是娱乐读者"。

我的看法，与金庸的说法，似乎正相反对，那是因为视角不同，两论似相反而实相成。我在上一节"《连城诀》：金庸小说前后期之分野"中说："朋友们可细思之，我不详细解释了——因为说不清。"

此节，我尽力把这难以说清的说个清楚。

金庸这句"主要都是娱乐读者"，还有他在另一场合说的"我主要是要办报纸。报纸要吸引读者，那么我写点小说就增加点读者"，似乎都表明，金庸在迎合读者！

也是，也不是。

办报的同时写小说，太辛苦，金庸很早就想过要停掉小说创作，但为了给《明报》增加订户，还是坚持着写下去，这个过程中，金庸确实主要考虑的是订户，也就是读者，这就是金庸说的那层意思——"现在主要都是娱乐读者"。

但，当他已然决定继续写下去，之后，写什么题材，怎么写，却主要出于自己的喜好与思考，而不是"读者至上"的迎合态度，这就是我所说那层意思——后期作品金庸主要写给自己。

在台湾，有人问："读者的反应会不会影响你的写作方向？"金庸回答："多少有一点。"我觉得金庸的回答还算实事求是。金庸写作，心中一直都有读者，一直有娱乐读者的用意，但他也说过："过分迁就市民、大众的口味，就庸俗化了，我也不同意。通俗一点，让他们可以了解欣赏的意义。"由此可知，金庸又非一味地要迎合读者、讨好读者，只是"多少有一点"啦。

林以亮劝说金庸"应该继续写下去"，金庸答说："我觉得继续下去，很困难。虽然为了报纸，有这个必要……但是我每多写一部书，就越觉得困难，很难再想出一些与以前不重复的人物、情节。我想试试看是否可以再走一些新的路线。"其实，大多数读者当时并不要求金庸不重复以往的人物与情节，只要重复的内容不很多、不十分显著，也就可以了。似乎也没有很多读者明确要求金庸"再走一些新的路线"，"射雕三部曲"的旧路线，反而是他们一直喜欢的（据倪匡说，新加坡报刊就找到金庸，要求写《倚天屠龙记》的续集。这应该是港台与海外华人读者共同的心声了）。这些，都不是读者的要求，是金庸对自己的要求。

金庸，期望自我提升。

《明报》旧人张圭阳所著《金庸与〈明报〉》一书，附录有《明报》历年的订户数量，看 1972 年金庸"封笔"之前那几年、之后那几年的订户数，可知不再连载金庸小说的《明报》最少要减少一万订户。这一万订户（几万读者）中的大多数，只要能继续读到出自金庸的小说，不需要写得太好，还是会订阅《明报》的。

金庸继续小说连载可以增加一两万订户，金庸"封笔"就减少了一两万订户。

金庸肯继续为《明报》写连载，以此为前提，他要是刻意迎合读者，可能会增加一两千订户；他不太在意讨好读者，《明报》可能就减少一两千订户；这一两千，无关紧要。

《连城诀》的路线，《侠客行》的路线，并不会让读者十分开心与欢迎，以金庸的商业头脑，不可能预料不到，但他仍是写了。写给读者，更写给自己。

《鹿鼎记》起初在《明报》连载时，反响不佳，"不断有读者写信来问：'《鹿鼎记》是不是别人代写的？'"随着故事的发展，多数读者才回心转意，回嗔作喜。金庸在后记中解释何以要写"不太像武侠小说"、"和我以前的武侠小说完全不同"的《鹿鼎记》："那是故意的。一个作者不应当总是重复自己的风格与形式，要尽可能的尝试一些新的创造。"这仍是出于金庸自我提升的需要，不是刻意讨好读者。

迎合读者，在金庸，恐怕不能完全避免，但他并不过分迎合，更不是在所有方面都有迎合的用心。

文学天才，而写作带有"传奇"性质的作品，根本不需要刻意讨好读者，读者自然被吸引。金庸说他写小说，为了自娱娱人。作者自己写得开心，自然文采焕发，读者才会读得开心。

相反，太多二三流的小说家，绞尽脑汁迎合读者、讨好读者，读者却不买账。人与人的才气，相差太大，读者也不是那么容易被哄骗的。

只在某一二方面迎合读者或观众，虽莎士比亚亦不能免，不足为病。

金庸前期作品迎合读者的嫌疑更大，却也不是像傅国涌、王彬彬认为的那样，只想迎合、总想迎合。

倪匡说金庸让杨过、小龙女十六年后重逢于绝情谷底，是为了照顾《明报》订户的情绪，这只是他的猜想。我们可以认同此一猜想，但难以断定这就是实情。即便此事属实，也不能以偏概全，由这一个细节来断言整部《神雕侠侣》总在迎合读者，只在迎合读者。

杨澜说："所谓'通俗'和'庸俗'之间，应该是有界线的。"金庸接口说："那当然。"

2000 年，在岳麓书院，有读者问"庸俗"与"通俗"之区别。金庸答："俗，就是说是大众化的，高高低低的人都可以接受的。俗中也有高雅的俗和一种所谓的庸俗的俗。我想通俗本身没有好的和坏的意思，通俗就是普通人都能接受的，所谓'下里巴人'不一定是讲不好，知识高的人、低的人都能接受。所谓'庸俗'是一种变异，大家都可以接受，但使人的精神向下的。至于令人精神向上的俗，没有一个'高俗'之类的讲法。通俗有可能使人精神向上，也有可能使人精神向下。"（《智者的声音》第 133 页）

《连城诀》：《笑傲江湖》的底稿

20 世纪末，先是美国现代图书公司评出"20 世纪英文小说一百强"，香港《亚洲周刊》亦步亦趋，约请余秋雨、王蒙、王晓明、刘再复、谢冕、南方朔、施叔青、郑树森、王德威、刘以鬯、黄继持、黄子平、潘雨桐、黄孟文十四位评委，评出"20 世纪中文小说一百强"。

对照两份榜单，甚是好玩。"中文小说一百强"前四部中，有三部是短篇小说或短篇小说集（鲁迅《呐喊》、沈从文《边城》、张爱玲《传奇》）；前七部中，有四部是短篇小说或短篇小说集（添了白先勇《台北人》）。而英美评选"英文小说一百强"，根本就不考虑短篇小说，每一部都是长篇。

也不仅是这"20 世纪英文小说一百强",西方人评选小说名著,历来很少考虑短篇小说,更少将短篇小说放在榜单的前列。

长篇小说与短篇小说,虽然都叫作小说,实可以视为两种文学体裁。篇幅相差太大的文学作品,很难拿来比较高低。

中国 20 世纪文学,尤其是"纯文学",在长篇小说创作上的成绩,实在寒碜得很。《亚洲周刊》榜单,将短篇小说考虑在内,并且将四部短篇小说集排入前七,也是没办法的办法,可以理解。但是,窃以为,应该分开来,列出长篇小说的第一二三四,同时排出短篇(与中篇)的第一二三四,合起来共一百部就可以了。

闲来无事,也曾将金庸十五部小说排个位次出来。我将金庸小说分为两部分,分别排定名次。

九部不特别长的金庸小说中,我将《连城诀》排第一,或者,《连城诀》与《侠客行》并列第一。

六部超过百万字的超长篇金庸小说中,我将《笑傲江湖》排第一,或者,《笑傲江湖》与《天龙八部》并列第一。

而《连城诀》,正是《笑傲江湖》的"底稿"。

1964 年,金庸写成《连城诀》。1967 年至 1969 年,金庸写成《笑傲江湖》。

1969 年,《笑傲江湖》还没写完的时候,林以亮说:"……我们一直以为是正派的周芷若,最后竟又是反派的……"王敬羲接口说:"目前连载的《笑傲江湖》也是。那个君子剑岳不群,起先大家都以为他是个正人君子,后来才发觉他原来是个大坏蛋……"金庸则说:"是的,不过关于这一点,《倚天屠龙记》与《笑傲江湖》有些不同。《笑傲江湖》与另一个长篇《素心剑》反而有点相似,都是写一个师父本性很坏,不过他掩饰得很好,后来才慢慢显露出本来面目。"(《金庸访问记》)

金庸先说"是的"二字,似是赞同王敬羲的说法。"不过"之后的一段话,却是在反对王敬羲将岳不群与周芷若混为一谈。

1969 年的访谈中，金庸对王敬羲的说法其实是不赞同的，但在表达自己的不同意见之前，他必须要说"是的"二字，那是中国旧知识分子的教养与修养。

周芷若与岳不群是不同的。周芷若一个二十岁左右的姑娘，本性自然是好的，慢慢地变得不那么好了。岳不群则是十几二十多年来，一直"本性很坏"，读者以为他曾经很好，只是本来面目未暴露出来。戚长发也是如此。

《连城诀》与《笑傲江湖》相似，不止此一处。

《连城诀》与《笑傲江湖》中，都是师父"至伪"，而弟子"至诚"。

戚长发只有两个徒弟，其中一个是自己女儿，戚长发默认他们的婚配；岳不群不止两个徒弟，但也默认女儿岳灵珊与大弟子令狐冲的婚姻。

《笑傲江湖》第二十四回，回目是"蒙冤"。令狐冲与狄云都曾"蒙冤"。令狐冲被冤枉吞没了林家的《辟邪剑谱》，狄云则被冤枉做贼。而令狐冲和狄云的师妹，也都另嫁他人。

师妹都是师父的独女，都被师父拿来做了牺牲。金庸十五部小说，只有在《连城诀》与《笑傲江湖》这两部中，男主人公所爱的女人嫁与他人。

《连城诀》中，"他和师妹戚芳在练剑，戚芳的剑招花式繁多，他记不清师父所教的招数，给迫得手忙脚乱……随手挡架，跟着便反刺出去……戚芳这一招花式巧妙的剑法反而挡架不住……当时他也曾想到：'我不照规矩使剑，怎么反而胜了？'"狄云自创的武功，反而更管用。

《笑傲江湖》中——

岳不群厉声又问："你对付师娘这一招，却是如何胡思乱想而来的？"令狐冲嗫嚅道："弟子……弟子想也没想，眼见危急，随手……随手便使了出来。"岳不群叹道："我料到你是想也没想，随手使出，正因如此，我才这等恼怒。你可知自己已经走上了邪路，眼见便会难以自拔么？"（《笑傲江湖》第九回）

令狐冲这一招，学自石壁上魔教长老的破法，并不是他"胡思乱想而来"，岳不群居然信了他的话。可见，在岳不群心中，也知道徒儿自创的武功可能比他传授的更管用。

《连城诀》中，狄云的师伯言达平传给他刺肩式、耳光式、去剑式三招剑法；《笑傲江湖》中，令狐冲的太师叔风清扬传给他总诀式、破剑式、破刀式、破枪式、破鞭式、破索式、破掌式、破箭式、破气式，即所谓"独孤九剑"。两者的名目，先有几分相似。

狄云学得了三招剑法，与万师伯的徒弟们比剑——

叮叮当当兵刃相交声中，白光闪耀，一柄柄长剑飞了起来。一柄跌入了人丛，众婢仆登时乱作一团，一柄摔上了席面，更有一柄直插入头顶横梁之中。顷刻之间，卜垣、吴坎、冯坦、沈城四人手中的长剑，都被狄云以"去剑式"绞夺脱手。(《连城诀》第二回）

其神奇处，与"独孤九剑"也不是不相似的。

传剑过程中，言达平指摘狄云师父戚长发的人品，风清扬指摘令狐冲师父岳不群的人品。为此，狄云与令狐冲都宁愿不学剑法了。

言达平不许狄云对人说自己传剑之事，风清扬不许令狐冲对人说自己传剑之事。

人们以为狄云学到的，是传说中的"连城剑法"。人们以为令狐冲学到的，是传说中的"辟邪剑法"。

《连城诀》与《笑傲江湖》，都有强烈的明暗对比。《连城诀》（原名《素心剑》）中，"素心"光明，"连城"黑暗。《笑傲江湖》中，"笑傲江湖"光明，"一统江湖"黑暗。

"素心"与"连城"并存，就像"笑傲"与"一统"并存于同一个"江湖"。

《笑傲江湖》中，令狐冲、任盈盈、风清扬等"隐士"的个性极美，而小说中写到的"政治生活"极脏。

《连城诀》中，与"素心"有关的人与事极美，与"连城"有关的人与事极脏。

《连城诀》中，血刀老祖这个大魔头，邪恶之极，但令人心折；《笑傲江湖》中，任我行这个大魔头，邪恶之极，但令人心折。

血刀老祖如死神，手执血刀，收割生命、灵魂。那样邪恶的力量，邪恶的智慧，邪恶的美。

《连城诀》写的是"夺利"，《笑傲江湖》写的是"争权"，这不是两部小说的区别，而是其共同点，写的都是人性的幽暗与贪婪。

《笑傲江湖》没有历史背景，《连城诀》其实也没有。

金庸最后这次修改，为《连城诀》补写一段："到得大清康熙年间，忽有一位身具高强武功的高僧驻锡荆州天宁寺，无意中发现了宝藏，他将此讯息写成书信，托人送交给当时天地会广东红旗香主吴六奇，请他去发掘出来，作天地会反清复明之用。因怕泄漏机密，他将宝藏所在处用密码（剑诀）注入一本当时流传的《唐诗选辑》之中，送交吴六奇。吴六奇是他师兄的弟子，同门相传，和那高僧都会'唐诗剑法'，知道剑法的次序。不幸密码送到时，吴六奇遭难，为人所害，这剑诀密码便流落在外。"完全画蛇添足！

在《笑傲江湖》后记中，金庸指出："不顾一切的夺取权力，是古今中外政治生活的基本情况……本书没有历史背景，这表示，类似的情景可以发生在任何朝代。"

《连城诀》第十二回："狄云摇摇头，退开几步，心道：'师父要杀我，原来为了这尊黄金大佛？'霎时之间，他甚么都明白了：戚长发为了财宝，能杀死自己师父、杀死师兄、怀疑亲生女儿，为甚么不能杀徒弟？……他真不能明白：一个人世上甚么亲人都不要，不要师父、师兄弟、徒弟，连亲生女儿也不顾，有了价值连城的大宝藏，又有甚么快活？"旧版"没有历史背景"的《连城诀》，只有更好，也正表示不顾一切地夺取财富利益，是古今中外人类生活的普遍情况，类似的情景可以发生在任何朝代。

《连城诀》的结局，很惨淡。《笑傲江湖》真正的结局，更令人绝望。

方证大师有他了不起的地方，但他的政治才能，尤其是军事指挥才能，实在不能与大魔头任我行相比。方证大师以为"任教主既说一个月之内，要将恒山之上杀得鸡犬不留。他言出如山，决无更改"，才会命"少林、武当、昆仑、峨嵋、崆峒各派好手，都聚集在恒山脚下"，然而，"其实在任我行心中，此刻却已另有一番计较……心想令狐冲回去，必然向少林与武当求援，这两派也必尽遣高手，上见性峰去相助。他偏偏不攻恒山，却出其不意地突袭武当……他在这霎时之间，已定下除灭少林、武当两大劲敌的大计"。决战的要紧关头，正教最高首领方证大师与冲虚道长，对魔教教主任我行的战略意图，竟做出了如此严重的误判，可就要老命了。

　　此刻，除了老天爷，再没有谁，能够阻挡任我行"一统江湖"的步伐。如果任我行不死，少林派必然覆亡，江湖终归一统。这才是《笑傲江湖》一书真正的"大结局"。

　　令狐冲呢，或战死，或被囚，或幡然改悔，高唱"圣教主千秋万载一统江湖"。

　　《连城诀》与《笑傲江湖》，金庸最绝望的两部小说。

　　即便是《笑傲江湖》与《连城诀》，也不尽是绝望与黑暗。

　　"笑傲江湖"的琴音箫声，终于淹没在"圣教主一统江湖"的宏大合唱中，唯其如此，更显出壮美与可贵。

　　丁典与凌霜华，这两个"素心人"的爱情，梦断于凌父追寻"连城"宝藏的迷梦中，唯其如此，才更"高尚又深刻"。

　　金庸对池田大作谈到："写成小说《连城诀》后，忽然惊觉……和《基度山恩仇记》太接近了，不免有抄袭之嫌……若要避开其近似处本来也不为难，但全书已经写好，再作重大修改未免辛苦，何况丁典的爱情既高尚又深刻，自具风格，非《基度山恩仇记》的法利亚神父所能有；即使在我自己所写的各个爱情故事中，丁典与凌霜华的情史，两人的性格，也都是卓荦不凡，算是第一流的。要舍弃这段情节实在可惜。"（《探求一个灿烂的世纪》第193—194页）

丁典与凌霜华之间的感情，写得那么悲，又那么美。

50 年代中期，金庸谈到，《罗密欧与朱丽叶》"因为经过莎士比亚天才的笔触，想象力更为丰富，文辞更为华赡"，除此之外，《梁山伯与祝英台》都更优于《罗密欧与朱丽叶》。同理，金庸文采远不及莎翁，但《连城诀》写出的丁典与凌霜华之间的那份情，比罗密欧与朱丽叶更美好。

金庸晚年谈到："我在小说里创造一个现实中不大可能的世界，既是安慰自己，发怀古之幽思，也想借一支笔，记录传达中国人灵魂中曾经有过的美好情怀。"（郭宇宽《对话金庸》）

罗密欧与朱丽叶的故事，是意大利很古老的民间传说。丁典与凌霜华，则是金庸所写的中国的爱情故事，"传达中国人灵魂中曾经有过的美好情怀"。

菊花会上，丁典与凌霜华一见钟情，到得午后，丁典便过江到了武昌，问明途径，找到凌翰林府上，在府门外踱来踱去，踱了三个时辰，直踱到黄昏。凌霜华的丫鬟走出来，让他走。丁典央她让自己瞧瞧凌府的绿菊花，丫鬟答应为他求求小姐，"要是她答允，就会把绿菊花放在那红楼的窗槛上"。

那天晚上，丁典在凌府外的石板上坐了一夜。

"到第二天早晨，狄兄弟，我好福气，两盆淡绿的菊花当真出现在那窗槛之上……我心中想着的，只是放这两盆花的人。就在那时候，在那帘子后面，那张天下最美丽的脸庞悄悄的露出半面，向我凝望了一眼，忽然间满脸红晕，隐到了帘子之后，从此不再出现……这样子的六个多月，不论大风大雨，大霜大雪，我天天早晨去赏花。凌小姐也总风雨不改的给我换一盆鲜花。她每天只看我一眼，决不看第二次，每看了这一眼，总是满脸红晕的隐到了帘子之后。我只要每天这样见到一次她的眼波、她脸上的红晕，那就心满意足。她从来没跟我说话。我也从不敢开口说一句。以我的武功，轻轻一纵，便可跃上楼去，到了她身前。但我从来不敢对她有半分轻慢。至于写一封信来表达敬慕之忱，那更是不敢了。"（《连城诀》第三回）

六个月时间，凌霜华一直在楼上，丁典一直在楼下，彼此注视，脉脉不得语。

金庸最喜欢两部莎剧，一部是《哈姆雷特》，一部是《罗密欧与朱丽叶》。舞会上，罗密欧与朱丽叶一见钟情。起初，朱丽叶也在楼上，罗密欧也在楼下，但与"轻轻一纵，便可跃上楼去，到了她身前，但从来不敢对她有半分轻慢"的丁典不同，罗密欧第二天夜里就上楼了，与朱丽叶成其好事。

凌霜华"人淡如菊"，凌霜华与丁典的感情，也有菊花的清香。此人此情，这"淡如菊"的风致，是属于中国的，是"中国人灵魂中曾经有过的美好情怀"。

中国人表达感情，永远不会像南欧人那么热烈，不会说跟他们相似的话，但是，一见钟情随即欢会的事，也有会做的。

有一次，观看《游园惊梦》，杜丽娘梦中初见柳梦梅，表现出无限羞涩，却又情投意合，双双翩翩起舞。演到柳梦梅蓦然扶着小姐香肩，隐到湖山石边、牡丹亭畔，宽衣解带，云雨好合之时，查太突然侧过身，向查先生悄声惊呼："一见面就除衫，咁快（粤语'这么快'）？"老先生不动声色，悄悄回答了一句，"做梦呢。"（郑培凯《洞察世情的金庸》）

《牡丹亭》第十四出"写真"，杜丽娘对丫鬟春香说："咱不瞒你，花园游玩之时，咱也有个人儿。"春香惊呼："小姐，怎的有这等方便呵？"杜丽娘答："梦哩！"金庸所言"做梦呢"，应该就是杜丽娘此处说的"梦哩"。

金庸的女儿查传讷说，金庸就是他笔下的王重阳。邀请金庸看《牡丹亭》，又听闻金庸与夫人林乐怡这段简短对话的郑培凯，此刻联想到的，竟也是王重阳："我当时有所触动，觉得查先生颇似金庸笔下的王重阳，轻描淡写，一笔带过。"

"一捆矛盾"而童心未泯的金庸

《鸳鸯刀》与《白马啸西风》，同作于 1961 年。两部小说，篇幅相当，但一喜一悲，一热一冷，一闹一静，风格完全不同。

1964 年，金庸完成《连城诀》，两年后，1966 年 6 月，又开始《侠客行》的写作和连载。表面看，《侠客行》与《连城诀》风格相近，而其精神内核截然相反。《侠客行》以童心观照世界，温馨童趣；《连城诀》却像一声哀鸣，发自一个阅尽世态对人性彻底绝望的老人。

《连城诀》太沉重，《侠客行》很轻松。

"莎士比亚也曾一再使用孪生兄弟、孪生姊妹的题材"（《侠客行》后记），莎剧中"使用孪生兄弟、孪生姊妹的题材"的，是《第十二夜》和《错误的喜剧》，轻倩松快，风格与《侠客行》为近。《连城诀》更像《雅典的泰门》，恨世、荒凉、绝望。

金庸同时写出《鸳鸯刀》与《白马啸西风》这两部迥异的作品，金庸先后写出《连城诀》和《侠客行》这样相反的小说，固然出于他"不应当总是重复自己的风格与形式，要尽可能的尝试一些新的创造"（《鹿鼎记》后记）的自我要求，更反映出他的"多面性性格"。

金庸这个人，太复杂，太矛盾。

在聊天节目《圆桌派》上，马家辉谈及，金庸小说中，每一个人物都那么复杂，可能因为作者是金庸，小说中每一个人物都是金庸，而"金庸先生是何其复杂暧昧的人"！

《明报》旧人董桥也谈过："香港电台《杰出华人系列》之《大侠小传》说金庸，两个小时里金庸无处不在而处处不在，拍出金庸在人生路途中无处不在突出自己，却也处处都在隐藏自己。这是金庸十四部小说的神髓：每一部小说里无处没有金庸；每一部小说里处处不见金庸……上流的领导人和上乘的艺术家一样，内心总是寂寞的，个性总是复杂的，感情总是内蕴的。《大侠小传》断断续续捕捉到小说家金庸和知识分子查先生'辩证'的一生：从朴素直观的自发阶段，一路追踪到神秘主义的唯心阶段，最后隐隐约约展现出唯物的规律：金庸和查先生是矛盾的杰出人物。"（董桥《为天龙八部所见》）

不仅是金庸，多数艺术家、文学家，多少都有点"人格分裂"。

有人说傅雷"孤傲如云间鹤"，傅雷却自比为"墙洞里的小老鼠"。两种说法，都对，都不对。也许，将这两种相反的气质糅合到一处，才是一个完整的傅雷。

歌德借由《浮士德》说："在我的胸中，唉，住着两个灵魂，他们总想要彼此分离。"

有人指出英国思想家霭里斯"在他里面有一个叛徒与一个隐士"，这话被周作人多次引用。周作人本人，则认为自己的行为思想多由身上的"绅士鬼"与"流氓鬼"操纵。

弗洛伊德认为，陀思妥耶夫斯基丰富的人格，也许可以分为富有创造力的艺术家、神经症患者、道德家和罪人这四个方面。

每个人都是矛盾的。至于金庸，他的矛盾比普通人更多也更深，具有典型的"性格多重性"。

极复杂，又极其矛盾的一个人。试图用一个词来概括其性格，是太冒险的事。每个关于性格的词语，用到金庸身上，鲜有不合适的，并且把这一词语的反义词"还施彼身"，同样甚至更为合适。

2002 年，金庸补写《天龙八部》后记，谈到："有一部分增添，在文学上或许是不必要的……原书留下大量空间，可让读者自行想象而补足，但也不免颇有缺漏与含糊……我把原来留下的空白尽可能也填得清清楚楚，或许爱好空灵的人觉得这样写相当'笨拙'，那只好请求你们的原谅了。因为我的性格之中，也是笨拙与稳实的成分多于聪明与空灵。"金庸身上，不止他这里说到的笨拙与聪明、稳实与空灵两对矛盾，而是足够"一捆"。

林语堂《八十自述》自称"我是一捆矛盾"。我最早看这本书时，就非常喜欢这话，后来读美国传教士明恩溥 1890 年写的《中国人的特性》一书，才知道这话的原创权不属语堂先生，而是明恩溥。钱锺书也常说自己是"一束矛盾"，相信也是从《中国人的特性》而来。

不过，明恩溥说的不是哪个具体的人，而是指向全体，"中国人，是一捆矛盾"。

金庸是典型的中国人，金庸是"一捆矛盾"。并且，金庸的这捆矛盾，比林语堂、钱锺书的那捆未见得更小。

我看金庸，既老猾又童真，既慷慨又吝啬，既自私又悲悯，既开放又保守，既自负又不自信，既乐天又厌世，既豁达又执拗……

查先生，是多彩的，多面的，多向度的，矛盾人物。

金庸髫龄即洞悉其父做生意的不精明，十五六岁编写出版《献给初中投考者》，行销数省，因之我认为幼年的金庸宛似"天山童姥"，童稚的躯体包藏一颗世故沧桑的心。然则，金庸身上还有"天真、顽童"的一面，到老，也没改变。因为金庸商业上的成功，人们往往注目于他的精明世故，而忽视其天真、朴拙。一个通身精明世故的人，不会费尽心机去刻画石破天、虚竹、狄云、周伯通、李文秀这类毫无心机之人的。

并不是每个十五六岁的中学生都会考虑到写一本书指导小学生如何考入初中自己从中赚取钞票，也不是每个十七岁的中学生都会因为对学校训育主任的奴化教育不满而在壁报上撰文把主任比喻成眼镜蛇。第一件事金庸是1939年做成的，第二件事则是他1940年的"丑恶"历史。第一年，金庸如世故老人；第二年，又成黄口小儿。好玩吧？

这张自发的大字报，最能表现少年金庸的勇气与狂气，更多是"傻气"。金庸晚年追忆此事，没有把自己拔高成"素质教育"的先行者，而是坦言"只是少年人的一股冲动，没有考虑到严重后果"。大字报题目叫作"阿丽丝漫游记"，明显模仿英国作家卡罗尔的童话小说《阿丽思漫游奇境记》。

金庸所读《阿丽思漫游奇境记》，按时间推测，多半是赵元任的译本。其扉页录有《孟子》名言："大人者，不失其赤子之心。"

晚年金庸，也许世故滑头得很，但在某些时候、某些方面，他仍不失赤子之心。

蔡澜对陈鲁豫说过，金庸"人很好玩的，调皮捣蛋的"。在蔡澜的记忆中，金庸就像一个"老顽童"。在《江湖老友》中，蔡澜回忆金庸："吃饱了饭，大家闲聊时，金庸先生有些小动作很独特。他常用食指和中指各插上一支牙签，当是踩高跷一样一步步行走。数年前，经过一场与病魔的大决斗之后，医生不许查大侠吃甜的，但是愈被禁止愈想吃。金庸先生会把一条长巧克力不知不觉地藏在女护士的围裙袋里面。自己又放了另一条在睡衣口袋中，露出一截。查太太发现了，把他睡衣口袋中的巧克力没收了。但到楼上休息，金庸先生再把护士围裙袋里的扒了出来偷吃。"

2004 年，金庸对《华西都市报》记者说起，如果北京奥运会开幕式中能加入川剧的变脸，效果会非常好，"说得兴起的金庸高兴得像一个顽童"。

还是 2004 年，金庸接受《大公报》访问。说到一个话题，金庸"像小孩没听老师的话一样笑起来"；说到另一个话题，金庸"像小孩子准备'偷'吃心爱糖果那样鬼马地笑起来"（洪捷《近访金庸先生：八十老者，顽童鬼马本色不改》）。

也是同一年，金庸接受《武当纵横》访问，"爽朗的笑声挥洒出孩童般的纯真无邪"。

2007 年，《广州日报》记者访问金庸，留下这样的印象："去见他的那个下午，香港有很好的阳光，可是比不上老人叙说英国校园生活时笑容的灿烂。这是他最喜欢谈的话题，轻松兴奋得像个孩子，两眼眯成一条细线。看着这一身越老越天真的力气，那一刻我甚至有点妒忌，也完全理解了这名83岁的老头为何还要背着书包上学堂。"（窦丰昌、邱瑞贤、杜安娜《金庸：在江湖中寄托政治情怀》）

对于央视版《笑傲江湖》，金庸开初赞赏备至，过了不几日，又贬到一无是处，实在大失风度，也谈不到精明。我们可以将此事解释为金庸利令智昏，不过我总感觉，说话不负责任，几分钟之前说的话，过一会儿就不记得并且认定别人会像他一样不记得，这，是儿童的特权与特长。

记得傅国涌《金庸传》甫出，金庸老大不高兴，声言如果傅国涌出现在他的小说里，肯定是负面人物。我当时看了这则报道，直笑。

当年魏收奉旨著作史书，掌握了对时人及其父祖辈臧否论断的话语霸权，不免气焰高涨："何物小子，敢共魏收作色，举之则使上天，按之则使入地。"这倒与金庸的说法有三分相似，不过魏收的话，说给他人听，意在威胁恫吓，金庸此言，更多说给自己听，聊以自我安慰。少有魏收那种嚣张、恶毒，更多的是自欺和无奈。《鹿鼎记》是我最后一部小说"，这话，有人是不信的，难道金庸本人，也不信？

记得我们小时候受人欺负报复无门时才会设想，在墙上写"张小强是王八蛋大坏蛋"（此即聂绀弩诗"儿童涂壁书王八"意也），或者在梦里想法子干掉他……

"我在浙江大学担任文学院院长，人家说我学问不好，不够做院长。别人指责我，我不能反驳，唯一的办法就是增加自己的学问。我向浙大请了假，来这里读书。"这分明是赌气，在愤怒之外，听口气，看（访谈时）神态，有些个童趣盎然。

金庸在他的后期小说中，已经分明注意到了人性的极端复杂，书中人物，已非忠奸分明、好坏判然。但一直到晚年，提到现实中某位令他不爽的人物，"他是一个坏人"这样的话仍是常常脱口而出，心态与口吻，都很童稚化。

"在大部分中国人的灵魂里，斗争着一个儒家，一个道家，一个匪徒。"英国学者韦尔斯这句话，用到金庸身上，再合适不过。说穿了，"侠"，实近于"匪"。因为灵魂中住着一个"匪徒"，金庸自幼嗜读《水浒》以及武侠小说，到了后来，自己也写起武侠小说来。

1992 年，凭借自己的十五部武侠小说，金庸获法国政府颁授荣誉军团骑士勋章。法国驻香港总领事在赞词中称誉金庸为"中国的大仲马"。金庸为此"感到十分欣喜……我所写的小说，的确是追随于大仲马的风格。在所有中外作家中，我最喜欢的的确是大仲马，而且是以十二三岁时开始喜欢，直到如今，从不变心。"

大仲马声称："历史是什么？就是我用来挂小说的钉子。"这一态度，事实上为金庸所继承。"《三剑客》教了我怎样活用历史故事"。金庸与大仲马的故事总是与历史参合一处，他们所虚构的人物又和历史人物沆瀣一气，共同促成历史的巨大变故，可谓"贪天之功"，流风所及，虚构与历史也就混淆莫辨了。亦舒《胭脂》中的小女生陶陶，对母亲讲说圆明三园的来历："玄烨——这便是康熙，《鹿鼎记》中小桂子的好友小玄子……"小丫头对康熙大帝如此熟稔亲切，在在皆拜金庸之赐也。

从第一部作品《书剑恩仇录》始，金庸很多作品都有明确的时代印记，例外的是《笑傲江湖》与《侠客行》等少数几部。让金庸克制自己的"历史癖"，抛开历史背景来建构自己的武侠故事，想来是一件蛮痛苦的事。而《笑》《侠》二书居然没有历史年代，总有其不得不然的原因在。

因为《笑傲江湖》是寓言，而《侠客行》是童话。

《侠客行》与《阿丽思漫游奇境记》

"这部小说通过书中一些人物，企图刻划中国三千多年来政治生活中的若干普遍现象"（《笑傲江湖》后记），小说描写的时间跨度当然不会上下三千年，而是采解剖麻雀方式，取一横断面，来加以剖析、刻画，金庸自称："本书没有历史背景，这表示，类似的情景可以发生在任何朝代。"

童话故事多数发生在一个模糊的"很久很久以前"，如果坐实小红帽出生于 1621 年 8 月 31 日而美人鱼进化为人发生在公元前 250 年，这，毕竟是可笑的。

《侠客行》中，阿绣嘻嘻一笑，说道："金乌派，嘿，金乌派！奶奶倒像是小孩儿一般。""年高德劭"的史小翠固然孩子气十足，说这话的阿绣本身就是一个十六岁的孩子。其他人物，石中玉狡童，石破天懵懂，张三、李四盲动，"不三""不四"糊弄，"丁丁当当"？名字就很卡通。连书中的两位宗师级人物白自在、谢烟客，也尽显摇曳多姿，天真烂漫……

金庸每部小说都安排有福斯塔夫类型人物插科打诨，用以调节气氛，但对这么多大小孩子进行如此大规模总动员的，金庸出品，唯《侠客行》。

《侠客行》如万花筒，斑斓五彩，变幻无穷。

《侠客行》人物的平均智商，比金庸其他小说人物，低出十三点，还多。书中最工心计的贝海石其拿手之作也无非让石中玉充任帮主等着到侠客岛送死，这点伎俩拿到任我行、岳不群、戚长发等人面前，真正小儿科，不值一笑。

"摩天居士"谢烟客，其绝技为弹指神通，这一形象，与"东邪"黄药师应当稍有精神血脉关联。黄、谢立身都在正邪之间，都视道德规范如无物，都孤傲绝人，都受过爱徒的欺诓。谢的弹指神通比黄的弹指神通，功力相差无几，但黄老邪在诗词歌赋、诸子百家、医卜星象、音乐厨艺等方面的造诣，谢居士完全不具备。莫非谢烟客正是童话版、卡通化的黄药师？

白自在、任我行、丁春秋、洪安通这几个角色差不多，都体现了一种"致命的自负"，面对属下的崇拜歌颂都有一种"山不厌高、海不厌深"的宽广胸怀。但是，"威德先生"白自在比余子更可爱，在于他没有政治野心和征服欲望，更像是一个渴望被表扬、被认可，得不到就乱发脾气、破坏性极强的坏小孩。

白自在毕竟也曾杀戮无辜，可他当时脑子有病！按照文明社会的通则，严重精神疾病患者不负刑事责任，只要能让陪审团相信罪犯脑子有病，枪击美国总统里根，不也照样被无罪释放？

《侠客行》中多有杀戮之事，但我感觉不出浓重的血腥气。《侠客行》比金庸其他作品更明显是作者讲述的一个好玩故事，不是真的。小红帽和外婆给大灰狼吃掉也无妨，剪开狼腹，祖孙二人毫发无损。我读《侠客行》，跟读《小红帽》童话的体验不差许多。

中国最有童话色彩的古典小说是《西游记》。《西游记》中，太多的人与妖被杀，但是，也很少让读者感受到血腥气。

《西游记》中血腥气最重的是孙悟空、猪八戒合伙掼杀了黄袍怪的两个幼子。《侠客行》中血腥气最重的情节是丁珰杀侍剑。到了新修版，侍剑也活下来了。

写作《侠客行》的金庸，像书中的主人公一样，更纯净，更朴拙，以童心观照世界。"此时日光尚未照到，林中弥漫着一片薄雾，瞧出来朦朦胧胧地，树上、草上、阿绣身上、脸上，似乎都蒙着一层轻纱。"《侠客行》中这段话，最堪概括全书氛围。

金庸小说，如金钟大镛，大气，浑成；具体到《侠客行》，则如冰壶玉衡，清澈，纯净。

1998年，在美国科罗拉多大学主办的金庸作品研讨会上，金庸即席发言："在希腊悲剧中，表演者常戴面具，与中国京剧的脸谱差不多，脸上的表情看不清了，而幕后或舞台旁又有大合唱，唱的时候台上的对话暂时停止了，这就使观众和表演者拉开了距离。这一距离令观众意识到舞台上表现的是一个故事，它与现实并不相等。"金庸认为武侠小说也有这一特点："武侠小说中的江湖，与面具、大合唱的审美作用相似，它使读者意识到书中展开的是一个故事，与现实生活不同。"所有武侠作品皆具此一特点，而在《侠客行》，至为明显。

《阿丽思漫游奇境记》作者刘易斯·卡罗尔，提倡多写信，说："人是写信的动物。"而倪匡曾感叹，自己从来没见过像金庸这样爱写信的人。

金庸初中时期，曾因学写《阿丽思漫游奇境记》讽刺训导主任而被开除。金庸十五部小说中，与《阿丽思漫游奇境记》风格最相近的，是《侠客行》。

《大英百科全书》论《阿丽思漫游奇境记》："把'荒唐文学'提到了最高水平。"武侠小说的罪状之一，便是"荒唐"。《侠客行》则"更向荒唐演大荒"，使武侠与童话沆瀣一气，绝对是武侠小说中的异类，以前没有，以后？永不再有。

赵元任在《阿丽思漫游奇境记》序言中指出，这是一部纯艺术的妙在"不通"的"笑话书"，是一部"哲学的和论理学的参考书"（重按：论理学今通译为逻辑学）。

《侠客行》情节安排上的漏洞奇多，不通不通，然而你要把它当童话书看，不通也通（《西游记》不合情理的情节与设定比《侠客行》更多太多，不通，然而，也是通的）。

《侠客行》亦不乏哲思，金庸在该书后记中谈到："各种知识见解，徒然令修学者心中产生虚妄念头，有碍见道。"

《侠客行》尤其是一本妙在"不通"的"笑话书"。金庸极具幽默感，每部书都有好玩好笑情节，不过也有为搞笑而搞笑的问题在，未免流于油滑。《侠客行》的幽默好玩则是神完气足，且贯串全书。

阿丽思的两次奇遇，第一次从"掉进兔子洞"展开，第二次奇遇的开篇则是阿丽思遁入镜子，进到了"镜子里面的房子"。《侠客行》主人公也曾遭逢两次奇遇。第一次，"狗杂种"与养母、黄狗失散，来在了软红十丈里，始与人间世接头，变成了"小乞丐"。第二次，"小乞丐"长时间发高烧，在谢烟客的祝福下，退烧之后，脱胎换骨，成了长乐帮帮主石破天。

小说全部情节，皆由这两次奇遇（或称错位）肇始，着力描写主人公初入红尘、"与世界接轨"的种种不适应、"儿童世界"与"成人世界"的凿枘难合、"童心"与"机心"的龃龉倒错……石破天临渊履薄、战战兢兢，每句话、每件事都说得做得严肃认真无比，而达到的效果，则是错乱梯突滑稽无比。

阿丽思在"漫游奇境"，石破天也一直在"漫游"。《侠客行》第十二回，有一句："石破天又向东行。他无牵无挂，任意漫游……"

金庸写武侠，目的在于"自娱娱人"，归结到《侠客行》，"自娱"成分想必更多些，遥想金庸1965年，蘸得笔酣墨饱，写来酣畅淋漓，不亦乐乎？不亦快哉！

作为武侠小说，《侠客行》不是最佳，不够铁马金戈、惊险刺激；把《侠客行》当小说读，它绝对是第一流，别开生面，妙趣天成。其价值，至今未获应有的重视。

《阿丽思漫游奇境记》的写作风格，是金庸喜欢的路数，此书又是金庸童年所读，记忆深刻，对他后来的小说创作，有意无意或多或少总有影响。

不过，我前面把《侠客行》与《阿丽思漫游奇境记》放到一起评说，绝对不是要证明金庸写《侠客行》时曾不断地翻读《阿丽思漫游奇境记》，照猫画虎而成，无非以《阿丽思漫游奇境记》为参照物，试图阐明《侠客行》带有明显的儿童文学特质。

我总怀疑现存《阿丽思漫游奇境记》并非全本，有一个章节逸失了，幸好书中一首诗透露出些微消息，助我追觅到蛛丝马迹：

顺着流水跟着过——

恋着斜阳看着落——

人生如梦真不错。

诗中梦里，阿丽思到过一个地方，有流水、有斜阳，而我们分明记得，桃花岛上，潮水怒生，日影昏黄，有联为证："桃花影落飞神剑，碧海潮生按玉箫。"

据此，我推断《阿丽思漫游奇境记》逸失的一个章节为，小顽童阿丽思曾经"梦游"至南宋年间的桃花岛，邂逅老顽童周伯通，意气相投，向他传授了伟大的武学原理——双手互搏！

谓予不信？试将《阿丽思漫游奇境记》与《射雕英雄传》对照一下，就清楚了：

有时候，阿丽思严厉责骂自己，把自己都骂哭了。有一次，她一个人代表两方打一局槌球，因为自己捣鬼，她打了自己一个耳光。这个奇怪的小孩，特别喜欢装成两个人。(《阿丽思漫游奇境记》)

周伯通道："我在桃花岛上耗了一十五年……苦在没人拆招，只好左手和右手打架。"郭靖奇道："左手怎能和右手打架？"周伯通道："我假装右手是黄老邪，左手是老顽童。右手一掌打过去，左手拆开之后还了一拳，就

这样打了起来。"(《射雕英雄传》第十七回）

金庸要塑造一个老顽童形象，首先要揣摩、把握儿童心理，自己童年的阅读体验立马鲜活起来……

周伯通的双手互搏，当有阿丽思漫游的身影在。

儿童有儿童的寂寞孤独。罗大佑歌中的童年，"一个人面对着天空发呆"，阿丽思、周伯通则把自己幻化成两个人，共同嬉戏，相互取暖。

金庸有两部小说留有不确定的结局。《雪山飞狐》那一刀要不要砍下去确实难以决断，至于《侠客行》（"石破天自是更加一片迷茫：'我爹爹是谁？我妈妈是谁？我自己又是谁？'梅芳姑既然自尽，这许许多多疑问，那是谁也无法回答了。"）的结尾，就难免有故弄玄虚之嫌。二人相貌相似到父母都分不出来，已经巧合到极点，再加上其他各种偶然因素全汇集到二人身上，还要怀疑二人是否兄弟，这也太具有严格的学术精神了。

"在《侠客行》这部小说中，我所想写的，主要是石清夫妇爱怜儿子的感情"，把这种感情写得真切感人，作者先要有真切的感受。金庸1965年创作此书，当时长子查传侠八岁，次子查传倜三岁，性格均未定型，不过"三岁看小，七岁看老"，以金庸之明敏，对二子的天性以及各自未来的发展，应该心中有数。

查传侠不是石中玉，查传倜更不是石破天，略微有些相似而已。查传侠很"另类"，长到十一二岁，写过一篇文章，说人生大苦，了无意味，金庸称许长子"深刻早慧"。查传倜倒有几分痴气，说自己从小善忘，经常丢失手机，提款忘记取钱，跟石破天略微有些相似。

金庸把自己对二子寄寓的父爱，投射到石清身上："他回头向石破天瞧了一眼，心中突然涌起感激之情：'这孩儿虽然不肖，胡作非为，其实我爱他胜过自己性命。若有人要伤害于他，我宁可性命不要，也要护他周全。今日咱们父子团聚，老天菩萨，待我石清实是恩重。'"

这恐怕也是普天下身为人父者的共同心曲。金庸在《侠客行》后记中写道："一九七五年冬天……我曾引过石清在庙中向佛像祷祝的一段话。此番重校旧稿，眼泪又滴湿了这段文字。"何以伤感至此？《侠客行》后记写于1977年，上一年，金庸长子查传侠自杀。

当然，金庸也会念及自身的父母当年对自己的娇宠。母亲他从来没有忘怀，无时不放在心里。对父亲，一则人子对父爱本来就不及对母爱感受深刻，金庸情况又比较特殊，他不是不想念父亲，是不敢想，怕敢去撕裂心灵旧日的创口。1951年，金庸的父亲被杀。

十四年过去，痛定思痛，也许金庸的心境稍许平静了。他就会想到父亲怕他成日在家读书有碍健康拉着他出外放风筝，自己八岁那年父亲每天把报纸上连载的《荒江女侠》裁剪、粘贴给自己看，想到父亲对自己的承诺与期许，"你表哥徐志摩在剑桥留学，长大后你也到剑桥"。更多地想到"在中学读书时，爸爸曾在圣诞节给了我一本迪更斯的《圣诞述异》……一直到现在，每当圣诞节到来的时候，我总得翻来读几段……我一年比一年更能了解，这是一个伟大温暖的心灵所写的一本伟大的书"。

狄更斯写作《圣诞颂歌》，对自己的一项要求就是"情节简单明了，能让孩子读懂"，此书也不妨当儿童文学作品看。

《侠客行》谈不到伟大，但仍不失为一个温暖宽厚的心灵所写的一卷温馨蕴藉的书册。

侠客岛与《庄子》《道德经》

何兆武谈及他在20世纪40年代读过西班牙作家乌纳穆诺的一篇小说《沉默的谷》："说有个地方非常奇怪，很多人进去看，但是没有一个人出来。"（何兆武《上学记》第206页）何兆武略年长于金庸，二人同一时代。何先生所读，想是英译本。如金庸也读过这本书，应该也是英译。

这"沉默谷"，与金庸笔下的"侠客岛"，倒是有几分相似。很多人进了沉默谷，但是没有一个人出来；很多人到了侠客岛，他们都不肯回来！

长乐帮帮主石破天，终于也将启程前往侠客岛了——

石破天向众人举手告别，跟着上船……那汉子划了几桨，将小舟划离海滩，掉转船头，扯起一张黄色三角帆，吃上了缓缓拂来的北风，向南进发。石破天向北而望，但见史婆婆，阿绣等人的身形渐小，兀自站在海滩边的悬崖上凝望。直到每个人都变成了微小的黑点，终于再不可见。(《侠客行》第十九回）

这种情味，很像是《庄子·山木》所记："君其涉于江而浮于海，望之而不见其崖，愈往而不知其所穷，送君者皆自崖而反，君自此远矣……"

石破天他们，是第四批登上侠客岛的贵宾。以往三十年，先他们而去的那三批人，到底是活着，还是死了？

海的这一边，是"此岸世界"，海那边的侠客岛，是"彼岸世界"。"彼岸世界"的他们，当然感知到自己还活着。但对于"此岸世界"的他们的亲友来说，这么多年不通音问，他们分明已经死了。

由"此岸世界"的我们看来，以往那三批人，登上小船，前往"侠客岛"的途程，无异于"由生到死"的过程。

死，很可怕？死后，佳否？

很早以前，就有人问过这个问题。

叶衡罢相归，一日病，问诸客曰："我且死，但未知死后佳否？"一士曰："甚佳"。叶惊问曰："何以知之？"答曰："使死而不佳，死者皆逃回矣。一死不返，以是知其佳也。"(《雅谑》)

死后是否想逃就能逃回，我们并不知道。但到了侠客岛的佳客们，分明都可以回来，却都住下了，不肯归回。一去不返，以是知其佳也。

这些人中的绝大多数，当初可是想尽一切办法不上侠客岛的，去了之后，却不肯回来。此中情味，很像是《庄子·齐物论》所记："丽之姬，艾封人之子也。晋国之始得之也，涕泣沾襟。及其至于王所，与王同筐床，食刍豢，而后悔其泣也。予恶乎知夫死者不悔其始之蕲生乎？"同理，予恶乎知夫去侠客岛者，不悔其始之蕲不去乎？

与石破天同一批到了侠客岛的，还有"威德先生"白自在。到了岛上，白自在见到了老朋友：

白自在陡然见到一人，向他打量片刻，惊道："温三兄，你……你……你在这里？"……温仁厚……见到白自在时并不如何惊喜，只淡淡一笑，说道："怎么到今日才来？"

白自在道："十年前我听说你被侠客岛邀来喝腊八粥，只道你……只道你早就仙去了，曾大哭了几场，哪知道……"

温仁厚道："我好端端在这里研习上乘武功，怎么就会死了？可惜，可惜你来得迟了……'"一面说，一面指着石壁上的小字注解，读给白自在听。

白自在乍逢良友，心下甚喜，既急欲询问别来种种，又要打听岛上情状，问道："温三兄，这十年来你起居如何？怎地也不带个信到山东家中？"

温仁厚瞪目道："你说甚么？这'侠客行'的古诗图解，包蕴古往今来最最博大精深的武学秘奥，咱们竭尽心智，尚自不能参悟其中十之一二，哪里还能分心去理会世上俗事？……"（《侠客行》第二十回）

温仁厚在"彼岸世界"活得很开心，再也不在意"此岸世界"中的"俗事"，"此岸世界"的白自在却为他哭得伤心。此中情味，很像《庄子·至乐》所记：

庄子妻死，惠子吊之，庄子则方箕踞鼓盆而歌。惠子曰："与人居，长子、老、身死，不哭亦足矣，又鼓盆而歌，不亦甚乎！"庄子曰："……人且偃然寝于巨室，而我嗷嗷然随而哭之，自以为不通乎命，故止也。"

....

夜半，髑髅见梦曰："子之谈者似辩士。视子所言，皆生人之累也，死则无此矣。子欲闻死之说乎？"庄子曰："然。"髑髅曰："死，无君于上，无臣于下；亦无四时之事，从然以天地为春秋，虽南面王乐，不能过也。"庄子不信，曰："吾使司命复生子形，为子骨肉肌肤，反子父母妻子闾里知识，子欲之乎？"髑髅深矉蹙頞曰："吾安能弃南面王乐而复为人间之劳乎！"

《侠客行》还有一处，虽与侠客岛关系不大，但是与《庄子》所说"虚舟"很有些情味相似：

石破天虽然孤寂惯了，素来大胆，但静夜之中，满船都是死尸，竟无一个活人……那船顺着滔滔江水，向下游漂去，到得晌午，迎面两艘船并排着溯江而上。来船梢公见到那船斜斜淌下，大叫："扳梢，扳梢！"可是那船无人把舵，江中急涡一旋，转得那船打横冲了过去，砰的一声巨响，撞在两艘来船之上。只听得人声喧哗，夹着许多破口秽骂。石破天心下惊惶，寻思："撞坏了来船，他们势必和我为难……"情急之下，忙缩入舱中，揭开舱板，躲入舱底。这时三艘船已纠缠在一起，过不多时，便听得有人跃上船来。（《侠客行》第十一回）

来船上的人，船被撞了，就"破口秽骂"，等他们上了石破天那艘船，却不再詈骂了。一则他们看到船上的很多（死在侠客岛使者手上的）死尸，吓怕了；再则，他们以为撞坏了自己坐船的是一艘空船（石破天已经躲入舱底），想骂人也找不到人来骂。

《庄子·山木》一章，漂浮着石破天所坐的那艘船："方舟而济于河，有虚船来触舟，虽有偏心之人不怒；有一人在其上，则呼张歙之；一呼而不闻，再呼而不闻，于是三呼邪，则必以恶声随之。向也不怒而今也怒，向也虚而今也实。人能虚己以游世，其孰能害之。"整部《侠客行》，写的就是石破天"虚己以游世"的故事。

石破天这一人物,其天真处甚至令人追忆整个人类的童年时代。《庄子·应帝王》中说:"倏与忽(二人)谋报混沌之德,曰:'人皆有七窍,以视听食息,此独无有,尝试凿之。'日凿一窍,七日而混沌死。"或许,石破天就是那天真未凿时的"混沌"?

小说中,金庸也确曾将石破天与"混沌"('浑沌')一词联在一起:"小丐……从怀中取出那几块碎银子来递给他。谢烟客摇头道:'我不要。'心想:'这小子浑浑沌沌,倒不是个小气的家伙。'"

最后,只有石破天这个"混小子"破解了《侠客行》密码,得通大道,金庸在后记中以佛学解释:"大乘般若经以及龙树的中观之学,都极力破斥烦琐的名相戏论,认为各种知识见解,徒然令修学者心中产生虚妄念头,有碍见道。"

其实,用道家思想也解释得通:

我独泊兮,其未兆,如婴儿之未孩。傫傫兮,若无所归!众人皆有余,而我独若遗。我愚人之心也哉,沌沌兮!俗人昭昭,我独昏昏;俗人察察,我独闷闷……众人皆有以,而我独顽似鄙。(《道德经》第二十章)

含德之厚,比于赤子。毒虫不螫,猛兽不据,攫鸟不搏。骨弱筋柔而握固……(《道德经》第五十五章)

小孩子,最柔弱,所以最有力;最缺少知识,因此智慧具足。

一个完全不通世务的文盲,居然破解了《侠客行》猜想;满腹经纶的大师们皓首穷经,却茫无所得。老子的解释是"少则得,多则惑","为学日益,为道日损"。

《侠客行》，"已含见道之意"

金庸十五部小说中，《鹿鼎记》与《侠客行》，一部最长，一部稍短。这两部小说，写得最流畅，作者的幽默感，皆贯串全书。

《侠客行》清澈莹洁，玲珑剔透；《鹿鼎记》鱼龙混杂，泥沙俱下。

《侠客行》清而灵，《鹿鼎记》浊而衰。

《侠客行》主人公石破天，就是《鹿鼎记》主人公韦小宝的反面。诚朴与圆滑，两个极端。

在侠客岛最后一个石室中，石破天练成"侠客行"武功，而与龙、木二岛主对掌。这一情节，写得真是好。金庸的笔力，直可与石破天此刻的武功相比，都到了从心所欲的境地。其实，石破天并不是练成了武功，他是"得道"了。金庸写石破天练成"侠客行"武功，就是写他由"苦思"而"顿悟"，而终"得通大道"的过程。

也不知是哪一天上，突然之间，猛觉内息汹涌澎湃，顷刻间冲破了七八个窒滞之处，竟如一条大川般急速流动起来……他惊惶失措，一时间没了主意，不知如何是好，只觉四肢百骸之中都是无可发泄的力气，顺手便将"五岳倒为轻"这套掌法使将出来……"十步杀一人"的剑法尚未使完，全身肌肤如欲胀裂，内息不由自主地依着"赵客缦胡缨"那套经脉运行图谱转动，同时手舞足蹈，似是大欢喜，又似大苦恼……他更不思索，石壁上的图谱一幅幅在脑海中自然涌出……他情不自禁地纵声长啸，霎时之间，谢烟客所传的炎炎功，自木偶体上所学的内功……都纷至沓来，涌向心头。他随手挥舞，已是不按次序，但觉不论是"将炙啖朱亥"也好，是"脱剑膝前横"也好，皆能随心所欲，既不必存想内息，亦不须记忆招数，石壁上的千百种招式，自然而然地从心中传向手足。他越演越是心欢，忍不住哈哈大笑，叫道："妙极！"（《侠客行》第二十回）

石破天功行圆满的过程，可与十年后金庸本人的学佛过程相对照："1976 年 10 月，我十九岁的长子传侠突然在美国纽约哥伦比亚大学自杀丧命。这对我真如晴天霹雳……此后一年中，我阅读了无数书籍，探究'生与死'的奥秘……我经过长期的思索、查考、质疑、继续研学等等过程之后，终于诚心诚意、全心全意的接受。佛法解决了我心中的大疑问，我内心充满喜悦，欢喜不尽——'原来如此，终于明白了！'从痛苦到欢喜，大约是一年半时光。"（《探求一个灿烂的世纪》第 154—158 页）

石破天"越演越是心欢，忍不住哈哈大笑"，感到并喊出"妙极"二字，金庸则"内心充满喜悦，欢喜不尽"。

石破天"大欢喜，又似大苦恼"，金庸则是"从痛苦到欢喜"。

金克木认为，金庸至少有七八部作品"已含见道之意"，这是极高的评价。"见道"是佛学上的词汇。"道"就是"得道高僧"的那个"道"。我妄做解人，认为《侠客行》应在金克木所说"已含见道之意"的作品之列。

1977 年，金庸写《侠客行》后记，开头就谈及莎士比亚："由于两个人相貌相似，因而引起种种误会，这种古老的传奇故事，决不能成为小说的坚实结构。虽然莎士比亚也曾一再使用孪生兄弟、孪生姊妹的题材，但那些作品都不是他最好的戏剧。"

金庸是谦虚的，也是自负的。

金庸表示谦虚的话语中，往往透出几分自负。金庸的自负，往往以含蓄谦和的语气表达出来。

金庸在《侠客行》后记中，谈及莎剧，并不是说自己的小说已经可以与莎剧并驾齐驱，至少隐约透露出他"取法乎上"的野心。莎士比亚这样层级的，或低于莎士比亚半个层级的文学家，才是金庸的努力方向。

1981 年写成的《鹿鼎记》后记中，金庸又由他自己的韦小宝，谈及屠格涅夫的罗亭，霍桑的丁梅斯代尔牧师，托尔斯泰的安娜·卡列尼娜，施耐庵的李逵、宋江，曹雪芹的林黛玉、贾宝玉。金庸，哪里是像傅国涌说的那样，在 1994 年以前，一直以为自己所写的武侠小说这种文体只能是"微不足道"的？

1994 年以前的金庸，不认为自己的作品"微不足道"；1994 年以后的金庸，当然也不觉得自己的作品"微不足道"。2002 年，金庸补写《碧血剑》后记，否认"《碧血剑》受了英国女小说家杜穆里埃小说《蝴蝶梦》的重大影响"，说"《蝴蝶梦》这部小说并没有太大价值，我并不觉得很好……杜穆里埃作为一位作家，《蝴蝶梦》作为一部小说，在英国文学中都没有什么极重要地位"，又说："如想谈论英国女小说家在作品中以次要人物述说一个露面极少的人物作为报仇主角而展开惊心动魄的故事，不如引述艾米莉·勃朗特的《咆哮山庄》，这才是英国女小说家中的第一流人物，小说也是第一流的优秀作品。"金庸可以承认《碧血剑》受了《蝴蝶梦》一点影响，但不能承认受了它"重大影响"。对《碧血剑》可能有"重大影响"的英国小说，金庸觉得应是"第一流的优秀作品"《咆哮山庄》。金庸一直是"取法乎上"的。由此可见金庸心气之高与自负之深。

金庸解释自己何以不断修改旧作，举的是托尔斯泰的例子："托尔斯泰写《战争与和平》，写好以后要交给印刷厂去付印了，印刷工人觉得这个字钩来钩去看不懂，他太太就重抄一遍……但是他觉得自己写得不好，又把他太太抄的草稿改得一塌糊涂。印刷工人还是看不懂，他太太又帮他抄一遍，托尔斯泰又把它改了。"（李怀宇《专访金庸：办报纸是拼命，写小说是玩玩》）金庸由此得出结论："所以自己写的文章，一定可以改的。"当然，在谈及托翁之前，金庸谦虚地表示："我自己不是好的作家，好的作家都是这样子的。"金庸的自负，总是表现得很隐晦。

毫不奇怪，在《鹿鼎记》后记中，金庸第一个谈的，仍是莎剧人物："作者写一个人物，用意并不一定是肯定这样的典型。哈姆莱特优柔寡断……"后面接着举例，"罗亭能说不能行，《红字》中的牧师与人通奸，安娜·卡列妮娜背叛丈夫……"

2003 年，金庸增补《神雕侠侣》后记，又提到包括《哈姆雷特》在内的莎士比亚四大悲剧。

金庸对池田大作说过，大仲马是他最喜欢的西方小说家。金庸虽然没有明确说过，但综合几十年来他对莎士比亚的各种论说，似可得出结论：莎士比亚是金庸最欣赏、最心仪、最崇敬的西方文学家。

金庸写《侠客行》，只是为了好玩，写一部好玩的类似童话的故事？

金庸早期创作，取材已经很谨细。到了后期，尤其"不肯轻作"，不太可能只为了好玩写出《侠客行》。

《侠客行》是童话，但不止于童话。有人说，这是一部"哲学小说"，我觉得有道理。

2003年5月，金庸给《笑傲江湖》后记补写了三段话。最后一段，只是一句："本书几次修改，情节改动甚少。"为什么改动少？不是金庸不重视《笑傲江湖》这部作品，也不是金庸对《笑傲江湖》不满意，破罐子破摔了，而是因为金庸当年为《笑傲江湖》定下的三大写作目标（刻划中国三千多年来"政治生活"中的"普遍现象"；塑造具有典型性的"政治人物"形象，写出他们各自所具有、所代表的"普遍性格"；写出自己对于"个性解放"与"自由自在"的向往、追求与沮丧），皆已充分达成，金庸对自己这部构思精密的作品极为满意。《笑傲江湖》就不必改，也不可改。

在《碧血剑》后记中，金庸说的却是"《碧血剑》的真正主角其实是袁崇焕，其次是金蛇郎君，两个在书中没有正式出场的人物。袁承志的性格并不鲜明。不过袁崇焕也没有写好"，金庸对这部作品很不满意，最不满意，他给这部小说定下的写作目标都没有达成，因此《碧血剑》曾作了两次颇大修改，增加了五分之一左右的篇幅。修订的心力，在这部书上付出最多"。

金庸对《笑傲江湖》很满意，才会在2003年5月说"本书几次修改，情节改动甚少"。两个月后，2003年7月，金庸又补写《侠客行》后记，只加了一句话："二十一世纪重读旧作，除略改文字外，于小说内容并无多大改动。"此前，有记者问："您认为自己众多作品中，对中学生比较适合的是哪一部？"金庸说自己后期的书写得好些，当时他推荐的两部小说就是《笑傲江湖》与《侠客行》。（林翠芬《"浪漫主义也可表现人性！"——金庸谈

小说创作心得》）

从 1966 年的连载版，到 2003 年的新修版，《侠客行》应该是金庸改动最少的一部长篇小说（对照《碧血剑》，金庸说，这部小说"初版与目前的三版，简直是面目全非"）。

对《侠客行》一书，金庸是颇为满意的。

在《侠客行》后记中，金庸先说"虽然莎士比亚也曾一再使用孪生兄弟、孪生姊妹的题材，但那些作品都不是他最好的戏剧"，接着说"在《侠客行》这部小说中，我所想写的，主要是石清夫妇爱怜儿子的感情，以及梅芳姑因爱生恨的妒情。因此石破天和石中玉相貌相似，并不是重心之所在"。

这里，金庸并不是说他的《侠客行》总体价值高于"使用孪生兄弟、孪生姊妹的题材"的几部莎剧，但是，确实有"我写《侠客行》，'立意'更高一点"的意思隐约透露出来。

这是金庸写《侠客行》的第一个创作企图，应该说，已充分实现。

还有第二个创作企图："各种牵强附会的注释，往往会损害原作者的本意，反而造成严重障碍。《侠客行》写于十二年之前，于此意有所发挥。"这个创作企图，应该说，也已充分达成。

紧接着，《侠客行》后记后面的话，竟很有几分"神秘主义"气息了："近来多读佛经（重按：这篇后记写于 1977 年 7 月，上一年金庸长子查传侠自杀，金庸为此'多读佛经'），于此更深有所感。大乘《般若经》以及龙树的中观之学，都极力破斥烦琐的名相戏论，认为各种知识见解，徒然令修学者心中产生虚妄念头，有碍见道……写《侠客行》时，于佛经全无认识之可言……此中因缘，殊不可解。"

金庸写《侠客行》时，对佛学了解并不很深（金庸自谦："全无认识之可言"），这部小说，竟与"大乘《般若经》以及龙树的中观之学"一一心印，若合符节。金庸自己都大为困惑，后记最后一句，似是在喃喃自语："此中因缘，殊不可解。"

打个比方，《侠客行》根本不是金庸写的，金庸如乩童，是借着他的手他的笔，写出来了，所以，几十年来，金庸对这本小说，几乎不做改动。

"偃息禅堂中，沐浴禅堂外，动止虽有殊，心闲故无碍。"或者，金庸竟像知堂老人一样，"前世"或许是一位老和尚？

《射雕英雄传》第四十回："欧阳锋心中一寒，侧头苦苦思索，但脑中混乱一团，愈要追寻自己是谁，愈是想不明白。须知智力超异之人，有时独自瞑思，常会想到：'我是谁？我在生前是甚么？死后又是甚么？'等等疑问。古来哲人，常致以此自苦。"我总感觉，这里面有金庸的亲身经历。

《南方周末》记者张英，六次采访金庸，"见过喜欢佛学的他，每到一处寺庙会向方丈请教轮回转世的场面"（张英《金庸访谈：侠是一种很崇高的道德》）。

在台湾，有读者问："目前您对死亡的想法是？"金庸答："我比较相信佛教中的人死后会转世的说法，但也不是绝对相信。"又有读者问："您相信轮回吗？是否曾想象过前世是谁？来世会是什么样的人？"金庸答："我是个佛教徒，如果没有轮回，佛教也就不成立，所以当然相信轮回，但我不知道我的前世是什么人，也不知道来世是什么人。"（《金庸一百问》）

东方网记者问："你研究了佛学多年，觉得读佛经对你最大的影响在哪里？"金庸答："令我的名利心没那么强，也令自己不再怕死，死就死啦，没什么大不了。我基本上都相信因果轮回，会多做一些好事。"（《金庸：慨叹当今靓女少，要让小宝作光棍》）

金庸对《新明日报》记者谈起："我相信佛教，相信人是不死的，生命长期在流，今天和昨天是联系的，这辈子和上辈子也是联系的。"（韩咏梅《访问金庸》）

三十年前，十几岁时，初读《侠客行》，只觉得有点好玩，这部小说并不如何吸引我。近十几年，不断重读《侠客行》，越读越有味道，如知堂老人诗云："或解啖橄榄，滋味自醰醰。"

金庸知交董千里（项庄），在《金庸小说评弹》书中说："《侠客行》在金庸小说中较受冷落，印象中似乎也不曾改编为电影电视。其实这部小说结构严密，有情有理，而且寄意深远，可读性甚高。大抵人有运气，书也有运气，李广数奇，《侠客行》也数奇。"

冯唐认为，《侠客行》与《连城诀》，在金庸小说中，是"精品中的精品"。

王世贞、《卅三剑客图》与金庸

陈世骧称许金庸："兄才如海，无书不读。"此言大体正确。古今中外的文史哲著作，金庸的阅读量都足以惊人。

非唯金庸，阅读量再大的大学者，也不可能读尽人间书，总有遗珠，陈世骧的话，改为"几乎无书不读"，更妥帖，当然也更啰唆了一点。

金庸晚年与池田大作对谈，谈及"明朝大文人王世贞为报父仇，写了一部精彩的艳情小说《金瓶梅》，每一页书上均浸以毒药，辗转送给宰相严嵩的儿子严世藩"的传说故事。这位"大文人"编集的一本小书，金庸就没读过，而晚清版画家任渭长读过。

金庸深爱任渭长版画集《卅三剑客图》，本拟为它写三十三篇小说，可惜只写了第一篇，就是《越女剑》，再没有进行下去。一九七〇年一月，《明报晚报》创刊，金庸不写小说，写了三十三篇散文，在《明报晚报》上发表，总题仍是《卅三剑客图》。

《卅三剑客图》前记，金庸表示惭愧："由于读书不多，这三十三个剑客的故事我知道得不全。"第二十一篇《寺行者》，金庸写道："这故事不知出于何书，翻查了数十部唐宋五代的笔记杂录，无法找到来源。"第二十二篇《李胜》，金庸又说："李胜的故事也不知出于何典。"我初次读到，便觉难以理解：任渭长不可能读书如此广博，所读唐宋传奇，竟超出"数十部唐宋五代的笔记杂录"范畴之外。

苏轼、米芾、董其昌等人，是大画家，更是大知识分子，读古书超过金庸不奇怪，任渭长不同，主要还是"匠人"的身份，他不是大儒，按理说读书不会特别多的。

实则，任渭长画《卅三剑客图》，并没有读"数十部唐宋五代的笔记杂录"或更多，他只需要读一本书就够了。

梁守中《金庸〈卅三剑客图〉图解补缺》说：

清代著名人物画家任熊（字渭长）所绘的《卅三剑客图》，此图共三十三幅，均据《剑侠传》中的故事绘制而成。《剑侠传》共二卷，收文三十三篇……《四库全书总目》把它列入子部小说家类存目，云："旧本题为唐人撰，不著名氏……"近人余嘉锡则在《四库提要辨证》中，辨为明人王世贞所编。

金庸没读过王世贞编《剑侠传》，这才"翻查了数十部唐宋五代的笔记杂录"而竟有找不到来源出处的。

吾生也有涯，而书海无涯。一息尚存，总要补读平生未闻书。

以《卅三剑客图》（《剑侠传》）故事为代表的唐宋传奇，尤其是唐人传奇，对金庸创作深有影响。

金庸读中学时就写过《虬髯客传》作者的考证，得到大学者钱南扬赞许。

1979 年 2 月 28 日，时逢对越自卫反击战，金庸在《"世界第三军事强国"？》社评中说："唐代传奇小说《聂隐娘》中的妙手空空儿，出手只是一招，一击不中，便即飘然远引，决不出第二招。谅山大战如果打不成，我们以为中国军队也可以班师了，这是空空儿这等高手的作风。"金庸喜欢唐传奇，特别喜欢《聂隐娘》故事，将其化入自己的社评。

1994 年 1 月，金庸在《金庸作品集"三联版"序》中说："武侠小说继承中国古典小说的长期传统。中国最早的武侠小说，应该是唐人传奇中的《虬髯客传》《红线》《聂隐娘》《昆仑奴》等精彩的文学作品。其后是《水浒传》《三侠五义》《儿女英雄传》等等……聂隐娘的故事，千余年来一直为人所喜爱。"

1994 年 10 月，金庸在北大讲"武侠小说的三个传统"："中国武侠故事大致有两个来源，一个是唐人传奇……另一个来源是宋人的话本……总括来说，中国武侠小说有三个传统：一、诗歌；二、唐人小说；三、宋人话本……中国武侠小说历史很长，在中国文学中有长期传统。"

1996 年，金庸对记者葛继宏表示，自己的小说受唐人小说、宋人话本和《水浒》等影响很大；《水浒》也可称为武侠小说，武侠小说也是一种认真的创作。

金庸还对记者张英说过："我继承了前人的武侠小说，从唐小说一直到宋朝的话本，明清的通俗小说，也受到五四以来这些中国作家，鲁迅先生以来小说创作影响，跟他们学习这是有的。还有一些是现代思潮，世界上西方的哲学思想、社会思想，这种影响也是有的，自己想的加进去的东西也是有的。没有什么成就，积累前人的辛勤功劳，加了一点自己创作……"

《卅三剑客图》所画的三十三个故事，即在金庸小说中留下印痕。

金庸写的第二部小说《碧血剑》，结尾是袁承志率领部属齐赴海外，另辟新天地，明显是循《卅三剑客图》第二篇《虬髯客传》"有海船千艘，甲兵十万，入扶余国，杀其主自立，国已定矣"之旧轨。

《卅三剑客图》第四篇《车中女子》，金庸说："这故事……所描写的这个盗党，很有现代味道。首领是一个武功高强的美丽少女，下属都是衣着华丽的少年。这情形一般武侠小说都没写过。盗党居然大偷皇宫的财宝，可见厉害。"《碧血剑》"奇上加奇"，所描写的盗党青竹帮，二首领不仅是"一个武功高强的美丽少女"，还是从皇宫里跑出来的——崇祯皇帝的女儿长平公主。

金庸自记《卅三剑客图》，"写于 1970 年一月和二月"。《鹿鼎记》则是从 1969 年 10 月 24 日开始在《明报》连载，1972 年 9 月 23 日写竣。基本同时。《鹿鼎记》中韦小宝所掌握的先进生化武器"化尸粉"，《卅三剑客图》中《洪州书生》和《聂隐娘》两故事，都描写过相似的物事。

金庸复述的《聂隐娘》故事中，"一对夫妻，两人一骑黑驴、一骑白驴"，就是聂隐娘夫妇。金庸《侠客行》中，石清、闵柔夫妇，一持黑剑，一持白剑；一着黑衣，一着白衣；一骑黑马，一骑白马。

《卅三剑客图》第十五篇《丁秀才》：

一晚隆冬大雪，几个道士和丁秀才围炉闲谈，大家说天气这样冷，这时若有肥羊美酒，那真是快活不过了，说来不禁馋涎欲滴。丁秀才道："那也没甚么难处。"紫阳观在山上，大雪封山，深夜之中哪里去找羊酒？众道士以为他是说笑，哪知丁秀才说罢，开了观门便大踏步出去。到得半夜回来，身上头上都积满了雪，手中提了一只银酒坛，装满了酒，又有一只熟羊，说是从浙江大帅厨中取来的。

《射雕英雄传》中"北丐"洪七公，就不仅取食于"浙江大帅厨中"，他是直接住进临安的皇宫，先皇帝之吃而吃，后皇帝之屙而屙。

金庸散文作品《卅三剑客图》收入《金庸作品集》，系于《侠客行》之后。《金庸评传》照此处理，讲完《侠客行》即谈《剑客图》。实则《剑客图》写作在《天龙八部》和《笑傲江湖》之后。

《天龙八部》，"克服文类之困难"

前面几节文字，谈的是金庸后期创作的两部不很长的长篇小说——《连城诀》和《侠客行》。《连城诀》写于1964年至1965年，《侠客行》则由1966年6月11日开始写作、连载。那三年（1963年9月3日至1966年5月27日），金庸还在写一部大书，就是《天龙八部》。

金庸前期创作的"射雕三部曲"与更后期创作的《笑傲江湖》，都是百万字的规模，而《天龙八部》和金庸"封笔"之作《鹿鼎记》，篇幅更长，约一百三十万字。

《天龙八部》是一部"大书"，其"大"，不仅在于篇幅，更在于意象之奇、境界之深与气魄之宏。

最能体现"怜我世人，忧患实多"意识的，不是《倚天屠龙记》，而是紧跟其后创作的《连城诀》与《天龙八部》。

此一意识，在《连城诀》，表现为绝望，在《天龙八部》，则表现为悲悯，如陈世骧所说，"实一悲天悯人之作也"。

金庸在连载版《天龙八部》开篇的"释名"中写道："这武侠小说以'天龙八部'为名，它写的是宋时云南大理国的故事。"到了以后的修订版，这句话改为："这部小说以'天龙八部'为名，写的是北宋时云南大理国的故事。"

《天龙八部》《连城诀》《侠客行》《笑傲江湖》和《鹿鼎记》这五部金庸后期创作的长篇小说，都已经不是纯粹的武侠小说。

金庸1970年写作的短篇小说《越女剑》，也比《鹿鼎记》更像历史小说，"武侠"的成分很少。

金庸刚开始写《天龙八部》，还是把它当成武侠小说，后来他的看法有所改变，修订版《天龙八部·释名》就改"这武侠小说"为"这部小说"。

1970年，陈世骧给金庸写信，谈到："艺术天才，在不断克服文类与材料之困难，金庸小说之大成，此予所以折服也。"

不仅武侠小说这一文类的限制需要"克服"。两百年前，曹雪芹不仅"克服"了才子佳人小说这一小的文类的限制，也"克服"了中国白话章回体小说这一大的文类的限制，《红楼梦》故能成其大。

不仅《红楼梦》与金庸小说这样的"俗文学"（20世纪之前，《红楼梦》在绝大多数读者眼中是"俗文学"）需要"不断克服文类与材料之困难"，"纯文学"也需要。

"克服文类与材料之困难"，乃有卡夫卡《变形记》。马尔克斯说："我十七岁那年，读到了《变形记》，当时我认为自己准能成为一个作家。我看到主人公格里高尔一天早晨醒来居然会变成一只巨大的甲虫，于是我就想：'原来能这么写呀。要是能这么写，我倒也有兴致了。'"

"克服文类与材料之困难"，乃有马尔克斯《百年孤独》。此书既出，世界各国很多小说家，才意识到：原来小说可以这么写！

陈世骧言中之意，似乎是说，金庸早期创作，已经在"不断克服文类与材料之困难"，写到《天龙八部》，金庸已经很成功地"克服"了武侠小说这一文类的限制。

在台湾，有读者问："您是边写边想？还是架构完之后才动笔？"金庸答："大架构是事前就规划好了，细节是边写边想。"（《金庸一百问》）《天龙八部》的情形似乎很有些不同，此书的"大架构"，也是"事前就规划好了"，就是金庸最初写在《天龙八部·释名》里的："这武侠小说以'天龙八部'为名，它写的是宋时云南大理国的故事……这部小说将包括八个故事，每个故事为一部，这八个故事互相有联系，组成一个大故事。"

然而，我们读到的《天龙八部》，讲的就不仅是"云南大理国的故事"，也不能明确找到具体有哪"八个故事"。

金庸的大部分小说，都是"大架构是事前就规划好了"，并且一直按照这个"大架构"写下去。《天龙八部》也"大架构是事前就规划好了"，但写作过程中，金庸对自己事先定下的这个"大架构"，做了相当大的调整与修正。

1968 年 11 月，金庸在《明报周刊》发刊词中说："我们确信，不论是处理国家大事，不论是经营任何大小事业，不论是研究学问或学习技能，不断地修正总会胜过自以为是、死硬不改的作风。"（张圭阳《金庸与〈明报〉》第 121 页）同理，一部小说的"架构"，需要"修正"，就必须"修正"。

连载小说这种形式，对金庸的小说创作是有妨碍的——就像这一形式曾经妨碍狄更斯、萨克雷取得更高成就一样。假如金庸写的不是连载，写成《天龙八部》之后再发表，应该可以更好一点。

金庸对《天龙八部》一书，还是相当满意的，所以坦然将陈世骧写给他的两封信作为附录收入书中，"当然，读者们都会了解，那同时是在展示一位名家的好评"（《天龙八部》后记）。

金庸对自己在《天龙八部》中塑造的几位人物尤其满意。

2003 年，在中山大学，有记者问："在您创作的十四部武侠小说中，您最喜爱的小说人物是谁？"金庸答："段誉，他有一种隐忍的精神，无论别

人怎么打骂都不介意，还是一样热心助人。令狐冲我也很喜欢，淡泊名利，乐观，追求自由的个性。"（《大义精诚，侠士人生》）

段誉是金庸最喜爱的人物之一。他对自己《天龙八部》所塑造的人物中最满意的，却不是段誉，而是乔峰（萧峰）与马夫人康敏。

金庸对《天龙八部》中马夫人康敏这一角色，甚是自喜自负："我自以为，马夫人是《天龙八部》中最成功的人物之一，仅次于乔峰，在文学上品味算是高的。"金庸逝世，史航追忆："与金庸先生最后一面是2008年……那次是去谈舞台剧《天龙八部》的改编，聊得很好，后来他就把版权送给我们……我谈了一些对人物的理解，哪几场戏要怎么写，他就是一直笑嘻嘻地听着我。就有一个地方，他说不要小看马帮主夫人康敏那个角色，虽然都觉得她是个狠毒的女人，但他说，这个人很重要，不要删掉或者乱改，再三强调这个。"

《天龙八部》，博大浩瀚。在我个人看来，这是一部伟大的，至少是接近伟大的小说。十几年来，我谈过书中很多人物，但几乎从来没有从总体上评论这部小说。

2016年开始写作《金庸评传》，当时我就在自序中定下"有话则长，无话则短，务求言之有物"的原则。明明不懂，而无知妄说，我认为是对《天龙八部》一书的亵渎。

我对佛学，有敬意，而少涉猎，不敢妄谈《天龙八部》。

杨联陞、夏济安，同嗜金庸小说

陈世骧写给金庸的那两通书信，真正是堪称"金学"的大文字。我谈金庸，写了近三百万字，字字与"金"有关，实实与"学"无涉，不过是记录自己读金庸其人其书的一点感想而已。

陈世骧，生于1912年3月7日，1935年北京大学外国语言文学系毕业，留校任讲师，抗战军兴，南下长沙，在湖南大学教英国文学，旋出国留学剑桥大学，又渡美在哥伦比亚大学深造，1945 年受聘于加州大学伯克利分校，曾任该校东方语文系系主任，1971 年 5 月 23 日逝世。

陈世骧写给金庸的第二封信，是在 1970 年 11 月 20 日，半年后，先生就仙逝了。

陈世骧很喜欢《雪山飞狐》这部小说，曾以狂草书写《雪山飞狐》(旧版)里的一首引诗，送给杨牧等弟子。杨牧只记得结尾两句："结客四方知己遍，相逢先问有仇无。"这首引诗是李渔的《赠侠少年》："生来骨骼称头颅，未出须眉已丈夫。九死时拼三尺剑，千金来自一身卢。歌声不屑弹长铗，世事惟堪击唾壶。结客四方知己遍，相逢先问有仇无。"

"武功虽强，常人可不知他名头，然而江湖上一等一的人物，却个个对他极是钦慕。"《雪山飞狐》中这句话，用到陈世骧身上，再合适不过。

夏志清认为："五六十岁的中国人中间，不论在台湾地区，在中国大陆，还是在美国，有世骧兄这样的旧学根底、古诗文修养的人实在已经不多了。这些人中，研究西洋诗学、文艺理论如世骧之专者，涉猎古今西洋文学如世骧之广者，更是凤毛麟角。"夏志清以大哥夏济安和自己为例，承认夏氏兄弟的学问，比起陈先生，亦有所不如。

台湾诗人学者杨牧，先后师从于徐复观、陈世骧两位先生。在杨牧记忆里，徐复观对陈世骧极为推许："我的老师徐复观先生从东海大学来信说，既然到了柏克莱，不可错过一见陈先生……每当我在文学的题目里写信向徐先生问疑时，他总在回答以后附加一句：'如果陈先生的解释与我不同，宜从陈先生。'我追随徐先生读书多年，深知他品评学术人物的标准和脾气，能受他推崇如此的，似乎很难找到第二人。"(杨牧《昨日以前的星光》第259 页)

陈世骧逝世，杨联陞在挽联中称誉老友："壮采豪情，学贯中西文史哲。"

1966 年那通书信中，陈世骧对金庸说："同人知交，欣嗜各大著奇文者自多，杨莲生、陈省身诸兄常相聚谈，辄喜道钦悦。"杨莲生是杨联陞的本名。这位"汉学界第一人",也非常喜欢、赞佩金庸的小说创作,私下里常与友朋"喜道钦悦"。只是杨先生似乎没有公开发表过对金庸小说的评价或评论,或是有的,而我尚未读到。

葛兆光也是金庸小说爱好者,文章中经常谈及。葛先生"两次在哈佛燕京图书馆细读四十几册杨联陞日记……在日记中可以看到杨联陞对金庸的浓厚兴趣"。希望杨先生日记早日出版,使我亦有机会了解杨联陞与金庸小说的因缘。

我读杨联陞著作,唯一谈及金庸的,是他 1968 年为刘若愚《中国文史中之侠》(上海三联书店版译为"中国之侠",以下用此名)一书所写书评:"(该书)第三章由事实到演义小说。讲到唐代传奇里的虬髯客、昆仑奴、聂隐娘、红线等人,敦煌发现的捉季布变文,宋代的小说家以后,由话本发展为长篇的《水浒传》,下至清代的《三侠五义》《彭公案》《施公案》《儿女英雄传》,以至近代平江不肖生的《侠义英雄传》,还珠楼主的《蜀山剑侠》。最近的新派武侠小说,则只笼统提了一句,没举出金庸(查良镛)等作者的姓名。"(杨联陞《中国语文札记》第 267 页)最后这句话,值得注意。《中国之侠》没有以充分篇幅论述金庸的"新派武侠小说",在杨联陞看来,美中不足。杨先生对金庸小说是很看重的。

刘若愚《中国之侠》出版于 1967 年。书中谈到:"除了《水浒传》的续集外,清代还有许多其他武侠小说,也一直流行到今天。即使在目前,仍有相当数量的侠客小说出版,它们都有一定的水平,很受读者欢迎。"(刘若愚《中国之侠》115—116 页)这就是杨联陞所言"最近的新派武侠小说,则只笼统提了一句"。

该书附注第一条是"游侠中的'游'",开头就说:"加利福尼亚大学的陈世骧教授对我说,这里的'游'大概是游离的意思,不是指'游荡'。"刘若愚不赞同陈世骧的此一见解。写这部《中国之侠》,刘若愚应是与陈世骧多次探讨商榷过的。

陈世骧信中提到的数学家陈省身,还有数理学家王浩,物理学家杨振宁，也都喜读金庸小说，但他们的专业与文史不相关，其指标性意义就差了些。

金庸 1955 年开始写小说，陈世骧在 1956 年，甚或更早，就开始追读金庸的小说了。

1966 年陈先生写给金庸的那封信中，有一句"此番离加州之前，史诚之兄以新出《明报月刊》相示"。陈先生逝世，他的故交，这位史诚之，回忆：1956 年，陈先生在书信中托他代买一些金庸的武侠小说，说年来武侠小说大有长进，远非《江湖奇侠传》时代可比，"尤其金庸别创一格，不论用为消遣或欣赏文学，都值得看"。

1958 年，史诚之到加州大学伯克利分校，听陈先生谈武侠小说："他不认为撰写武侠、阅读武侠都是逃避现实。反认为武侠为广大读者所喜爱，是新文学借传统形式的发展和创进。这几年的文艺小说，反而平淡无起色。但有些武侠小说，文字、结构、布局、描写技巧，几年来有很大的进步。可与大仲马、小仲马的佳作相比而毫无逊色。旧形式中有新技巧，把民族故事借用西洋杰出小说的处理手法写出来，是了不得的成就。"陈先生这番不同流俗的见解，史诚之只是听听而已，还不敢深信。

与陈世骧同在加州大学伯克利分校的工商管理学教授，兼任国际商业系主任和中国文化研究所所长的李卓敏，也曾托史诚之邮寄金庸的小说。

夏济安则对史诚之说，香港武侠小说极迷人，有锐不可当的潜力，可与大小仲马的杰作并列。

夏济安任教台湾大学的时候，对他开始写小说的学生白先勇说："'五四'以来的白话文，充满了陈腔滥调，是很不好的小说语言。"又说："一个作家最重要的关切，不在于写什么，而在于怎样写；一个作品的成败，不在于题材的选择，而在于表现的手法。"夏先生的文学观既如此，他对金庸所写"通俗"的"武侠小说"之称赏赞佩，就不难理解了。

2002 年，金庸补写《天龙八部》后记，有这么几句话："夏济安先生曾在文章中几次提到我的武侠小说，颇有溢美之辞。虽然我和他哥哥夏志清先生交情相当不错，但和他的缘份稍浅，始终没能见到他一面……"其中"虽然我和他哥哥夏志清先生交情相当不错"一句，是新加的。新加的这句话，却是错的。夏志清是夏济安之弟，不是哥哥。

夏济安、陈世骧诸先生，是最早对金庸小说给予高度评价的大学者。其后，许倬云、金克木、刘再复、胡文辉、张文江等大学问家，也陆续阅读了金庸小说，皆甚为惊赏。

陈世骧谈《天龙八部》，知己知音

高中学生喜读他的小说，金庸不会不开心。只有高中学生喜读他的小说，金庸总不会很开心。不仅高中学生，而有知名学者，也对金庸小说评价很高，却是隔靴搔痒，点评不到位，金庸见了，怕也不会特别开心。

在《天龙八部》后记中，金庸谈到："如果读者看了不感到欣赏，作者的工作变成毫无意义。"虽则如此，也要考虑到，同为"欣赏"，仍有深浅之别。

1979 年，金庸致信台湾出版人沈登恩："我的小说能在台湾出版，我当然也很高兴。台湾读书风气盛，文化水准很高，任何作者都希望他的作品能接触文化水准很高的读者群，能受到欣赏，得到高层次的反应，希望有更多的人了解，我的小说并非只是打打杀杀而已。"（傅国涌《金庸传》第 260 页）

"有人读我的小说而欢喜，在我当然是十分高兴的事"，任何读者喜欢他的小说，金庸都是开心的。然而，若有"文化水准很高（乃至极高）的读者"，读出金庸作品中的妙处与用心之处，金庸感受到的欣喜，是要加倍的。

金庸阅读和写作之时，对于小说的结构问题，都非常的用心。他对于自己小说的结构，其实也很自负，很早就说过："有时故事结构得很好，但读者不一定能了解，很多微妙之处，普通的读者看不出来。"（《金庸茶馆》第三册第 171 页）金庸说这几句话时，不是不遗憾的。

2002 年，金庸写《"金庸作品集"新序》，谈到："小说是艺术的一种，艺术的……主要形式是美，广义的、美学上的美。在小说，那是语言文笔之美、安排结构之美……"这话虽未提及自己的小说，但金庸对自己作品的"结构之美"的自负之情，仍隐约透露出来。

倪匡对金庸小说的评价更高，但我妄作解人，认为金庸读到陈世骧两封信，比听到倪匡对金庸小说的当面赞美，更觉欣喜，不是因为陈世骧学问更大、学术地位更高，而是为了陈先生的点评更到位，更能说出金庸小说的好处。

2007 年，金庸在香港请裘小龙吃饭，裘小龙很兴奋，带着一套金庸小说集、张文江《渔人之路和问津者之路》，还有自己的几部英文小说，赴会。席间，二人相谈甚欢，金庸读到张文江书中收录的那篇《金庸武侠小说三人谈》，读得相当仔细。

裘小龙、张文江、陆灏三人的对谈，最早发表于 1987 年的《上海文论》。

金庸在裘小龙带的书上题字："裘博士，论金庸者多泛泛赞誉，今静候裘博士畅舒深见……""张文江先生与裘小龙博士、陆灏先生为评论金庸之首倡者，深知灼见，受益匪浅，愿再聆高见。"（裘小龙《外滩公园》第 181 页）似乎，金庸把倪匡谈金庸的几本书，都归于"泛泛赞誉"，认为缺乏深度。

我读倪匡的"五读"金庸小说，没看完，觉得没有很大启发性。

金庸将《金庸武侠小说三人谈》的作者，而不是陈世骧，视为"评论金庸之首倡者"，可以理解为，陈先生所写的是私信，而非正式的评论文章。

陈世骧的两封信，实在比《三人谈》更有深度，境界更高。非常期待裘小龙、张文江和陆灏三人能续谈金庸。尤其张文江，将来是可以写出比陈世骧更好的"金学"文章的。

人人只赞他（胡青牛）医术如神，这些奉承话他于二十年前便早已听得厌了。其实他毕生真正自负的大学问，还不在"医术"之精，而是于"医学"大有发明创见，道前贤者之所未道。他自知这些成就非同小可，却只能

孤芳自赏，未免寂寞。（《倚天屠龙记》第十二回）

此中，或许隐藏金庸本人的心曲。

需要说明的是，《倚天屠龙记》这段话，并不是 60 年代初在《明报》连载时就有的。连载版写的是：

要知胡青牛虽然生性古怪，但学识渊博，见解高超，实是从医者中不世出的才子奇人。只是他身入魔教……脾气不免越来越是孤僻。可是他一身绝学，空扬大名于外，却无人可共同研讨，更无一个传人，荒山独处，孤芳自赏，原是大有寂寞之意。

1972 年，金庸写完了他所有小说。1976 年、1977 年，金庸修改《倚天屠龙记》，才加上胡青牛"自知这些成就非同小可"这段话。

余光中与马悦然、沈君山对谈时说："（金庸小说）本来流行于坊间，留学生争相传阅。后来，教授们也很喜欢，现在教授们要把它学术化，甚至经典化了。金庸现象是由下而上，就像莎士比亚，本来也只是流行的戏剧，后来变成文学了，这些都是由下而上的例子。俗文学可以升等，严肃文学也可以流行。可是你问金庸，他总是大而化之：'我是随便写写的。'他随便写写，几十个教授却认真研究！"前面的话，我都赞同。至于金庸说"我是随便写写的"，只是余光中的想当然。金庸每谈自己的小说，虽则一向谦抑，但他从来没有说自己的小说创作很"随便"。

金庸写小说，很辛苦，很用心，在小说结构、人物塑造等方面，取法乎（中西方文学之）最上，精益求精，可惜未遇"解人"，"他自知这些成就非同小可，却只能孤芳自赏，未免寂寞"。

白先勇谈过："作家最在乎什么？读者突然了解你，你写的是什么他知道。我想这个是作为作者，最高兴的一种共鸣，一种心灵上的共鸣，精神上的共鸣。有这么一个读者，那样地兴奋……"

我相信，金庸读到陈世骧那两通书信，是会大起知音之感的。因为这份知音的感觉，金庸才会在《天龙八部》后记开头充满感情地写道："在改写修订《天龙八部》时，心中时时浮起陈世骧先生亲切而雍容的面貌，记着他手持烟斗侃侃而谈学问的神态。中国人写作书籍，并没有将一本书献给某位师友的习惯，但我热切地要在后记中加上一句：'此书献给我所敬爱的一位朋友——陈世骧先生。'只可惜他已不在世上。但愿他在天之灵知道我这番小小心意。"起了知音之感，金庸才会那样"热切地"将《天龙八部》献给陈先生。

因为这份知音的感觉，金庸才会将陈世骧这两通书信作为《天龙八部》后记的附录，公开发表。

杨牧 1971 年编辑出版《陈世骧文存》，没有收录这两通书信。此书 1975 年出版增订本，仍是没有收录这两通书信。1998 年，辽宁教育出版社出简化字版《陈世骧文存》，里面有了这两通书信，是编者陈子善加入的。

若是有着很高的"学问修养和学术地位"的陈世骧，书信中写的都是空泛的赞语，即便对金庸小说作出了更高的评价，金庸也不会为之更开心，反而有些失落，他可能就不好意思将这两通书信公开出来，觉得不值得、没意思。

金庸在《天龙八部》后记中说："当时我曾想，将来《天龙八部》出单行本，一定要请陈先生写一篇序。现在却只能将陈先生的两封信附在书后，以纪念这位朋友。当然，读者们都会了解，那同时是在展示一位名家的好评。"金庸公开发表这两通书信，不仅因为它出自"名家"，不仅因为这是"好评"，更因为是点评非常到位、与金庸心意相通的"好评"。

我很早就讲过，陈世骧的这两通书信，与金庸本人所写《天龙八部》后记，是一个整体，里面表达的意见，几乎都可以视为金庸本人的意见。

陈世骧与金庸，"只见过两次面"，却是真正的知己、真正的知音。

1966 年 1 月，梁羽生在《海光文艺》杂志发表《金庸梁羽生合论》，对金庸小说（包括还在连载的《天龙八部》）提出批评："金庸的另一个特点为他人不及的，是他的情节变化多，每有奇峰突起，令人有意想不到之妙……

不过金庸这个优点有时也成为他的缺点，为了刻意求其离奇，往往情理难通……与小龙女之被强奸相类似，还有他的近作《天龙八部》中段誉兄妹之恋，木婉清苦恋哥哥，几乎乱伦……兄妹相恋这段情节对整个故事的其他部分，并无关联，加进这段，反有画蛇添足之嫌，对段誉性格的描写也是有损无益……我以为金庸小说，结构最好的是《雪山飞狐》，最松懈的是《天龙八部》。"

情节离奇、结构松懈，在梁羽生看来，是《天龙八部》一书的缺陷。这篇《金庸梁羽生合论》发表后三个月，1966 年 4 月 22 日，陈世骧首次致信金庸，恰好也谈及这两个问题：

青年朋友诸生中，无论文理工科，读者亦众，且有栩然蒙"金庸专家"之目者，每来必谈及，必欢。间有以《天龙八部》稍松散，而人物个性及情节太离奇为词者，然亦为喜笑之批评，少酸腐蹙眉者。弟亦笑语之曰，"然实一悲天悯人之作也……读《天龙八部》必须不流读，牢记住楔子一章，就可见'冤孽与超度'都发挥尽致。书中的人物情节，可谓无人不冤，有情皆孽，要写到尽致非把常人常情都写成离奇不可；书中的世界是朗朗世界到处藏着魍魉和鬼蜮，随时予以惊奇的揭发与讽刺，要供出这样一个可怜芸芸众生的世界，如何能不教结构松散？这样的人物情节和世界，背后笼罩着佛法的无边大超脱，时而透露出来。而在每逢动人处，我们会感到希腊悲剧理论中所谓恐怖与怜悯，再说句更陈腐的话，所谓'离奇与松散'，大概可叫做'形式与内容的统一'罢。"

陈先生远在美国，不太可能及时读到登在香港一家新刊物上的梁先生这篇《金梁合论》。"以《天龙八部》稍松散，而人物个性及情节太离奇为词者"，是陈先生的某位或某几位学生，不是指向梁羽生。虽则如此，陈先生这段话，还是可以视为陈先生对梁先生批评的反批评，甚至可以视为金庸本人对梁羽生这篇《金梁合论》的答复与反驳。

在陈世骧看来，适应《天龙八部》的故事题材与创作意图，此书的情节不可以不"离奇"，而结构难以不"松散"（或"松懈"），这并非缺陷，而是"形式与内容的统一"。

在《金梁合论》中，梁羽生提出："武侠小说既是揭出'武侠'二字，表明它与别种小说不同……到了如今的《天龙八部》，写恶人一个比一个'恶'，笔下人物种种阴狠残毒的性格，发挥得淋漓尽致……把坏人刻划得入木三分，那也是艺术上的一种成功。问题在于如何写法，揭发坏人应该是为了发扬正气，而切忌搞到正邪不分。人性虽然复杂，正邪的界限总还是有的，搞到正邪不分，那就有失武侠小说的宗旨了……依我看来，金庸的武侠小说似乎还应该回到《书剑恩仇录》的路上才是坦途……'实迷途其未远，觉昨是而今非'……奉劝金庸，不知金庸是否听得进去？"梁羽生似乎认为，写武侠小说，就必须像武侠小说，万万不可"有失武侠小说的宗旨"。

陈世骧则认为："读武侠小说者亦易养成一种泛泛的习惯，可说读流了，如听京戏者之听流了，此习惯一成，所求者狭而有限，则所得者亦狭而有限，此为读一般的书听一般的戏则可，但金庸小说非一般者也。"金庸小说，在陈先生眼中，本来就不是，也不应该是"一般的书"、"一般"的"武侠小说"。

第二通书信中，陈世骧又说："艺术天才，在不断克服文类与材料之困难，金庸小说之大成，此予所以折服也。"在陈先生看来，天才作家，写武侠小说，就应该"克服"这一"文类"的限制，尽可"有失武侠小说的宗旨"。

1970年，陈世骧说"艺术天才，在不断克服文类与材料之困难"。就在一年前，金庸对林以亮等人说："武侠小说本来是一种娱乐性的东西，作品不管写得怎样成功，事实上能否超越它形式本身的限制，这真是个问题。"陈世骧与金庸，表达的基本上就是一个意思。金庸只说"这真是个问题"，他并没有说武侠小说这一"文类"的困难是绝对不可"克服"的，不认为"超越它形式本身的限制"绝无可能。一旦"克服"了，"超越"了，武侠小说就破茧成蝶！

写得不像武侠小说的武侠小说，才是最好的武侠小说，也是最好的小说、最好的文学作品。写得不像言情小说（或才子佳人小说）的言情小说，如《红楼梦》，才是最好的言情小说，也是最好的小说、最好的文学作品。

《红楼梦》第一回："空空道人……将这《石头记》再检阅一遍……其中大旨谈情……"我们试想，"谈情"，不就是"言情"吗？

王蒙对武侠小说，长期持一种轻视排拒的态度，后来却撰文说："如果半个月以前有人说我王蒙读了金庸的小说会流眼泪，我一定认为是笑话；可是最近我读了《笑傲江湖》，真落泪了。"能令王先生感伤至此，因为《笑傲江湖》根本不是"纯粹"的"武侠小说"，金庸仍袭用武侠小说的形式，却是"企图刻划中国三千多年来政治生活中的若干普遍现象"。

金庸晚年在岳麓书院演讲，谈及自己"试图在武侠小说创作方面进行一些尝试，并表达自己的政治取向和对现实社会的一些看法。"（《智者的声音》第 161 页）金庸后期创作，分明是要突破武侠小说这一文体的限制，梁羽生则仍时时牢记"武侠小说与别种小说不同"，执着于武侠小说必须如何如何。

梁羽生是"规矩人"，金庸则是自幼最不爱守规矩的一个人！

金庸在《鲁豫有约》节目上，自承："我这个人不守规矩。"小说家个性如此，在他的小说中，就有了那么多不守规矩的人。

风清扬大喜，朗声道："……大丈夫行事，爱怎样便怎样，行云流水，任意所之，甚么武林规矩，门派教条，全都是放他妈的狗臭屁！"令狐冲微微一笑，风清扬这几句话当真说到了他心坎中去，听来说不出的痛快。（《笑傲江湖》第十回）

是金庸自己心里，先有了"这几句话"，借风清扬之口说出来，然后，"这几句话当真说到了令狐冲心坎中去"。

在台湾，有读者请金庸"说明'无招胜有招'的境界"，金庸答复："整个社会其实还存在着教条主义，什么都有某某主义……这些招数都已经固定，其实社会千变万化……教条不适用，正如无招，没有固定的信念，发生

什么事情，就用实际的方法解决。又如比武，看对方出了什么招，找出他的缺点，一剑便刺死，这就是无招。"(《金庸一百问》)

1976年，金庸在《神雕侠侣》后记中谈到："《神雕》企图通过杨过这个角色，抒写世间礼法习俗对人心灵和行为的拘束……我们今日认为天经地义的许许多多规矩习俗，数百年后是不是也大有可能被人认为毫无意义呢？"金庸后期五部小说，在突破文学创作的种种清规戒律、克服武侠小说这一文体的限制上，是叛逆的、造反的。

金庸与陈世骧，莫逆于心。金庸在《天龙八部》后记中谈到："(陈世骧)对《天龙八部》写了很多令我真正感到惭愧的话。以他的学问修养和学术地位，这样的称誉实在是太过分了。或许是出于他对中国传统形式小说的偏爱，或许由于我们对人世的看法有某种共同之处……"金庸与陈世骧，都偏爱包括武侠小说在内的"中国传统形式小说"。他们二人，"对人世的看法有某种共同之处"。"人世"二字，包蕴的内容可就大了，他们二人对"人世"中很多东西的"看法"都"有某种共同之处"。以上我写到的金庸、陈世骧二人观点的相似，下面我继续谈及的金庸、陈世骧二人观点的相似，都可以归入"对人世的看法"之中。

金庸接着说："我的感激和喜悦，除了得到这样一位著名文学批评家的认可、因之增加了信心之外，更因为他指出，武侠小说并不纯粹是娱乐性的无聊作品，其中也可以抒写世间的悲欢，能表达较深的人生境界。"这几句话，其实很清楚地说明，金庸主要不是为了大学者陈世骧对金庸小说评价高就那么感刻欣喜，更因为陈先生的说法与他本人的心意相通。白居易曰："微之知我心哉！"

2002年，金庸写《"金庸作品集"新序》，宣言："我写小说，旨在刻画个性，抒写人性中的喜愁悲欢。"这个"旨"，从金庸创作初期开始，就一直都"在"的。《新序》中这句话，也正可与《天龙八部》后记中谈及的陈世骧的"指出"相对照、相对应。

陈世骧与金庸，知己知音。

"武侠小说也可以抒写世间的悲欢，能表达较深的人生境界"，并不是经陈世骧"指出"后，金庸才开始这样"抒写"。金庸的小说创作，尤其是后期作品，一直在默默地往这个方向努力，一经陈先生"指出"，如何不喜？

若接受梁羽生的"奉劝"，"揭发坏人应该是为了发扬正气"，切不可"有失武侠小说的宗旨"，则金庸小说难以"表达较深的人生境界"。

梁羽生《金梁合论》发表于1966年1月，该年4月，金庸也写了一篇《一个"讲故事人"的自白》，也发表在《海光文艺》上，回应梁文。《自白》中，金庸说："佟硕之兄的文章中'责以大义'，认为羽生兄小说的思想正确，而我的小说思想有偏差……劝我痛改前非。他的盛意虽然可感，但和我对小说的看法是完全不同的。"这位"佟硕之"，就是梁羽生的化名。梁先生和金庸，"对小说的看法是完全不同的"。陈世骧和金庸，对小说的看法却是大为相同。

借王国维之言，陈世骧叹赏金庸小说

《一个"讲故事人"的自白》中，金庸又说："我自幼便爱读武侠小说，写这种小说，自己当做一种娱乐，自娱之余，复以娱人。"

王国维《宋元戏曲史》第十二章"元剧之文章"，道是："盖元剧之作者，其人均非有名位学问也；其作剧也，非有藏之名山，传之其人之意也。彼以意兴之所至为之，以自娱娱人。"

王国维是金庸的海宁同乡，金庸最早发表的文章《一事能狂便少年》，题目便出自王国维诗。50年代，金庸阅读了大量戏剧理论方面的书籍。这部《宋元戏曲史》，金庸必读，且在《一个"讲故事人"的自白》中，金庸已经引用过王国维《宋元戏曲史》中的论述。

金庸读过王国维写在《宋元戏曲史》中这句"元剧之作者……以意兴之所至为之，以自娱娱人"，则他"写武侠小说，自娱之余，复以娱人"的

"自白"，就不太可能与王国维所谈"元剧之作者"绝无干系。

金庸认同"元剧之作者"，还有一个重要的心理因素：他和他们，都是仕途绝望，无奈之下，写起某一种"通俗"的文体。1950年的金庸，默察时势，返港，五年后，写起了武侠小说。

陈世骧远在美国伯克利，不太可能读到金庸1966年发表在一份新办的港刊上的这篇短短的《自白》，然而，四年后，陈先生第二次致信金庸，居然也谈及王国维与"元剧"："当夜只略及弟与同学竟夕讲论金庸小说事，弟尝以为其精英之出，可与元剧之异军突起相比。既表天才，亦关世运。所不同者今世犹只见此一人而已……谈及鉴赏，亦借先贤论元剧之名言立意，即王静安先生所谓'一言以蔽之曰，有意境而已'。于意境王先生复定其义曰，'写情则沁人心脾，景则在人耳目，述事则如出其口。'此语非泛泛，宜与其他任何小说比而验之，即传统名作亦非常见，而见于武侠中为尤难。"

陈世骧引录的这几句话，出自王国维《宋元戏曲史》第十二章"元剧之文章"，金庸"写武侠小说，自娱之余，复以娱人"的"自白"中，"自娱""娱人"四字，也出自《宋元戏曲史》第十二章。

陈世骧与金庸，莫逆于心。

1966年那封信中，陈世骧赞金庸："兄才如海，无书不读。"我感觉，"兄才如海"四字，与金圣叹在《读第五才子书法》一文中赞施耐庵"真正其才如海"一语，未必没有关系。而金庸的小说创作，继承的正是《水浒传》的侠义精神与语言笔法。金庸自称，他是以《水浒传》为自己写作的"主要范本"。金庸在《天龙八部·释名》中也提到了《水浒传》："天龙八部这八种神道精怪，都将成为小说中的主要角色。当然，他们是人而不是怪，只是用这些怪物作绰号，就像《水浒》中的'母夜叉'孙二娘、'摩云金翅'欧鹏。"这里，我引录的是连载版而非修订版中的"释名"文字，因为陈世骧读到的就是连载版。修订版《天龙八部》1978年才出，而陈先生已在七年前逝世。

1966年，陈世骧在第一封书信中赞叹："在每逢动人处，我们会感到希腊悲剧理论中所谓恐怖与怜悯……"1994 年，在北大，有同学问："乔峰只能是悲剧？"金庸回答："这是没办法的，天生的。他一开始生为契丹人，那时契丹与汉人的斗争很激烈，宋国与辽国生死之战，民族之间的矛盾冲突这样厉害，他不死是很难的，不死就没有更加好的结局了。近代小说写悲剧是从人性自然发展出来。西方的希腊悲剧则是人与天神发生关系，发生悲剧因为天神注定如此，与现代观念不同。"金庸这段话，其实已经承认，自己写《天龙八部》，尤其是塑造乔峰这一人物，受古希腊悲剧影响甚大。乔峰的悲剧，主要并不是"从人性自然发展出来"，而更像古希腊悲剧中的人物，是"没办法的，天生的"的悲剧。

金庸推崇托马斯·哈代。吴笛认为哈代"力图把希腊悲剧的主题移植到英国小说中，认为这是人和命运的冲突"。金庸似乎也有把希腊悲剧的主题移植到中国小说中的倾向。

陈世骧与金庸，心意相通。

1970 年 11 月，陈先生在书信中谈到："金庸小说之大成，此予所以折服也……至其终属离奇而不失本真之感，则可与现代诗甚至造形美术之佳者互证，真赝之别甚大，识者宜可辨之。"三十二年后，2002 年 11 月，金庸补写《天龙八部》后记，解释说："《天龙》中的人物个性与武功本领，有很多夸张或事实上不可能的地方……请读者们想一下现代派绘画中超现实主义、象征主义的画风，例如一幅画中一个女人有朝左朝右两个头之类，在艺术上，脱离现实的表现方式是容许的。"与《天龙八部》等金庸小说相似的文艺形式，陈世骧说是"造形美术"，金庸自己说是"现代派绘画"，并不完全是一回事，但他们二人说的，都是"美术"，也都是"终属离奇而不失本真之感"的"现代派"美术。他们所要表达的意思，也是大同小异。

陈世骧与金庸，虽未深交，却是神交，是知己，是知音。

金庸对西方"现代派文学"兴趣不大，却很能欣赏"现代派"艺术，本传"东西方绘画，皆为金庸深沉眷赏"一节，已谈过。

梁羽生在《金梁合论》中谈到："梁羽生的名士气味甚浓（中国式的），

而金庸则是现代的'洋才子'。梁羽生受中国传统文化（包括诗词、小说、历史等等）的影响较深，而金庸接受西方文艺（包括电影）的影响较重。虽然二人都是'兼通中外'（当然通的程度也有深浅不同），梁羽生……'洋味'是远远不及金庸之浓的……如果说梁羽生某些地方是接受了欧洲 19 世纪文艺思潮的影响，则金庸是接受了今日西方的文化影响，尤其是好莱坞电影的影响。"

金庸对欧洲 19 世纪的文学，是极熟悉的，至少不在梁羽生之下。对 19 世纪以前的欧洲文学，如《荷马史诗》、古希腊悲剧，还有莎剧等等，金庸更是极为重视，用力甚勤。例如，金庸生平收集的"莎学"著作就有几百种之多。

1966 年的梁羽生，能看出金庸受西方文化的影响甚深，很不容易，但他一再强调的，只是"今日西方的文化"，尤其是好莱坞电影对金庸的影响，就很有几分管窥蠡测、不知所谓了。

1994 年，梁羽生、金庸一起参加悉尼作家节武侠小说研讨会。梁羽生在演讲中，谈及金庸"最大的贡献"："是中国武侠小说作者中，最善于吸收西方文化，包括写作技巧在内，把中国武侠小说推到一个新高度的作家。"这么说，较为公允，到位。

倪匡代笔《天龙八部》，阿紫眼瞎

在《天龙八部》后记中，金庸追怀陈世骧，之后，又向另一位朋友致以谢忱："在离港外游期间，曾请倪匡兄代写了四万多字。倪匡兄代写那一段是一个独立的故事，和全书并无必要联系，这次改写修正，征得倪匡兄的同意而删去了。所以要请他代写，是为了报上连载不便长期断稿。但出版单行本，没有理由将别人的作品长期据为己有。在这里附带说明，并对倪匡兄当年代笔的盛情表示谢意。"

倪匡于 1957 年到港，此后六十五年，直到逝世，他从未回内地。金庸小说进入内地之后，大多数读者，应是通过金庸在《天龙八部》后记中感谢倪匡"代笔"乃知世间有此一人，并充满好奇：能令金庸恳请"代笔"的，必非等闲人物。

倪匡也在《我看金庸小说》中谈及"代笔"之事：

金庸在写《天龙八部》期间，忽有长期游欧洲计划。而香港报纸的长篇连载，一般来说，不能断稿，于是找我，代写三四十天，当时在场的还有名作家董千里（项庄）先生。

金庸说得很技巧：倪匡，请你代写三四十天，不必照原来的情节，你可以去自由发展。（这等于是说：千万不可损及原著，你自管去写你自己的好了！换了别人。或许会生气。但我不会，高兴还来不及！若是连自己作品和金庸作品之间有好几百万光年距离这点都不明白，那是白痴了，幸好还算聪明，所以一点不生气。连连点头答应。）金庸又说："老董的文字，较洗炼，简洁而有力，文字的组织能力又高，你的稿子写好之后，我想请老董看一遍，改过之后再见报！"（这等于说：倪匡你的文字不好，虽然任由发展，还是不放心，要找人在旁监督，以防万一出毛病。换了别人，又可能会生气，但我不会。因为金庸所说是实，董千里先生文字之简炼有力，海内外共睹，能得到他的帮助，对我今后小说创作的文字运用方面，可以有很大的改进，所以欣然答应。）商议定当之后，就开始撰写。思想负担之重，一时无两，战战兢兢，写了大约六万字左右，到金庸欧游回来，才算松了一口气。

……金庸将全部作品修订改正之际，曾特地来商量："想将你写的一段删去，不知是否会见怪？"……我哈哈大笑，道："我见怪的是你来问我会不会见怪，枉你我交友十数载，你明知我不会见怪，不但不见怪，而且一定衷心赞成，还要来问我！"金庸有点忸怩，说："礼貌上总要问一声。"

为金庸"代笔"的，其实是倪匡与董千里二人。

不谈金庸、倪匡文笔孰好孰坏，其文风先就不一样。董千里则与金庸文风相近，有古意，有书卷气，有豪气。董先生所著《成吉思汗》，真是好，可与《射雕英雄传》对读，文笔亦是极好，金庸称赞他文字"较洗炼，简洁有力"，说得很是。

董千里文笔好，学问也好，金庸一直很看重这个人。

说到裘千丈，还有一段与我有关的小插曲。按金庸原作，此人名叫裘千里，在报上连载和出版单行本时均然。后来金庸与我相识，觉得此名犯了朋友之"讳"，再版出书时改为裘千丈。不过此事他从未提过，我也从未提过。（董千里《金庸小说评弹》）[1]

《射雕英雄传》中的裘千丈颇有小丑味道，金庸顾虑董千里的感受，将"千里"之名改为"千丈"。二人心有灵犀，不需要"提过"此事。金庸若主动"提过"，即有"市惠"之嫌，君子不为也。

董千里的文风与金庸相似，但对武侠小说不很了解；倪匡是最懂武侠小说的几个人之一，但文风与金庸不似，很难模仿得特别相似；两位先生合作"代笔"，金庸在欧洲那几十天，比较安心了。

倪匡是懂武侠小说的，自称差不多在认识四五百个汉字时，就已经开始看武侠小说了，"小时候最喜欢看武侠小说，中国的武侠小说我都差不多全部看过"——类似的话，金庸也说过。

金庸逝后，倪匡接受《收获》采访。记者问："你们在一起比较多聊什么？"倪匡回答："他跟我大多数时间都是在讨论武侠小说，因为我从小就看，也很懂得武侠小说，一到香港一下子看到金庸的武侠小说，惊为天人。他更懂武侠小说，所以我们有聊不完的题材。每次见面和他讨论他的小说，

1　董千里这部《金庸小说评弹》出版于1995年。该书后记结尾说："与金庸订交三十余年，且一直为他所创办的《明报》写作。然而世上无不散之筵席，多少人事沧桑，到如今，笙歌归院落，灯火下楼台。此时回首前尘，三十余年成一梦，此身虽在堪惊！谨以本书作为与金庸相交的纪念。"似乎二人此时即便未绝交，也已很疏远了。虽则疏远，董千里仍认为："金庸小说之必传，已无须辞费。"

分析情节等等，总是津津有味的。"（《逝去的"帮主"——倪匡谈金庸》）接受《明报周刊》采访时，倪匡说："真正懂武侠小说的人不多，他难得碰到我这个真的懂武侠小说，所以好喜欢。"

倪匡早年也写过不少武侠小说，后来觉得怎么也写不过金庸，转而写科幻，但他与武侠小说的缘分，从来没断过，曾为古龙、卧龙生、诸葛青云、司马翎等人捉刀代笔。最得意的，当然是为金庸"代笔"一事，逢人便说，并自撰一联："屡替张彻编剧本，曾代金庸写小说。"倪匡自称自赞："借金庸、张彻两大名人，标榜自己，可谓深得自我标榜之三昧矣！"（倪匡《我看金庸小说》）

对联中，相对应的两大名人，交谊也颇深厚，金庸是张彻的证婚人。张彻年龄略大，却称金庸为"查兄"，或称"恩兄"，甚为感佩："他永远比我成熟、沉稳、智慧明澈，对我有些指点的话，因对我太过'私人'，无法写出来在这里，而我私自感激终身，实是我生平第一益友。故我一直发自内心事以兄礼，年龄只是个数目字而已。"

倪匡"代笔"，最大的"功绩"，就是把阿紫的眼给"写"瞎了。三十多年前，倪匡在《我看金庸小说》中是这样说的：

他深知我的脾气，喜欢胡作非为，所以才事先特别叮嘱"你只管写你自己的"。然而当他回来之后，见面第一句话，我就说："对不起，我将阿紫的眼睛弄瞎了！"阿紫是《天龙八部》中一个相当重要的人物。我讨厌这个人，所以令她瞎了眼。金庸听了，也唯有苦笑，是否有"所托非人"之感，不得而知。常言道"生米已成炊"，阿紫双眼，既被弄瞎了，自然也唯有认命了。

……金庸将全部作品修订改正之际，曾特地来商量……我说："去他妈的礼貌！我有点担心。阿紫的眼睛瞎了，你怎么办？"金庸说："我自有办法！"金庸果然有办法，他改动了一些，结果就是如今各位看到的情形。金庸将阿紫、游坦之两个人的性格，写得更透彻。一个为了痴情相爱，宁愿将自己的眼睛送给爱人，而一个为了性格强顽，将已复明了的眼睛又挖出来，凄楚、恋情、偏激、浪漫，都发挥到了淋漓尽致的地步，大小说家的能力，确然令人心折。

金庸逝后，倪匡接受《收获》特约记者访问，却又是另一套说辞：

没有没有（生气），他就笑了笑，就去清理这件事了。而且我跟他说这个道理，按照我的推测，阿紫的眼睛是一定要瞎的，我只是提前一点而已。因为她不瞎眼睛，她没法子跟游坦之谈恋爱的。游坦之戴上面具是一个怪人，摘掉面具是一个极丑陋之人，他们怎么谈恋爱？一定是阿紫眼睛瞎了，看不见游坦之面貌了，才会和他在一起。金庸把阿紫和游坦之安排在一起，上面的情节已经铺垫了很多，就是准备到后来阿紫眼睛瞎掉之后再发展下去。结果他接过我续写的部分，没有让阿紫眼睛立刻复原，就一直沿着这个发展下去，跟我的预料一样。（《逝去的"帮主"——倪匡谈金庸》）

倪匡这段话，颇有"贪天之功"嫌疑。

我感觉，当时倪匡确实考虑过"她不瞎眼睛，她没法子跟游坦之谈恋爱"，但他让她瞎眼，主要还是为了"讨厌这个人"。看金庸后来处理这一情节那么好，就来"揽功"，说自己早就为金庸铺好路了。倪匡不仅是对人这样说，恐怕后来的他，心里也是这样想的，越想越相信自己想的便是事实。这也是人情之常。

金庸本来就要让阿紫瞎眼，这种可能性也是存在的。

倪匡在接受《明报晚报》采访时，前面说的，与《逝去的"帮主"——倪匡谈金庸》所记相似，但在后面补充了两句："就算这个不是他（金庸）原本的意思，他一定有办法纠正，他是大小说家嘛！有什么搞不定？"

倪匡也曾在新浪微博混过一段时间。有博友问："阿紫的眼睛是您弄瞎的么？"倪匡答："是丁春秋弄瞎的！"又有博友说："我不要你写阿朱死啊！"倪匡大呼冤枉："六月下雪了！阿朱的死和我一点关系都没有！人真不能做坏事，做了一桩，全世界坏事就都是你做的了！"

倪匡"代笔"的数万字，故事精彩度尚可，人物塑造上就很糟糕。他笔下的阿紫就是很凡庸、较虚荣的一个女子。金庸所写阿紫，当然不是什么好人，却是不同凡响，光芒四射。

金庸不仅曾经请托倪匡为自己的《天龙八部》"代笔"数万字，更早前，且要倪匡为自己的小说写"续书"。

金庸写完《倚天屠龙记》，《天龙八部》在香港《明报》第一天开始连载时，当晚，金庸约晤，在座的还有新加坡的一位报馆主人。这位报馆主人是特地来香港找金庸，要求金庸别结束《倚天屠龙记》，继续写下去。而金庸已将全副心神投入创作《天龙八部》，不可能同时写两篇，所以特此约晤，要我代他撰写《倚天屠龙记》的续集。

当金庸一提出这一点时，脑中轰地一声响，几乎飘然欲仙，当时的对话，大抵如下：

金庸：新加坡方面的读者十分喜爱《倚天屠龙记》，希望有续篇，我没有时间，特地约了新加坡的报纸主人来，竭力推荐，请倪匡兄写下去，一定可以胜任。

新加坡报纸主人：金庸先生的推荐，我绝对相信，要请倪匡先生帮忙。

（倪在大口喝酒，半晌不语之后，神色庄肃，开始发言。这大抵是一生之中最正经的时刻。）

倪匡：今天是我有生以来最高兴的日子，因为金庸认为我可以续他的小说，真的太高兴了。其高兴的程度，大抵达到一辈子都不会忘记。可是我这个人有一个好处，就是极有自知之明。而且，我可以大胆讲一句，世界上没有人可以续写金庸的小说。如果有一个人，胆敢答应：我来续写，那么这个人，一定是睡觉太多，将头睡扁了的。

结果，当然未曾续写《倚天屠龙记》，因为虽然睡觉不少，但幸保脑袋未扁。不过这件事，至今认为是极大荣幸，颇有逢人便谈之乐……（倪匡

《我看金庸小说》）

《收获》特约记者问倪匡："除了您之外，金庸还请别人代写过吗？"倪匡大笑，答道："我想除了我之外，他心目当中没有第二人可以碰他的小说了。"我觉得倪匡说的确是实情，一面是金庸看重倪匡的才情，另一面，金庸很在乎与倪匡的友情。

金庸、倪匡初相识，倪匡有时说是 1960 年，有时说是 1961 年。

我续写了一段时间后司马翎不写了，社长说："干脆你开一篇新的好了。"我就改了个叫"岳川"的笔名开始写……那篇小说发表之后，一个月内有四家报馆联络我，要我给他们写武侠小说。金庸差不多就是在那一年的年底找到我，那是一九六〇年……那时我在《明报》上写的是《南明潜龙传》。金庸给我十元一千字，每天写两千一百字。到了月底，我拿到六百三十元稿费，我人生中第一次拿到一张五百元面额俗称"大牛"的钞票，和老婆二人拿着那张大钞笑了老半天。（施仁毅主编《倪学——卫斯理五十周年纪念集》）

特约记者：您认识金庸是在 1961 年，您到香港的第四个年头？

倪匡：是在《明报》两周年（《明报》创刊于 1959 年）时的一个场合，有人介绍我和金庸见面，就这样认识了。时间过去快六十年，我记得很确切。我那时还不是《明报》的专栏作者，在一家很小的报馆副刊上面写小说写杂文。一批从上海来到香港的文人经常聚会，我那时小伙子嘛，也经常挤在里面，上海人讲的"轧闹猛"。有几次金庸也在里面，我也在人群中见过他。那时他已经很出名，小说写到《神雕侠侣》了。那是一本非常好的武侠小说，我非常喜欢读。（《逝去的"帮主"——倪匡谈金庸》）

1957 年倪匡南下香港。起初他做工厂杂工……1961 年，金庸创办的杂志《武侠与历史》需要大量短篇武侠小说,主编董千里找上倪匡,"我梗系开心啦",那年他 25 岁,"佢问我短篇肯唔肯写,我最中意写短篇,逐篇计最好"。

写了几篇金庸已经很满意,邀他在《明报》写武侠小说,每日 2100 字,"⋯⋯佢畀我 10 蚊一千字"。(《倪匡悼金庸"真正才子只有他"》)

二人结识于 1961 年,可能性更大。

我也在报纸上写武侠小说,查先生觉得我的小说可以在《明报》刊登,就托朋友找我写稿⋯⋯那时候可以在《明报》副刊写稿是很有地位的,很多人贴钱都想写,查先生却不要,他很看重我马马虎虎写出来的文章。(2018年 11 月 3 日《明报周刊》第 42 页)

相识以来,金庸很在乎、很看重倪匡。

60 年代,有"金庸、倪匡(岳川)合著"的几部武侠小说,连载于金庸所办报刊,却是倪匡一人的作品,拉金庸的大旗做了虎皮。"因为那时我还不算很有名气,担心写了没有人看,查生说不如和他合著,他挂个名,内容全由我负责",这是金庸的主意,而不是出于倪匡的要求。本来,"唯名与器不可假人",金庸为了《明报》的销路,资本家"唯利是图"的本性发作,才会这样做。但是,除了倪匡而外,恐怕很难再有人,能让金庸将自己的名字慷慨借予。

我也随身携带了几本书,请(倪匡)先生签⋯⋯题写的第一本是我自制的《天涯折剑录》,作者是岳川、金庸合著⋯⋯先生很高兴,再看署名说:"哇,我和老查合著的呢。"⋯⋯我正好趁机向他求证,此部作品确实是合著吗?金庸写了多少?先生一笑:"老查哪有写,他一个字都没写,都是我写的,老查同意签他的名,已经是天大的交情、地大的面子了,我是

唯一有此荣幸的，你见过他和别人合著吗？"（赵跃利《一笑又何时——怀念倪匡》）

1981 年，金庸获邀到北京访问，竟要拉倪匡同行。虽因种种原因未果，但由此事，我才真正确信，金庸对倪匡是很在意的，很重视这位好朋友。

金庸与倪匡，超过半个世纪的交情

金庸至少送过倪匡两架相机。

十余年前，金庸嗜玩"沙蟹"，"蟹技"段数甚高，查府之中，朋辈齐聚，由宵达旦，筹码大都集中在他面前。笔者赌品甚差，有一次输急了，拍桌而去，回家之后，兀自生气，金庸立时打电话来，当哄小孩一样哄，令笔者为之汗颜。又有一次也是输急了，说输了的钱本来是准备买相机的，金庸立时以名牌相机一具见赠。其对朋友大抵类此，堪称是第一流朋友。（倪匡《武侠小说大宗师》）

这是倪匡很早写到的更早的事，大约发生在六七十年代，金庸送倪匡第一架相机。

倪匡移民美国，查先生做了一次心脏大手术，他康复后就去了美国探视倪匡，送他一部相机。"那时候我很喜欢收集贝壳，他知道我喜欢为收藏品拍照，就买了一部很贵的相机给我，镜头靓到不得了，可以拍摄近至两公分距离的物件……"（2018 年 11 月 3 日《明报周刊》第 43 页）

这第二架相机，更重要，更见得金庸看重与倪匡的友情。

金庸这次心脏大手术，是在1995年。倪匡移民后就不打算再回香港了，病愈后的金庸就去探他。"他手术之后、很虚弱的时候，曾经来美国找我，我觉得他那时候真的非常虚弱。他跟我说：'倪匡啊，快回来香港！'"（《明报月刊·金庸纪念专号》第29页）。

倪匡写《我看金庸小说》，金庸读了，对倪匡说："不要这样自己捧自己。"他是把倪匡当"自己人"看待的。

倪匡对金庸小说，称扬备至。"有人在一个演讲场合当面批评我的小说跟金庸相比望尘莫及，我说'你们太抬举我了，望到尘应该不会隔好远。'"倪匡这句话，应是化用《笑傲江湖》中丹青生的话："任先生的外号不是叫'望风而逃'，而是叫'闻风而逃'。你想，任先生如果望见了风老先生，二人相距已不甚远，风老先生还容得他逃走吗？"

倪匡未必是好人，但绝对是一个"真人"，"以真率胜人"，"掇皮皆真"。

《收获》记者说："我看了您1980年写的十册《我看金庸小说》，感觉您品评人物的标准是'真'。"倪匡答："对！这是第一条。"

沈西城说："我跟倪匡来往了这么多年，我最欣赏他性格里的那一点'真'。"

金庸最欣赏倪匡的，恐怕也是这一点"真"。

特约记者：金庸先生在公众面前说话是慢慢的，您说话语速很快，你们后来熟悉了之后怎么聊天？

倪匡：……他跟我讲话时，我倒不觉得他慢我快。他的慢是在有些场合，讲之前要想一想，他跟我讲话没有顾忌，不用思虑，自然就快了。（《逝去的"帮主"——倪匡谈金庸》）

与倪匡在一起，金庸很放松。当然，金庸语速加快，还有二人都说上海话的原因。1996年，周清霖到金庸家里拜访，用上海话畅谈一小时，临别时金庸为他题词："畅谈武侠，一见如故。"或问周先生金庸是否口吃，周答："喔唷！讲得比我还要快哉！"之所以如此，一则，金庸说上海话（算是他的家乡话）比较流畅；二则，他与周先生比较投缘。[1]

好友仙游，倪匡说他不会出席丧礼："看查太需要，如果她不需要我，我就不会去了，几万人争着去。我觉得人都走了，去有什么意思，我不明白为什么要送最后一程，要送埋我去陪他吗？我从来不去丧礼、婚宴和生日酒，一点都不喜欢，非常讨厌热闹，我有自闭症的倾向，喜欢躲在家中，一个星期不上街也可以。"倪匡说有人指摘他，查先生离世后他一点也不难过，他说："人人都要死，死是必然的事，他九十几岁死怎会难过？十九岁死我才该会难过！他一生光芒万丈，有什么要难过？我自己都八十几岁人，都就快玩完，朝不保夕。"（《倪匡评老友：一流朋友九流老板》）

丧礼那天，倪匡还是去了。去了也好，不去也好。金庸泉下有知，应该不会为老朋友不出席他的丧礼而生气，就像1995年那场几乎致命的大病，病中病后倪匡都没回香港探问，金庸丝毫没有生气一样。[2]

倪匡又在《明报》撰文，说自己乍闻金庸死讯，"虽然知道地球上一切众生皆会终结，骤然间也不知如何是好"。短短两句话，感人至深。

金庸一直很欣赏倪匡的"真性情"。

在金庸眼中，倪匡属于"一生无法无天"的人。这一点，恐怕是让金庸很羡慕甚至嫉妒的。金庸自己，格于种种道德律，很放不开。

---

1 梁羽生回忆50年代与金庸在《新晚报》同事的时候，"我和他之所以能成为'老友'，主要是因为大家都能忍受对方把自己当做'字纸篓'。我们两人都很健谈，没有人听时，就将对方找来，把一箩箩的废话或者不是废话硬倒给他……"看来，金庸与熟朋友或比较投机的朋友相处的时候，"很健谈"，并非如他接受记者访问或演讲时那样似乎口才不好。

2 与倪匡形成对照的是，金庸这次大病，"弟弟良浩夫妇从上海来港，好友王世瑜夫妇及女儿从温哥华来港，都是特地为了探病……明报三十余年的旧同事叶运兴因病双目失明，得讯后摸索来到病房，要摸住我的手，听到我说几句话，这才放心离去"。（1995年10月1日金庸致余兆文信）

倪匡与金庸，交往这么久，这么深，会不会在金庸小说中留下身影？

很早就有人说我像金庸小说里的"老顽童"周伯通，可是金庸写"老顽童"的时候我还没有来香港，这是不可能的。而且我虽然不怎么守规矩，很顽皮，可是我和"老顽童"不像的啊，"老顽童"做事没有原则，我是有原则的。（《逝去的"帮主"——倪匡谈金庸》）

金庸写周伯通时，还不认识倪匡，写韦小宝的时候，却已与倪匡交往十几年。周伯通做事没有原则，倪匡是有原则的，而韦小宝，也不是没有原则的人。

韦小宝这一人物，主要"原型"，应是王世瑜，而倪匡，亦当在韦小宝"原型"之列。倪匡又很欣赏"韦小宝这小家伙"："金庸笔下最成功的一个人物是他最后一部小说《鹿鼎记》中的韦小宝，因为他是一个实实在在的人，坏事做尽却是至情至性。"

倪匡是怎样写起科幻小说的？

正式写所谓"科幻小说"，是一九六三到一九六四年间的事。当时我在《明报》已经有两篇武侠小说的连载，分别以"岳川"和"倪匡"或"倪聪"作笔名，金庸叫我化名多写一篇，我说："难道又是武侠小说吗？"那岂非是自己跟自己打对台？他也觉得那不是很好。我提醒他那时占士邦很流行，他便说："那你就写时装武侠小说吧，时代背景是现在，但是主角会武功。"那很特别，我觉得可以一试，便在一九六三年，写了第一个卫斯理故事《钻石花》。（施仁毅主编《倪学——卫斯理五十周年纪念集》）

金庸赞倪匡："无穷的宇宙，无尽的时空，无限的可能，与无常的人生之间的永恒矛盾，从这颗脑袋中编织出来。"2018年金庸逝世，四年后，倪匡逝世。二人肉身离去，复归于"无穷的宇宙，无尽的时空"。

"才子"黄霑、蔡澜与金庸的友情

倪匡很爱吃鱼，童年就有个别号叫"小猫"，金庸每次和倪匡一起吃饭，鱼一来了，就会把鱼头夹起放进倪匡的碗里，倪匡总是老实不客气，开吃。"有一回他又把鱼头递过来，我说不要了，我的口腔发炎。查生大喜：'你不吃，我吃！'认识他十多年一直不知道他原来也好这一味。"此事让倪匡很感动，当时他吓呆了，才知道原来金庸也很爱吃鱼头，只是每次都让给他。"我真的好感动，从此再吃鱼头，我跟他都会互相推让，不过，最后他都会让给我吃。"

多数时候，金庸都是这样屈己从人，不仅对倪匡一人如此。可惜，他还是与"香港四大才子"中的另一位，就是黄霑，闹翻了。

黄霑与金庸的《明报》《明报周刊》渊源很深：

黄霑还有一本《数风云人物》，也极畅销。书中的文章在《明报周刊》连载时，已颇哄动，使《明周》销路冲破十万大关……

他在求学时代，就已经很留意《明报》，据他自己说主要是追金庸的武侠小说。"每一天，我都在追，真过瘾。那时，金庸是我的偶像。"

……《明报》副刊里，有个专栏叫做《自由谈》，园地公开，欢迎投稿，黄霑便起个笔名，把一篇稿子投去。

稿子很快就给刊登出来了，这对黄霑来说，是一种很大的鼓舞，不过，他并没有想做专业作家的心愿，毕业后他便进电视台做客串主持，同时还在广告界从业，写作，只不过是业余消遣。

黄霑得以进身文坛，帮助他最大的人，应该是简而清。他跟黄霑结为谊兄弟，有了他的指引，黄霑跟文化界的人渐渐熟络了，开始在《明报》副刊写《黄霑随笔》这个专栏，正式显露他的文才。（沈西城《香港名作家韵事》第100、101页）

二人结识后，交情也很不浅。1988年除夕，黄霑在金庸家中跪地向林燕妮求婚，金庸为他们题写了"黄鸟栖燕巢与子偕老，林花霑朝雨共君永年"的贺联。然而，二人后来因特首人选分歧闹翻。

2001年，杨澜问黄霑："在文人当中有没有你很服气的人？"黄霑答："金庸写的东西我很服气，我非常服气，都是用三千多个方块字，为什么他可以写成这样子！"此时他们二人，久已闹翻了。

2004年，黄霑因肺癌病逝，金庸当时在泉州，说"确实是一大损失，令人惋惜"。金庸又说，黄霑很有才华，是个艺术天才，患上肺癌主要是因为他爱抽烟，并且抽得很厉害。曾经劝他少抽点，但黄霑戒不了。（冰德《金大侠笑傲刺桐城》）

金庸自己，1995年3月心脏手术之后戒烟。当年10月，金庸致信老同学余兆文："你身体好么？有否可能考虑戒烟？我病中常挂念你，因你身体不甚健旺，且烟龄甚长，最好能尽快戒烟。"

烟虽戒，瘾仍在。1996年1月18日，金庸发表《一个真正潇洒的人——我的好朋友蔡澜》，说："过去，和他一起相对喝威士忌、抽香烟、谈天，是生活中的一大乐趣。自从我去年心脏病发作之后，香烟不能抽了，烈酒也不能饮了，然而每逢宴席，仍喜欢坐在他旁边。一来习惯了；二来可以互相悄声说些在席上旁人看来不中听的话，共引以为乐；三则可以闻到一些他所吸的香烟余气，聊以过烟瘾。"

《时代周报》记者谈及"有人把金庸、倪匡、蔡澜、黄霑称为香江四大才子"，金庸说："这个讲法靠不住，不对的。倪匡本来在美国的，他最滑稽了，讲笑话。从前写书的时候常常和蔡澜在一起，我跟蔡澜讲：你讲好吃的东西，我绝对不吃。他是新加坡人，喜欢的东西我全部不喜欢，你美食家再美也跟我没有关系，你推荐的东西我就不吃。倪匡……跟我比较投机。"

"四大才子"中，蔡澜最年轻，生于1941年，比金庸小十八岁，是金庸的小朋友，几十年交往下来，已成金庸的老友。

1995年，金庸心脏病康复期间，"好友蔡澜先生每日早晨四时半起身，沐浴梳洗后，焚香恭书般若心经一篇，于七时过海送来医院，盼我静心领悟心经中世法本空之旨，有助康复，日日如是，直至我脱险出院，尤为感怀。"（1995年10月1日金庸致余兆文信）

蔡澜是由倪匡介绍，结识金庸，在《明报》副刊写专栏。

蔡澜回忆说，第一次与金庸先生见面，他很谨慎，因为他早就听说金庸先生的大名，知道他是大才子，所以自己说得少，主要是听他们在说，偶尔才发一下话。第一次见面，他就觉得金庸先生风度翩翩，学识过人。"从一开始，我就对金庸先生非常敬重，他是有大学问、大才情的人。"

在金庸先生的邀请下，蔡澜在《明报》副刊上写专栏……蔡澜逐渐声名鹊起。"当年，就算是几百字的文章，我都要花上一两个小时斟字酌句。好在那几年，我写的东西还算过得去，没有给金庸先生丢面子。"（《蔡澜忆金庸：他是真正的才子和一代宗师》）

1996年，金庸为蔡澜的文集写序，就是那篇《一个真正潇洒的人——我的好朋友蔡澜》：

除了我妻子林乐怡之外，蔡澜兄是我一生中结伴同游、走过最长旅途的人……我们共同经历了漫长的旅途，因为我们互相享受作伴的乐趣，一起享受旅途中所遭遇的喜乐或不快。

蔡澜是一个真正潇洒的人。率真潇洒而能以轻松活泼的心态对待人生，尤其是对人生中的失落或不愉快遭遇处之泰然，若无其事，不但外表如此，而且是真正的不萦于怀，一笑置之……

我喜欢和蔡澜交往，不仅仅是由于他学识渊博、多才多艺，与我友谊深厚，更由于他一贯的潇洒自若。

好像令狐冲、段誉、郭靖、乔峰，四个都是好人，然而我更喜欢和令狐大哥、段公子做朋友。

蔡澜见识广博，懂得很多，人情通达而善于为人着想……

蔡澜交友虽广，不认识他的人毕竟还是很多。如果读了我这篇短文心生仰慕，想享受一下听他谈话之乐，又未必有机会坐在他身旁饮酒，那么读几本他写的随笔，所得也相差无几。

蔡澜与倪匡，共谈金庸小说：

倪匡兄说："一向来，我都用八个字形容金庸作品，那就是'前无古人，后无来者'。"

这是毫无疑问的。虽然说查先生的武侠小说第一，古龙的第二，但是第一和第二之间，相差个十万八千里……

…………

我说："金庸先生是一个巨人，其他三人，永远不能相提并论。而且，黄已作古，我们两人七老八老，叫什么才子呢？"

倪匡兄同意。今后的数千年，有人提到查先生生平，也许顺道记录了有这么几个朋友，这已是我们一生的成就了。(《成就》，见蔡澜《倪匡闲话》)

与金庸并称"香港四大才子"，蔡澜一直是愧不敢当的态度。

蔡澜不大喜欢"香港四大才子"这个名号，他说："怎么可以把我和查先生（金庸）并列？跟他相比，我只是个小混混。"

"金庸不应该跟我们三个'调皮捣蛋'的人在一起。他是一代宗师，我很尊重他。他才是真正的才子。除了金庸有一点才华之外，我们都不是。我们只是尽量发挥所能，将文字变成歌曲，来维持自己豪华的生活而已。"蔡澜说，才子需要具备"看古书""懂得琴棋书画""能打拳""懂医学"等十多条标准才能称作"才子"，而真正配得上才子称号的，只有金庸一人。(《蔡澜忆金庸：他是真正的才子和一代宗师》)

不知什么时候开始，内地人把金庸、倪匡、黄霑和我，称为香港"四大才子"，我对这个美誉，深不以为然……金庸先生也根本不是什么才子，他是位文豪，是位大师，地位不知高出我们多少。（蔡澜《金庸文学展厅》）

倪匡，在多数时候，也是如此态度：

"查生系一个好博大精深嘅人。"倪匡被喻为"四大才子"之一，他认为莫明奇妙，"放喺我、黄霑同蔡澜身上都系笑话"，四人中只得金庸一个，真正做到学贯中西、博古通今……（《倪匡悼金庸："真正才子只有他"》）

窃以为，倪匡、黄霑、蔡澜三人，皆可当"才子"之称而无愧，唯独金庸不是"才子"。金庸是宗师，是巨人。

倪匡，有时呢，一面说"金庸那么光彩，那么出色，我的名字和他的名字放在一起，不知道有多高兴"，一面一直强调自己与金庸的巨大差距：

特约记者：后来，您和金庸都成为几十年屹立不倒的流行文化偶像。

倪匡：那绝对不好这样说，我和金庸不能比的，不能相提并论的。我写小说也很好看，我如果写得不好看，不可能写几十年写几百本，我也不敢妄自菲薄。区别只是好看程度和他的比差很远（笑）。他小说写得那么好，包罗万象，他是真正的大师……

特约记者：刚才提到的所有人，金庸、古龙、张彻、你、黄霑、林燕妮……在我们的记忆与印象中，你们都是叱咤风云、纵横香江的人物。

倪匡：我们都是普通老百姓。除了金庸之外，没有人可以用得上"叱咤风云"这四个字。（《逝去的"帮主"——倪匡谈金庸》）

金庸逝后，倪匡在《明报》撰文忆念，慨叹："一起走过六十多年的时光，有幸被他视为朋友。"他的另一句话，听起来就很突兀了："一直被称为

和查先生是朋友，实际上从未如此自称过。"（《缅怀泰斗·拥抱鸿篇——细味金庸传奇一生》第 8 页）

金庸诚邀古龙，接力为《明报》写稿

1972 年 9 月 23 日，《鹿鼎记》在《明报》连载第 1019 天。此日，小说写完，连载结束，乃有一小启："金庸新作在构思中。明日起刊载古龙新作《陆小凤》。"

此前，金庸当然要给古龙写信，约稿。

陈墨说，古龙的朋友于东楼告诉他，古龙接到金庸来信时，于东楼正好在场。那时古龙名头正盛，来函很多，也来不及细看，他漫不经心地让于东楼将信拆开，看看到底是哪个"家伙"从香港写信给他。结果是金庸的约稿信，古龙读罢这封信，难以置信，澡也不洗了，"光着身子躺在椅子上，半天不说一句话"。

《陆小凤》是古龙精心结撰之作，在金庸的《明报》连载，声势更盛。

第二年，也就是 1973 年，金庸第一次到访台湾，见到了古龙，当是二人第一次晤面。金庸在《在台所见·所闻·所思》一文中谈到：

> 台湾的武侠小说家诸葛青云、古龙、历史小说家高阳他们公请我，去了一家酒家。来来去去的酒女大约有二十个左右。这些酒女有的教育程度相当不错，有些是高中毕业的。有两位小姐在谈话中引了一些李后主的词、白居易的诗。诸葛青云在席上不断做对子，每人一联，将她们的名字嵌在里面。进来了一个新的酒女，古龙说："咦，你不是不做了，怎么又来了？"她说："东山再起，重作冯妇。"于是诸葛青云又做了一副对联。

更早前，1967 年，古龙就为金庸名下的报刊写过《绝代双骄》。但《陆小凤》是接替《明报》上本来由金庸写作的位置而写，意义更是非凡。

古龙的创作，到《绝代双骄》上了一个新台阶，到《陆小凤》，更上一层。

古龙一直是金庸最欣赏的同时代的武侠小说家，而古龙亦不负金庸所望，佳作迭出。

古龙是懂金庸的，他说的两段话，对金庸的解读都很有深度，并不只是泛泛的赞美：

金庸小说结构精密，文字简练，从《红楼梦》的文字和西洋文学中溶化蜕变成另外一种新的形式、新的风格。（古龙《不唱悲歌》）

在全世界的中国人当中，金庸先生的影响力在我认识的朋友中无出其右者。他作品中深思熟虑的看法，在中国小说史及思想史上都具重要的地位。五四时代是反传统主义的，我们现在写武侠小说的人却是去认识传统，我希望年轻一代的读者能借着金庸先生而认识中国的传统。（陈雨航《如椽飞笔渡江湖》）

座谈会上，古龙说完这段话，金庸马上接口说："我想，从认识传统中去坚定中国的精神及信念是我们所应当努力的。"竟是心有灵犀、有志一同的感觉！

金庸与古龙，算是难得的知音。

然而，金庸又曾说："古龙的个性很有侠气，很潇洒，放荡不羁，嗜酒。我做人规规矩矩，想做学者，想做君子。我们完全是两类不同的人。跟他做朋友，谈天说地是很好的，但如果生活在一起，恐怕不是太容易。"这是知人且自知之言。他与古龙，确实"完全是两类不同的人"。

2000年，上海新世纪论坛上，金庸又谈起古龙："我跟他是相当好的朋友。但是我们的性格很不同，他喜欢喝酒，我酒量很差，他觉得和我喝酒没有味道。他跟倪匡比较谈得来，这两个人的酒量都很好。"

古龙不仅觉得跟金庸一起喝酒没有味道，跟金庸一起赌钱更没味道，这是古龙对薛兴国说的。

在我的记忆里，古龙谈及金庸，只有一次，就那么唯一的一次。而且还不是谈论金庸的作品，而是说金庸的一段轶事。

……一九七九年九月，沈登恩接获台湾当局的公文说，金庸小说未有不妥之处，于是沈登恩便获得金庸授权在台湾由远景出版社出版金庸作品集。出版后不但展开全面宣传，更把金庸请到台北，见证这历史性的一刻。

……古龙在和金庸见面之后……他们一行人到了石门水库去享受那里著名的一鱼三吃晚饭，晚饭后便在酒店打梭哈。古龙说，在打梭哈的过程里，有一次在派到他的第四张牌时，牌面是一对，而金庸的牌面什么也不是，于是他就把一块钱台币往桌子中央一丢，说了声："我叫一块钱。"没想到的是，金庸对这一块钱的叫牌，竟然陷入长考之中，古龙还语带夸张地说，长考了几乎一小时之久。古龙说他生平和很多人赌过钱，从未遇到过像金庸这般认真的人，一块钱台币对金庸来说，根本不在乎，但为什么要考虑这么久呢？

这就是智慧的思考吧，因为金庸对古龙随便丢出一块钱，是否有"抛浪头"式的吓阻作用呢？金庸思考的想来是这个问题，在金庸的推想中，恐怕是他虽然不在乎这区区一块钱，但他不希望被古龙骗过去了……（薛兴国《从古龙话金庸轶事说起》）

除了 1973 年、1979 年这两次会面，金庸、古龙二人或许还见过一两次。次数不会很多。

1998 年的金庸回忆："六、七十年代时我去台湾，台湾的武侠小说家来香港，我们经常相聚饮宴、打牌聊天，我是主要的请客者，所以他们一致称我为'帮主'。这个帮，大概就是胡闹帮，帮中成员主要是古龙、卧龙生、诸葛青云、倪匡、项庄，此外尚有张彻、王羽等等。"说自己掏钱请客最多才被尊为"帮主",这是金庸自谦,更重要的是大家一致认可金庸为当世武侠小说家第一人,乃有此尊称。

金庸多次到台湾与古龙会面,古龙到过香港没有?

古龙因为不肯服兵役,按规定是不能离岛他往的,但是 2000 年金庸说:"古龙到香港来时,我和他也有过交谈、交流,我对他这个人很佩服,但不容易交朋友。"大概率是金庸记错了,古龙并未到过香港。然而,古龙静悄悄地到过一两次"小渔村",也不是完全不可能的事。

古龙生前是否到过香港?算是古龙研究一个重要题目。

金庸逝于 2018 年,他的生年按通常人们认为的 1924 年算,享寿九十四周岁。古龙生于 1938 年,逝于 1985 年,终年四十七周岁。古龙的寿命,刚好是金庸的一半。很可惋惜。

2003 年,有位中山大学的同学问:"古龙先生笔下的主人公性格都比较孤独、寂寞,带有浓厚的悲观主义色彩,而您的小说人物往往比较积极向上,生活乐观,这是否与您的性格有关系?"金庸答:"基本上,我的生活一直比较顺意;家人都对我很好,生活也很开心,因此为人比较乐观,这种情绪自然也反映在作品中。古龙先生在生活中比较愤世嫉俗,比较较真。我很遗憾他的英年早逝。"

古龙早逝于 1985 年。十年后,1996 年,金庸写短文悼之:"古龙兄为人慷慨豪迈、跌荡自如,变化多端,文如其人,且复多奇气。惜英年早逝,余与古兄当年交好,且喜读其书,今既不见其人,又无新作可读,深自悼惜。"

金庸与温瑞安,"最好交情见面初"

于后辈武侠小说作者,金庸对温瑞安独加青眼。

一日,金庸请吃饭,付账之后,正起身要走,桌上的餐巾掉下地,温瑞安见了,侍应生见了,都想去拾,金庸却敏捷地俯下身去,拾起餐巾,摆回桌上。金庸当时已略为发福，而以他的身份和给的小费，掉了餐巾仍不惜亲自弯下身去拾起，态度温和，温瑞安顿时想起《天龙八部》中用来形容身在高位但和气可亲的段正淳的一句话："大富大贵而不骄"。有朋友问起温瑞安，金庸是怎样一个人，温就常引用这句话。

1980 年，温瑞安与方娥真因其创办的神州诗社锋芒太露而招台湾当局之忌，以"涉叛乱"罪名遣送出境，1981 年，方娥真得以海外雇员身份留港，温瑞安依然漂泊，金庸安排《明报》《明报晚报》连载温瑞安小说《神州奇侠》与《血河车》，促成温氏武侠旋风。金庸温瑞安结交于此时，而感情极好，"最好交情见面初"。

当时，金庸给温瑞安写了一封长信，开导他，温瑞安甚为感怀，知道"他的用心良苦，除非是极爱我、关心我的人，不然的话，他不可能劝谕我这些"。

温瑞安，1954 年生于马来西亚，念小学时，开始接触金庸小说，深受吸引，千方百计或租或购，直到 1973 年就读于台湾大学中文系，还在狂读金庸小说，终于自己也走上武侠小说创作道路。某种程度上，是金庸小说塑造了温瑞安这个人。

温瑞安心目中的金庸：

有时候心跟这位大我近三十岁的长者很亲近（金庸在三十多岁动笔写第一部小说的时候，世界上还没有"温瑞安"这个人），就像我父亲一样，在苦难的岁月中我会在心中低诉，就像书的作者跟自己早就相知一般……

金庸带我们上了他的游艇，我们就在游艇谈了起来……这时已近下午，金庸邀我们到甲板上坐坐，晒晒太阳……我跟他坐在一起，孺慕之情又升起来了，忽然很崇拜跟前这个人，觉得很亲近，但却不很了解他，也不想去了解他。（温瑞安《王牌人物金庸》）

"就像我父亲一样"，"孺慕之情又升起来了"，温瑞安其实已经坦承自己视金庸为"精神上的父亲"。看来，他与金庸，不仅像是"最好交情见面初"的韦小宝和茅十八，更像韦小宝与陈近南。

第一次跟金庸见面，说来十分传奇，在我心中也极为重要……十分忐忑，仿佛书里破纸而出的一个人物，要和我见面，就跟苗人凤、胡一刀、风清扬、黄药师、张三丰就要"活"在跟前一般，谁会不紧张的？何况我对金庸一直有一种孺慕之情，多年来在他小说浸淫，仿佛见了面就要执弟子之礼。（温瑞安《王牌人物金庸》）

在苗人凤、风清扬这个名单中，再加上一个陈近南，似乎并不违和。

虽未明言，我感觉金庸也确是曾经将温瑞安视为"弟子"的，对温的写作和生活提供很多建议。

在金大侠的游艇上，金庸规劝温瑞安说道："写风景不必只写风景，可以写书中人物所见的风景，在情节里引入，这样会自然一些。"温巨侠说这是在指出他《神州奇侠》里不自然的地方。轻描淡写一句话，对于今日写文的人而言，依然没有过期，同样受用……

温大《侠少》里的主角叫关贫贱，暗示其贫寒出身，自卑但自强不息。金庸笑着说："穷人家的孩子反而不叫贫贱。"这应了曹雪芹的那句："世事洞明皆学问，人情练达即文章。"金庸太厉害不能招架，不愧一代宗师……（陈桥驿《"穷人家的孩子反而不叫贫贱。"金庸说》）

倪匡曾对温瑞安说："其实查先生对你真是不错！"温瑞安想了很久，说："我觉得查先生一直在训练我。"

我在香港初期，曾写了一篇《结局》（即《杀人者唐斩》）……有一次，邀我和娥真去"听涛馆"吃饭……金庸手拿着我的小说，笑道："《结局》写得很精彩、很好，《明报》要用，不过有些错漏，不妨拿回去再改一下，要是不改，《明报》也会用。"这方面他是十分民主的。后来我居然把这份小说原稿漏在椅子上，侍者追了出来，交给金庸，金庸还替我给了小账，笑着跟我道："这么好的作品，别丢了哦！"我双手接过这份稿，心情十分沉重，我不知道古人传递衣钵的情形是怎样，但我要记住这份感情。没有道谢，也没多说什么，我和娥真与他坐在车后座，车行很快，外面是夏，山的弯道有浓荫绿树，我要记住这天。（温瑞安《王牌人物金庸》）

此情此景，让温瑞安联想到"传递衣钵"，是很自然的。当然，金庸写完《鹿鼎记》，事实上"封笔"不写武侠小说了，而诚邀古龙为自家报纸写《陆小凤》，此事更具"传递衣钵"意味。

假如金庸本人有"传递衣钵"之意，他将七分衣钵传给古龙，还有三分，传予温瑞安。

"最好交情见面初"是查慎行的诗句，金庸借来作《鹿鼎记》第二回的回目，并加一注："'最好交情见面初'是'一见如故'的意思，并不是说初见面交情最好，后来就渐渐不好了。"小说中，韦小宝和茅十八的交情，并没有"后来就渐渐不好了"，现实中，温瑞安和金庸的交情，很遗憾，真是"后来就渐渐不好了"，彼此疏远了。

沈西城说金庸不太喜欢自己，觉得自己"不定性""心野""不会安静坐下写稿"，也许金庸后来对温瑞安的失望，也有这个因素。温瑞安写稿是很多的，但心不够"静"。

沈西城说的是自己的揣测，我上面说的，当然更是揣测之辞。

温瑞安当年写《谈〈笑傲江湖〉》《〈天龙八部〉欣赏举隅》《析〈雪山飞狐〉与〈鸳鸯刀〉》等几部著作，真是"安静坐下写稿"而成的用心之作，写得这么认真，不仅是出于对金庸小说的热爱推崇，当也有对金庸这个人的感情因素在。

很多年后，温瑞安表示："笔者早年出版过五部评金庸小说，原想连写十四部小说的评论，但后见坊间'金学'已汗牛充栋，笔者就不来这个滥竽，不作这场添花了。"恐怕也不是全部原因，之所以不再写，还因为他与金庸的友谊已有裂痕。

温瑞安方面，之所以与金庸渐行渐远，有他自己很早就说过的"有时候又却不怎么服他，觉得他太多的约制与距离，忍不住要跟他冲撞、顶撞一下"的因素吧。

金庸是一个巨人，温瑞安不想一直在巨人笼罩下，而试图自立门户、自成局面，这是可以理解的。有得必有失。假如温瑞安一直在金庸门下，当然也不是错的。两种选择各有道理。

同样道理，陈墨拒绝按金庸开列的条件，由金庸口述，而为金庸写传，我虽觉得万分遗憾，仍理解和尊重陈墨的拒绝，有点肃然起敬。写与不写，各有道理，都不是错的。

温瑞安 2007 年发表的《门户之见：金迷》一文，一面说，"武侠小说里，笔者最推崇、佩服金庸，但最喜欢的，是布满缺失但真性情洋溢的古龙小说"，"笔者对金庸小说深爱无疑，但对金庸行事方式，认为其有点不近人情，至于处世态度乃至一些论见，不见得全都认同喜欢"；同时也仍强调，"在当代中国文化里不管你打从哪一个方向走去，都要经过金庸这个名字；打从哪一个横切面探讨，都会有金庸的影响；要是要研究武侠小说、中国通俗文学的，没有了金庸这一块，不仅要造成断层，还得地震""他不但小说写得好，从商眼光独到，时机认得准，而且政治抱负也高……"

金庸逝世，新闻报道或说温瑞安手书"独孤不朽，令狐无敌"以表悼念，或说温瑞安手书悼词，"天下无双，不朽若梦，金庸笑傲，武侠巅峰"，两种报道都是真实的，温瑞安先后写了两幅悼词。我不认为他仅是虚应故事。父亲、老师、老友仙游，温瑞安不可能不感念旧好，而起沧桑之感。

虽然后来的交情不像见面初那么好，总体上，金庸与温瑞安，仍是善始善终的，"相期无负平生"。

"大英雄"乔峰，只得段誉一个朋友

我于金庸小说，最爱《笑傲江湖》。

我不反对倪匡将《天龙八部》排名在《笑傲江湖》之上，两部作品我都很欣赏，认为价值大致相当，哪部排名在前，都无不可。但是，倪匡解释《天龙八部》何以高于《笑傲江湖》的理由，就荒唐得很了："《天龙八部》略高一筹……并不是《笑傲江湖》输给了《天龙八部》，而是令狐冲输给了乔峰。令狐冲也不是输给了乔峰，他比乔峰更可爱些，然而，乔峰就是有一股形容不出的气概在，总觉得高了那么一点点。令狐冲若是有机会和乔峰相遇，必然心折之极，乔峰说什么，令狐冲会一刻也不犹豫就去做什么！连令狐冲也服了，所以《天龙八部》可以排名在《笑傲江湖》之上。"（倪匡《三看金庸小说》第 112 页）

乔峰与令狐冲各自的一个小故事，对照着看，很有意思：阿朱身受重伤，哄着乔峰给他讲故事；令狐冲身受重伤，哄着仪琳小师妹为他讲故事；乔峰与仪琳，又都不擅长讲故事，都勉为其难地讲了一个。

说乔峰比令狐冲"高了那么一点点"，我不赞成，也不反对。两个人物形象都很精彩、高远，说乔峰"高一点点"，或说令狐冲"高一点点"，皆无不可，我没意见。

当令狐冲遇上乔峰，乔峰做任何事，多数情况下，令狐冲都会跟他一起做，我觉得这是可能的。当令狐冲遇上乔峰，乔峰做任何事，任何情况下，令狐冲都会跟他一起做，我认为也不是完全不可能的，因为令狐冲随和而仗义，乔峰又不会让他做什么特别出格的缺德的事。

但，要说令狐冲在某人面前完全丧失自主性，放弃其独立精神、自由意志，绝对顺服于某人，相信某人到迷信的程度，服从某人到盲从的地步，在每件事上，某人"说什么，令狐冲会一刻也不犹豫就去做什么"，可就太荒唐了。

令狐冲的真价值，在于他的自由意志。即使部分丧失其自由意志，即使只在某一人面前丧失其自由意志，令狐冲都再不是令狐冲了。即使，这"某一人"，便是乔峰。

对于倪匡的这份抬举，事实上，令狐冲早已敬谢不敏："我不愿做的事，别说是你，便是师父、师娘、五岳盟主、皇帝老子，谁也无法勉强！"

有朋友找出一段金庸最近这次修改《笑傲江湖》补写的一段文字，来证明倪匡几十年前的观点："向问天微微一笑，说道：'……这件事，事前可不能泄露机关，事后自会向你说个一清二楚。'令狐冲道：'大哥不须担心，你说什么，我一切照做便是。'"

不是全无说服力的。但是，一则，这是金庸最后一次修改时添加的内容，新加内容与原书不协调，不仅出在《笑傲江湖》这一本书的这一个地方；二则，令狐冲照着向问天的话做去，偶一为之罢了，老向后来多次让他加盟神教，令狐冲可就置若罔闻了。

倪匡所言却是泛指，指所有的事，"乔峰说什么，令狐冲会一刻也不犹豫就去做什么"！黑社会"老大"手底下那些没脑子的"小弟"才会如此，令狐冲哪至于如此不堪。

以思想境界论，令狐冲实在乔峰以上。

令狐冲，游方之外者也；乔峰，游方之内者也。

乔峰，是英雄；令狐冲，是"至人"。

乔峰，锋芒毕露；令狐冲，和光同尘。

乔峰，心系天下胡汉黎民之福祉；令狐冲，"独与天地精神往来"。

乔峰，是"不爱其躯，赴士之厄困"的大侠；令狐冲，则是"陶潜那样追求自由和个性解放的隐士"（《笑傲江湖》后记）。

乔峰要阻止的是侵略，是杀戮，是生灵涂炭；令狐冲所笑傲的，是独断，是暴政，是思想专制。

乔峰，只关乎责任与人道；令狐冲，则关乎独立与自由。（陈寅恪曰："惟此独立之精神，自由之思想，历千万祀，与天壤而同久，共三光而永光。"经济学家阿马蒂亚·森认为，自由是发展的首要目的，也是人类福利的核心价值，任何名义下的"发展"最终都必须让人们拥有更多的自由。）

刘再复非常推崇令狐冲这一人物，认为："令狐冲这一角色，很像中国现在知识分子的角色，处境很像。他是一个真正的大侠，武艺高强，我希望能给令狐冲三种权利、三项自由，即批评的权利，不依附的自由；沉默的权利，不表态的自由；逍遥的权利，不参与的自由。"（刘再复《人生分野与三项自由——答凤凰卫视"名人面对面"主持人许戈辉问》）

金庸晚年谈到："很感谢台北《中国时报》'浮世绘'版和远流博识网共同举办'金庸小说人物票选'活动……我本人也回答问卷……最喜欢最欣赏的男人——令狐冲、乔峰、郭靖、杨过、段誉、张无忌、风清扬、黄药师、周伯通。"（金庸《我最爱的三种女人》）令狐冲与乔峰二人，排名最前，而令狐冲排名，又在乔峰之前。

《笑傲江湖》后记中，金庸说："任我行、东方不败、岳不群、左冷禅这些人，在我设想时主要不是武林高手，而是政治人物。林平之、向问天、方证大师、冲虚道人、定闲师太、莫大先生、余沧海、木高峰等人也是政治人物。"多年前我写过几篇文字，谈林平之，指认此人心机深沉，极其难测。一位网友不同意，说："在刘国重老师看来，连'林平之、向问天……是政治人物'这样随意的一句话里，人物排名的先后都是十分有讲究的。"我不知他怎么那么确定金庸说这句话是"随意"的。并且，我认为，假如金庸真是"随意"排名，更能体现林平之的重要性。当时我请他做一个最简单的心理测试，"随意说说您知道今日国际政坛上有哪些政治家？请您写到纸上"，完全随意，想一个写一个。写到十几个人后，停笔回头看看这份名单，由前往后瞧，各位世界政治领袖在您心目中的重要性（无论爱恶），大体上是不是依次递减的？"

令狐冲比乔峰，更是金庸"最喜欢最欣赏的男人"。

沈君山忆述："金庸小说里有一个令狐冲，一个郭襄，是代表率性自由最最可爱的两位男女。一九九八年秋天金庸访台，在电视上偶然说起他小说中自己最喜欢的男主角是令狐冲，最想娶做太太的女主角是郭襄。一时政坛

逐权之士，纷纷自喻令狐冲。而又纷纷也想把太太或女儿塑造成郭襄的形象。"（沈君山《浮生三记》第127页）

令狐冲性情随和，但同时他的个性又是极强，比段誉更强。段誉的个性，也不是不强。金庸六部百万字以上的超长篇小说中，三位性情随和的主人公，令狐冲个性最强，段誉次之，张无忌又次之。

倪匡所言，其实也揭示了一个道理，除了令狐冲、段誉这样拥有独立人格的人，乔峰交不到真正"朋友"。"乔峰说什么，某人就会一刻也不犹豫就去做什么"，怎么好算是"朋友"？乔帮主的"马仔"或是"打手"而已。

乔峰如巨大恒星，所过之处，所有的大行星、小行星，皆被吸引，而追随之。恒星与行星，联系再紧密不过，但是，它们不是"朋友"关系。

陈世骧致信金庸，谈《天龙八部》："这样的人物情节和世界，背后笼罩着佛法的无边大超脱，时而透露出来。而在每逢动人处，我们会感到希腊悲剧理论中所谓恐怖与怜悯……"此言最好。《天龙八部》一书，确是很受古希腊神话与悲剧的影响。乔峰是古希腊神话中那种半人半神的英雄。跟神待在一起，别人如何不好说，我自己不会觉得很自在。

在结识段誉之前，乔峰竟无一个真正的朋友。结识之初，乔峰误以为大理段誉就是姑苏慕容复：

那大汉神色诧异，说道："什么？你……你不是慕容复慕容公子？"

段誉微笑道："小弟来到江南，每日里多闻慕容公子的大名，实是仰慕得紧，只是至今无缘得见。"……

…………

……段誉道："小弟是大理人氏……"……

…………

乔峰道："我素闻姑苏慕容氏的大名，这次来到江南，便是为他而来……我决计想不到江南除了慕容复之外，另有一位武功高强、容貌俊雅的青年公子，因此认错了人，好生惭愧。"

段誉……问："大哥远来寻他，是要结交他这个朋友么？"

乔峰叹了口气，神色黯然，摇头道："我本来盼望得能结交这位朋友，但只怕无法如愿了。"段誉问道："为什么？"乔峰道："我有一个至交好友，两个多月前死于非命，人家都说是慕容复下的毒手。"（《天龙八部》第十四回）

乔峰是孤独的，切望有机会结交值得结交的朋友，与他齐名的慕容复一直在他念想之中。乔峰"本来盼望得能结交这位朋友"，至少也有五六年了，不是等到马副帮主被害之后，他才突然开始"盼望"。得知马副帮主可能死在慕容复手上，乔峰的失落，既深且巨。

更大的失望与失落，还在后面等着呢：

慕容复……背后"神道穴"上一麻，身子被人凌空提起……只听得萧峰厉声喝道："人家饶你性命，你反下毒手，算甚么英雄好汉？"……萧峰冷笑道："萧某大好男儿，竟和你这种人齐名！"手臂一振，将他掷了出去。（《天龙八部》第四十二回）

乔峰（萧峰）"神交"已久的这位慕容公子，竟如此不堪，令乔峰大失望。

失之东隅，收之桑榆，乔峰遇到了段誉。段誉说："初来江南，便结识乔兄这样的一位英雄人物，实是大幸。"更该觉得"大幸"的，是乔峰。

"吾上可陪玉皇大帝，下可以陪卑田院乞儿，眼前见天下无一不好人"，苏轼如是，段誉也是这种人。对于乔峰，段誉尊敬、佩服，但并不崇拜他，这一点最难得。

金庸如《天龙八部》乔峰，难交真朋友

1992年，曹正文在悉尼偶遇梁羽生，留下这样的印象："梁羽生先生中

等身材，慈眉善目……为人温厚宽容，风度如谦谦君子。他对人的亲切与随和与金庸的不怒自威截然不同。"金庸与他笔下的乔峰，都有"不怒自威"的显著特征。

金庸逝世，倪匡追怀老友："我很尊敬他，蔡澜尊敬他。朋友之间总有三分尊敬。但朋友之间一旦有几分尊敬，便没那么熟络……我对他崇拜的。"（录自对倪匡的采访视频）

二人相识超过半世纪，因武侠小说结缘，"我对佢崇拜"……相交一甲子，也有欲言又止时。"我同古龙完全可以乜都倾，但（金庸）有啲嘢唔倾得"。倪匡说，金庸一生，朋友很多，学识更广，"朋友之间，一有几分尊敬就冇咁熟络"，难像他跟黄霑一样胡闹，"我见到黄霑就会话衰仔，我见到查生冇可能咁讲：'衰佬，你最近忙乜嘢'，系嘛"。(《倪匡悼金庸："真正才子只有他"》)

在《一些忆想》一文中，倪匡谈及自己何以生平从未自称金庸的"朋友"："实在是因为查先生太博大精深，兴趣学问，如莲花千瓣，瓣瓣精彩，小子何能，只合高山仰止，崇敬佩服，所以一直都是先生的崇拜者，不尝逾越。"（《缅怀泰斗·拥抱鸿篇——细味金庸传奇一生》第8页）

倪匡未必从来没有自称为金庸的"朋友"，很少如此自称罢了。倪匡曾在专访中坦言，虽然做了几十年老朋友，但仍觉得金庸想法高明、学问广博，且心思深不可测，自己只能了解他不到万分之一。

倪匡（及蔡澜）当然是金庸的"朋友"，但因为对金庸杂有太多"崇拜"之情，又"了解他不到万分之一"，就很难说是纯粹的、契合度极高的那种"朋友"，不是金庸年轻时所期待的"千人中之一人"。

蔡澜透露，老友们聚会，每次都是金庸买单。"因为他有钱呗。他的书，光版税就够他吃喝不愁了。每次总是他买单，我有些不好意思。有一次我要抢着买单，倪匡说，'金庸先生有钱还是你有钱，还是他来吧'，最后还是金庸先生买的单。"（《蔡澜忆金庸：他是真正的才子和一代宗师》）

倪匡则说："他（金庸）请我吃过无数次饭，我请他吃饭大概也不超过五次。""朋友有通财之义"，金庸比朋友们都更富裕得多，确实该由他买单，但是，几十年下来，只是单方面的"通财"与输出，受惠者的心理压力，也蛮大的。大家经济条件差不多，你请我请，有来有往，更容易成为好朋友。

亦舒《玫瑰的故事》中，庄国栋对"富二代"罗震中说过："震中，我们是朋友，我无意成为你的清客傍友。"亦舒的二哥倪匡，也很注意，不要做了金庸的"清客傍友"。

"认识他（金庸）几十年，我打给他不超过两次，永远都是他先打电话给我。"

倪匡笑说，不喜欢跟有钱人通电话，免引起误会。

"他这么多钱，我打给他，可能会想我是不是要来借钱的"，透露金庸曾打开抽屉给他看："里面全部都是人家的借据。他说，给我看的原因，是因为里面没有一张是我的。"（张晓鹏《相识60年倪匡追忆金庸：真正的才子》）

金庸不肯给倪匡加稿费，倪匡偏要金庸给自己加稿费。二人各有各的道理。在金庸，自然认为你加都要加，水涨船高，《明报》成本增加不少。在倪匡，"文章有价"，自己的文章，值这个价钱。倪匡从金庸那里收到的礼物，价值似高于若他如愿加了稿费之所得，但欠了金庸的人情，倪匡的心理感受，并不如何舒服。不亏不欠，才最好。

倪匡还曾谈到："都冇人古灵精怪过我啦！……但我从来不会有整蛊他（金庸）的想法，因为他是有大智慧的人，你想捉弄他，一定会被他看穿……他天生就是这么厉害，这是我从未见过的。你见到他自然不想整蛊他，因为整蛊他，就等于叫自己去撞板。"（2018年11月3日《明报周刊》

第 44 页）不能相互整蛊、捉弄，少了乐趣，亦有碍于友情的进一步加深，友情因此而有所残缺。

> 乔峰沉吟道："……段兄，你到江南来有何贵干？"
>
> 段誉……便将如何被鸠摩智所擒，如何遇到慕容复的两名丫鬟等情极简略地说了。虽是长话短说，却也并无隐瞒，对自己种种倒霉的丑事，也不文饰遮掩。
>
> 乔峰听后，又惊又喜，说道："段兄，你这人十分直爽，我生平从所未遇，你我一见如故，咱俩结为金兰兄弟如何？"段誉喜道："小弟求之不得。"……当下撮土为香……均是不胜之喜。(《天龙八部》第十四回）

倪匡这个人很真，金庸爱这一点。段誉也是"真人"。乔峰、段誉相遇相知，是段誉的运气，其实更是乔峰的运气。

再要好的朋友，也不可能全无矛盾。倪匡也曾对记者表达过对金庸的些微不满，很可爱，很真诚，不这样就不是倪匡了。

金庸从不背后说人坏话，那也很好，另一种做人风格。都好。金庸没必要像倪匡，倪匡不应该像金庸，这个世界才有意思。

金庸逝后，李泽厚那篇"另类"悼文，金庸泉下有知，可能生气，也未必很生气。金庸或许欣赏李泽厚之"真"。

金克木喜爱金庸小说中周伯通、段誉、张无忌、令狐冲、石破天、杨过这些人，愿意与他们"交朋友"，对于为多数读者所崇仰的"大英雄如乔峰、郭靖"，老先生却"总觉得比孔圣人还难接近，心中害怕"(《金克木集》第六卷第 519 页）。

金庸给蔡澜的文集写序，说："我喜欢和蔡澜交友交往，不仅仅是由于他学识渊博、多才多艺，对我友谊深厚，更由于他一贯的潇洒自若。好像令狐冲、段誉、郭靖、乔峰，四个都是好人，然而我更喜欢和令狐冲大哥、段公子做朋友。"连金庸自己都觉得，郭靖与乔峰这种人，不太好交往。

金庸视蔡澜为令狐冲、段誉这种易于相处的"朋友"。金庸自己，又是哪种"朋友"呢？

有台湾读者问："您笔下的乔峰、洪七公、郭靖三人之中，谁的降龙十八掌最厉害？"金庸答："这三人中，乔峰的降龙十八掌最厉害，洪、郭二人的掌法，都是从乔峰手下传出来的（经虚竹代传弟子）。"在"降龙"三大宗师中，金庸的个性，有点像乔峰，也像郭靖，最不像洪七公。

令狐冲未必如倪匡所言，喜欢结交乔峰这样的朋友，与乔峰在一起，令狐冲可能周身不自在。

2012 年，我写《郭靖之"忍"与"仁"》，谈到："郭靖，是'仁者'，亦'忍人'也。仁者，爱人；忍人心硬，甚且残忍。有'仁'无'忍'，或者只'忍'不'仁'，都不是一个完整的郭靖。"几年后，在新买到的《金克木集》中读到"总觉得（乔峰、郭靖）比孔圣人还难接近，心中害怕"这句话，心有戚戚焉。郭靖也不是易于交往的人。成年后的郭靖，竟无一个同龄的真正的"朋友"！

很赞同萧瀚所言："那些想做完人的人，本质上都是暴君。他们对自己不宽容，对别人也不可能宽容。"郭靖之所以要格毙那离经叛道的杨过，由此可以找到答案：郭靖是"以理杀人"的那种人。

乔峰、郭靖与金庸，都不是易于交往的人。

与金庸交往七十多年的关朝翔医生，感觉金庸是个正派人，是老派的知识分子，而又"是个深藏不露的人，很难看到他的内心"。

金庸与卜少夫，同在香港报界数十年，常有机会聚首，但金庸说："我不会喝酒，从来没有和他一起斗酒大闹，因此不可能结交成为十分亲密的朋友……双方的友谊始终保持在一个相当的距离。"（金庸《一事能狂便年少》）

杨澜访问金庸，金庸谈及儿子自杀，"那段时间可以说是我一生精神上最痛苦的时候"。杨澜接口说："但是您不去跟别人分享是吧，你不会去跟别人诉说吧？"金庸说："没有诉苦，我这个痛苦快乐，我自己个人是很保守的，什么感情都放在自己心里，跟人家没关系的。"他这种性格，是不容易与人沟通，难能与朋友们完全打成一片的。

几年前，董培新说过："金庸本性极活泼，喜欢热闹……朋友们在他家就跟在自己家一样，可以随便胡闹，金庸先生从不生气。朋友里数倪匡最能闹腾，金庸先生跟他很要好。"（2011年9月26日《环球人物》第25页）然而，这个在金庸家中"最能闹腾"的倪匡，在回答《南方都市报》记者"黄霑先生也是很早就认识了"的问题时，说的却是：

> 我认识黄霑很早，第一次是1972年……我们一见面就谈得很投机，我始终觉得人的脑电波频率如果合拍就可以谈得投机……董桥和我见面很客气，但是就谈不到一块。我喜欢开放一点的人。我和查先生很熟，都已经算是谈得好了，但还是有些东西要顾忌一下。（李怀宇《倪匡：我唯一的谋生手段就是写作》）

金庸的个性，不是倪匡、黄霑这种"开放一点的人"，所以倪匡与他相处时，虽"最能闹腾"，仍要"顾忌一下"。

沈西城看金庸与倪匡："金庸不同倪匡，他冷静寡言，喜怒不形于色，令人不期然觉得跟他之间有一段不短的距离，尤其是像我这样年纪跟他差上一大截的，更是没有什么可谈的。"（沈西城《金庸与倪匡》第2页）后来沈西城又谈过："倪匡是个嘻嘻哈哈的人，愿意和任何人交朋友。金庸不会轻易和你交朋友。"（诸葛慕云《初见沈西城》）

80年代，一位比较熟悉金庸的书茵（似为笔名），写金庸："他沉默寡言，不善辞令，说广东话象说外文，喜怒不形于色，喜欢以信代言。除了张彻、项庄、汪济等知交可以畅所欲言外，一般人皆感到他有一股慑人的气势，不易亲近。"（《金庸茶馆》第五册第193页）

金庸逝世，张五常撰文谈及与金庸的交往：

> 我见过金庸三次。第一次是一九九〇年的春夏之交，凌晨二时多，我

正在睡，收到梁凤仪的电话，说查先生要见我……约凌晨三时我驾车到查宅……查先生出现，给我看一封英文信，记得是《南华早报》的信笺，内容是说要购买《明报》，出价可观。查先生说，他老了，要退下来，因为见到我的中语文章写得生动可读，希望我能转到《明报》去替代他。这么突如其来，我不知怎样回应。他知道我是港大的经济系主任，不容易离职。大家倾谈了约一个小时，约好日后再谈……

……回想二十八年前跟他的简短交谈，感受上是在跟他对弈，因为他感染着我要推敲他是在想什么。不是舒适的感受。我平生遇到过的学问高人无数，查先生是其中一个。只他一个给我那样要推敲的不舒适的奇异感。从我的视名头如粪土的个性选择，查先生是个不容易交为朋友的人。(张五常《日暮黄昏话金庸》)

"查先生是个不容易交为朋友的人"，此言甚是。然而，应是金庸把《明报》看得太重，为了给《明报》找一个好的掌舵者，这才会让张五常感到金庸心机太重，一小时的谈话，"是在跟他对弈"。金庸日常与朋友相处，应该不是这样的。

金庸毕竟还不像乔峰那么的孤独，那么的孤绝。

金庸是极爱朋友的一个人，从他十九岁时《"千人中之一人"》一文可以看出来，从他在小说中对朋友之"义"的描写，也很能看出来。

金庸对池田大作谈过："我的小说中描写过不少友情的故事……一般来说，我的小说往往把友情过分美化了、理想化了。"池田大作接口说："将心比心，与先生对友人的怀念之情糅合在一起嘛！"金庸接着说："我的经验是，年纪渐大后结交知己朋友相对的比较困难了，因为已不像少年时候那样毫无利害关系、毫无机心的可以推心置腹、毫无保留地吐露心事。"

不仅金庸，相信很多人都有类似的"经验"与体验。不仅是中国人有此体验，外国人亦然。池田大作接口说："这一点与日本非常相似，人到四十岁、五十岁，就十分怀念没有利害关系的学生时代所结交的友侪。"

金庸是孤独的。20世纪中叶，金庸孤身到了香港，与少年时期的旧友，他"最要好的朋友"们，彼此隔绝了三十年。三十年后，才有机会重新聚首，可惜，相聚时日无多，难以尽情。

金庸到香港以后，在《大公报》等机构工作了十年多，应该很交了几位好友。但是，金庸创办《明报》后，先后与左派报纸多次论战，好朋友终于反目成仇。

梁羽生与金庸，并没有"成仇"，但也有近十年的时间，几乎没有来往。

后来，环境变化，金庸与《大公报》旧友的交谊有所恢复。

《大公报》旧同事，老朋友黄永玉

金庸一直很怀念自己在《大公报》及其子报《新晚报》的岁月，他是一个很念旧情的人。

刘天梅《金庸与我的小故事》说："查良镛先生是先父先母在《新晚报》的同事。在我刚出生不久时，大家同屋共住在报馆提供的宿舍。查叔叔住在走廊后面一间房，而我们在前面一间……后来查叔叔和我父母各有各的谋生计，虽不常见面，但再见时感觉还是很熟络的。"刘天梅当年刚从加拿大留学归来，金庸就邀请她到《明报晚报》做广告部总经理。这已经很有些"任人唯亲"味道了。刘天梅是金庸的"故人"之女。

《大公报》同事聚会的时候，常常提起金庸，谈论他写的社论、武侠小说。他们称他"小查"，"小查今天的社论写的不错"。那时金庸离开《大公报》不久，刚创立《明报》，他的动向很受旧同事的注意。

金庸与《大公报》同事，当年交情是好的。中间，因《明报》与《大公报》的对立与论战，友情"暂停"。但金庸一直心念故交，而《大公报》老同事虽不便、不能或不敢与金庸再有来往，对他仍存一份关注和善意。

改革开放后，金庸又与不少《大公报》老友恢复联络，但友情中，难免有一道裂痕在。

《大公报》同人中，与金庸大致能做到善始善终的，是黄永玉。黄永玉那些年在内地受批判，金庸在香港遭《大公报》等左派报纸批判，两人友谊没有机会公开"破裂"。

在钢琴家孙颖主持的《音乐天空》节目上，金庸说，他和黄永玉是很熟的朋友，自己收藏了不少黄永玉的画。

黄永玉与金庸的交情，可以一直追溯到上世纪四十年代末五十年代初，当时两人在《大公报》同一间办公室里工作，黄永玉担任美术编辑，金庸担任国际电讯翻译。金庸常去黄永玉的住所参加朋友聚会，乔冠华、胡风、臧克家都是常客。黄永玉常约金庸、梁羽生等朋友去一家叫做"美利坚"的馆子吃饭，有一次吃到一半，大家发现谁都没带钱，这时，黄永玉对着饭馆里养的热带鱼画了一张画，用手指蘸着酱油为画着色。画完之后，金庸打电话给在《星岛日报》工作的叶灵凤，让他前来取走黄永玉的画，预付的稿费充作饭钱，大家尽欢而散。黄永玉的家乡特写《火里凤凰》是在金庸建议下，在《大公报》连载的，黄永玉离开《大公报》之后，也是金庸央求朋友帮忙，把黄永玉介绍到了长城电影公司。后来，黄永玉离开香港北上，自此与金庸南北暌违，三十多年没见，直到1988年他重返香港，两人才再次见面，金庸常去黄永玉在太平山半山腰的"山之半居"喝咖啡。1999年，黄永玉在香港举办"流光五十年"画展，其中，《春江花月夜》被金庸以一百万港币订购。（林夏《金庸武侠六十年金庸的学术、文艺朋友圈》）

1951年春，金庸和几个朋友拟想中的《新杂志》，就打算"把戴维罗的漫画和黄永玉的装饰画放在一起"。

1952年夏，黄永玉因5月下旬在香港举办的画展被指责为作品在思想上有资产阶级艺术形式的偏向，而必须检讨。查良镛、香港大学学生关恢与黄永玉在咖啡馆商讨如何应对。

像金庸一样，黄永玉也做过电影编剧。1953 年，他以唐人（严庆澍）一家为原型编成的《儿女经》上映（导演陶秦，主演石慧、龚秋霞、平凡），金庸为这部电影写影评《谈儿童演员》，发表于《长城画报》。

金庸曾对池田大作回顾，"文革"中，自己在《明报》写社评，"支持画家黄胄、黄永玉等等"。

黄永玉晚年说："我几乎没有不看书的一天。"金庸更几乎没有一天读书时间不到四小时的。这是二人相似的地方。

1993 年 1 月，金庸得悉罗孚返港，大喜，连日致电，而无人接听，于是给罗孚写信，说自己马上要去新加坡，"一周后回港，当谋良晤，老友重逢，当置酒庆贺也"。3 月 17 日，在北京黄永玉家中，金庸与罗孚夫妇相聚。

2007 年 7 月，金庸赴香港铜锣湾时代广场，出席"黄永玉艺术展"开幕式，又与黄永玉会面。

金庸逝后，窦文涛问李纯恩："（金庸）在生活里是不是一个咱们说的像小说里的大侠，特仗义？"李纯恩说："有。这是黄永玉跟我说的，因为黄永玉跟他是老同事。黄永玉跟我说，他说很多人都误会金庸，因为金庸是不出声，做了好事他不出声。"

老板与员工之间，难为纯朋友关系

薛神医府上，英雄宴中——

乔峰端起一碗酒来，说道："这里众家英雄，多有乔峰往日旧交，今日既有见疑之意，咱们干杯绝交……天下英雄，俱为证见。"

…………

向望海走上前来，端起酒碗，说道："姓乔的，我来跟你喝一碗！……"言语之中，颇为无礼。

············

乔峰酒意上涌，斜眼瞧着他，说道："乔某和天下英雄喝这绝交酒，乃是将往日恩义一笔勾销之意。凭你也配和我喝这绝交酒？你跟我有什么交情？"

向望海自然没资格，白世镜、宋长老、奚长老等人，比向望海更有资格自称是乔峰的朋友，但也称不上乔峰的真正朋友。

真正称得上乔峰朋友的人，只有一个半人：段誉和半个完颜阿骨打。

辽主耶律洪基，虽与乔峰结拜为兄弟，也算不上乔峰的半个朋友。君臣之间，难为纯朋友。耶律洪基与乔峰，君臣之间，不是纯朋友关系。康熙与韦小宝，君臣之间，也不是的。

韦小宝道："他是我好朋友，让他欢喜开心，那也是做朋友的道理啊。"

海老公厉声道："我有一句话，你好好记在心里。今后皇上再说跟你是朋友什么的，你无论如何不可应承。你是什么东西，真的能跟皇上做朋友？他今日还是个小孩子，说着高兴高兴，这岂能当真？你再胡说八道，小心脖子上的脑袋。"

韦小宝原也想到这种话不能随口乱讲，经海老公这么疾言厉色的一点醒，伸了伸舌头，说道："以后杀我的头也不说了……"（《鹿鼎记》第五回）

君臣之间，不可能是纯朋友的关系。这一点，韦小宝后来感受越来越深。

韦小宝心想："以前和他摔交，便似朋友一般。但他是皇帝，我是奴才，这朋友总是做不长久……'小玄子'三字再也叫不出口，不如改了称呼，也是拍马屁的妙法。"当下跪下，咚咚咚磕了八个响头，说道："师父在上，弟子韦小宝是你老人家的开山弟子。"

康熙一怔，登时明白了他的用意，一来觉得挺好玩，二来确也不喜他再以"小玄子"相称，笑道："君无戏言！我说过是师父，只好收了你做徒

弟。"（《鹿鼎记》第二十一回）

康熙蹙起了眉头，在殿上踱来踱去……韦小宝见状，心下惴惴。小皇帝年岁渐长，威势日盛，韦小宝每见到他一次，总觉亲昵之情减了一分，畏惧之心加了一分，再也不是当时互相扭打时那么肆无忌惮。（《鹿鼎记》第四十三回）

金庸在《韦小宝这小家伙》一文中谈到："《鹿鼎记》并不是一部重感情的书。其中所写的比较特殊的感情，是康熙与韦小宝之间君臣的情谊，既有矛盾冲突、又有情谊友爱的复杂感情。"康熙与韦小宝之间，有友情、友谊、友爱，但在根本上，还是君臣关系。

虽不像君臣关系这么变态，但在东方社会，老板与属下之间，也是有鸿沟在的，彼此很难建立纯朋友的关系。随着社会进步，这道鸿沟可能被填得更浅更窄一点，总不能填平。

多年来，乔峰日常接触最多的，是他们丐帮的头领及帮众。乔帮主与他们之间，即使关系甚好，彼此投契，也难成为纯粹的朋友关系。

丐帮帮主乔峰，自称喜欢"去和一袋二袋的低辈弟子喝烈酒、吃狗肉"，他未必不想把这些丐帮弟子当朋友，但是，这些丐帮弟子敢于将乔帮主视为朋友？答案显然是否定的。马夫人康敏对乔峰说过："丐帮那些臭叫化对你奉若天神。"人，是不能与神交朋友的。

丐帮自六大长老以下，所有的帮众，没有一人算得上乔峰的真正朋友。

《笑傲江湖》中，蓝凤凰对着令狐冲，自称是"你的好朋友的朋友"，令狐冲的"好朋友"，分明指向任盈盈，也即是说，蓝凤凰以任大小姐的"朋友"自居。当日五霸冈上，除了蓝凤凰，其他人等，是没有胆量，也没资格将任盈盈称作"朋友"的。

任盈盈夸奖令狐冲："你就是一张嘴甜，说话教人高兴。难怪连五毒教蓝凤凰那样的人物，也对你赞不绝口。"两个年轻女孩子，闲聊时，对一个男子赞不绝口，此是闺密间语！

然而——

盈盈叫道："蓝教主！"人群中一个身穿苗家装束的美女站了出来，笑道："在！圣姑有何吩咐？"正是五仙教教主蓝凤凰。

任盈盈是大公司的大董事，蓝凤凰如这家公司的一家下属企业的总经理，两位姑娘，算"朋友"，而仍不能完全泯灭上下尊卑的分别。

所有的中国小说家中，金庸最有钱。所有的金庸小说的读者中，大概马云最有钱。2019年1月，阿里巴巴合伙人、蚂蚁金服前董事长彭蕾谈及：

很多创业者和公司 leader 都关心自己能否跟下属做朋友，其实 CEO 注定是孤独的，公司越大，孤独感越重，很难跟下属成为无话不谈的朋友，CEO 在跟团队交往时，亲切感和距离感的分寸都需要拿捏。也有人问我，马（云）老师对你们难道不像朋友一样吗？其实对我们这群人来说，马老师既是领头大哥，又是师长，也有一部分是朋友，很多角色交织在一起。我们可以一起喝酒打牌，一起南征北战，但作为公司的灵魂人物，马老师不可能把对朋友的所有期待都放在下属身上。

此言有理。

金庸如果不曾创办《明报》，他交友的范围或许更窄一点，但与朋友之间的关系可能更深、更真、更纯。

昔年金庸与周榆瑞同在《大公报》做职员，地位相当，志同道合，友情就很纯粹。

自创《明报》之后，金庸更难结交彼此十分投契的朋友了。几十年间，金庸每日上班，日常接触最多的，是自己《明报》的工作人员。老板与员工之间，难为纯朋友关系。

直至今日，没办法，上下级的分际，还是要有的，还是要守的。

金庸一直是《明报》社长，符俊杰则做过《明报》社长助理和社长办公室主任，据他说："曾经读过回忆查先生管理作风的某篇文章说查先生像皇帝般君临报社，同事难得与查先生沟通。此种说法与我所经历的大不相同，我所见到的，查先生是位少有的耐心听同事表述的老板，我也未曾见过查先生责骂同事，与查先生倾谈后的同事大都心满意足地离开查先生的办公室。"（《明报月刊·金庸纪念专号》第44页）

金庸教养极好，不太可能以势压人，不会仗着自己的老板身份，对《明报》员工不假辞色，甚至疾言厉色。《明报》员工，对金庸，更多是发自内心的敬畏，倪匡谈到："他是我的老板，但实际上又没有宾主关系，因为他可以炒我鱿鱼，我也可以炒他鱿鱼。"（2018年11月3日《明报周刊》第45页）假如倪匡不仅是给金庸的《明报》写稿，还在《明报》工作，与金庸有了"宾主关系"，二人的友谊就不会这么纯粹。

《明报》不只有金庸这一位老板，还有一位沈宝新，占了《明报》两成股份。金庸对池田大作谈起："我们互相间从不怀疑，绝无丝毫恶感。前年我因心脏病动大手术，宝新兄在医院中从手术开始到结束，一直等了八个半小时。"几十年的交往、合作，金庸与沈宝新之间，我感觉，更多的是亲情，而不是友情。

（1993年）从山东回来，查良镛就决定退休……他找来一起创办《明报》的老友沈宝新，商量一起退休。

"宝新兄，我们老了，干了那么多年，也该休息休息，享享晚福，过一下清闲、自在的生活了。我已决定，这次彻底退下来，我们一起退吧！"

沈宝新丝毫没有半点迟疑，就满口答允："良镛，三十多年来，你关于《明报》的任何大小决定，我从来没有反对过一件。这最后一个决定我自然也欣然同意。我和你初中同级时，你是级长，我打篮球，是级队选手。我只求比赛赢球，至于要我做前锋还是后备，毫无问题。我办《明报》大赢，年

纪大了，自然要退居后备。《明报》现在还是大赢特赢啊。"（冷夏《文坛侠圣——金庸传》第 379 页）

金庸与沈宝新，共进同退，善始善终。金庸与沈宝新，合办《明报》，"大赢特赢"。1991 年《资本杂志》"90 年代香港华人亿万富豪榜"上，金庸名列第 64，沈宝新名列第 112。

1986 年，香港新闻署的读者调查结果显示，《明报》发行量居香港第三位。1988 年的统计，在香港四十三家日报中，《明报》的读者人数、发行量、广告收入居第三位，仅次于大众化的《东方日报》与《成报》。《明报》发行量居第三，但在各项调查中，其公信力一直是第一。

池田大作又问："除了沈先生，（您）该还有不少友人吧！"金庸说："至于在办报之后结交的好朋友，我最怀念而佩服的是徐东滨先生，前年他在美国逝世，我痛哭多天，几乎与我亲哥哥去世一样难过。此外在报纸工作中结交的好朋友有潘粤生先生……张敏仪女士等等。因文字而成为知己好友的有董千里、倪匡、蔡澜、冯其庸、董桥等几位，下围棋的有些棋友，一起研究学问的有些外国朋友等等。香港企业界交往较深的朋友是冯景禧先生、李国宝先生等。在起草香港基本法期间，结交了好几位法学家，工作之余很谈得来，那是萧蔚云教授、项淳一先生、许崇德教授、端木正大法官等几位。"（《探求一个灿烂的世纪》第 128 页）

张敏仪女士，长期担任香港广播处处长，对香港舆论事业有很大贡献，一向为人所尊重。1993 年，金庸在海峡两岸及香港新闻研讨会上说起："在香港新闻处、广播事务处担任处长的张敏仪小姐，是我家庭的好朋友。"蔡澜则在《和查先生吃饭》一文中谈到："常客之中有张敏仪，她也最崇拜查先生，每次相见都上前拥抱他老人家一番，才得罢休。"

徐东滨、潘粤生、董千里、董桥等，都在《明报》机构工作过。

潘粤生比金庸晚半辈，算是金庸的布衣之交，还没创办《明报》的时候，二人就已经结识了。金庸办报，第一个就拉他来帮忙。

"最怀念而佩服的是徐东滨先生"，金庸这句话，值得格外注意。能令金庸"佩服"的人，金庸才愿意与他有更多交往、更深友情。

金庸与董千里，相互佩服。董千里虽在《明报》工作，但更像是"客卿"的身份，而不是职员。书茵说，能与金庸畅所欲言的，只有张彻、项庄、汪济等少数几位知交。项庄就是董千里的笔名。

董千里《和而不同的老友——金庸》一文，不卑不亢，写得很有气度："我和金庸订交逾二十年，勉强可以说是老友，在这二十年中，几乎不曾间断为他所创办的香港《明报》写稿，有一个时期而且担任实际职务。当我们相识之初，彼此的政治观点颇有距离，但我在金庸的作品中和谈话中体会出他是一个彻头彻尾的自由主义者，是可以和而不同的谦谦君子，所以并不理会闲言闲语，不仅保持交往，而且发生业务上的关系。后来的事实发展证明我判断无误，虽然我们迄今在若干问题上仍然是和而不同。"

因为工作上的关系，金庸在报界、新闻界的朋友为数最多。1993年，金庸在海峡两岸及香港新闻研讨会上说："我有时遐想，我将来临终之时会想到哪些人呢？除了自己的亲人和许多感情深厚的老师和同学之外，我一定会想到许许多多新闻界的朋友，大陆的、台湾的、香港的，以及在海外的。"

十五年后，2018年10月30日，金庸溘然长逝。

金庸晚年的友情，"千人中之一人"

金庸晚年，对两位年轻人特加青眼。其中一个是李纯恩，曾受委托编辑一向最为金庸所看重的《明报》副刊。

李纯恩在一九八六年认识金庸，九一到九三年任职副刊编辑主任，他与金庸既是雇主与员工，也是朋友……说到李纯恩对于金钱的看法，早在二人初识时，金庸应该已经颇能掌握。"八十年代中，查先生正为《明报》副刊星期日版筹备改版……他需要物色人手，王世瑜把我介绍给他。"

其时，李纯恩是《城市周刊》的总编辑，李纯恩二十岁由大陆移民来港后，就开始读金庸小说，当他知道金庸有意聘请他就马上答应了。他问我当时月薪多少，我说六千八百元，后来他回复我，开出的月薪是六千八百元前面多了一个"一"字。月入多一万元，那是上世纪八十年代，本来一切都落实了，但当时的老板李文庸极力挽留，基于道义，李纯恩决定留下来。"我跟查先生说，钱对我不是不重要，但李先生带我入行，在义气和每年多赚的十二万之间，我选择了前者。你的小说也是讲义气的！"

不能当全职员工，李纯恩被金庸邀请当兼职，每周开会一次，一个月后，他收到跟《城市周刊》正职一样的报酬。那时开始，金庸和友人饭叙常邀请他。约三年后某天，李纯恩在金庸家作客……

"查先生问我当时的薪金多少，给我开出比三年前更理想的待遇。不过我还是因为同样理由推却了。"

直至九一年，《城市周刊》被收购，李纯恩安然引退，到《明报》担任副刊编辑主任。(《缅怀泰斗·拥抱鸿篇——细味金庸传奇一生》第64页)

20世纪80年代，中国内地多数劳动者的工资低于港币一百元（当时港币币值高于人民币），金庸给李纯恩开出一万六千八百元的薪酬，很是看重他的才气。李纯恩居然"在义气和每年多赚的十二万之间，选择了前者"，更让金庸深重其德。这才与之倾心结交，二人无话不谈。

金庸在《韦小宝这小家伙》一文中谈到："在中国社会中，'情义'是最重要的社会规律，'无情无义'的人是最大的坏人。传统的中国人不太重视原则，而十分重视情义。"

金庸逝后，李纯恩追忆："查先生就是这样，他平时不言不语……老同事老朋友，他们那些孩子要出去读书的，有什么需要的，他自己掏钱，帮过不少朋友，但是他从来不说。'情义'这两个字，在查先生身上是很明显的表达出来。"李纯恩本人，也是极讲"情义"的一个人。

《鹿鼎记》中，施琅肚里暗暗好笑，心想："什么通吃伯、通吃侯，都是皇上跟你寻开心的，只当你是个弄臣，全无尊重之意。"这只是施琅的个人观感。我是感觉，自从韦小宝为了朋友义气而离京出奔之后，康熙对他是有敬意的，不是"全无"，而是大有"尊重之意"。

皇帝是没有朋友的！小说中的康熙，羡慕韦小宝在江湖可以结交那么多好朋友，有机会对这些朋友"讲义气"，有心要成全他。

韦小宝点点头，走到王进宝身前，说道："王三哥，皇上的密旨，是要我回京办事……要是不奉旨回京，皇上要你怎样对付我？"心想："先得听听对方的价钱。倘若说是格杀勿论，我就投降，否则的话，不妨讨价还价。"（《鹿鼎记》第四十五回）

"我就投降"，韦小宝当时这么想，以后不一定就会出卖朋友，也不一定不会出卖朋友。但康熙并没有逼他在"格杀勿论"与"出卖朋友"之间，做最艰难的选择。"你不用担心，把话儿说在前头，我可没要你去打天地会"，话说到这份上，也算是有心，很温情的了。

"基于道义，李纯恩决定留下来"，就像韦小宝的不负旧友，也是"很有古人之风"。

康熙表扬韦小宝："你既不肯负友，自然也不会负我了。"李纯恩既不肯负了旧老板李文庸，自然也不负金庸。

住院期间，李纯恩不时前往医院探望，有时会碰到老先生醒着，还认识人，听大家讲话他也会有反应，他会用很大力气握住李纯恩的手，李纯恩则会跟他讲一些香港的新闻和旅行见闻。（《"临终前，金庸笑了一下，呼吸接着停了"》）

金庸先生进医院已经有两个月了，在金庸先生离世前两天，他（李纯恩）还去看望过。金庸先生很安静地躺在病床上，让大家都很安心。李先生用上海话与金庸作交流，已经不能说话的金庸先生用握手来给作回应。李先生一直在感觉金庸先生想留下什么遗言，想试着通过这种方法查探，但握久了后金庸先生手掌开始水肿。李先生表示自己十分难过，只能让金庸先冷静下来，入睡后再离开。（《金庸友人谈与金庸生前最后一次见面：不能说话用"摩斯密码"交流》）

金庸最后一二年，虽然"脑退化"，还是有意识的。最后阶段，又说不出话来，何等的憋闷痛苦。李纯恩等朋友，经常去探望他，与他讲上海话，讲种种事情，对老先生是极大的安慰。

有情有义，旧恩难忘！

李纯恩回忆："有一次我知道查先生准备去新加坡，我告诉他在当地也有一些熟朋友，可以介绍给他认识。他说：'只要我愿意，我可以交上很多朋友，但我的朋友已经足够，不需要交新的了。'"（《缅怀泰斗·拥抱鸿篇——细味金庸传奇一生》第65页）我怀疑（仅仅是怀疑），金庸这种态度，部分原因是他对新加坡的总体文化水平评价不很高，觉得在新加坡不易见到学识极高的人物，就更懒得结交新友了。因为个性、年龄等原因，当时的金庸或许也已不想结交更多、太多朋友，而在新加坡，尤其如此。

金庸曾谈到，自己喜欢到英国去玩，夫人林乐怡则喜欢去澳大利亚，金庸不喜欢，觉得那里"没文化"。金庸并不贡高自慢，他也结交，也尊重不是很有文化的人，但是，我感觉（仅仅是感觉），金庸不肯与之深交。

沈西城说："查先生爱文人多于商人，尤其欣赏有真才实学、博学又爱看书的人，像汪际先生。查先生不太喜欢我。不是因为我衰，而是说我不定性，小叶（重按：沈西城本名叶关琦）心野，不会安静坐下写稿。"（《缅怀泰斗·拥抱鸿篇——细味金庸传奇一生》第49页）

可能，金庸看沈西城那么聪明，本来可以成就更大，期望值很高，而终于失望。倪匡也曾在《说人解事》一书中谈及，沈西城这小弟工作量不少，除各种类写作，亦兼有翻译日本小说，但性格却不是很肯努力专心工作。

沈西城说的"汪际"，或应为"汪济"，原为《大公报》社长费彝民的英文秘书，后来做了金庸英文秘书。书茵说，他印象中，能与金庸畅所欲言的，只有张彻、项庄、汪济等少数几位知交。1984 年，金庸出版《香港的前途——〈明报〉社评选之一》。此书的英文版，即由汪济翻译。

1995 年，金庸为东南亚版《金庸作品集》写序，谈到："柬埔寨政局急剧转变期间，政治领袖龙诺先生经过香港，曾来向我致意，谈论小说中的情节。我请《明报》秘书长、精通法文的汪济兄接待，此后好几年中，龙诺先生在圣诞节一定寄来贺咭给我和汪兄。"

金庸"爱文人多于商人"，此言甚是。

金庸毕竟是一个文化人。

金庸曾说过，自己对赚钱没有很大的兴趣。很多人觉得不可思议，金庸赚了那么多钱，又说自己不很喜欢赚钱，难以理解。我认为，金庸说的，不完全是实情，也不见得完全不是实情。

在香港，仅靠办报，是不可能成为金庸晚年所说的"相当有权威的一个大企业家"的，需要涉足与报业不同的很多领域、很多行业，耗费极大的时间精力，为赚钱而赚钱。这个呢，金庸应该兴趣不大（炒股、买楼，金庸也赚了不少钱，但于他而言，只是业余，并不占用很多时间）。

1991 年 12 月，金庸出让《明报》部分股权给于品海。当时不少财经界人士认为，金庸这次出让股权并没有得到多少现款，控制权却出让了，所以此举未必算得上聪明。金庸回应：

如果从利益的观点来看，明报企业上市对我个人的经济利益明显是不利的，本来我有 80% 股权，一下子变成 65%，我自己一个子也没收到，收到的股款全部放在公司，一时不能做十分有效的运用。但为什么要上市？我要使《明报》公众化，让许许多多人来参与，否则我一旦死了（人总是要死的），《明报》四分五裂，就此垮台。我要吸引可能得到的最好的人才来办《明报》。我赚到的钱虽然不算多，但一生总之是够用了，妻子、子女的生活也不会成问题了，再要更多的钱做什么？《明报》是我毕生的事业和荣誉，是我对社会、对朋友、对同事的责任，应当努力做对《明报》最有利的事。（艾涛《金庸新传》第312—313页）

此前，稍早，金庸在港岛深水湾乡村俱乐部设宴招待明报集团高层人员。金庸以略带伤感的语调，告诉大家，他将逐步退出明报企业，由于品海接管。最后，金庸充满感情地说："我精力渐渐衰退，如继续掌管大权，企业和报馆都会老化的，所以应当趁我头脑还清醒的时候，为公司作长期的策划。要使《明报》《明报月刊》《明报周刊》的生命比我个人的生命长得多……"

1993年，金庸将股权大部分转让给于品海，自己仅保留两成，成了《明报》的小股东。4月2日，他在《明报》发表《第三个和第四个理想》一文，谈及自己的"第四个理想"："我创办了《明报》，确信这事业对社会有益，希望它以后能长期存在，继续发展，对大众作出贡献。"

明报企业，毕竟不同于一家地产公司，对香港乃至中国的文化、舆论的发展，是有益的。而它后来的沦落，也就格外值得惋惜。

做大地产商，金庸有极大可能也会做得很成功，但那应该不是他兴趣所在。

1994年，金庸对冷夏说："退休后，我原本在金钟力宝大厦办公的，但那是很商业化的地方，没有文化气息，附近的那些人都是做生意的。而现在这个地方，原来有老《星岛》《明报》等文化机构，选择这里，也有一些感情作用。"由金庸这段话，可以推论：金庸对没有"文化气息"的商业缺乏兴趣；金庸自己也是"做生意的"，但他只喜欢做与文化有关的生意。

金庸是真正的"读书种子"，文化界之外的人（例如，纯粹"做生意的"人），他也多有交往，但不太可能与之深交。

金庸一生，与仕途并未绝缘，但只是偶尔走在这条路上。假如金庸真的走上了从政之路，且发展很顺遂，相信他也会非常喜欢与文人学者交往。

金庸较难结交十分投契的好朋友，交友尤其有难度，除了个性因素，还有一个重要原因，就是他的身份，横跨报、文、学、商、政、弈六界，是六栖动物。

《收获》杂志特约记者问倪匡，与金庸在一起，比较多聊什么？倪匡回答："聊武侠小说。他是一个包罗万象、深邃得不得了的一个人，他喜欢的东西之多，想研究想了解的东西之多……我只不过是他关于武侠小说的朋友当中的一个……他的伴是很多的，有切磋围棋的朋友，有研究文学的朋友，还有研究历史的朋友，方方面面的博士朋友，教授朋友。我和他是在一个很小的点上交集。"（《逝去的"帮主"——倪匡谈金庸》）

《水浒传》有言："日远日疏，日亲日近。"金庸交往的范围虽广，但正因为不专注于某一方面，就很难与人深交。

商界，有钱而没文化的大佬，金庸不太可能愿意与之深交。

政界有金庸佩服的大人物，但以"仰望"的姿态与之多多交往，他也未必喜欢。

金庸在文学界和报界，介入更深。在文学界，在小说创作领域，他是第一人。在报界他是老板，都很难比较平等地结交朋友。

金庸与《明报》的同事们，难以平等结交。不是他个人的问题。我前面已经讨论过了，老板与属下之间，难为纯朋友关系。

《明报》老板金庸与《新报》老板罗斌，若非两报有着激烈的竞争关系，很有希望结为至交的。可惜，两报不可能不竞争。

金庸与台北《中国时报》创办人余纪忠之间几乎不存在竞争关系，二人的友情算是很深了，但既不在一地，相处的机会就很少。

林燕妮有句话，说得很有意思："金庸很好奇，也很好学，他从没说过目中无人，但要是问他目中有没有人，相信他也很难回答出来。"真正让金庸佩服尊崇的人，其实还是有的，主要集中于棋界和学界。

金庸"崇拜"吴清源，对林海峰的棋艺与人格也佩服得很。

金庸与沈君山，友情很深。沈先生是棋士，也是政治家和教育家。2001

年，金庸在台湾答读者提问，曾谈到："我的好友沈君山先生初闻我修改小说，大大不以为然，当面表示抗议。后来读过《射雕英雄传》修改本后，写信给我，赞扬改得好，认为远比原作进步。可能他的赞誉主要是出于对我的友谊，无论如何，我十分感谢他的欣赏。"

1970 年前后，金庸曾到香港中文大学，在云起轩中，与该校的学者们座谈。金庸于坐中，首先对朋友们致意：

金大侠说，最喜欢与有学问的人聊天，希望以后退休了，在沙田买个房子住下来，这样就可以时时来大学旁听了。在座诸君，听到这番恭维，虽然明知是客套说话，心中怎能不感到非常受用？（黄里仁《掩映多姿跌宕风流的金庸世界》）

金庸说自己"最喜欢与有学问的人聊天"，这句话，还真不是"恭维"和"客套"。1994 年，他到北大，答北大同学提问时说起："我刚正式从报纸退休，有两条路，一是在大学里混混（众笑），我很喜欢和年轻人交朋友，大家聊聊天，像今天这样的情况当然很高兴。我年纪不小了，但仍觉得增加知识是最愉快的事情。"说的也是实话。

2001 年，在台湾，有读者问："今生可还有所求？"金庸答："希望学问好一点。"

金庸有两大优长：一是爱美，他对东西方文学艺术之美的感受力、领悟力，少有人及；二是爱知，他的求知欲，少有人及。

在香港中文大学座谈的金庸，说的是"以后退休了，在沙田买个房子住下来，这样就可以时时来大学旁听"，要当时的金庸，放弃其他，安心在大学的书斋中求学，日夕只讨论学问，"板凳甘坐十年冷"，却是很不可能的事。

前面我说，金庸如果不曾创办《明报》，他交朋友的范围可能更窄一点，但与朋友之间的关系可能更深、更真、更纯。这里，需要下一转语：金庸不办报纸，或做出其他事业，而以纯粹的小说家身份名世，不太可能。

金庸不办报纸，或致力于其他事业，只是安心做纯粹的学者，也不太可能。

即使金庸下围棋，能达到吴清源那么高的境界，让他做职业棋士，也都是不太可能的事。

金庸一生中，大多数时候，有着强烈的"建功立业"的企图心。2005年，金庸对《环球》杂志记者说："我的一生都在学以致用…………真正做个学者也不能完全坐在书房里，知识分子一定要有入世精神。我研究历史，也研究社会学。做学问一定要学以致用，这样的学问对社会才有贡献，才有意义。"很多学者在书斋中，倡导"学以致用"，金庸不同，他总是要以实际行动"学以致用"。

90年代，金庸退出《明报》，算是正式退休了，真正地潜心学问，因为他前半生已经做了很多不是学者所能做的事。

金庸一生，一直是勤勉的。90年代，他退出《明报》，也不写小说了，总要找事情来做，于是到了浙江大学，到了剑桥大学。此后，他与学术界中人的交往才更频密。

金庸晚年，与刘再复感情尤其深厚。

1998年，刘再复对女儿说："还有屋后的这片草地，我更是离不开它……在草地里有你和你妹妹送给我的摇椅，坐在椅上读着莎士比亚的《仲夏夜之梦》或金庸的《天龙八部》，你想想有多美。"（刘再复、刘剑梅《两地书写》第108页）

金庸逝后，刘再复撰文《想念金庸》：

尽管我有心理准备……但一旦听到他逝世的消息，还是感到山摇地动，书剑齐落，心灵受到巨大的打击。

查先生比我年长十七岁，我们是忘年之交，又是至友知己……给我最大温暖的是他……他给我的情谊当然是友情，但因为情感太真、太深，有时给我写的信，竟然像是"情书"（我妻子陈菲亚开玩笑时使用过这个概念），查先生在一九九八年五月给我的一封信中说，他一天想念我三个小时，一个星期就想念二十一个小时。字字句句至情至性，令我难忘……

我和查先生初识于二十七年前……我们真是"一见如故"。心灵一旦相通，便成为挚友。此后我大约到香港七、八次，每次他都要宴请我全家，见面时总是无话不说……真情真性实在太美好了！

读了我的《生存的第三空间》后，竟然给我郑重地写来祝贺信……对我来说，此信极为重要！我一直视如生命。一是因为他肯定知识分子应当生活在"第三空间"之中……二是因为查先生表示与我"志同道合"！这四个字他早已对我说过，但在信中如此郑重表明，则意义非常。所谓"志同"，乃是志在高山，志在流水，志在自由……

二〇〇〇年一月十三日，他细读了我和李泽厚先生合著的长篇对话录后，说他认同书中的许多意见，和我们"不谋而合"，而这种"合"，正是所谓"知己"。查先生把我视为"知己"、"挚友"，同道者，使我非常高兴。他的信写得甚长……摘抄于下：

亲爱的再复兄：在给一般中国朋友写信时，如照外国惯用方式，称之为"亲爱的"，常常觉得肉麻，决计不用。但用在你身上，我觉得很自然妥当，第一，我心中的确对你有一种"亲近"而"爱之重之"的感觉；第二，你先用在给我的信中；第三，我们是道义之交，我对你佩服而尊敬，决无任何可能误会为 Gay 的感情。（《明报月刊·金庸纪念专号》第83—86页）

1942年，金庸十九岁时，撰文《"千人中之一人"》，结尾说："这样的人，我们去寻访罢，即是二十年也算不得苦！"金庸当时幸遇陈向平，之后他又"寻访"了"二十年"，终于在1965年遇到了陈世骧。金庸在《天龙八部》后记中追怀陈世骧，情感很真。陈世骧热情厚道，重友道，他与夏济安的友情，可比俞伯牙与钟子期、刘正风与曲洋。陈先生与一直渴望友情的金庸，对人世的看法又有太多共同之处。可惜，他们只见过两次面。而夏济安"这样一位至性至情的才士"，与金庸"终究是缘悭一面"。若能常来常往，金庸在 60 年代就找到两位"千人中之一人"了。惜哉夏济安、陈世骧两位先生，都逝世太早，与他们持续交往，金庸没有机会了。

金庸"寻访"了五十年，终于得遇刘再复。再复先生，算得是金庸一直企盼的那个"千人中之一人"。

金庸给刘再复信中，又谈到："李泽厚先生和你的许多意见，和我不谋而合（此所谓知己也），我和日本池田大作先生的对话录上册，不知已寄给你或李先生否？（请告知）。有些相同看法，我们也发表在对话录中。池田先生是宗教领袖，社会活动家，不是思想家和文化人；我读书、思想也不及刘李两位，我们的看法自不及你们的深刻而有学问，但路子相近，颇足为慰。"（同上，第 86 页）

2016 年，我写《金庸否认〈雪山飞狐〉受〈罗生门〉影响》发表于《羊城晚报》），推测："金庸不见得对池田大作有很大兴趣，我感觉金庸某种程度上是把日本人池田大作看作了英国大历史学家汤因比的'未亡人'。"2018 年，读到金庸所说"池田先生是宗教领袖，社会活动家，不是思想家和文化人"，感觉我两年前的推测基本可以成立。

第十章

超越武侠小说（下）

《金庸梁羽生合论》，宋黄蓉唱元曲

金庸在《大公报》工作，初写武侠小说的时候，也结交了不少朋友。20世纪50年代中期，决定在《大公报》等左派报纸上刊载武侠小说的领导是金尧如，负责找人写稿的则是罗孚。1954年，罗孚先找梁羽生，写《龙虎斗京华》；1955年，再找金庸，写出《书剑恩仇录》。香港新武侠小说由此发端。

1956年至1957年，左派团体的重要人物陈凡，也以笔名百剑堂主，写出《风虎云龙传》。

1956年10月，金庸、梁羽生与陈凡，开始在《大公报》上"大公园"，合写《三剑楼随笔》。

十年后，1966年1月，罗孚与人合办《海光文艺》，为了扩大刊物的影响，打开销路，约请梁羽生写《金庸梁羽生合论》。罗孚、梁羽生、金庸、陈凡，这四位昔年交情还不错的老朋友，又为了这片"海光"、这篇《合论》交集在一起。

在《金庸梁羽生合论》中，梁羽生也谈到《三剑楼》，谈到陈凡，而感慨系之：

我的文章中有几处提起"三剑楼随笔",有位读者问起它的"来历"。这是金、梁二剑与另一剑百剑堂主1956年在一张报纸上合写的专栏,后来出了单行本,至今已是整整十年了。

"一卷书来,十年萍散,人间事本匆匆。"这是百剑堂主在金庸第一本武侠小说《书剑恩仇录》的题词,如今看来,竟是似成"词谶"——"当时并辔,桃李媚春风。几许少年俦侣,同游日酒与情浓。而今看,斜阳归路,芳陌又飞红。"十年之后,各有各的人生际遇……

《大公报》的领导,包括陈凡,读了《大公报》编辑梁羽生写的这篇"合论",为之震怒,认为此文对金庸太客气,梁羽生的立场有问题。1967年,"五月风暴"中,陈凡重提这篇文章,认为在这种"敌我矛盾"中,梁羽生居然还称赞金庸,实在是犯了原则性错误,气愤之下,甚至警告梁羽生,这样说金庸的好话,当心将来死无葬身之地。(傅国涌《金庸传》第172—173页)

到了21世纪,梁羽生对记者谈到《金梁合论》发表后《大公报》山雨欲来、幸而未来的对他的"大批判",兀自心有余悸。梁先生说这些,不见得是刻意为自己辩白,总有些希图还原真相的用心。希望大家知道他当时的处境,明白他的苦衷。

当时《大公报》等左派报纸与金庸的《明报》矛盾激化,已成水火不容之势。相信梁羽生在写《合论》的时候,已经很努力地站稳立场,没想到还是惹人不高兴。

2009年,梁羽生逝世。金庸在悼文中谈到:"有一次在美国科罗拉多大学的讨论会中,许多人都指责梁羽生不该在《金庸梁羽生合论》一文中批评金庸,有人的意见十分严厉,认为是人格上的大缺陷。我只好站出来为梁羽生辩护,说明这篇文章是'奉命之作',不这样写不行,批评的意见才平歇了下去。"依此言,《合论》中对金庸小说的某些奇怪的指责,我们就不会感到特别奇怪了。

梁先生天性厚道，大阵仗痛批老友未免太不好意思了，只好专挑一些细枝末节、不是错误的所谓"错误"，指摘讥笑，聊以塞责。例如，在《金梁合论》中，梁羽生指责：

> 金庸的小说最闹笑话的还是诗词方面，例如在《射雕英雄传》中，就出现了"宋代才女唱元曲"的妙事……黄蓉唱的那首《山坡羊》"青山相待，白云相爱……"作者是宋方壶……大约要在黄蓉唱他曲子之后一百年左右才出世……
>
> 宋人不能唱元曲，这是常识问题，金庸决不会不知道。这也许是由于他一时的粗心，随手引用，但这么一来，就损害了他所要着力描写的"才女"了，岂不令人惋惜！

梁羽生对黄蓉和金庸的指责，完全不成立。

在《金梁合论》中，梁先生说："梁羽生的小说，从形式到内容，处处都可以看出他受中国传统小说的影响。"他读中国传统小说，应该很不少了，本不该不知道"前人唱（或吟）后人曲（或诗词）"毫不足怪，这本是中国传统小说的传统之一。

例如，《说唐》第五十八回，在唐朝开国皇帝李渊的后宫中，张妃义正词严地质问尹妃："岂不晓：'小犬隔花空吠影，深宫禁苑有谁来？'""岂不晓"这三字，用得实在够味。似乎这两句诗在唐初已经四海流传，要是有谁不知不晓，就孤陋寡闻了，要遭人鄙视的。可是，这明明是明朝诗人高启的诗句啊（略有变化，高启诗原作："小犬隔花空吠影，夜深宫禁有谁来？"）。

把除了年代不合，其他方面都合适的诗句放到自己小说中合适的地方，本是小说家的"特权"。

当《射雕英雄传》正在《香港商报》连载时，金庸从清代诗人吴绮的一首七律中截取两句，"绮罗堆里埋神剑，箫鼓声中老客星"，用作对联，挂在宋代武学宗师黄药师的桃花岛上。十数年后，金庸修改旧作，把这副诗联弃去，改为自作的"桃花影落飞神剑，碧海潮生按玉箫"。之所以要改为自拟，恐怕主要还是为免于"时代错乱"之讥。其实大可不必。小说家可以这样做，可以让宋代的桃花岛挂上清代诗人的诗句。

这也是有传统的。例如，在写唐朝初年玄奘取经故事的《西游记》中，师徒四人来在"西牛贺洲之地"的一户人家，却见："两边金漆柱上，贴着一幅大红纸的春联，上写着：'丝飘弱柳平桥晚，雪点香梅小院春。'"这副对联，是晚唐诗人温庭筠一首七律中的两句。其"时代错乱"处，与初版《射雕英雄传》中桃花岛上的对联如出一辙。小说家有特权，可以这么干。当然，要遇上特爱较真的人，可能就会以为要不得的，或者进而讥笑吴承恩缺乏历史与文学常识，不知玄奘与温庭筠的生活年代相差二百年，则适足以现出自己的鄙陋。（梁羽生不致如此，他说："宋人不能唱元曲，这是常识问题，金庸决不会不知道。"）

唐太宗李世民死在公元649年，约莫一百年后，诗人李涉出生了。李涉写过一首诗《题鹤林寺壁》，诗中有句"因过道院逢僧话，又得浮生半日闲"。《西游记》写的，分明是唐太宗时期的事，但在小说第三十七回，乌鸡国太子到了宝林寺门前，说道："……不期今日到此。正是'因过道院逢僧话，又得浮生半日闲'，我且进去走走。"唐太宗时期的人，说出唐文宗时期诗人的名句，这在某些人看来，自然是要不得的，是"最闹笑话"的。

"前人唱（或吟）后人曲（或诗词）"，在中国古典小说中，是普遍存在的，在中国传统戏曲中亦然。

《琵琶记》第四出，汉代大名士蔡邕吟诵着唐代大诗人白居易的名句："世间好物不坚牢，彩云易散琉璃碎。"《琵琶记》第三十五出，更夸张了。可以视为东汉才女的牛氏，牛丞相的女儿，说着千年后南宋诗人方岳的诗句："不如意事常八九，可与人言无二三。"蔡中郎读唐诗，好歹还改了三字。她可倒好，汉代才女读宋诗，竟是一字不改。

比牛氏更早，那位卷入楚汉战争的名女人——虞姬，眼见得干戈扰攘，生灵涂炭，心情沉痛至于极点，终于在京剧《霸王别姬》中，发出"可怜无定河边骨，犹是春闺梦里人"的感叹。也曾有人提出质疑，《霸王别姬》一剧主要的创造者齐如山，不以为意，轻蔑地说："您对于前人念后人的诗句也大不以为然……有几人说汉朝人不应念唐人的诗句。其实这种见解极为幼稚，若说前人不得道后人的姓名尚有相当的理由，若说连后人的句子都不准念，恐怕前清八股的功令也没有那样的严法……（京剧）戏中演三代周秦两汉南北朝故事的很多，可是所念的诗、对差不多都是唐宋元明的人做的，这能够都把它改了吗？"（《齐如山文存》第36—37页）

戏剧与小说中，前人念后人的诗句，完全可以。齐如山认为："若认此种情形为不合，他一定是不懂作文章的道理。"想来梁羽生不至于如此鄙陋无知，他是迫于压力，不能说金庸的好话，说得太坏梁先生良心上又过不去，只好给金庸小说找出一些不是毛病的毛病。只要对中国传统的小说与戏剧了解稍深，就知道"前人唱后人曲"根本不是毛病。

在《金梁合论》中，梁羽生说："曹雪芹决不能叫林黛玉抄一首李清照词或贾宝玉抄一首李白的诗以显示才华，其理明甚。"《红楼梦》的作者确实没做过此等事，但《三国演义》的作者或编订者，做过啊！

将近茅庐，忽闻路傍酒店中有人作歌。玄德立马听之。其歌曰："壮士功名尚未成，呜呼久不遇阳春！君不见东海老叟辞荆榛，后车遂与文王亲；八百诸侯不期会，白鱼入舟涉孟津；牧野一战血流杵，鹰扬伟烈冠武臣。又不见高阳酒徒起草中，长揖芒砀隆准公；高谈王霸惊人耳，辍洗延坐钦英风；东下齐城七十二，天下无人能继踪。"（《三国演义》第三十七回）

这首诗的演唱者，可能是石广元，也可能是孟公威。这首诗的作者，可能是石广元，也可能是孟公威，更可能是诸葛亮。《三国演义》第三十七回中，其他人唱歌，都告诉刘备，歌词是诸葛亮写的。

这首诗中，至少有七句，抄袭的是李白的《梁甫吟》："长啸梁甫吟，何时见阳春？君不见，朝歌屠叟辞棘津，八十西来钓渭滨……风期暗与文王亲……君不见，高阳酒徒起草中，长揖山东隆准公。入门不拜逞雄辩，两女辍洗来趋风。东下齐城七十二，指挥楚汉如旋蓬……"

《三国演义》中，刘备听到的这首诗，其作者很可能设定为诸葛亮，史载诸葛亮"好为《梁甫吟》"，而李白这首诗，题目正是"梁甫吟"。如梁羽生所言，曹雪芹没让贾宝玉抄一首李白的诗以显示才华。但《三国演义》的作者，真的让汉朝的石广元或孟公威或诸葛亮，抄了半首唐朝诗人李白的诗（略作改动），"以显示才华"。

有何不可？

《射雕英雄传》中，南宋时代的樵夫与黄蓉唱元曲。《西游记》中，初唐时代的樵夫也在唱歌："行者霎时径到翠云山……忽然闻得丁丁之声，乃是山林内一个樵夫伐木。行者即趋步至前，又闻得他道：'云际依依认旧林，断崖荒草路难寻。西山望见朝来雨，南涧归时渡处深。'"（《西游记》第五十九回）樵夫唱的这首七绝，是吴承恩自己写的？不是。是初唐及更早时代的人写的？也不是。这首《樵者》，分明是宋代诗人欧阳修的作品。这里吴承恩犯的是与金庸在《射雕英雄传》中一样的"毛病"。

按照梁羽生的标准，历史背景在商周之际的《封神演义》，每一页都在闹笑话，都有病。

其实，这根本不是毛病。钱锺书认为："夫以疑年考史之法，施于嘲戏文章，胶柱鼓瑟，煮鹤焚琴，贻诮腾笑。古来词赋，寓言假设，每时代错乱，小说戏剧更无忌避。"[1]梁羽生连这个都不知道，说明他对中国古典小说根本不熟悉。一个人写传统章回体小说，居然对古典小说只有如此粗浅的理解，他自己的小说能好到哪里？

不仅中国传统的小说和戏曲中普遍存在"前人唱后人曲"的现象，在西

---

1 1979 年，金庸到香港中文大学座谈，该校有位数学系教授指摘："您写的一些太极拳招数，那是现代的太极拳，都搁到五百年前了。"金庸答复："您批评得很对，太极拳一路发展下来。我把一些招数推回五百年前。事实上五百年前是什么名称，现在可能也不容易知道。"其实，这位教授也是在闹笑话，犯的也是"以疑年考史之法，施于嘲戏文章"的毛病。

方也是有的，且涉及西方最伟大的两位文学家。

1954 年，金庸《谈〈王子复仇记〉》一文，先是引述赫尔岑的观点："要了解歌德和莎士比亚，你必须把你所有的才能都发挥出来，你必须热爱生活，有过惨痛的经历，并且体会过浮士德、哈姆雷特、奥赛罗的痛苦。"金庸本人更说："一般认为，《哈姆雷特》是莎士比亚最杰出的作品，在自古以来的全世界文学著作中，它与歌德的《浮士德》并占登峰造极的最荣誉地位。"

1960 年，金庸在《关于武侠小说的几个问题——答复香港〈新生晚报〉一位读者》一文中说："西洋最伟大的四大文学家向称荷马、但丁、莎士比亚、歌德……歌德的《浮士德》中，浮士德返老还童，和魔鬼订立合同。"

莎士比亚约在 1588 年才开始戏剧创作，此时浮士德博士已经死了几十年了，浮士德的故事传说，都已经被编成书了（1587 年，法兰克福出版了一本通俗读物《法力无边的浮士德博士》，把浮士德塑造成用灵魂换取快乐的享乐主义者）。歌德写《浮士德》，居然让与浮士德"订立合同"、做灵魂交易的魔鬼靡非斯特唱起莎士比亚写的一首歌。

"前人（或'前魔'）唱起后世诗人的歌"，歌德也做这等事！还振振有词呢："他（靡非斯特）为什么不应该唱？如果莎士比亚的歌很切题，说了应该说的话，我为什么要费力来另作一首呢？"（《歌德谈话录》第 56 页）

齐如山同样振振有词："我从前给（梅）兰芳编《霸王别姬》时，虞姬念词中曾用'可怜无定河边骨，犹是春闺梦里人'两句，当时自以为虞姬念此两句意味极合。"

从事文学创作，心思要尽可能活泼泼的。过于拘谨的人，写不好小说或戏剧。沈西城说得极好："金庸的小说最突出的特色就是反叛精神……有反叛精神的作品，只有顽皮的人才写得出。如果一板一眼，怎么会写得出这样的小说？小说一板一眼有什么好看？"

2009 年，金庸在《痛悼梁羽生兄》一文中说："不久之后，陈凡接写出一部武侠小说，我们三人更续写《三剑楼随笔》，在《大公报》发表，陈凡兄以百剑堂主作笔名。武侠小说不宜太过拘谨，陈凡兄的诗词书法都好，但把诗词格律、国文的之乎者也用到武侠小说上就不大合适了。所以他的武侠小说没有我们两人成功，但《三剑楼随笔》以他写得最好。"

"武侠小说不宜太过拘谨"，此言甚是。梁羽生之"拘谨"，或不如陈凡之甚，可也够瞧的了。

2007年《羊城晚报》记者问："您如何评价梁羽生？"金庸答："梁羽生这个人很古板，念书念得好，人很正派，他写东西喜欢讲求有根据。"（黄咏梅《金庸：脑子里别总装着"金庸"》）

还是2007年，金庸接受广东卫视访问——

记者：那您觉得和您同时代的那些武侠作家，比如像梁羽生先生，还有古龙先生，大家常常会把你们相提并论，然后拿来比较。

金庸：梁羽生、古龙，我喜欢看古龙多一点。梁羽生是我在《大公报》的同事，跟他友谊比较好，常常下棋。但是写的小说，我觉得古龙的比较好看。梁羽生的小说写得很规矩，非常规矩的。

记者：我觉得他的小说是比较像传统的。

金庸：对，传统的，没有异想天开的这些，新的想法没有，不大有。

记者：对，我觉得好像缺少一点浪漫主义情怀。

金庸：是，这个人很古板的。（吴晓靓《广东卫视"文化珠江"访金庸》）

梁羽生既如此"古板""规矩""一板一眼"，他的小说中，定然没有类似"宋人唱元曲"的"错误"？南窗兄在《"美人自古如名将"是谁写的？——从梁羽生小说的"时代错乱"谈起》一文指出，"美人自古如名将，不许人间见白头"出于《随园诗话》，是清朝人的诗句，梁羽生在《白发魔女传》小说中，竟让明朝人说得朗朗上口，声调悠扬。南窗引用钱锺书"批评家一动手创作，人家就要把他的拳头塞他的嘴——毋宁说，使他的嘴咬他的手"语，深为梁羽生惋惜。

1966年的《合论》中，梁羽生谈到："我是一面读一面替这位才女难过的。宋人不能唱元曲……这么一来，就损害了他所要着力描写的'才女'了，岂不令人惋惜！"我想，自古至今，章回体小说里面的"才子"与"才女"们，少有不被小说作者"损害"的。作者为他或她代作的诗词，好的不多，滥的不少，只能促令读者起疑：写出如此臭诗之人，也好算是才子与才女？

大小说家与大诗人，很难是同一个人。即是雪芹翁，他的诗才还是不及其文才。其他人等，等而下之。

《射雕英雄传》写到隐居的一灯大师和他渔樵耕读四弟子，那样的场景下，确乎需要有几首民歌性质的东西唱出来。小说写到这里，不能两全，却是两难：用古人的杰作，品质较高，但难免惹人议论；由金庸代拟，或是请诗才稍高的朋友（如梁羽生）代作，都好不到哪里去，进而拉低了整部小说的格调。

黄蓉的"才女"形象，总归是要受"损害"的。我个人感觉，金庸的取舍，得大于失，很值得。如果不斤斤计较于因时代上的错误所造成的损害，那几首散曲，真是用得好，与整个场景、整部小说严丝合缝，完满无缺，用歌德老人的话来说，就是"很切题"，用齐如山的话来说，是"意味极合"。

"金庸的武侠小说流行最广，出了常识以外的错误影响也较大……希望金庸以后笔下更多几分小心。"梁羽生这几句话，还有点道理。"本回樵子和黄蓉所唱'山坡羊'为元人散曲，系属晚出"，这是金庸1975年修改《射雕英雄传》时加上的一个注。加得有点晚，十几年前，《射雕英雄传》还在报上连载的时候，他就该加上，可免误导没有基本文学常识的年幼读者，也可免后来很多的争议。

在最新修订版《射雕英雄传》中，金庸新加一长注，其中有云："评者以本书'宋代才女唱元曲'为笑，作者撰写武侠说部，学识浅陋，于古代史实未能精熟，但求故事热闹，细节不免有误。"

这里的"评者"，当指梁羽生，又似乎不是。梁羽生并无指认金庸"学识浅陋，于古代史实未能精熟"，而是说："宋人不能唱元曲，这是常识问题，金庸决不会不知道。这也许是由于他一时的粗心，随手引用。"

金庸个性之倔强——用他小说中常用的话说，就是"姜桂之性，老而弥辣"——于此事表现至为显明。不是说我错了吗？算我错好了，我承认，并且连你们没有指出的错误，也一并承认！

金庸晚年入浙江大学，南京大学文学院院长董健公开质疑金庸的教授资格与学术水准，2005 年，金庸激动地表示，"这只是他个人的观点，他认为可能我做教授没资格，做中学老师没资格，小学老师也没资格，因为我不是教师'科班'出身！我不想多解释，事实自有公论。"（新闻人物《大侠金庸：常常幻想自己是令狐冲》）董健虽则颟顸，并没有说金庸"做中学老师没资格，小学老师也没资格"啊。

不是说我错了吗？算我错好了，我承认，并且连你们没有指出的错误，也一并承认！这，是金庸个性中很突出的一点。这并不是什么好习惯，但也不算大毛病。

金庸与梁羽生的交往，颇多曲折

1992 年，丁关根问聂卫平："你怎么叫徒弟（金庸）为查先生？"聂卫平答："我崇拜查先生的小说，他年纪又比我大得多，我们是两头大。"

金庸与梁羽生的关系，也类似这种"两头大"。

20 世纪 50 年代，金庸撰文说："梁羽生弟是我知交好友，我叨长他一岁，所以称他一声老弟。他年纪虽比我轻，但写武侠小说却是我的前辈。"这是一个"两头大"：梁羽生既是金庸的"老弟"，又是"前辈"。

据罗孚说，金庸与梁羽生同在《大公报》工作时，私下开玩笑是以师兄弟相称的。那么，谁是师兄，谁是师弟呢？金庸是一定会坚持以"师弟"自居，而梁羽生不会为此过分争执。岁数大的金庸是"师弟"，岁数小的梁羽生是"师兄"，这是另一个"两头大"。

他们师父是谁？二人未必细想过这个问题。其实，他们都可以算是民国武侠小说大家白羽的私淑弟子。

梁羽生写武侠小说比金庸早一年，但进入《大公报》比金庸晚两年，这是又一个"两头大"。

1947 年，《大公报》上海馆公开招聘三名翻译，金庸应聘，并被录用，1948 年调职前往香港《大公报》。1949 年 7 月，梁羽生前往《大公报》应聘，笔试内容是翻译新闻稿，一条是中译英，另两条是将路透社与法新社的英文稿译成中文。主考官正是任《大公报》国际版翻译的金庸。金庸在《痛悼梁羽生兄》一文中回忆："当时我觉得文统兄的英文合格，就录取了。没想到他的中文比英文好得多，他的中文好得可以做我老师。"

从 1949 年开始，二人同事。1957 年，金庸离开《大公报》及其子报《新晚报》，进入长城电影公司，后又离开长城，自办《明报》。他与梁羽生同事约十年。

1961 年 3 月 1 日，金庸创办的《武侠与历史》杂志出版第 42 期，开始连载署名凤雏生的《冰魄寒光剑》。当时只有金庸知道凤雏生就是梁羽生，也只有金庸才能体会梁羽生这个新笔名蕴含的善意。

"凤雏"与"伏龙"齐名，而稍逊一筹，梁羽生为金庸的刊物写稿而自称"凤雏"，是以"伏龙"（或"卧龙"）推许金庸。

梁羽生为金庸的刊物写《冰魄寒光剑》时，金庸与《大公报》还没有反目，但金庸主动脱离《大公报》及长城电影公司，炒了老板的鱿鱼，《大公报》方面对金庸不能毫无芥蒂，《大公报》员工梁羽生帮金庸写稿，就需要用新的笔名。

梁羽生生平写作了三十五部小说，只有这部《冰魄寒光剑》不是以梁羽生的笔名发表的。

梁的作品，刊于金的刊物，水帮鱼、鱼帮水，是朋友间的一份情谊。

大约与梁羽生为金庸的刊物写小说同时，梁羽生还做过一件事，办的就是"公事"了。

（《明报》）才刚创办两年已处于倒闭边缘，《大公报》派梁羽生去和金庸接洽……在维港小轮上，夜色昏黄，清风徐徐，烟波浩渺，梁羽生说费（彝民）先生的意思，你可以用《大公报》的白报纸，金庸当时的确经营困难，他思绪良久，如果这时接受了帮助就无法再言论独立，于是答道：多谢费老好意，我暂时还不需要。（林愈静《金庸，查良镛鲜为人知的故事》）

2009年，梁羽生逝世，金庸撰文悼念，谈到："后来我去办《明报》了。在政治上和《大公报》处于对立的位置。但《新晚报》编辑部的诸位旧友仍和我很好，没有敌对，包括罗孚兄、文统兄等人，不过平时也较少来往了。"由金庸说来，似乎他与梁羽生（陈文统）一直没有中断"来往"，只是有段时间"较少"而已。

这是不准确的，在悼文中这样写，却也是可以理解的。

事实是，有几年时间，金庸和梁羽生完全断绝来往。

据罗孚说，金庸与梁羽生同在《大公报》工作时，甚是相得。后来呢，"由于政治上的原因，两人一度断了往来"。再后来呢，"复交后就又有了私下偶尔以棋相会的雅集"（罗孚《南斗文星高》第129页）。

2004年，梁羽生接受《成都商报》访问，谈及金梁关系："呵呵，说实话，60年代的时候我们关系很紧张，70年代两人的关系慢慢缓和了。"

2012年，梁羽生长子陈心宇接受《成都商报》访问，说得更清楚直白："父亲和查先生关系可以说是惺惺相惜。上世纪六七十年代时由于历史、政治的问题没有见面，但他常提起和查先生在《大公报》一起工作的事。"（彭志强《独家专访梁羽生长子陈心宇：投身财经行业续写梁羽生传奇》）就是说，在60年代后半期和70年代前半期，金庸、梁羽生二人完全断绝来往，"没有见面"。

梁羽生接受《成都商报》访问，在"70年代两人的关系慢慢缓和了"之后，接着说："1994年，金庸到悉尼参加作家节，我在会上发言说，金庸是对中国武侠小说贡献最大的人，我把他喻为中国的大仲马。我相信，他没有料到当初骂他的人，如今会给他这样高的评价。"此中"当初骂他"，所指明显是 1966 年他写的那篇《金庸梁羽生合论》。梁羽生坦承，写这篇《合论》，有"骂"金庸的成分。梁羽生隐约暗示，二人断交跟这篇《合论》关系不小。

因为这篇《合论》及其后二人在报刊上两三回合的交手，金庸与梁羽生算不上"敌对"，但总之闹得很不愉快，再加上金庸与《大公报》越来越针锋相对，之后八到十年间，二人竟断绝来往。

1994 年 11 月，金庸接受冷夏采访，也谈及自己与梁羽生在悉尼作家节上的会面："最近我去澳洲，悉尼举办了一次文学界的聚会，邀请四位作家，我一个，菲律宾一个诗人，还有英国一个作家和澳洲本地的一个作家。在座谈会上，谈及我的小说时，梁羽生先生也来参加了。我们已好几年没见面了，觉得很高兴，他在家里请客，我们还一起下棋。他很感动，以为这一辈子恐怕大家没机会见面了。他很开心，我也很开心，毕竟大家是几十年的好朋友了。"（冷夏《文坛侠圣——金庸传》第 396—397 页）

2006 年 12 月，梁羽生中风，入院治疗。金庸、林乐怡夫妇第一时间赶往医院看望。梁羽生夫人不在，金庸与梁羽生交谈后，仍不放心。走的时候，他留下一张字条，大意是梁羽生如今在港已是旅途中（重按：梁已移居澳大利亚多年），如遇困难，务请告知，自己一定帮忙。杨健思女士说："金庸是怕和梁羽生说过后，梁羽生忘记了，留下字条是为了让家里人看见。"

这可能是金庸与梁羽生最末一次相见。"人间重晚晴"，当人天永隔之际，两位老朋友得见一面，终竟是好的。

2009 年，梁羽生逝世，金庸致悼的种种言行，是有真感情的。感念畴昔，伤怀无极。

梦中"亦曾多次相见"，金庸感念罗孚

金庸在《袁崇焕评传》中谈说：

袁崇焕应崇祯的征召上北京时，他在广东的朋友们替他饯行。画家赵焞夫画了一幅画，图中一帆远行，岸上有妇女三人、小孩一人相送。陈子壮在图上题了四个大字："肤公雅奏"，"肤公"即"肤功"，祝贺他"克奏肤功"的意思。图后有许多人的题诗，第一个题的就是陈子壮。这幅画本来有上款，后来袁崇焕被处死，上款给收藏者挖去了，多次易手流转，到光绪年间才由王鹏运考明真相。一群广东文人后来将图与诗影印成一本册子，承一位朋友送了我一本。原图目前是在香港。

《肤公雅奏图卷》"原图"，如今在哪里？

二〇〇三年广东省政协由吴南生丈倡议，举办了一个"广东历代书法展览"……罗公（罗孚）主动提出有件《肤功雅奏图卷》(《袁崇焕督辽饯别图卷》) 可以借展，并征问我展后捐赠与谁为恰当……我向罗公建议，这个展览在广东举办，这件又是广东重要的历史文献，不如就捐给广东省博物馆吧。罗公首肯……吴老很高兴，电话中向罗公致谢。（许礼平《旧日风云（二集）》第 64—66 页）

《肤公雅奏图卷》由罗孚捐出，现藏广东省博物馆。

吴南生与金庸，也有一段渊源：

五十年代末，那正是香港武侠小说的火红年代。吴南生招待香港电影文化人士包括金庸、夏梦、傅奇等，在从化温泉小住几天。吴南生和金庸等一起讨论当时风靡港澳和海外华人社会的武侠小说，金庸在会上提出能不能将武侠小说拍成电影。当时有人反对，且对金庸的提议有所责难，幸得吴南生发声遏止。当时吴南生出掌中共中央华南分局宣传部，中共广东省委宣传部，也就是兼管新华社香港分社文教宣传工作的领导。吴说："我从小就是看《三侠五义》《施公案》《彭公案》《火烧红莲寺》等武侠小说长大的，现在都能当共产党的宣传部长。"吴南生明确主张武侠小说可以拍电影,并强调武侠小说和武侠电影也可以讲爱国的。(许礼平《旧日风云(二集)》第58—60页)

金庸写《袁崇焕评传》的时候,《肤公雅奏图卷》"原图"在香港,可能归别人收藏,后来才转到罗孚手上,当然也可能当时就在罗孚手里。若在罗孚手里,金庸应该是知道的,很可能在罗孚那里看到过这幅"原图"。

金庸与罗孚,交往很久,交情也是比较深的。

1986年,罗孚让妻子找金庸和黄永玉两位朋友帮忙,信中对妻子嘱咐:"黄和查的为人不同,对他多请托几句无妨。在查面前,话要说得适可而止,不要给他一个苦苦哀求的印象。"(罗海雷《重读查良镛与父亲信札有感》)我在本书第四章"读《人比黄花瘦——读李清照词偶感》偶感"一节,已经谈过此事。这里,不妨再展开说说。

罗孚的公子罗海雷说:"我前几年看到父亲向母亲的提醒就觉得怪怪的,这样还算是老朋友吗?"我认为,"在查(良镛)面前,话要说得适可而止,不要给他一个苦苦哀求的印象",只关乎金庸的个性,而与金庸、罗孚二人友情的深浅无关。

罗海雷接着说:"现在慢慢看懂了,与查先生交往就好像是跟他对弈,需要有相等智慧才可以成为朋友。"金庸逝后,张五常在《日暮黄昏话金庸》一文中谈到:"回想二十八年前跟他的简短交谈,感受上是在跟他对弈,因为他感染着我要推敲他是在想什么。"罗海雷的看法、说法,很可能受了张五常文的影响。

1955年10月5日,金庸在《漫谈〈书剑恩仇录〉》一文中谈到:

八个月之前的一天,《新晚报》编辑和"天方夜谭"的老编忽然问我紧急拉稿……两位老编都是老友,套用《书剑》中一个比喻,那简直是章驼子和文四哥之间的交情……老编很是辣手,马上派了一位工友到我家里来,说九点钟之前无论如何要一千字稿子,否则明天报上有一大块空白。就请这位工友坐着等我写，那有什么办法呢？于是第一天我描写一个老头子在塞外古道大发感慨，这个开头下面接什么全成，反正总得把那位工友先请出家门去。

这位"《新晚报》编辑"应该就是罗孚。起意问金庸紧急拉稿的，主要是他，那位"天方夜谭"版面的老编，追随罗孚之后而已。金庸说，他与罗孚的交情，就像《书剑恩仇录》中"章驼子和文四哥之间的交情"。虽可能有所夸大，也过分谦光（以章驼子自居），仍可看出当时二人的交情已经很是不浅。

有传闻说，金庸就是以这位来催稿的老工友为原型，写出陆菲青这个重要人物。连载版《书剑恩仇录》开篇：

"将军百战身名裂……"这首气宇轩昂志行磊落的《贺新郎》词，是南宋爱国诗人辛弃疾的作品。一个精神矍铄的老者，骑在马上，满怀感慨地低低哼着这词。这老者已年近六十，须眉皆白，可是神光内蕴，精神充沛，骑在马上一点不见龙钟老态……由于满腹故国之思，意兴十分阑珊。

金庸教养极好，他对在《新晚报》（以及后来自创的《明报》）报社工作的老工友，也会以礼相待（《月云》中，金庸说起，小时候就"懂得了巴金先生书中的教导，要平等待人，对人要温柔亲善"。），但是，他应该不会与这样的老工友深交。谈笑有鸿儒，往来少（不是"无"）白丁，金庸结交朋友确有此倾向。我觉得，罗海雷说"与查先生交往，需要有相等智慧才可以成为朋友"，这话大有道理。这个"智慧"，应该主要是文采、学问、才干，而不是心机、心计。罗海雷似乎是说，金庸与朋友们交往，一直都像是在"对弈"，彼此玩心眼斗心思。这种看法，我不赞同。

与金庸交情很深的朋友，如倪匡、沈君山、蔡澜、潘耀明、李纯恩、刘再复，都不是心机极深的人。他们似乎也从来没说过，金庸与自己交往，有如"对弈"。

金庸本人是很深沉的，但我认为，他并不喜欢跟朋友"对弈"，相反，很愿意与朋友推诚相与，简简单单，轻轻松松。

金庸是复杂的，有时候极天真，更多时候极复杂狡猾，有时是看似天真的世故。

罗孚居然也尝试写过武侠小说：

六十年代中期开始，父亲（罗孚）响应党的号召，在《新晚报》写的社评和专栏都不收稿费，但为了支持家庭的开支，和帮助国内的亲人，他也向梁羽生和金庸学习写武侠小说，结果感觉与金庸和梁羽生不是一个档次、可能自己都觉得不好意思，以后不写也不提了。（罗海雷《我的父亲罗孚》第123页）

罗孚的性格，似不适合写小说，尤其不适合写武侠小说。

罗孚的旧诗写得很好，他的散文，以见闻胜。他一生交游广阔，知道很多人很多事的内情，即使也有知道内情的人，多半没他知道得深，写出来自然引人入胜。至于其文笔见识，并无特别过人之处。

我认为，金庸真正佩服赞叹的，是罗孚的办事才干。这方面，罗孚与金庸"有相等智慧"。

香港收藏家、罗孚好友许礼平写过一篇《雾里看花说罗孚》，说他印象里罗孚"温文尔雅，谦和谨慎，学养高，城府深，从不疾言厉色，永远微丝细眼，幽默笑谈。概而言之，是一介极具亲和力的书生，不是手无缚鸡之力、迂腐无能的臭老九，而是很有办法的文人，连些鸡毛蒜皮的琐屑事，都能处理得好"。这段话用在金庸身上，也有七八分合适。

1982年之前，罗孚的工作真是出色，手挥五弦，得心应手，"舞袖能长听客夸"。

1954年，罗孚抓住两派掌门人在澳门比武引起轰动的契机，促成新武侠小说的诞生，《新晚报》与《香港商报》的销量得以跃升。仅此一事，可见罗孚之眼光才干。

罗海雷说其父"一度曾负责系统内《香港商报》的工作指导",金庸1957年开始为《香港商报》写《射雕英雄传》连载,或许就在这个"一度"的时间段。

罗孚若不是金庸的老同事、老领导,而是报业后辈,《明报》老板金庸很可能会极力罗致此人到自己帐下。

金庸很佩服、很看重罗孚这位老朋友,也很在意二人的友情。罗海雷也谈及:

一九八二年父亲的人生出现了一个戏剧性的改变,简单来说就是从香港的高峰跌倒在北京低谷……他为自己订立与以往朋友来往的原则是"人不找我,我不找人",以免自讨没趣。重读这些信札,虽然发现这段时间父亲尽量不求人,但居然为了大哥海星和自己的事,先后三次,而不是一次请求老同事的帮忙。很早就知道在一九八四年,大哥海星请查良镛为他申请香港贸易发展局中国区首席代表职务提供推荐信,当然事前是经过父亲的同意。我的理解是,如果不是查良镛表达的善意与行动,父亲不可能一次又一次地请求帮忙。

……父亲在一九八六年二月到一九八七年十月以笔名程雪野在《明报月刊》发表了二十篇文章,这些事情应该都代表了查良镛的态度。(罗海雷《重读查良镛与父亲信札有感》)

"大哥海星请查良镛为他申请香港贸易发展局中国区首席代表职务提供推荐信"这件事,金庸应该是出力帮忙了,罗海星后来获得了此一职位。当然,也是罗海星学历、能力都很出众,金庸的"推荐信"只是助力。

罗孚请金庸帮忙,不止罗海雷所说的三件事,至少还有另一件。金庸给罗孚的一封信中写道:"胡隆昶先生哲裔学业有成,唯远在美国,敝报亦无适当学术性职位可以借重,请告胡兄,并致歉意。"(《罗孚友朋书札辑》第319页)应该是胡隆昶托罗孚说项,希望能在《明报》为儿子安排一个职位。

这个忙，金庸没帮。也许金庸信中所言确是实情，也可能有"亲疏有别"的因素存焉。胡隆昶也是《大公报》记者，金庸的老同事，与金庸交情或许较浅。假如是罗孚找金庸，帮他自己的"哲裔"——如罗海星、罗海雷——在《明报》安排职位，金庸是可能想办法帮忙安排的。

1986 年，金庸给罗孚的妻子写信（应该是回信）："近来得悉承勋兄生活安定，十分欣慰……二月十八日下午三时至六时之间，任何时候欢迎你和海星到报馆（七楼）来坐坐，借以获知你全家近况。我在报社恭候。"见面后，谈的应该就是罗孚请托的那件事。至于金庸到底帮忙没有，当事人都没明说。

罗海雷倒是有所谈及："有一事母亲记得很清楚，在一九八四和一九八六年与查良镛见面时，他不止一次提到在上世纪六七十年代，父亲是少数愿意与他继续来往的老同事。"（罗海雷《重读查良镛与父亲信札有感》）金庸当时说这话，似乎是在表示罗孚与他关系一直很好，能帮他总会尽力的意思。后来到底帮了没有？局外人都不知道。至少，与罗孚妻子会面时，金庸没有拒绝帮忙。

"六七十年代，罗孚是少数愿意与金庸继续来往的老同事"，这个"六七十年代"，应该是 1966（或 1967）年之前的 60 年代和 1971 年之后的 70 年代。中间那四五年，二人也断绝了来往。罗海雷谈到：

父亲是何时恢复与查良镛的联系，我听到几个说法。第一个是龙绳德（云南省前主席龙云的第七子）的回忆……他曾参加一次父亲安排在北角的饭局，客人是关朝翔医生替父亲邀请的几个新闻界的老朋友，包括查良镛、戴天、胡菊人……龙绳德理解饭局的目的是要恢复当时损害的关系。那时双方关系还是相当紧张，龙绳德特别提到查良镛第二任太太朱玫在饭局期间，每隔段时间就打电话来，给人的感觉好像是要报平安，最后查良镛大儿子，当年也只有十四、五岁的一名中学生，也找了理由上酒楼找父亲，生怕在饭局中有人就把他父亲绑架了……

二〇一二年我曾与父亲确认，他已记不起这次饭局。后来得到关医生回信确认，但他说这次饭局做东与出主意都是他，是他试图将几位老友的友谊再挽回来。客人还有《新晚报》严庆澍……按照查良镛大儿子年纪来推论，这事应该发生在一九七一、七二年之间。

　　另有一说是五妹海呂透露了一件她默守了四十年的秘密。事情要回到一九七二年夏季的某天，母亲跟我们三个男孩说，翌日下午放学不要回家，父亲在家里要和朋友见面……那时海呂还在读小学，父亲允许海呂回家，但要求她待在房间做作业，令她有幸见证了这次秘密约会。

　　事后母亲曾得意洋洋向海呂提到这次见面的背景，说这事时父亲也在座，这时她才知道客人就是查良镛。据海呂回忆，见面是查良镛主动提出的。但我向父亲核实时，他这样回答："见查良镛是自然的事，并不特别，经常见面交换资讯与观点，不存在密谈和上级指示。"

　　还有第三个说法……最晚是在一九七一年下半年，查良镛通过父亲恢复了与《大公报》的联系。这时的查良镛已经名成利就，不单靠武侠小说，还有《明报》的社论成就了他是中国问题专家的身份……需要说明，公开的"冰释前嫌"是在一九七八年以后。（罗海雷《查良镛与〈大公报〉的小秘密》）

　　70年代初，罗孚在长期的隔绝之后，再次宴请金庸，陪客中或有严庆澍（唐人），他与严一向很"铁"，或也说明金庸与严庆澍同事之时还算熟悉，关系也还不错。

　　罗孚谈过"由于政治上的原因，（金庸、梁羽生）两人一度断了往来"，其实他自己与金庸之间，也曾"由于政治上的原因"，"一度断了往来"。这个"一度"，约四五年。

　　2009年梁羽生逝世，金庸在《痛悼梁羽生兄》一文中，好像是说，那段时间，有很多《新晚报》旧友，都仍和他很好。金庸1986年对罗孚的妻子"不止一次提到"的，却是罗孚"是少数愿意与他继续来往的老同事"。我觉得后者更可信。

金庸是一个很念旧情的人，1986 年他对罗孚的妻子"不止一次提到"此节，可以想见，与《大公报》（及附属于《大公报》的《新晚报》）旧友反目，在报纸上相互攻击，金庸当时很无奈，很孤独，感受到极大的痛苦。

那段时间，梁羽生"只写武侠小说和棋评，而不再涉足文史小品及杂文等易生文字是非的东西"（刘维群《梁羽生传》第 383 页），应该不曾在报上攻击金庸，二人"没有敌对"。

罗孚呢？

罗孚那段时间，写过不少批判文章，他晚年回顾："四十多年来我写了不少假话，错话，铁案如山，无地自容。最要命的是，当写下这些假话、错话时，自己却是很为严肃的，认为那是真话和正言，真实无疑，正确无误，很有些'替天行道'的味道。现在大梦醒来，才明白并不是那么一回事，于是感到很大的失落。"（罗孚《文苑缤纷》第 2 页）罗海雷曾问父亲罗孚，"在《大公报》与《明报》的笔战中谁胜谁负"——

父亲的答案真是出乎意外，他说他从来没有和查（良镛）笔战过，那些笔战文章没有一篇是出自他的手！应该说从一九四八年开始，父亲与查双方是知根知底、互通资讯、互相佩服的同事、行家与朋友。（罗海雷《查良镛与〈大公报〉的小秘密》）

看来，确如金庸所言，当《明报》和《大公报》处于对立位置的时候，罗孚仍与他很好，"没有敌对"。

几十年后，《时代周报》记者李怀宇问金庸："你跟同辈的罗孚先生、梁羽生先生还有联系吗？"金庸："我跟他们都是《大公报》同事，后来办《新晚报》。罗孚和梁羽生都是我的好朋友，罗孚常常见面的。梁羽生现在澳洲，生病生得很厉害，我准备过年的时候去看望他。他在香港中风进医院，我去看过他。现在我年纪大了，以前很多老同事都过世了。"

几十年来，金庸很看重罗孚这位老友。罗海雷谈到："二〇一二年虽然在自己身体已经不太理想的情况下，查良镛还出席了众多朋友和老部下为父亲举办的九十一岁庆生会，这算是很够朋友的举动！"

1992年，金庸在信中对"承勋吾兄"（罗孚原名罗承勋）说："自别以来，即在梦魂之中，亦曾多次相见。虽不能说'无日不思'，但肯定每月必有数度忆及。"（《罗孚友朋书札辑》第313页）

三年后，1995年，金庸突发心脏病，急救脱险。病愈后，金庸写信给弟弟说："以我这样的性格，平日很少对人热情流露，居然还有许多人关怀我，真心地爱我。"是"很少"，不是"从不"。1992年给罗孚的这封信，就很是"热情流露"，可见他是如何看重与罗孚多年来的友情。

金庸记林燕妮："林燕妮到睡房去找了一双旧的芭蕾舞鞋出来……微笑着踮起了足尖……她眼神有点茫然，记起了当年小姑娘时代的风光吗？"（金庸《用香水写作》）1992年的金庸，近七十岁了。老年人更容易念旧，"即在梦魂之中，亦曾多次相见"，金庸怀念的，应该不只是与罗孚的友情，他在怀念自己的青春岁月，年轻时代的"风光"。

金庸对年轻时代工作过约十年的《大公报》有着很深的感情。这份感情，投射在持续交往四十年的《大公报》老同事罗孚身上，"虽不能说'无日不思'，但肯定每月必有数度忆及"。

罗海雷说：

一九五〇年的下半年，查良镛（到北京求职失败）重回《大公报》也是一波三折。当年《大公报》主要负责人提出质疑，说这里是他要来就来，要走就走的地方？父亲作为报馆一个年轻领导，最终提出一个各方都能够接受的方案，就是查良镛不回《大公报》而是加入新成立的《新晚报》。《大公报》和《新晚报》关系是一个老板，一个办公地点，两个品牌，两个编辑队伍。只有少数人像父亲是在两部分都有职务，父亲当年是《大公报》副总编辑和《新晚报》总编辑，一度曾负责系统内《香港商报》的工作指导。

当年香港经济还没有起飞，社会上还是人浮于事，好的工作不容易找。

但香港对于查良镛已经不陌生，加上他懂英语，要在香港找到一份糊口工作还是不难。像他这样能力，他可以争取考港英政府的公务员，也可以申请美国新闻处的工作……虽然北上碰壁，他依然对于《大公报》这个平台是看重的。（罗海雷《查良镛与〈大公报〉的小秘密》）

金庸不仅是看重《大公报》这个"平台"，他对这份报纸（尤其是40年代末、50年代初的《大公报》）的工作环境、诸多才识兼备的旧同事有着很深的感情，从政失败，回到香港，虽然不难找到别的工作，但若不能回到《大公报》，金庸可能会很失落的。帮他重回《大公报》的，是罗孚。这一点，金庸应该是一直很感念的。

1955年，鼓励金庸写武侠小说的，也是罗孚。十一年后，金庸在小说创作与办报事业上，都取得了极大的成就。这一年，罗孚办了一份刊物，请金庸写稿。

身为局外人，我可以说：即便没有罗孚催稿，新武侠小说也会兴起，金庸仍有极大可能写作武侠小说；即便金庸不写武侠小说，以其人之才之勤，在香港这种社会环境下，仍将有极大成就。

这种话我可以说，金庸本人不能说。"像你这样的人，到哪里都不会死，就算岳氏夫妇不养你，你在江湖上做小叫化，也决计死不了。"这话，由旁观者任盈盈说来，并无丝毫不妥。换了令狐自己来说："像我这样的人，到哪里都不会死，就算岳氏夫妇不养我，我在江湖上做小叫化，也决计死不了。我不欠岳不群丁点人情！"这就不像人话了。

没有罗孚的促成，金庸很可能走上另一条路。即便仍写武侠小说，晚写两年，他的人生历程也将大大不同。

罗孚于金庸，是有恩的。金庸是懂得感恩的人。八九十年代，罗孚有求于金庸，金庸当会尽力帮忙。

1966年，罗孚以个人的名义，创办《海光文艺》，向金庸拉稿，金庸也难以拒却。于是，《一个"讲故事人"的自白》登载于当年4月《海光文艺》。

沈西城谈及："自创办《明报》后，金庸已没为别家刊物撰稿。"此言基本正确，而略有差误。晚年的金庸，偶尔也给《收获》等刊物写过一二篇文章，那时他已从《明报》退休。

罗孚找金庸为《海光文艺》写稿，金庸难以拒绝，终于还是写了，尽管这篇文章非常不好写。

《一个"讲故事人"的自白》不是自贬

写文章对金庸、梁羽生二人来说，当然都不是难事。问题是，罗孚给他们出的题目实在太难了。恕我直言，罗孚有些强人所难。

罗孚回忆："我们……办了一个'形右实左'的文艺月刊《海光文艺》……为了适应读者的兴趣，引起大家的重视，我们决定发表一篇金庸、梁羽生合论的文章，谈论新派武侠小说在他们勇闯直前下的发扬光大。作者找谁呢？首先想到的很自然就是梁羽生。"（罗孚《两次武侠的因缘》）此时的罗孚似乎没考虑到，撰文来"合论"自己与他人，最不好写。

1981年，杜南发问金庸："您对自己的武侠小说有些什么感想？"金庸回答："这个问题实在不好谈啦，把自己说得太低，读者可能竟会误以为真，岂不糟糕，哈哈！像在《笑傲江湖》里，有一个苗女问岳不群的夫人剑法是不是很高，她觉得这个问题很难回答，说相当不错，好像不大客气，说自己很低，对方会误以为真的很低，所以只好一笑不答，哈哈。"

让金庸、梁羽生各自撰文，"合论"他二人的小说创作，"这个问题实在不好谈啦"，比杜南发提出的那个问题（单独评价自己的作品），更加"不好谈"，怎么写都不合适，怎么写都难，怎么写都会惹争议。

罗孚有些强人所难了。对于梁羽生来说，尤其难，因为他还在《大公报》工作。2001年，香港浸会大学举办的一场武侠论坛上，梁羽生谈到：

《海光文艺》的挂名编辑是一名画家，实际上杂志由罗孚策划……《海光文艺》要打开销路，所以拉人写文章……他计划我写一篇，金庸也写一篇，希望搞得热闹一点，写得不大客气也不要紧……

……罗孚要我写文章，我说不写，因为当时《大公报》已经有些文章骂金庸了，骂不是在 1965 年后，1964 年已经开始骂了，骂的很凶，我也不同意……有些论调是"上纲上线"的……罗孚是个好上司，但太过热心。后来倪匡说我要沾金庸的光所以写这篇文章，也有人说我背后戳人家一刀……什么话都有人说……

……写这个是不是要沾金庸的光，我可以肯定地回答，我写的这篇文章不但没有沾金庸的光，反而沾黑了，黑到了不得。黑到这个程度，我早知道便不写了。(《梁羽生轶事》第 213—215 页)

《金庸梁羽生合论》中，梁羽生对金庸小说也多所批评：

如果说梁羽生某些地方是接受了欧洲十九世纪文艺思潮的影响，则金庸是接受了今日西方的文化影响，尤其是好莱坞电影的影响。在他后期的作品，这种影响更为显著。

好莱坞电影的特点之一是强调人性的邪恶阴暗面，思想基础是建筑在"人不为己，天诛地灭"的哲学思想上，如今说这也算得是一种哲学思想的话。

既然是"人性"有"共通的邪恶"，既然是"人不为己，天诛地灭"，那也就难怪要正邪不分，是非混淆了……在《倚天屠龙记》还勉强可以分得出正派邪派，到了《天龙八部》，则根本就难说得出谁正谁邪……试看这种种刻画，是不是都贯串着一条"人不为己，天诛地灭"的思想线索？

好莱坞电影的另一特点，也是近年来流行的题材之一，是强调"心理因素"，好像一切恶事，都是由于某一个人受了某一件事的刺激，心理失常因而干出来的，因此恶人也就都可以原谅……谢逊、叶二娘在作者的笔下，最后也是得到了同情，得到了宽恕的。

　　罗孚办《海光文艺》，不想显露太多"左"的气息。梁羽生这篇《合论》也说："好莱坞电影的这些哲学思想对是不对？由于这篇东西不是哲学论文，我不拟在此深论，请读者自己判断。"并没有直接批判好莱坞。然而，我个人感觉（未必准确），梁羽生强调金庸小说"接受了今日西方的文化影响，尤其是好莱坞电影的影响"，其实就是批评金庸受西方资本主义思想影响太深了。

　　还有这段："在聚贤庄之会中，金庸虽然着力的刻画了乔峰的英雄气概，公平来说，气氛也渲染得很是紧张刺激，是通过了艺术手法的。但无论如何，总是不能引起读者的同情，得到读者的共鸣。读者甚至会有这样的疑问：'作者是否要借聚贤庄中的酒杯，以浇自己胸中的块垒？'这就是由于不分大是大非，以致减弱了艺术感染力的例子。"（《金庸梁羽生合论》）个人感觉（未必准确），这是既批评金庸小说"不分大是大非"，同时批评金庸本人"不分大是大非"。

　　1995年，梁羽生对曹正文说："关于中国新武侠小说，我只不过算是个开习尚的人，真正对武侠小说作出很大奉献的是金庸。"又说："金庸写人心的复杂，特别塑造背面人物行事的阴险毒辣，我真实是阅历不够，或者说难以想象。"此时的梁先生观念似有所转变，对金庸写人物的"正邪不分，是非混淆"，有更多的肯定，当然也不是完全肯定。很多事是梁羽生"难以想象"的，梁先生的这份自我认知，还是比较准确的。

　　有一次他与舒巷城等人相遇，谈及他因好奇的驱动，去光顾一名据说非常灵验的相士。梁羽生对众人连声赞道："他真的很灵呢！"

　　众人便问："怎么个灵验法呢？"

　　梁羽生答曰："两件事可以证实。其一，他说我和女朋友吵过嘴；其二，他说我适宜在外发展，而且离开家乡越远越好。"

　　众人听罢，不禁发笑："第一件，和对象吵嘴闹别扭是拍拖男女的普通事，此话不必算也是说得准的；第二件，听你的广西口音，谁都知道你现在已经离家很远的了，何足为奇！"

梁羽生一听，恍然大悟，连连点头说道："说得有理，看来是我一时糊涂，中他的计了。"（刘维群《梁羽生传》第401—402页》)

一个纯真善良的小说家，难能写得有深度。

《金庸梁羽生合论》一文，对金庸的思想倾向是有所批评的，但终于没达到"大批判"的高度，惹得陈凡大不满。梁羽生还是希望对金庸按"内部矛盾"处理的，陈凡则早已将其定性为"敌我矛盾"。

"依我看来，金庸的武侠小说似乎还应该回到《书剑恩仇录》的路上才是坦途……'实迷途其未远，觉昨是而今非'，让我改陶渊明《归去来兮辞》的一字来奉劝金庸，不知金庸是否听得进去？"似乎，梁先生仍希望将误入"歧途"的金庸拉回"正路"。

罗孚说："梁羽生在听到我的邀请时并不是面无难色的。他有顾虑，怕受到责备。"梁先生知道可能会受责备，但没料到会受到《大公报》方面如此严厉的责备。2001年，梁羽生说："早知道便不写了。"

经罗孚披露，人们得知《合论》是梁羽生写的，惹起一番争议。

1995年，罗孚在《明报》发表文章，回顾旧事："梁羽生同意写两人合论，但怕引起误会，以为是他一要标榜自己，二要借金庸来标榜自己，因此只同意用笔名发表，而且当有人问起时，要我承认，那文章是我写的。"梁羽生的顾虑，很有道理。写自己与他人的合论，很难不引起争议。

罗孚找梁羽生、金庸写这种文章，强人所难了。他对梁羽生说"写得不大客气也不要紧"，这话，尤其不合适。怎么会不要紧呢？金庸、梁羽生彼此心有芥蒂，友情裂痕加深，这篇《合论》（及金庸接着写的那篇《自白》）所起的作用，并不是不重要的。

《合论》与《自白》两篇文章，确有其价值。但罗孚请人写文章，我觉得，总要设身处地为人着想，不该让人太为难，要充分考虑别人的处境，尽量避免让人写那种有伤友情与友道的文章。那个时代的罗孚，有些"明于礼义而陋于知人心"。

"罗孚是个好上司，但太过热心"，梁羽生此言，似不无后悔怨责之意。怨责罗孚当初让自己写这篇《合论》，可能也怨怪罗孚后来将《合论》作者即是梁先生一事贸然揭出。

1966 年，梁羽生答应写稿，"但却提出了一个条件：发表时不用真名，在有人问起来时，要我出面冒名顶替，冒认是作者。我当然一口答应了……为了故布疑阵，文中有些地方有意写来像是出自我的手笔。"（罗孚《两次武侠的因缘》）二十多年间，只有少数人知道《合论》出诸梁羽生手笔。

金庸是知道的。

罗孚回忆："合论发表后，我请金庸写一篇回应的文章，也希望他能长枪大戟，长篇大论。他婉转拒绝了，但还是写了一篇两千字左右的《一个'讲故事人'的自白》，登在第四期的《海光文艺》上。我是有些失望了，当时的一个主意，是想借他的大文，为刊物打开销路。梁羽生并没有要借金庸抬高自己，我们的《海光文艺》倒是有这个'阴谋'的。"（罗孚《两次武侠的因缘》）罗孚不向金庸说明梁先生已经写在前面，更难说服金庸撰文。金庸终于写了，但未能如罗孚所愿那样"长枪大戟，长篇大论"，实在是罗孚出的这个题目太难写。

感谢罗孚！罗孚让梁羽生与金庸写合论之文，虽是有些不近人情，但有了他的催稿，才有《金庸梁羽生合论》与《一个"讲故事人"的自白》这两篇重要文献出现。

《一个"讲故事人"的自白》，篇幅虽短，却谈出了很多东西，对理解金庸的创作非常之重要。

在《两次武侠的因缘》一文中，罗孚说自己"有些失望了"，他 1995 年在《明报》发表的文章中则说："金庸不肯写两人合论，只写了一篇短文，算是给了面子。""给了面子"应是罗孚当时的真实感受，不是说反话。他接着说："那时候已是经过左派报纸和他的一场'核子裤子'的笔战，拉破脸在前了。"这样的局面下，金庸仍为"左派报纸"的重要人物罗孚所办的刊物写稿，罗孚知道已很难得。

从 1966 年 1 月到 3 月，《金庸梁羽生合论》在《海光文艺》连载了三期。4 月，《一个"讲故事人"的自白》刊载于《海光文艺》。

文中有"老友有命，自当略抒己见"，这个"老友"指向《合论》作者佟硕之。而佟硕之这个笔名，同时指向梁羽生、罗孚这两位"老友"。我认为，主要指向罗孚。罗孚要金庸写稿，金庸不好意思拒绝。

金庸很明智地避开直接谈论自己与梁羽生作品各自的种种优劣之处，攻其一点，不及其余，只谈二人创作态度的不同。

1981 年，杜南发问金庸如何评价自己的作品，金庸说"这个问题实在不好谈啦"。之后，他说："在中国，其实不仅是小说界，像京剧的梅兰芳，他的演技是公认一流的，可是如果你问起他，他一定会说那不行啦之类的谦逊一番。因为如果他真的承认自己是那么好，是一流水准的话，那么，不仅同行受不了，社会也会对他起反感，毕竟中国人认为谦虚是应该的。"

让梅兰芳评价自己，"他一定会说那不行啦"，这只是泛泛地表示谦逊。若是让他自己来写《梅兰芳荀慧生合论》，写出自己比荀慧生的种种"不行"，那太违心了。写荀慧生比自己的种种"不行"呢？"不仅同行受不了，社会也会对他起反感"。好在梅先生没有迫于情面的压力写什么《梅兰芳荀慧生合论》。这种文章，没法写，怎么写都不合适，怎么写都难，怎么写都会惹争议。

1994 年，冷夏谈到，当时编辑也约金庸写一篇合论而金庸婉拒，"似乎您始终不愿做这种比较？"。金庸回答很爽脆："是的，我不想跟任何作者比较。"（冷夏《文坛侠圣——金庸传》第 396 页）

金庸不写"合论"，只写"自白"。"比较"也有，金庸只谈二人创作态度的不同："羽生兄是一位'文艺工作者'，而我只是一个'讲故事人'（好比宋代的'说话人'，近代的'说书先生'）……他的盛意虽然可感，但和我对小说的看法是完全不同的。"

1975 年，金庸为刚修订完的《射雕英雄传》写后记，谈道："修订时曾作了不少改动……加上一些新的情节，如开场时张十五说书……我国传统小说发源于说书，以说书作为引子，以示不忘本源之意。"

修订版《射雕英雄传》中这位南宋说话人，为什么不叫张三、张十三、张十四或张十六，偏偏叫作张十五？

我猜，可能因为金庸自己所写的小说总共是十五部。

金庸"穿越"到南宋，幻为张十五。张十五"转世"到 20 世纪，就是金庸。金庸这个"说话人"，说了十五部大书。

2007 年，金庸说："我写小说，只是抒发情感，不是主题先行，不会想到什么主题，再依此写小说的情节。"（王庆环《金庸与北大学子趣谈中国文化》）我感觉，梁羽生的小说，就很有"主题先行"倾向。金、梁二人的创作态度，大不同。

罗孚 1995 年在《明报》发表的那篇文章中谈到："（金庸）的文章自谦只是一个说故事的人，至少那时候，他恐怕没有想到新派武侠小说会把他抬上了'文学大师'的地位。""恐怕"二字，用得好。罗先生毕竟不同于王彬彬，没有将自己的猜想视为"绝对事实"。然而，罗孚恐怕仍是认为，一个人，既是"说故事的人"，就不能同时是"文学大师"；是"文学大师"，就一定不是"说故事的人"。

罗孚的这一观点，恐怕梁羽生都不会同意的。梁先生谈过："到了宋代，民间'说书'（讲故事）的风气盛行，民间艺人（宋代称为'说话人'）根据传说编造的故事称为'话本'。'说话人'所讲的故事，大都是英雄豪侠的故事。最著名的《水浒传》中的许多英雄故事，就是宋代'说话人'的集体创作，早就在民间流传了的。元末明初施耐庵将这些故事经过艺术的加工和整理，成为现在通行的《水浒传》。《水浒传》是我国最受重视的文学遗产之一。"（梁羽生《笔花六照》第 29 页）"文学大师"与"讲故事的人"，可以同时并存在一个人（如施耐庵）身上，二者并不矛盾，并不是非此即彼的关系。

小说家不屑以"讲故事人"自居，也不过是这一二百年的事。在中国，在西方，较早的那些伟大的、最伟大的小说家，几乎都是"讲故事人"的身份。甚至更古老的《荷马史诗》的作者，也是"讲（唱）故事人"。

也不是所有的现代小说家，都那么"背恩忘本"。1965年辞世的英国小说家毛姆，生前也一再强调自己的"讲故事人"身份。金庸一向欣赏毛姆，这篇《一个"讲故事人"的自白》，其观点和用语，或许很受毛姆影响。

毛姆也曾因其"俗"、因其"商业性"，而饱受批评，时至今日，其"文学大师"的地位已然确立，难以撼移。

2012年12月10日，莫言在斯德哥尔摩音乐厅演讲："我的故乡曾出了一个讲故事的伟大天才——蒲松龄。我们村里的许多人，包括我，都是他的传人……我的方式就是我所熟知的集市说书人的方式。就是我的爷爷奶奶、村里的老人们讲故事的方式……我感觉到自己是站在一个广场上，面对着许多听众，绘声绘色地讲述。这是世界小说的传统，更是中国小说的传统，我也曾积极地向西方的现代派小说学习，也曾经玩弄过形形色色的叙事花样，但我最终回归了传统。"讲完这些，莫言并没有撒腿就跑，逃避领受那极大的荣誉。莫言演讲的结尾说："我是一个讲故事的人。因为讲故事获得了诺贝尔文学奖……在今后的岁月里我将继续讲我的故事。谢谢大家！"

金庸本人是否像罗孚一样，也认为一个"说故事的人"一定不会成为"文学大师"？

今日全社会的"常识"，确是认为"讲故事"很低级，金庸本人未必认同这样的"常识"。从他后来的相关表述来看，他是不认同的，甚至是嗤之以鼻的。

50年代前期，当金庸还不是金庸而以笔名林欢写影评的时候，他就谈过："美国著名的导演梅荣李莱（《鸳梦重温》《魂断蓝桥》《居里夫人》等片的导演）最近写了一本书，书名是'单是才能还不够'，其中认为一部电影好不好，主要决定于电影故事。他说，'我常常说剧本最主要，莎士比亚一定同意我'……他重视电影故事的意见并没有错。"又说："爱听故事，是人的天性。电影观众所以爱看电影，和这个天性有很密切的关系……一部好电影的条件很多，但它一定包含下面这两个条件，故事好，讲得好。"

70年代前期，金庸修改《射雕英雄传》，加上张十五说书的情节，以示不忘本源之意。

90年代，金庸对池田大作谈到："自十九世纪末期以来，学院派文学评论家与瞧不起大众的作家成为文坛风气的法官，以致凡是着重故事的小说都受到贬低，大仲马、巴尔扎克、雨果这些辉煌一时的大小说家的评价被大大降低，几乎沦为二流作家，这样的论断我是不同意的。1994年，澳大利亚的悉尼举行'文学节'，我以外国作家的身份受邀参加。我在会中作了一次演讲，强调'故事性'在文学中仍应占传统上的地位，得到许多与会者的赞同与支持。不过目前流行的观念似乎不易改变。"

2003年，金庸补写《雪山飞狐》后记，说："《雪山飞狐》对过去事迹的回述，用了讲故事的方式。讲故事，本来是各民族文学起源的基本方式……是文学和神话、宗教的起源。讲故事，是任何文学的老祖宗，但后来大家渐渐忘记了。现当代文学界甚至觉得小说讲故事就不够高级，不够知识分子化，过分通俗。"

"我只是一个'讲故事人'"，金庸此言，是自谦，但不是自贬。结合他的各种论述，我个人理解，金庸这句话，是说：我只是一个在今日一般"常识"中被认为比较低级的讲故事的人，而不是我自己认为很低级的讲故事的人。

金宇澄自称，想做一个位置很低的说书人。"位置很低"是社会观感，他自己似乎并不认为"说书人"低人一等。

金庸与金宇澄，都并不敢看轻"说书人"，木心更认为："《子夜》《家》，要是让评话家改编、讲，必定大妙。说书人懂艺术，茅盾、巴金未必懂。说书先生有所师承，'五四'没有了师承……'五四'新文学是民族文化断层的畸形产物，师承断了……所谓新文化时期中国文学，匆匆过客，没有留下可与西方现代文学相提并论的作品。"（木心《文学回忆录》第427页）

1957年，金庸说："就我个人而论，确也希望武侠小说能有资格被称为'文学'，确是在努力依着文学的途径来写作武侠小说。"彼时的他，未必忘了自己的"讲故事人"身份。1966年，金庸在《自白》中说："我只是一个'讲故事人'。"此时的金庸，未必已经下定决心，再不"努力依着文学的途径来写作武侠小说"，再没有"希望武侠小说能有资格被称为'文学'"的野心了。

"努力依着文学的途径来写作"与"讲故事"，两者并不矛盾。

施爱东兄认为："金庸是古往今来最伟大的故事家。"任何人，将任何事，做到最好，做到极限，都是极了不起，乃至是伟大的。

詹宏志曾说："伟大的沟通者都是说故事者。佛陀是说故事者，耶稣也是说故事者。故事之内才有无数的可能含义。"

"讲故事"，在某些人眼中，怎么就成了不名誉的事？

金庸晚年，为《故事会》杂志题词："前人的智慧或愚蠢，都在故事中长期流传。后人听了衷心佩服，或者是——哈哈大笑。"金庸并不以讲故事为可耻。

"自娱娱人"，不是丢人的事

与金庸同一年（相差十几天）逝世的斯坦·李说过："我曾经感到难堪：我只是一个漫画书作者，而别的人能建造大桥，或行医救人。而然后我开始意识到：娱乐是人们生活中最重要的事情之一。没有了娱乐，他们可能陷入深深的困境。我感觉如果你能娱乐别人，那你就是在做好事。"

"娱乐别人"，并不丢人，不值得为之感到难堪。1966年，金庸在《一个'讲故事人'的自白》一文中谈到："我自幼便爱读武侠小说，写这种小说，自己当做一种娱乐，自娱之余，复以娱人。"窃以为，此言亦只是自谦，并无自贬之意。

2006年，我便谈过："在金庸之前，'自娱娱人'这四个字的，恕我浅学，只见王国维《宋元戏曲史》出现过。或许，金庸的自我期许，正是成为王实甫、关汉卿、马致远那种虽当时不被社会承认，但自有其永恒价值的作品的写作者？"（刘国重《破译金庸密码》第 140—141 页）当时我只在傅国涌 2003 年版《金庸传》中读到金庸《自白》的节录，对自己的这一猜测只有四五分把握。后来读到园怡晨兄在金庸贴吧贴出的《自白》全文，我对自己的猜测更加确信，有八九分的把握。

金庸在《自白》中，分明也谈到王国维，谈到王国维的观点："元曲的曲，起源于唐。据王国维的研究，元曲三百三十五种调子，出于唐宋古曲者一百十种，此外若干种虽不知其来源，亦可确定是从唐宋时的曲子变来。"

金庸引述的王国维此一观点，出自《宋元戏曲史》第八章"元杂剧之渊源"。

今就此（元剧所用曲）三百三十五章研究之，则其曲为前此所有者几半。更分析之，则出于大曲者十一……出于唐宋词者七十有五……其出于诸宫调中各曲者，二十有八……然则此三百三十五章，出于古曲者一百有十，殆当全数之三分之一……此外曲名，尚有虽不见于古词曲，而可确知其非创造者如下……

而在该书第十二章"元剧之文章"中，王国维认为："盖元剧之作者，其人均非有名位学问也。其作剧也，非有藏之名山，传之其人之意也。彼以意兴之所至为之，以自娱娱人。"我认为，这即是金庸"自娱之余，复以娱人"一语之出处。

1970 年，陈世骧致信金庸，谈到："当夜只略及弟为同学竟夕讲论金庸小说事，弟尝以为其精英之出，可与元剧之异军突起相比……谈及鉴赏，亦借先贤论元剧之名言立意，即王静安先生所谓'一言以蔽之曰，有意境而已'。于意境王先生复定其义曰：'写情则沁人心脾，景则在人耳目，述事则如出其口。'"陈先生所引述的王国维这一观点，出在哪里呢？

仍是出自《宋元戏曲史》："元剧最佳之处，不在其思想结构，而在其文章。其文章之妙，亦一言以蔽之，曰：有意境而已矣。何以谓之有意境？

曰：写情则沁人心脾，写景则在人耳目，述事则如其口出是也。古诗词之佳者，无不如是。元曲亦然。"并且像"自娱娱人"一样，王国维这段话，也出自"元剧之文章"。

1966 年写《自白》的金庸，已经自拟为"自娱娱人"的元杂剧作者。1970 年，陈世骧给金庸写信，认为金庸小说"可与元剧之异军突起相比"。陈世骧与金庸，相交虽暂，却是真正的知己、知音。

傅国涌则认为："美国华裔学者陈世骧酷爱此书，两次写信给金庸，称誉'可与元剧之异军突起相比'。以陈氏之学术地位，从文学批评高度对此书所作的评价，自然令以"讲故事人"自居的金庸受宠若惊。"（傅国涌《金庸传》第 165 页）受宠若惊？太夸张了吧。说得好像金庸就是一个完全没有自信的傻孩子。傅国涌若说金庸"可能"会受宠若惊，也还罢了，但他不认为这只是"可能"，而是"自然"之事。

2003 年版《金庸传》中，傅国涌在"受宠若惊"后面，还写下"感激涕零"四字。或许，傅先生也觉得毕竟未曾亲见金庸那副"感激涕零"的嘴脸，终于在 2013 年修订版中删掉了这四字。也是不小的进步。

我没有全知全能的天赋，下面谈到的，都只是我个人的揣测。金庸读了陈世骧来信，会感到很荣幸，但未必"若惊"，金庸会大起"知己"之感，同时，还可能感到寥落孤寂，爽然自失。

"元剧之作者"，他们写得那么好，直到逝世五六百年后，经王国维表彰，其文学成就才得社会普遍认可，"元剧之异军突起"才得到公认。同理，金庸的武侠小说，写得再好，毕竟"通俗"，其成就得到公认，难道也需再等待五六百年？

陈世骧以元杂剧比拟金庸小说，甚是得体，但也是让人很感失落的。等待那么久那么久，"通俗文学"中的一流杰作，才能得到承认。难道金庸小说之"经典化"，也要这么久？

傅国涌说，陈世骧将金庸小说比拟为元杂剧，"自然令以'讲故事人'自居的金庸受宠若惊"，似乎金庸若不是"讲故事人"，就可以不那么"自然"地"受宠若惊"了。傅先生难道不知道，元剧演的就是"故事"，"元剧之作者"，他们都是"编故事"的人！

西方大戏剧家，如莎士比亚、莫里哀，也都是"编故事的人"，他们的戏剧创作，也多有"自娱娱人"的一面。

莎剧《终成眷属》剧终，由剧中的国王出面，代表剧团，也代表剧作者莎士比亚，致《收场白》："现在戏已演完，国王成了乞丐……只要诸位高兴，为答谢盛情起见，我们要天天努力讨大家的喜欢。"王佐良认为："（莎士比亚）着眼于舞台效果，希望能打动观众。当时的戏院是简陋的……来看戏的观众也各色各样……莎士比亚及其同伴的任务就是写出能在这样的戏院里上演、使这样的观众满意的剧本，因此他必然要走群众性、娱乐性的一路。十六世纪的英国诗剧首先是大众娱乐，犹如今天的电影、电视一样……它比任何其它文学形式更接近民间。"（王佐良《英国文学史》第 32 页）方平也认为："莎士比亚作为一个职业剧作家，最为关心的是台下观众的情绪反应。"（上海译文出版社《莎士比亚全集》第七卷第 691 页）

司各特在暮年时说："我写作品与其说是希望给别人带来一点短暂的愉快，不如说为自己发现了一个新颖的消遣的源泉。"这与金庸所说"写这种小说，自己当作一种娱乐，自娱之余，复以娱人"，没什么区别。

金庸曾说："像狄更斯的作品，有些在报上连载的也是很着重趣味性的，也要注重读者的反应。娱乐性和吸引力是必要的。"似乎在金庸看来，能"娱乐读者"或者说"娱乐性"强的写作，不仅可以写得像司各特那样好，甚至可以写到狄更斯的高度。

古罗马大诗人贺拉斯认为，文学的功能是有益或有趣，或两者兼之。趣味性有什么不好？

在《布罗迪报告》序言中，博尔赫斯也说："我写的故事，正如《一千零一夜》里的一样，旨在给人以消遣和感动，不在醒世劝化。"这个"给人以消遣"，即是"娱人"。

像博尔赫斯一样，金庸也对"讲故事"的《一千零一夜》推崇备至："苏丹王妃雪哈拉查德为了延命，每夜向苏丹王讲连续故事，故事精采百出，生动之极。她是我们报刊上写连载小说人的祖先……说到讲真假故事，世上自有《天方夜谭》之后，横扫全球,《罗生门》何足道哉！"（金庸《雪山飞狐》后记）

2018 年，马伯庸接受《三联生活周刊》访问时谈到："我的能力决定了我能学到最多的是福塞斯。还有一些作家属于高山仰止，是我达不到的，比如金庸作品中的节奏感和博尔赫斯作品的灵巧。"

傅国涌似乎只注意到，陈世骧在致金庸的第二封信中，引用过王国维的话，而赞誉金庸小说"可与元剧之异军突起相比"。实则，陈先生第一封信中，有"在每逢动人处，我们会感到希腊悲剧理论中所谓恐怖与怜悯"一语，也与王国维有关。或许，陈先生乃以此言，赞誉金庸小说可以媲美（比元杂剧更伟大的）古希腊大悲剧与《红楼梦》。

王国维在《红楼梦评论》中说："兹举其最壮美者之一例，即宝玉与黛玉最后之相见一节……如此之文，此书中随处有之，其动吾人之感情何如？凡稍有审美的嗜好者，无人不经验之也。《红楼梦》之为悲剧也如此。昔雅里大德勒于《诗论》中，谓悲剧者，所以感发人之情绪而高上之，殊如恐惧与悲悯之二者，为悲剧中固有之物，由此感发，而人之精神于焉洗涤。"

陈世骧当然读过亚里士多德《诗论》，但他读王国维《红楼梦评论》应更早，记忆也更深更熟。这句"在每逢动人处，我们会感到希腊悲剧理论中所谓恐怖与怜悯"，既用了亚里士多德《诗论》这个"洋典"与"远典"，也用了王国维《红楼梦评论》这个"汉典"与"近典"。

王国维说的那一段话，可以"在每逢动人处，我们会感到希腊悲剧理论中所谓恐怖与怜悯"一语来概括。

王先生"如此之文，此书中随处有之"，对应陈先生说的那个"每"字。王先生"其动吾人之感情何如"一语，对应陈先生说的"动人"一词。

王国维曾引亚里士多德《诗论》评《红楼梦》，此事陈世骧自然深知。陈先生两封书信，照我理解，就是认为金庸小说完全可以与元杂剧相比，而在某些方面，《天龙八部》可与古希腊悲剧和《红楼梦》相比，皆足"感发人之情绪而高上之"，"而人之精神于焉洗涤"。

《红楼梦》(《石头记》)是什么书？《红楼梦》第一回："空空道人看了一回，晓得这石头有些来历，遂向石头说道：'石兄，你这一段故事，据你自己说来，有些趣味……'"《红楼梦》所记，是一个"故事"。《红楼梦》，是"讲故事"的书！

曹雪芹，是什么人？《红楼梦》第一回："看官，你道此书从何而起？说来虽近荒唐，细玩颇有趣味……"《红楼梦》从头到尾，分明都是说书先生的口吻。像金庸一样，曹雪芹，也是"讲故事人"！

"此系身前身后事，倩谁记去作奇传"，雪芹翁并不以"讲故事"为可羞耻的事。

连曹翁雪芹，都不肯说他写小说完全不想"娱乐读者"。《红楼梦》第一回就说："蓬牖茅椽，绳床瓦灶，并不足妨我襟怀；况那晨风夕月，阶柳庭花，更觉得润人笔墨。我虽不学无文，又何妨用假语村言，敷演出一段故事来，亦可使闺阁昭传，复可悦世之目，破人愁闷……事迹原委，亦可以消愁破闷，也有几首歪诗熟话，可以喷饭供酒。"《红楼梦》有"一把辛酸泪"的一面，亦有"自娱娱人"的一面。董千里提出："一般总认为娱乐性与艺术性或思想性难以并存，然而《红楼梦》的存在已彻底否定了此一观念。"(《金庸百家谈》第 21 页）

金庸与王蒙对谈时说：

清朝乾隆年间文字狱还是很厉害的，我就想，如果我自己是曹雪芹的话为什么要写这部小说呢？……我猜是他的家庭从兴旺到衰败以后，他一个人在那里无聊，又没有功名，不做官也不教书，他在家里面无聊就把过去的历史记录下来。写他自己的事情太明显了，就隐瞒起来，假托一下，把自己的经历写下来，和表姐表妹的关系，和父母的关系，写下来，可能还是为了自己娱乐自己。(《金庸、王蒙话说〈红楼梦〉》)

写小说为了"自娱娱人"，我认为金庸不觉得这很丢脸，因为在金庸看来，曹雪芹写《红楼梦》也只是"为了自己娱乐自己"。

　　受《红楼梦》影响极深的白先勇，1979 年与青年朋友谈小说："像法国新派的'反小说'，我拿来看了，就看不下去，就要瞌睡了。哈……我想小说不管怎么样，很重要的一点，还是 entertain（娱乐），使人看了还想要看下去。有些小说使人看不下去，不管讲怎么，也是失败了。看了一半，闷得不得了，看不下去，这小说还是失败。"

　　金庸晚年，对《南方周末》记者表达过与白先勇相似的观点：

　　我的小说娱乐性还是很强的。我认为娱乐性很重要，能够让人家看了开心、高兴，我觉得并不是一件坏事。小说离开了娱乐性就不好看了，没有味道，我认为这是一种创作的失败。现在有一种文学风气，不重视读者的感受，不注重故事，老是要从小说的内容里寻找思想，寻找意义，这就变成"文以载道"了，这不是文学。我个人觉得思想和意义是不合适用文学来表现的，应该用散文或者论文来表现。我从来是反对"文以载道"的。文学应该是审美的，有美的观点，并不是真或善。

　　显然，金庸并不认为"自娱娱人"和"讲故事"是丢人的事。

　　章培恒认为："我想一个文学作品能够做到自娱娱人，那已经是相当好了。娱人可以有不同的层次，觉得好看好玩是一种，写得惊心动魄也是一种。"（李怀宇《章培恒：文学的人性解放》）

　　接受《时代周报》访问时，金宇澄谈到："必须重视内容与读者，不是我说说而已。我没有'读者必然会读'的自信。记得有一次，我退了投我们杂志的作者稿子，作者说：'我的稿子，全部到了发表的水平。'这话的意思，是说我阅读有问题，仿佛文学高人一等，需要更高的慧眼来看。可惜，文学在我眼里，不是庙堂，也不是低下的品质。我喜欢取悦我的读者。很简单，你写的东西，是给读者看的……小说的第一需要，是献给我心目中的读者，让他们喜欢，让中文读者喜欢，最大程度吸引他们的注意。"

文学天才，不因"娱乐读者"的意图，而明显降低其文学品质。

很多人似乎认定，文学体裁决定了创作者的成就高低。我则认为，创作者的才气，决定了某一文学体裁的高度。

金圣叹《读第五才子书法》说："看来作文，全要胸中先有缘故。若有缘故时，便随手所触，都成妙笔；若无缘故时，直是无动手处，便作得来，也是嚼蜡。"

"没料"的创作者，即便完全是为了艺术，为了人生，为了人类，为了宇宙，为了种种高尚的目的而写作，写的又是当时最"高雅"的文学体裁，可怜脑内空空，写出来的，还是垃圾。

"有料"的创作者，即便是为了赚钱，为了自娱，为了娱人，为了泡妞，为了种种不很高尚的目的，又选择了一种当时公认为"低级"的文学体裁，写下去，他的胸襟怀抱、人生阅历、学识眼界，自然倾泻而出，写出来的，就是杰作。

如金庸1969年对林以亮等人所言，当年莎士比亚选择的，可不是一种高雅精致的文学体裁："任何一种艺术形式，最初发展的时候，都是很粗糙的。像莎士比亚的作品，最初在英国舞台上演，也是很简陋，只是演给市井的人看。那个有名的环球剧场都是很大众化的。"莎剧中，有大量不雅的市井下流话，似有迎合、娱乐观众的极大嫌疑，何尝妨碍莎翁写出世界最伟大的作品？金庸接着对林以亮说："忽然之间，有（莎士比亚等）几个大才子出来了，就把这本来很粗糙的形式，大家都看不起的形式，提高了。"（《金庸茶馆》第三册第187页）

易中天认为："金庸小说的生产颇有些像好莱坞，完全是对准受众的口味来的。你要刺激吗？有！你要安慰吗？有！你要血腥吗？有！你要笑话吗？有！甚至连温馨浪漫，潇洒风流，忧郁伤感他都有，一应俱全，听凭诸位各取所需好了。"似乎如此一来，金庸小说就低级无聊，全无价值。易中天可能不知道，或不记得，英伦大诗人 T. S. 艾略特说过类似的话："莎士比亚的戏剧之所以引人入胜，就是因为他能满足各阶层的观众的需要。"可怜的艾略特，远不及易中天之高雅，居然未将此点看作莎士比亚的罪状，这话由艾略特说来，倒成了最高的赞美。莎士比亚出生地的国际信托基金会主席戴安娜·欧文，也曾似讽实赞地说，莎士比亚有着"声名狼藉的适应力"。

大批评家斯蒂芬·格林布兰特为中文版《俗世威尔——莎士比亚新传》写序，特意谈及："莎士比亚魅力的普遍性几乎从一开始就是一个老生常谈的话题。莎士比亚创作的服务对象是一群五花八门的观众，有男有女，有鸿儒，有白丁，有高官显贵，有贱工怨徒，有财产殷实的人家，也有身份低微的罪犯。莎士比亚尽其所能地发现各种主题，创造了一种跨越一切界限的语言。"莎士比亚是属于"俗世"的，情愿"服务"和"娱乐"他的观众，而不是要拒人于千里之外。

以"娱人"为原初目的而写作，并不羞耻，也不仅是文学作品如此。金庸年轻时精读普鲁塔克名著《希腊罗马名人传》，晚年又与池田大作详谈此书。普鲁塔克在书中说："我开始着手为英雄豪杰写作传记的目的为了娱乐他人，等到深陷其中不能自拔，才知道所有一切完全是嘉惠自己。"这就是金庸说的"自娱娱人"。

天才的作者，即使他创作的原始动机，只是为了赚钱，或完全为了"娱乐他人"，写着写着，就走偏了，偏离了原始动机，不可能一直只是以"娱人"为满足。

一心想着"娱乐读者"，不能尽情表达自己，是最痛苦的事，就像《笑傲江湖》中的秃笔翁："秃笔翁一上手便给对方连封二式，自己一套十分得意的笔法无法使出，甚感不耐……这路狂草每一招仍然只能使出半招，心中郁怒越积越甚，突然大叫：'不打了，不打了！'"所以，金庸说的是"自娱之余，复以娱人"而不是"娱人之余，复以自娱"。一心"娱人"，就难以"自娱"，而自己开心，第一要紧。

90年代，金庸在台湾演讲"历史人物与武侠人物"，谈到："自己胡思乱想,几千几万人跟着自己胡思乱想,觉得很有趣。"读者跟着自己胡思乱想,这才"有趣",方可"自娱"。若是时刻想着迎合读者,那就变成金庸跟着读者胡思乱想了,真真无趣至极,何以"自娱"?

早在1955年,金庸刚写了半年小说,他就在《漫谈〈书剑恩仇录〉》一文中说:"有时文思忽告枯竭,接连数日写得平淡乏味,此时最为难过。幸亏常接读者来信,讨论一场,鼓励一番。写武侠小说之乐,除了让想象力自由发展之外,大概以此为最了。"对金庸来说,"让想象力自由发展"("自娱")是第一乐,与读者沟通(而不是迎合),只是第二快乐的事。

2018年11月初,倪匡对着潘耀明追忆金庸:"《鹿鼎记》写到差不多五分之一,很多人都说《鹿鼎记》不好,那时的查太(林乐怡)说:'很多人认为《鹿鼎记》不好,你不要这样写。'当时查先生拍台:'倪匡说好就行了!'"(《明报月刊·金庸纪念专号》第27页)有时候,金庸是不恤人言、不很顾虑多数读者的感受的。

博尔赫斯在《布罗迪报告》序言中,也并不讳言自己的写作有"娱人"("给人以消遣")的目的,又说:"我把故事的时间和空间放得比较远,以便更自由地发挥想象。"唯有"自由地发挥想象",才能真正娱乐自己。"自娱"第一,"娱人"第二。

某些人,似乎坚信,只有愁眉苦脸、咬牙切齿写出来的小说、戏剧,才是杰作。包不同先生曰:非也非也!

焦灼愁闷的心情下,可以写出好作品,娱乐的态度,也可以写出好作品。

王国维认为"元曲为中国最自然之文学",原因之一,就是创作者"自娱娱人",写得放松。

文学家创作时,有时愁眉苦脸,有时展颜心喜,可以并存于一人身上。将自己的焦灼愁闷痛楚,以恰当的方式表达出来,抒写出来,未尝不是另一种"自娱"?

一心想着"娱乐读者",又是很没必要的事。天才的作者,只用一二分心思在"娱乐读者"上,读者自然受吸引;低能的创作者,打起十二分精神

"娱乐读者"，读者仍将摇头而去。

1969 年（金庸发表《自白》之后第三年）的那次访谈中，金庸又谈及"自娱娱人"，表述稍有不同。林以亮谈到"在美国，有很多地方，都成立了'金庸学会'……你应该继续写下去"，金庸谦虚地表示："一些本来纯粹只是娱乐自己、娱乐读者的东西，让一部分朋友推崇过高，这的确是不敢当了。"王敬羲则说："譬如《汤姆·琼斯》，最初的写作目的还不是为了娱乐？现在我们谁也不能否定它的文学价值。"林以亮帮他补充，说："菲尔丁最初写这部小说，他的出发点已经不单纯为了娱乐读者……这才会出类拔萃，成为后世传诵的文学作品。"以金庸的个性，自然不会趁势攀附菲尔丁，只有当王敬羲逼问，"金庸先生，你在你的作品里，有没有一边娱乐读者，一边也尝试放进一些自己的道德感、人生观，以及对这个时代的批判"，金庸这才含蓄而谦抑地表示："近来也有在这方面尝试的企图。"（《金庸茶馆》第三册第 187—188 页）

另一次访谈中，没人提起菲尔丁这样的小说大宗师，金庸就好意思了，主动说起："武侠小说本身是娱乐性的东西，但是我希望它多少有一点人生哲理或个人的思想，通过小说可以表现一些自己对社会的看法。"（同上，第223 页）

2003 年，金庸又说："武侠小说明显带有其娱乐性，人家觉得好看，并且爱看。至于历史意义、人生意义等等，都是我加进去的。人家对我的小说评价比较高，是因为除了一般性的好玩儿、好看之外还有一些意思、一些人生的味道。"（贾海红《博览群书学会做人——访金庸先生》）

在金庸还以笔名林欢写影评的时候，他就认识到："电影故事给电影提供了一个坚实的基础……我们不但要求一部影片使观众看得有兴趣，同时要使观众在看了这部影片之后，能得到一点好处，或是增加了智识，或者是看清楚了一个问题。"他又说："除了供给观众以娱乐之外，电影必须再以一种有价值有意义的东西告诉观众。"

林以亮既长期关注金庸，与张爱玲的渊源更深。张爱玲出道时，也被认作"通俗"。她也不回避"通俗",说："将自己归入读者群中去,自然知道他们所要的是什么。要什么就给他们什么。"张爱玲也试图"娱乐读者"。然而,接着,她又说："此外多给他们一点别的。"张爱玲,也不是唯以"娱人"为目的。

施爱东兄认为,金庸不仅是"古往今来最伟大的故事家",而"更把人生理想融入小说,用小说讲出自己的政治理想,构筑出自己的乌托邦"。(《知名学者怀念金庸:古往今来最伟大的故事家》)

"讲故事""编故事""自娱""娱人",怎么就成了见不得人、低人一等的事?

博尔赫斯在《侦探小说》一文里说："我们的文学在趋向取消人物,取消情节,一切都变得含糊不清。在我们这个混乱不堪的年代里,还有某些东西仍然默默地保持着传统美德,那就是侦探小说;因为找不到一篇侦探小说是没头没脑,缺乏主要内容,没有结尾的……我要说,应当捍卫本不需要捍卫的侦探小说(它已受到了某种冷落),因为这一文学体裁正在一个杂乱无章的时代里拯救秩序。"

《自白》中,金庸自居"讲故事人",说自己写作为了"自娱娱人",话说得很谦冲,但我不认为,他是在贬低自己和自己创作的武侠小说。然而,《自白》中还有一句"武侠小说毕竟没有多大艺术价值",这总是在自我贬低吧?

有些话,要放到当时的语境下去理解。

与写作《自白》同一时期,略早,1964年底,金庸还说自己的小说"写得差,内容也很无聊,荒诞不经,原是不登大雅之堂的玩意儿"。还原到当时的语境,这句话,也只是负气之言,而无多少自贬之意。那时候,金庸正与《大公报》陈凡等人笔战。对方批判,金庸回击,只言片语不宜孤立视之。

金庸是"言志派"，而非"载道派"

在新修版《金庸作品集》序言中，金庸说："无论如何，我不想载甚么道。"读到这句话，我很是吃惊不小。金庸反对"文以载道"，我丝毫不觉奇怪。令我惊奇的，是他表达的语气，如此决绝，近于宣言的决绝。

我读金庸各类文章，非常多，极少看到"无论如何，我不想怎样"如此决绝的语气。可见，金庸反"载道"，态度之坚决，不稍迟疑，不受商量。

坚决反对"文以载道"，当是金庸经过深思熟虑的，可以视为他写作的最高原则之一。反对"文以载道"，从 1966 年《一个"讲故事人"的自白》，到 2002 年新修版《金庸作品集》序，金庸的态度，一以贯之，从未动摇。

1997 年，温迪雅问金庸，他与梁羽生二人的武侠小说在风格上有什么不同，金庸答："梁羽生对主题的选择更加重视，比如他更重视社会制度，他的阶级意识很强。"（《温迪雅访谈》第 134 页）

2003 年，金庸接受《南方周末》访问时，又谈到："现在有一种文学风气，不重视读者的感受，不注重故事，老是要从小说的内容里寻找思想，寻找意义，这就变成'文以载道'了，这不是文学。我个人觉得思想和意义是不合适用文学来表现，应该用散文或者论文来表现的。我从来是反对'文以载道'，文学应该是审美的……"其中"这不是文学"一语，也是极其决绝的。

1966 年的《自白》中，金庸说自己"绝不像梁羽生兄那样具有严肃的目的"，又说"羽生兄是一位'文艺工作者'……羽生兄却以小说来灌输一种思想"。梁羽生所做的，是"文以载道"的工作，而金庸自己，是断断不肯"载道"的。

2001 年，梁羽生在香港浸会大学"讲武论侠座谈会"上发言："凡讲小说，都讲两点：或者文以载道，或者文以娱众。武侠小说可以兼而有之……"（《梁羽生轶事》第 209 页）《自白》一文中，除了有几句微讽，金庸也没说"文以载道"与"文以娱众"不可"兼而有之"，是金庸自己不想

"兼而有之"，"（羽生兄）和我对小说的看法是完全不同的"。

《自白》发表于1966年第4期《海光文艺》。该刊第5期，又刊出梁羽生的《著书半为稻粱谋》。该文中，梁羽生谈及金庸1957年在《新晚报》发表的《谈批评武侠小说的标准》一文，似在讥讽金庸的自相矛盾。

《标准》中，金庸确是把"主题思想"作为四个标准中的第一个。1957年的金庸，是这样说的："批评一部武侠小说的好坏，我想主要的标准是下面四点：主题思想：一部作品必然是有主题思想的……武侠小说中一般公认的思想是肯定仁侠、义气、反抗暴虐恶政、劫富济贫、锄强扶弱、不屈于恶势力等等。但在一些共通的标准之下，作者的世界观、人生哲学、政治观点等等，也总是反映在作品之中。批评者的立场或者与作者恰恰相反，那么对作品的评价就有了基本上的分歧。比如说，正统的维护者十分欣赏《荡寇志》而要禁止《水浒》，在我们看来，《水浒》的价值却不知比《荡寇志》要高多少倍。"

1957年的金庸又说："梁羽生兄每部作品都包含有明确的思想，如《龙虎斗京华》尤其清楚凸出，这是他重要的优点。"三十年后，1987年，梁羽生在故乡蒙山的一个座谈会上说："我第一部就写了以义和团为背景的八国联军进北京的《龙虎斗京华》，这方面的书我读过，思想性是有点的。"（陶钢《梁羽生传》第382页）此时的梁羽生，仍以《龙虎斗京华》的"思想性"而自豪的。

梁羽生与金庸，根本就是鸡同鸭讲，各说各话。

从1957年到1966年，十年过去了。十年间，从《标准》到《自白》，金庸的思想变化很大，他的工作环境也大不一样了。1966年写《一个"讲故事人"的自白》，金庸不再特别重视小说的"思想性"。

其实，金庸强调艺术作品"主题"之重要，不始于1957年。50年代前期，他为《长城画报》写影评的时候已是如此。例如："我们如何知道一张片子是好片子？首先，就像所有好的艺术作品一样，它必须有一个主题，而且是正确的主题。"（金庸《什么是好片子》，署名姚馥兰）

金庸想法的转变，也不是迟至 1966 年才发生的。1959 年，金庸离开长城电影公司，自创《明报》，一个重要原因："他们的摄制方针和我个人的意见很不相投，比如他们很注重思想教育，当然，我不是否定他们，但自己的艺术创作意图因此不易发挥。"这里，金庸也没说拍电影不应该"载道"，不可以"注重思想教育"，是他自己再不想"载道"了，不再重视电影的"思想性"了。

金庸更强调文学的"艺术性"。尽管他谈及自己作品时一直表现得很谦虚，但同时他也一直表示，小说，他自己的小说，是"艺术"，是"艺术品"。金庸在 1966 年的《自白》中说："武侠小说毕竟没有多大艺术价值，如果一定要提得高一点来说，那是求表达一种感情，刻画一种个性，描写人的生活或是生命……艺术主要是求美，求感动人。"在他看来，武侠小说"没有多大艺术价值"而仍是"艺术"。1969 年，金庸决定对旧作进行"大修"，当时对林以亮解释说："至于小说，我并不以为我写得很成功……从来没有修饰过。本来，即使是最粗糙的艺术品吧，完成之后，也要修饰的。"2002 年，金庸为《金庸作品集》写新序，谈到："小说是艺术的一种，艺术的基本内容是人的感情和生命，主要形式是美，广义的、美学上的美。在小说，那是语言文笔之美、安排结构之美。关键在于怎样将人物的内心世界通过某种形式表现出来。"

白先勇在与胡菊人对谈时说："'五四'以来，一般看小说，是把它当作哲学来看，当作社会学或当作政治学来看，没有把小说当作艺术品来看。"金庸则在新修版《金庸作品集》序中说："小说是艺术的一种……好或者不好，在艺术上是属于美的范畴，不属于真或善的范畴。判断美的标准是美，是感情，不是科学上的真或不真，道德上的善或不善，也不是经济上的值钱不值钱，政治上对统治者的有利或有害。"白先勇与金庸，都更强调小说的"艺术性"，而不是所谓的"思想性"，都反对"文以载道"。

"小说艺术，是夏（志清）先生评论作家及其作品所定的最高标准"，白先勇对此甚为赞佩、认同。

然而，还是在新修版《金庸作品集》序中，金庸又说："大致来说，这十五部小说是各不相同的，分别注入了我当时的感情和思想，主要是感情。"虽说"主要是感情"，毕竟仍有"思想"在。

　　金庸在十五部小说中，注入的是自己的"思想"。他所坚持的，应该是"独立之精神，自由之思想"的那种"思想性"。小说中表达的，是自己独立思考后产生的自己的思想，而不是"代圣人立言"。金庸所肯定的，是小说家自己的、自发的思想，而不是"文以载道"的那个"道"、那个"思想性"。

　　张佳玮兄说："我国现在有种倾向，说到西方或古典就会肯谈谈文本结构、技巧手法、风骨韵味、文气语感，唯独一涉及现当代文学，就出来各种现实意义、揭露批判之类作用，以及许多故弄玄虚的名词，好像到了现代作品就不是让人读的似的。这种19世纪已经被福楼拜嘲笑过的迂腐狭隘观点，我实在是不敢苟同。"

　　"思想性"就是评价文学作品的最高标准？若是经过独立思考得出这样的结论，我虽不赞成，至少尊重别人的思考。然而，恕我直言，很多人，根本没有思考过，没有将其在怀疑中锤炼过，就接受了这一观点，而以为这就是自己的观点，信之不疑，并捍卫之。

　　1956年12月，金庸在《〈无比敌〉有什么好处？》一文中说："（梅尔维尔）自己也不大知道（《白鲸》）这作品的主题应该是什么，然而他写了一个动人的故事，尤其重要的，是他描写了船长亚海勃这个深刻的叛逆的灵魂。"1957年，金庸在《标准》一文中说："一部作品必然是有主题思想的。有的是作者有意识的力求表达这主题；有的是作者信笔写去，但仍然出现了主题。"后来，金庸越来越倾向于"信笔写去但仍然出现了主题"，而对"作者有意识的力求表达这主题"更不以为然。

　　1979年，金庸在香港中文大学，陈方正教授问："您的小说中，似乎有意无意对传统道德提出探索，我们读者，多数一半受西方思想，一半受中国教育影响，您的小说迷人就在这里：表面上是推崇，骨子里令人思考各种价值……这是神来之笔，还是有意安排？"金庸答："每部小说我先确定几个主要人物，然后再配上情节。至于对中国传统有疑问的问题，对真理探索的问题，不是我构思重点。后来发展下去，自己的想法就自然地融了进去……以我多年来在香港对婚姻、爱情、许多事务的看法，都是很现代的。"（刘晓梅《文人论武——香港学术界与金庸讨论武侠小说》）

1981年，金庸在长文《韦小宝这小家伙》中谈到："我写小说，除了布局、史实的研究和描写之外，主要是纯感情性的，与理智的分析没有多大的关系。因为我从来不想在哪一部小说中，故意表现怎么样一个主题。如果读者觉得其中有什么主题，那是不知不觉间自然形成的。相信读者自己所作的结论，相互间也不太相同。"其中"从来不想"一语，说得过于"绝对"，并不合乎实情。

1957年，金庸在《标准》一文中谈到："作品是否很好的表现了主题，也是批评的重要标准之一。我想拿我自己写的三部武侠小说来说说。我企图用《书剑恩仇录》来表现这样一个主题：'决不要对压迫人民的统治者存幻想，不可和他妥协。'《碧血剑》的主题是：'民族与人民革命的利益，必须放在个人的恩怨与利益之上。'《射雕英雄传》的主题是：'描写一个浑噩无知的少年，怎样逐渐在生活中成长发展，而成为一个英雄。'我自己觉得很不满意，因为这三个主题都表达得不好。尽管香香公主用她的鲜血在地下写出这部书的主题：'决不要相信皇帝。'但我想许多读者们看了这部小说后，或许只记得一些打斗与爱情场面，并不去理会我所企图表达的主题思想，可见在处理上是不成功的。"金庸最早两三部小说，还是想着"故意表现怎么样一个主题"的。可能那时的金庸对"主题"的信仰就不很坚定，结果呢，"处理上是不成功的"。

金庸后来的作品，也不是完全不存在"预设主题"的情况的，例如《笑傲江湖》，"这部小说通过书中一些人物，企图刻划中国三千多年来政治生活中的若干普遍现象"。很难说这就不是《笑傲江湖》的"主题"，也很难说在金庸的构思过程中这一"主题"尚未成型。

只是，金庸后来作品的"主题"，即便是"预设主题"，也都是自己定下的"主题"，基本不受他人影响了。《射雕英雄传》的主题是"描写一个浑噩无知的少年，怎样逐渐在生活中成长发展，而成为一个英雄"，从第三部作品开始，金庸小说的"主题"就已经很"自我"了。

1979 年，在香港市政局举办的首届"中文文学周"中，白先勇、余光中、胡菊人三人座谈。座谈记录题为"文学的主题及其表现"，发表在金庸创办、胡菊人主编的《明报月刊》上。

胡菊人说："新文学兴起，一开始、一诞生时，就肩负了一种任务、一个目的、一种功能……六十年来，中国文学界可以说有种'唯主题论'的倾向……有时我们甚至把主题简单化，这是一种毛病……因为太着重主题，太着重积极功能，便往往忽视了形式，写不好了。"

白先勇说："至于文学的主题，我们常常只关注它是否有社会意义或历史意义，其实文学的主题是多方面的，"又说："主题不应以类别来分优劣。中国的批评家时常为作家限定主题……这对一个作家，我想是不可能的。"

余光中说："说的是什么，就是主题；怎样去说，就是表现。一般人总比较忽略表现，而较为强调主题"。余光中本人则认为，"表现"比"主题"更重要。

座谈会上，余光中引用了周作人"文学无用"的观点，而表示赞佩之意。我感觉，不在这个座谈会现场的金庸，他的文学主张，也与知堂老人很接近。

1932 年，周作人在《中国新文学的源流》一书中说："元朝有新兴的曲，文学又从旧圈套里解脱了出来。"这与王国维所说"元曲为中国最自然之文学"有几分相似。

周作人说："陆放翁，黄山谷，苏东坡诸人对这（'载道'）潮流也不能抵抗，他们所写下的，凡是我们所认为有文学价值的，通是他们暗地里随便一写认为好玩的东西……（苏东坡的作品）另外的一小部分，不是正经文章，只是他随便一写的东西，如书信题跋之类，在他本认为不甚重要，不是想要传留给后人的，因而写的时候，态度便很自然，而他所有的好文章，就全在这一部分里面。"这很有点像王国维和金庸所说的"自娱"。

周作人认为:"文学是用美妙的形式,将作者独特的思想和感情传达出来,使看的人能因而得到愉快的一种东西……在我的意思中,这'愉快'的范围是很广的:当我们读过一篇描写'光明'描写'快乐'的文字之后,自然能得到'愉快'的感觉;读过描写'黑暗'描写'凄惨'的作品后,所生的感情也同样可以解作'愉快'——这'愉快'是有些爽快的意思在内。"所表达的意思,与王国维、金庸所说"娱人",也很有些相似。

金庸自述,阅读周氏兄弟的文章是在中学时期,十几岁的年纪。到金庸晚年,与池田大作对谈时,分别给予周氏兄弟的文章以"深刻而锋锐""意境冲淡而念意深远"的考语。我的理解,"念意深远"说的主要不是文笔,而是观念。

2004年,《外滩画报》记者问:"对您文学生涯最有影响的人是谁?"金庸答:"近代作家,沈从文文章写得好,鲁迅也好,周作人也好。"

《书剑恩仇录》第十回正文之后,有一长注,大致写在70年代前半期。长注中,金庸大幅引录周作人《杂谈旧小说》一文,认为"周作人的说法颇有见地"。

钟叔河所编《周作人文类编》第三卷收录《旧小说杂谈》一文,与金庸引用的《杂谈旧小说》名称略有不同,内容是一样的。此文又见于陈子善、鄢琨所编《饭后随笔》一书,题目亦作"旧小说杂谈"。"杂谈旧小说"之题,当是金庸误记。

由《周作人文类编》可知,周作人此文,"1969年3月刊于《明报月刊》39期,署名周作人,未收入自编文集"。

1966年1月,金庸创办《明报月刊》,并亲力亲为主编一年。第二年起始,就交由胡菊人主编。其后,金庸虽已交卸了总编的权责,但对《明报月刊》的关注依旧,知堂老人《旧小说杂谈》一文,1969年3月在《明月》刊出,金庸当时就应该看到了。或者,胡菊人与金庸相知有素,知道金庸喜读知堂文,又关注旧小说,在正式刊出前,已将知堂手稿拿与金庸阅看,也是可能的。

周作人推重"公安派"的袁中郎（袁宏道），而在《书剑恩仇录》第七回，陈家洛漫步西子湖，心里想到："袁中郎初见西湖，比作是曹植初会洛神，说道：'山色如娥，花光如颊，温风如酒，波纹如绫，才一举头，已不觉目酣神醉。'不错，果然是令人目酣神醉！"

袁宏道在《叙小修诗》中赞扬其弟袁中道的诗："大都独抒性灵，不拘格套，非从自己胸臆流出，不肯下笔。"这是袁中道的，也是袁宏道的文学主张；是周作人的，也是金庸的文学主张。

"从自己胸臆流出"一语，金庸当会格外喜欢。

1932年，周作人在《中国新文学的源流》一书中，将中国文学分为"言志派"和"载道派"，而反对"主张以文学为工具"的"载道派"。何为"载道派"？

言志派的文学，可以换一名称，叫做"即兴的文学"，载道派的文学也可以换一名称，叫做"赋得的文学"……"赋得的文学"是先有题目然后再按题作文。自己想出的题目，作时还比较容易，考试所出的题目便有很多的限制，自己的意见不能说，必须揣摩题目中的意思，如题目是孔子的话，则须跟着题目发挥些圣贤道理，如题目为阳货的话，则又非跟着题目骂孔子不可……总之，这种有定制的文章，使得作者完全失去其自由，妨碍了真正文学的产生，也给了中国社会许多很坏的影响，至今还不能完全去掉。正如吴稚晖所说，土八股虽然没有了，接着又有了洋八股……我认为凡是载道的文学，都得算作遵命文学，无论其为清代的八股，或桐城派的文章，通是……现在虽是白话，虽是走着言志的路子，以后也仍然要有变化，虽则未必再变得如唐宋八家或桐城派相同，却许是必得对于人生和社会有好处的才行，而这样则又是"载道"的了。（周作人《中国新文学的源流》）

金庸所反对的，应该就是这种"文以载道"的风气。2002年，金庸在作品集的序言中说："中国人的文艺观，长期以来是'文以载道'……他们不相信文艺所表现的是感情，认为文字的唯一功能只是为政治或社会价值服务。"

有人问日本导演北野武："有人认为观众会模仿您电影中的暴力情节，对现实生活产生不良影响，对此您怎么看？"北野武回答："现在市面上满眼的感人故事和心灵鸡汤，也没见社会变好啊！"

1932年，周作人说："我们所说的文学，只是以达出作者的思想感情为满足的，此外再无目的之可言。"七十年后，2002年，金庸说："这十五部小说是各不相同的，分别注入了我当时的感情和思想，主要是感情。"更早前，1981年，金庸在长文《韦小宝这小家伙》中谈到："从《书剑恩仇录》到《鹿鼎记》，这十几部小说中，我感到关切的只是人物与感情。"

1936年，周作人又在《自己所能做的》一文中补充："凡载自己之道者即言志，言他人之志者亦是载道。我写文章无论外行人看去如何幽默不正经，却自有我的道在里边，不过这道并无祖师，没有正统，不会吃人，只是若大路然，可以走，而不走也由你的。"

金庸的小说，也是有"主题"、有"思想"的，但都是"自己的"思想与感情。湖南卫视记者问："我发现您的小说里也总是有'修齐治平'这些论道在里面，这是不是跟您的抱负也有关系呢？"金庸答："这是不知不觉就写进去了。因为小说不一定要把自己的政治思想写进去，故意写进去就不好了，所以说'文以载道'，我觉得文学也不要载道。"记者又问："为什么会不知不觉写进去呢？"金庸答："因为我本身，一方面写小说，一方面写社评，那么政治思想自然而然，写小说的时候不可能把另一方面全部划掉。"（张英《侠是一种很崇高的道德》第88—89页）

金庸对杜南发、倪匡说的一段话，尤其值得注意：

文学必须有一定的影响和功能，不过，我个人不想把文学当成是一种影响社会的工具。我觉得这些都是副作用，艺术本身还是艺术，它并不是追求什么目的，只是追求一种美感。

人的价值观念有许多不同的范畴，科学是追求真实……至于宗教的道德观念，则是在研究善与恶的问题。文学艺术则是侧重于美或不美的追求……

当然，这种讲法会有很多人不赞成，很多文学理论家喜欢把善和美放在一起，相提并论。他们总喜欢谈论某一部小说对人们有什么效果，那首音乐对人们又有什么好处。有个笑话，说音乐可以陶冶性情……贝多芬自己的性情却一点也不好到那里去。哈哈，所以，我觉得听音乐只要觉得好听不好听就可以了，至于听了之后你会变得好一点或坏一点，相信不会是音乐家作曲时想追求的效果。音乐是非常抽象的，一般交响乐究竟是要表现什么，大概连作曲家自己也不知道。可是偏偏有人一直要去解释……其实它原来未必是那么一回事，都是后人添加上去的。

音乐很抽象，人们给它添上各种解释，那也无所谓。小说是具体的文字，人们就很喜欢研究某一部小说对人是有好影响或坏影响，对世道人心有没有贡献。当然，一部作品的影响是有的，不过，作家在写的时候，有的人也许会怀有这个目的，我本人则不大想。我如果想写这些人的话，我只侧重于描写他们的情感、个性，他们之间的相互关系。（杜南发《长风万里撼江湖》）

这次谈话，金庸更声言："文学不是用来讲道理的，如果能够深刻而生动地表现出人的感情，那就是好的文学。我不赞成用'主题'来评断一部作品。主题的正确与否，并不是文学的功能。"

金庸是"言志派"，不是"载道派"。这一点，在他与池田大作的一段对谈中表述得尤其清楚：

在作品中自然流露作者本人的思想品质，应该是常有的。我在评论性的文章中，理想、公道、正义、道德等等观点是经常强调的，但这些观点并没有故意在文学创作中发挥……故事在不知不觉之中极强烈的肯定了中国人的传统美德。那是以具体的人物与事件、行动来表现的，并不是用言论来说教讲道理。

我个人以为，文学的主要目的，是抒发作者的感情，因而引起读者（或听众、或观众）的共鸣，即是以强烈而深刻的感情感动读者。文学（包括诗、小说、戏剧）的主要内容是感情。这是中国传统的观点。然而表达思想内容也是文学的一个重要目的。中国最古的文学结集是《诗经》，它的序言开宗明义就是"诗言志"。这个"志"字既包括感情和情绪，也包括心胸怀抱、思想意志，有情感部分，也有理智部分。

周作人所言"言志派"，语出《毛诗序》。这里，金庸也谈到"《诗经》序言开宗明义就是'诗言志'"。

沈从文说："你们多知道要作品有'思想'，有'血'，有'泪'；且要求一个作品具体表现这些东西到故事发展上，人物言语上，甚至于一本书的封面上，目录上。你们要的事多容易办！可是我不能给你们这个。"唐山全在《沈从文作品"没思想"，为什么能名扬世界？》一文中解说："沈从文是主动拒绝给读者以'思想'的，因为'思想'属于哲学，不属于小说。'思想'只可照亮一群人，小说却能照亮全人类。"

莫言似亦属"言志派"，反对虚头巴脑、煞有介事的"思想性"。

博尔赫斯一向强烈反对文学政治化和道德说教，反对"文以载道"，也是"言志派"。博尔赫斯《布罗迪报告》序言中那句"我写的故事，旨在给人以消遣和感动，不在醒世劝化"，实在韵味无穷。前面我已经分析过，博尔赫斯的"给人以消遣"，其实就是王国维与金庸说的"娱人"。

博尔赫斯说自己写的故事，"旨在给人以感动"。金庸在1966年的《自白》中也说："艺术主要是求美，求感动人。"

博尔赫斯说的"醒世劝化"，其实就是"文以载道"，过分强调文学的"思想性"和社会意义，而这是博尔赫斯所不赞成的。

沈从文、金庸、白先勇、余光中、博尔赫斯、纳博科夫，他们未必完全不重视作品的"思想性"，他们反对的是"文以载道"的那种"思想性"，反对以"载道"或重视"思想性"的名义轻视与压抑"人性"。

重在刻画"人性"，金庸私淑莎翁

金庸在 1955 年至 1972 年间，总共创作了十五部小说。这十七年里，这十七年以后，金庸一直坚持"人性论"。

《神雕侠侣》后记说："道德规范、行为准则、风俗习惯等等社会的行为模式，经常随着时代而改变，然而人的性格和感情，变动却十分缓慢。三千年前《诗经》中的欢悦、哀伤、怀念、悲苦，与今日人们的感情仍是并无重大分别。我个人始终觉得，在小说中，人的性格和感情，比社会意义具有更大的重要性。"

类似的说法又出现在《笑傲江湖》后记中："影射性的小说并无多大意义，政治情况很快就会变，只有刻划人性，才有较长期的价值。"

1981 年，杜南发问："您的小说主要是透过刻画书中人物的个性，去表现和反映人类的情感，希望给读者产生一种真实和切身的感受？"金庸答："对的，我只是希望写得真实，写得深刻，把一般人都不太常注意到的情感都发掘出来，表现出来。"这里金庸说的，其实还是"人性"。直到 2002 年，金庸还是老调重弹："我是想努力描述一下历经世代都不曾改变的人们共有的爱憎情感。无论《圣经》中吟咏爱情的《雅歌》，还是中国几千年前《诗经》中的爱情佳句，世界和时间不断变换，可是谁又发现这些基本的情感有过什么变化？"（《金庸和保罗·科埃略对话实录》）

这种论调我们并不陌生。1927 年的周作人就曾感叹："在人性面前，三千年的时光几乎没有什么威力。"（《谈虎集·小书》）沈从文则说："水一样的湘西，我只想在此建一座希腊小庙，里面供奉着人性。"沈从文受周作人影响很大，金庸受沈从文影响很大，而金庸的文学观念，又与白先勇有很多相似之处。白先勇曾对《北京青年报》记者说："我的看法是，文学是写人性人情，人性人情是不变的，除非哪天发明一种药，人变成外星人了。喜怒哀乐，生老病死，抓住永恒的东西来写，总是会触动人的不变的东西。"

白先勇还对《瞭望东方周刊》记者说过："我相信，几千年下来，不管社会习俗、人类表达爱情的方式怎么变，人性基本上是不变的。即使是手机时代，每个人内心还是追求那种天长地久的爱。"2017年，许知远问："那您现在还有强烈的写作欲望吗？"白先勇答："有的，如果还可以写的话，我想把人类心灵中无言的痛楚转化成文字，用文学写人性人情，这就是一个作家神圣的使命了。"

小说家如沈从文、金庸、白先勇，他们重视刻画人性，必然反对"文以载道"，必然更重视作品的"艺术性"，而不是所谓的"思想性"。卡尔·马克思认为："专制制度必然具有兽性，并且和人性是不相容的。"我个人认为，重视刻画人性，很可以理解为另一种"思想性"，并且是文学艺术作品最重要、最本质的"思想性"。

金庸说自己，多次重复说自己，说自己的文学创作，旨在刻画人性。金庸还说过另一位文学家，多次重复说，表彰他在刻画人性上的成功。这另一位文学家，并不是沈从文，也不是周作人，而是莎士比亚。

2006年，《金庸散文集》出版，这是金庸在中国内地出版的第一本散文集。金庸在该书后记中说："这次作家出版社……准备转载我发表在《三剑楼随笔》中的一些杂文……我不但同意正式授权转载，还另外找出一些当年在《大公报》发表过的旧作……这些旧文都是评谈戏剧、电影、音乐、舞蹈的杂作，因为文化戏剧有永久性……内地读者……不致太过隔膜。"看来，《金庸散文集》中那十二三篇与莎士比亚有关的文章，都是金庸自己找出来，交给出版社的。可见金庸对"有永久性"的莎剧的推重，亦可见金庸对自己当年用心写出的这十几篇谈莎剧的文章还是很满意、很看重的。

金庸谈"莎剧与人性"，谈了三四年；金庸谈"金庸小说与人性"，谈了三四十年；前者的数量，不见得比后者更少。

1954年7月，金庸谈《驯悍记》："（莎士比亚）的伟大在于作品内容的深刻和人性刻画的生动。"这里谈的是"莎士比亚与人性"。该文中，金庸又借用苏联学者的话："莎士比亚的创作所环绕的中心是人类。在莎士比亚的剧本中，最值得我们研究的就是人类性格的多面性。"所谈仍是"莎士比亚与人性"。

1955 年 1 月 10 日，金庸谈《罗密欧与朱丽叶》："这个悲剧的基本主题是揭露中世纪封建社会对人性的压制，歌颂坚贞的爱情。"该文结尾说："我们所以为这个戏如此深切地吸引和感动，只因为我们和这两个人的思想感情是融合一致的。"所说的，也是"人性"，人类共通的"人性"。

金庸是从 1955 年 2 月 8 日开始写第一部小说《书剑恩仇录》的。由《驯悍记》《罗密欧与朱丽叶》谈到"莎士比亚与人性"，犹在金庸写作武侠小说之前。

1956 年 5 月，金庸说："批评家们认为就情感的强烈和细致、内心的丰富和深刻而言，她（乌兰诺娃）饰演的朱丽叶超越了她以往的任何角色……我想，也正因为莎士比亚是如此丰富的描写了朱丽叶，所以乌兰诺娃在创造这个角色时有了极好的依据，这是她在饰演其他角色时得不到的。"这里，金庸谈的仍然是"莎士比亚与人性"。

到了 1957 年，我们先看金庸写的《谈批评武侠小说的标准》。金庸说："就我个人而论，确也希望武侠小说能有资格被称为'文学'，确是在努力依着文学的途径来写作武侠小说。"然后再看金庸谈"莎士比亚与人性"。

1957 年 4 月，金庸说："使他这些剧本成为不朽的，是他对于人之性格的深入的刻画。"1957 年 5 月，金庸谈由莎剧改编的电影《第十二夜》，一文中有四处谈及"人性"："莎士比亚由于对人性的洞察，深刻地描写了马扶里奥这个形象。""我想原作（比电影）是更为深刻，对人性有更多的暴露。""这个戏剧的伟大之处，是在于人性的刻画，而不在于情节的奇特。"而该文开篇，金庸说："莎士比亚所以成为文学上百世的宗匠，决不是由于他作品中情节的离奇曲折，而是由于他对人性深邃的了解与刻画。"

"武侠小说能有资格被称为'文学'"，金庸这个"希望"如何实现？有莎士比亚的光辉榜样！金庸"确是在努力依着文学的途径来写作武侠小说"，这是一条什么"途径"？就是莎士比亚走过的光辉道路：对人性深邃的了解与刻画。

莎士比亚是什么人？谌容小说《散淡的人》中，那位莎学家说得好："他是个戏剧家，其实，这也是他死后人家恭维他的话。生前，他可没有这份荣耀。他是个缺少表演才能的戏子，后来改编别人的剧本，被伦敦戏剧界的雅士们攻击为偷窃'孔雀的羽毛'来装饰自己的'老粗'。"布鲁姆在《西方正典》中谈及："就法律而言，演员的地位在伊丽莎白时代的英国，近于乞丐和类似的卑微者。这无疑使莎士比亚感到痛苦……作为一个演员兼剧作家，莎士比亚必须仰仗贵族的赞助和保护。"

莎士比亚生前，社会地位很低，在文坛上的地位只有更低，而终于凭借"对人性深邃的了解与刻画"，举世公认为"百世的宗匠"，布鲁姆称之为"迄今为止最伟大的文学巨匠"。

2000 年，金庸在杭州说："我看作品只分好坏，不分流派。好的就是好的，只要描写了人的性格，人的感情，人的同情心，人道主义，就是有价值的。"而"人的性格，人的感情，人的同情心，人道主义"，皆可归于"人性"，亦皆适用于莎士比亚。金庸说电影《罗密欧与朱丽叶》"很鲜明地表现了这个悲剧中的人道主义"，又说"（朱丽叶）与罗密欧都认为，个人的幸福与自由远胜过家长的命令，这正是当时先进的人道主义思想"。金庸眼中的哈姆雷特，"是一个悲天悯人的先进人物"，"是一个热情的人道主义者"。金庸小说中的人道主义精神，受沈从文与巴金影响很大，受莎士比亚的影响只有更大。

"只要描写了人的性格，人的感情，人的同情心，人道主义，就是有价值的"，我觉得这是金庸从莎士比亚那里获得的最大的启示。他不是 2000 年才明白，当 1954 年金庸还没写武侠小说而在谈莎剧的时候，就明白了这个道理。甚至更早，1955 年写《书剑》之前十几年，金庸一直在研读莎剧，这个道理，他在 40 年代的时候，可能就已经明白了。

莎士比亚的伟大，在于对人性的深刻刻画，这也不是金庸的创见，西方很多莎学家，早已阐明此理。金庸读莎剧的同时，也一直在读莎学著作。

1981 年，金庸说："一个人一生所做的事业，不论大小，总应该能令自己回想起来感到欣慰……做不做得到是另一回事，不过总得尽力去做……你是开计程车，就希望自己能开得最好，朝向最好的目标走。"个人感觉，金庸在文学创作上，"总得尽力去做"的，"朝向最好的目标走"的，就是走莎士比亚走过的道路。当然，"做不做得到是另一回事"。很难做到莎士比亚那么好，但这样走、这样写，"就是有价值的"。

胡适虽曾组织翻译《莎士比亚全集》，但他对莎剧并不特别欣赏。在1921年6月3日的日记中，胡先生写道："在今日平心而论，萧士比亚实多不能满人意的地方，实远不如近代的戏剧家……如《奥赛罗》一本，近代的大家决不做这样的丑戏！又如那举世钦仰的《哈姆雷特》，我实在看不出什么好处，哈姆雷特真是一个大傻子！"胡先生觉得莎士比亚不及易卜生，可能是觉得莎剧"思想性"不足吧？重视文学的"艺术性"而不是"思想性"，应该也是金庸从莎剧获得的启示。

50年代，金庸至少两次提到以评点《水浒传》知名的金圣叹。在《也谈对联》一文中，金庸谈到："据说金圣叹被杀头时他儿子吟道：'莲（连）子心中苦。'金老先生对曰：'梨（离）儿腹内酸！'"在《谈〈狮子楼〉》一文中，金庸说："金圣叹在批改《水浒》一书中有大批谬论，但他说武松杀虎用全力，杀嫂用全力，杀西门庆也用全力，正如狮子搏象用全力，搏兔也用全力。这个比喻我倒觉得不无道理。"后面这段话，似乎对"金老先生"颇不恭敬，但我感觉，金庸对金圣叹评《水浒传》，有些地方特别不同意，有些地方却是特别赞成的。金庸谈莎士比亚太少，谈《红楼梦》太少，谈《水浒传》也太少，三大遗憾。金圣叹的批评虽好，但他终究没自己写过小说，难免有些隔靴搔痒。金庸来评《水浒传》，当另有一番精彩。

2006年，在"金庸与读者座谈会"上，金庸说："年轻时无论对中国，对香港的政治都十分投入，写社评有一股热情在里边，全心全意，愿把自己整个生命都放进去。"与武松相似，金庸写《明报》社评用全力，写影评用全力，写电影剧本用全力，学弈用全力，学佛用全力，办报用全力，写武侠小说，亦用全力。一切事，在金庸，他"总得尽力去做"。

1960 年，金庸说自己是以《水浒传》为自己写作武侠小说的"主要范本"。

金庸一向"取法乎上"，他主要学习的，是中国古典文学的大宗师和西方文学的大宗师。"新文学"，金庸也读，也学习，但这些作品，对他所起的应该主要是参考和借鉴的作用。金庸最喜欢的"新文学家"是沈从文，但金庸又说，对沈先生，"也不是崇拜，佩服就可以了"。

金庸说到莎翁与莎剧，"伟大"一词出现了十次，"天才"一词出现了六次，还有"不朽""博大精深""精彩绝伦""千古绝唱"等词语。崇拜之情，服膺之意，历历如见。

50 年代前期，金庸在《长城画报》发表影评《民族遗产与电影》，谈到："英国最自豪的莫过于戏剧。英国人曾说，要他们在莎士比亚与印度两者之间选择其一，他们宁肯放弃印度。"

莎士比亚有什么用？莎士比亚刻画人性那么深刻，有什么用？莎士比亚写出那么多生动的人物，有什么用？

没什么用。

周作人认为，文学是没有目的的，也是无用的："欲使文学有用也可以，但那样已是变相的文学了。椅子原是作为座位用的，墨盒原是为写字用的，然而，以前的议员们岂不是曾在打架时作为武器用过？在打架的时候，椅子墨盒可以打人，然而打人却终非椅子和墨盒的真正用处。文学亦然。"1979 年余光中在与白先勇、胡菊人对谈时，曾引用过周作人这一观点，而深表赞同。

"无用之用"，才最可贵。

2000 年，金庸在"上海新世纪论坛"演讲：

我目前在浙江大学主持一个人文学院，很多人就会问我，人文学科有什么用？前几天，历史系和哲学系几个学生还在问我："查教授，我们念哲学有什么用？"对这些问题，我说，一下子的用处我确实讲不出，但对于人的

发展，对于人类的发展肯定是很有用的。（金庸《迎接新的五个世纪》）

2003 年，记者问："现在在大学有些人认为，学自然科学有用，理工科有用，学历史，学中国传统文化有什么实用价值呢？"金庸答："如果只重视'自然学科'，只培养这方面的人才，社会就成为了一个机械化、技术化的社会，再怎么发达，但人的思想却很低下，缺乏上进的基础和空间。如果人类只重视技术而忽视情操，我想，这与动物又有什么区别？"（《金庸：如果人类只重视技术而忽视情操，与动物无异》）

金庸好友，曾任新竹清华大学校长的物理学家沈君山，在他的《清华岁月》中说："人文则一直也永远应该是一个真正大学的基础。"窃以为，文学艺术的创作与欣赏，正是"人文"教育的重要内容。

当年的"清华四大导师"，无一不重视"无用之学"。赵元任专研语言学，语言学在很多人眼中，是不切实用，完全没有价值的。

梁启超认为"就纯粹的学者之见地论之，只当问成为学不成为学，不必问有用与无用，非如此则学问不能独立,不能发达。"窃以为，文学艺术创作，亦当归属于这"学问"之列。这好像就与他 1902 年发表的《论小说与群治之关系》中的观点相矛盾，好在梁先生向来是不惜"以今日之我攻昨日之我"的。

1919 年，正在柏林留学的陈寅恪对吴宓说：

中国古人，素擅长政治及实践伦理学。故昔则士子群习八股，以得功名富贵。而学德之士，终属极少数。今则凡留学生，皆学工程实业，其希慕富贵，不肯用力学问之意则一。而不知实业以科学为根本，不揣其本，而治其末，充其极只成下等之工匠。境遇学理，略有变迁，则其技不复能用。所谓最实用者，乃适成为最不实用。至若天理人事之学，精深博奥者，亘万古、横九垓而不变。凡时凡地，均可用之。而救国经世，尤必以精神之学问（谓行而上学）为根基。乃吾国留学生不知研究，且鄙弃之。不自伤其愚陋，皆由偏重实用积习未改之故……今人误谓中国过重虚理，专谋以功利机械之事输入，而不图精神之救药，势必至人欲横流、道义沦丧……（吴学昭《吴宓与陈寅恪》第9页）

窃以为，文学艺术创作亦属"精神之学问"，是"最不实用"的，却是最值得珍视的。

王国维在《论近年之学术界》中指出："故欲学术之发达，必视学术为目的，而不视为手段，而后可。"在《哲学丛刊》的序文中，王国维"正告天下曰：'学无新、旧也，无中、西也，无有用、无用也。凡立此名者，均不学之徒，即学焉而未尝知学者也。'"

在《奏定经学科大学文学科大学章程书后》一文中，王国维又说："必以哲学为无用之学也。虽余辈之研究哲学者，亦必昌言此学为无用之学也，何则？以功用论哲学，则哲学之价值失。哲学之所以有价值者，正以其超出乎利用之范围故也。且夫人类岂徒为利用而生活者哉？人于生活之欲外，有知识焉，有感情焉。感情之最高之满足，必求之文学、美术，知识之最高之满足，必求诸哲学。"在静安先生眼中，哲学是"无用"的，文学与美术，也是"无用"的，文学、美术与哲学，"之所以有价值者，正以其超出乎利用之范围故也"。

既然"无用"，何必珍视？

1914年，王国维作《国学丛刊序》，指出："凡学皆无用也，皆有用也。"

1964年，金庸在《忧郁的突厥武士》一文中谈到：

假定红拂女真有其人，确如《虬髯客传》中所说生有一头极漂亮的委地长发，如果不是看中了李靖，半夜里私奔相就，说不定李靖以后打起仗来精神没这么振作。突厥人如果不是被李靖赶向西方，也没有今日的土耳其了。

倘使没有这个美丽的红拂女，说不定今日西方的文明也完全是另外一个样子。

伊斯坦堡本来叫做君士坦丁堡，是东罗马帝国的首都。西罗马帝国被法国人、德国人的蛮子祖先们攻灭后，欧洲陷入黑暗时代，文化学术都集中在君士坦丁堡……君士坦丁堡在回教徒的土耳其人手中之后，基督教的文人学者向西逃亡，逃到意大利的最多，不久便造成了欧洲的"文艺复兴"。

……我们或许可以说，如果长头发的红拂女下不了私奔的决心，欧洲可能没有文艺复兴，没有文艺革命。就算有，时间和形式也一定大大的不同。

金庸完全是在"戏说"。即使从这个"戏说"中，也可看出，金庸很明白，"文艺复兴"对于西方乃至世界的伟大意义。

1994年，一次座谈中，有人问："文学作品对我们的实质生活有什么帮助呢？"金庸答："文学作品是潜移默化的，你受到它的感动或影响是说不出的……李（天命）先生的思考方法使香港很多人的头脑清楚很多，这是实质的得益。但在文学方面，看过一部小说或读过一首诗，你说有什么得益？那是很难说的。但一部创作若真有价值的话，是会不知不觉地提高人的人格、品格和感情的。"又有问："你心目中，什么是有价值的文学？"金庸答："……有各种各样的答案。我比较接近托尔斯泰的答案。他认为描写崇高感情的，是很有价值的艺术品。不一定限于文学，甚至音乐、舞蹈、画……亦是如此，使你的思想净化。当你接触一个艺术品之后，你会比接触前好了一些。我比较欣赏这么一种艺术品。"（李天命、曾智华、金庸、小思等人对谈《从文学到生活》）

2003年，金庸在岭南大学谈"博雅教育"："我知道自己不懂我是不得舒服的。我一定要追求自己的阅读求知性，一种好奇性……不要问我读了之后有甚么用，甚么学问都没用的……人的眼光不要这么窄，眼光要放大一点好。"

普林斯顿高等研究院创建者和首任院长弗莱克斯纳在其名文《无用知识的有用性》中指出："我极力呼吁废除'用途'的概念，呼吁人类精神的解放……只要解放了一代代人的灵魂，这所机构就足以获得肯定，无论从这里走出的毕业生是否为人类知识做出过所谓'有用'的贡献。一首诗、一部交响乐、一幅画、一条数学公理、一个崭新的科学事实，这些成就本身就是大学、学院和研究机构存在的意义。"

文艺复兴并不特别"有用"，"实用性"不足，却足以"解放了一代代人的灵魂"。没有文艺复兴，后来欧洲的一切进步与飞越，都很难发生，就没有西方文明这五百年的繁华、繁盛与繁荣，而人类历史也必是另一副面目。

文艺复兴的伟大成就，集中表现于"无用"的文学、艺术与哲学上。金庸极为推崇的莎士比亚，就是文艺复兴中最伟大的文学家。

王国维曰："事无大小，无远近，苟思之得其真，纪之得其实，极其会归，皆有裨于人类之生存福祉。"文学既无目的，亦"无用"。而"无用之用"，最是"有裨于人类之生存福祉"。

文学并不能"疗救灵魂"，但可以滋润人的心灵，给这个古老民族注入生机、生意、生气与生命力，使国人过一种健全的、活泼泼的、美的生活。

《诗经·大雅·文王》曰："周虽旧邦，其命维新。"

不是"文学革命"，而属"文艺复兴"

鄢烈山《拒绝金庸》中说："我的理智和学养顽固地据斥金庸……当年'文学革命'的发起人之一、北大的教授胡适，曾对武侠小说不屑一顾……"鄢先生既以"学养"自负，且如此信服胡适，不该连《胡适文存》也没读过吧？

鄢烈山《再拒金庸》又说："等金庸发起的'一场静悄悄的文学革命'不再静悄悄，而像'五四'文学革命一样对中国文坛、思想文化界乃至整个社会生活产生不可拒绝的影响时，我再来认真对待不迟。"

将某一人的小说创作视为"文学革命"，正始于胡适，而不是遭鄢烈山讽刺的严家炎。

1926 年，胡适撰《〈海上花列传〉序》（收入《胡适文存》第三集），谈及："(《海上花列传》作者)认定《石头记》用京语是一大成功，故他也决计用苏州话作小说。这是有意的主张，有计划的文学革命。"

胡适并不认为，一个人的"文学革命"必须等到"不再静悄悄"，"产生不可拒绝的影响时"，才可以被"认真对待"。张爱玲叹息："看官们三弃《海上花》。"《海上花列传》作者韩邦庆一个人的"文学革命"，一直都是"静悄悄"的，而胡适与张爱玲，皆能"认真对待"此书，且予以很高的评价。

《天龙八部》第十一回，阿朱与阿碧以苏州话（"吴语"）对答，很可能受到以《海上花列传》为代表的"吴语小说"一点影响。

严家炎将金庸的小说创作称为"一场静悄悄的文学革命"，是把"文学革命"当成"好名好姓"来用的；鄢烈山、王彬彬等人反对严家炎将金庸的小说创作称为"文学革命"，似乎是反感严先生"玷辱了好名好姓"。

白先勇在《世纪末的文化观察》中谈到：

我一直对新文学运动存有疑问：《儒林外史》《红楼梦》，哪不是一流的白话文，最好、最漂亮的白话文么？还需要什么运动呢？就连晚清的小说，像《儿女英雄传》，那鲜活的口语，一口京片子，漂亮得不得了。她的文学价值或许不高，可是文字非常漂亮。我们却觉得从鲁迅、新文学运动起才开始写白话文，以前的是旧小说、传统小说。其实这方面也得再检讨，我们的白话文在小说方面有多大的成就？

我刚学写小说的时候，夏济安先生给了我一个很大的启示，他说，"五四"以来的白话文，充满了陈腔滥调，是很不好的小说语言。那时候我听了很不入耳，记在心里头。现在想起来，从白话文运动以来，难以拿出几本小说，它的文字艺术——先不说内容——是超过《儒林外史》，超过《红楼梦》的。

我也跟大陆学者交换过意见，他们也有这个看法。比如刘再复先生也认为新文学史应该重写、重新估价。

严家炎在《一场静悄悄的文学革命》一文中说："金庸借鉴、运用西方近代文学和中国新文学的经验去创作武侠小说，使他的小说从思想到艺术都呈现出新的质素，达到新的高度……金庸小说实际上是以精英文化去改造通俗文学所获得的成功。"世上所有美好的事物，都需要改造，要改造到更好。"金庸小说实际上是以精英文化去改造通俗文学所获得的成功"，这话我是赞成的。但是，我并不认为，"通俗文学"比"新文学"，更需要改造。

"俗文学"需要改造，应该多学习西方文学的技法，更多一点现代意识；"新文学"需要改造，应该更贴近中国传统文化，更亲近中国民众。

通俗的章回体小说，不是 20 世纪突然冒出的新事物，而有着数百年的光荣传统。中国最高的小说成就，中国最伟大的小说，皆出于此。"通俗小说"并不低"新文学"一等。

民国通俗小说是一片高原，总体海拔并不低（"新文学"亦然），可惜没有孤耸飞峙的真正的高峰（"新文学"亦然），没有写出《红楼梦》《水浒传》这样伟大的作品来，突出表现就是写不出王熙凤、鲁智深那样鲜活的人物（"新文学"亦然）。

欧风美雨，西风东渐。金庸借此"西风"之便，赋予通俗的章回体小说以新的生命。金庸的文学创作，受西方文化影响极深，但这影响，是在宝爱与保存中国文化主体性之上的。金庸小说，这才充盈丰实，光华灼灼。

严家炎所言"静悄悄的文学革命"，有道理，但并不很合适。"革命"有推倒中国旧文化和本国固有文学形式的意涵，金庸绝不如此。2002 年，金庸为新修版《金庸作品集》写《"金庸作品集"新序》，这是研究金庸创作的重要文献，不可轻易看过。该文中，金庸言之凿凿：

在中世纪的欧洲，基督教的势力及于一切，所以我们到欧美的博物院去参观，见到所有中世纪的绘画都以圣经故事为题材，表现女性的人也必须通过圣母的形象。直到文艺复兴之后，凡人的形象才在绘画和文学中表现出来，所谓文艺复兴，是在文艺上复兴希腊、罗马时代对"人"的描写，而不再集中于描写神与圣人。

中国人的文艺观，长期以来是"文以载道"，那和中世纪欧洲黑暗时代的文艺思想是一致的，用"善或不善"的标准来衡量文艺……他们不相信文艺所表现的是感情，认为文字的唯一功能只是为政治或社会价值服务。

我写武侠小说，只是塑造一些人物，描写他们在特定的武侠环境中的遭遇。当时的社会和现代社会已大不相同，人的性格和感情却没有多大变化。古代人的悲欢离合、喜怒哀乐，仍能在现代读者的心灵中引起相应的情绪。读者们当然可以觉得表现的手法拙劣，技巧不够成熟，描写殊不深刻，以美学观点来看是低级的艺术作品。无论如何，我不想载甚么道。

这里，金庸再次肯定了欧洲文艺复兴的崇高价值。

中国"文以载道""代圣人立言"的文艺观，和中世纪欧洲黑暗时代的文艺思想是一致的，都是偏狭、"一元"、不宽容、不容许异类出现的。而金庸自己，"无论如何，不想载甚么道"。这里，金庸含蓄地表明，他的小说创作属于"中国文艺复兴"的一部分——虽然金庸谦称，自己只为此做了很微小的、很"拙劣"的工作与贡献。

金庸小说，不是"文学革命"，而属中国"文艺复兴"。

50 年代（甚且更早）的金庸，就很明白欧洲文艺复兴在西方，乃至在人类发展进程中的重要性。

《天仙配》强调的是人。七位仙女赞美世人，羡慕凡间的生活而把人间的渔樵耕读都赞上一赞，这与欧洲文艺复兴以后那些伟大的作品在精神上是相通的。赞扬人的品质，肯定人间的生活。（金庸《中国民间艺术漫谈》第106 页）

（《罗密欧与朱丽叶》）这个舞剧表现了两个世界：一个是蒙太古和凯布莱两个家长所代表的黑暗时代，这是愚昧、专横和残暴；另一个是这对情人和劳伦斯（神父）所代表的早期文艺复兴时代，强调着人的重要和心智的解放。一方面是黑暗的封建礼法和残酷仇杀，一方面是同情和爱，是对封建统治的反抗。（《金庸散文集》第108页）

金庸认为："（《罗密欧与朱丽叶》）的基本主题是揭露中世纪封建社会对人性的残酷压制，歌颂坚贞的爱情。"（《金庸散文集》第104页）经由"文艺复兴"，欧洲终于走出了"中世纪"。金庸坚决否定中世纪封建社会，即高度肯定文艺复兴之伟大意义。

《罗密欧与朱丽叶》揭露中世纪封建社会对人性的残酷压制，歌颂坚贞的爱情。而金庸写《神雕侠侣》，如他自言："企图通过杨过这个角色，抒写世间礼法习俗对人心灵和行为的拘束……师生不能结婚的观念，在现代人心目中当然根本不存在，然而在郭靖、杨过时代却是天经地义。然则我们今日认为天经地义的许许多多规矩习俗，数百年后是不是也大有可能被人认为毫无意义呢？"我们可以说，《神雕侠侣》一书的基本主题，也是"揭露中国中世纪时代对人性的残酷压制，歌颂坚贞的爱情"。

金庸谈《罗密欧与朱丽叶》一文结尾说："我们所以为这个戏如此深切地吸引和感动，只因为我们和这两个人的思想感情是融合一致的。"所说的也是"人性"，人类共通的"人性"。

前面我说，金庸重视刻画人性，受了莎士比亚极大影响。这里稍作补充和修正：金庸受到的是整个欧洲文艺复兴运动的影响。布克哈特在他的《意大利文艺复兴时期的文化》一书中提出，意大利文艺复兴最大的成就，就是对"人性"的"发现"。莎士比亚，则是欧洲文艺复兴中最伟大的文学家。金庸认为：

莎士比亚的时代正是"文艺复兴"时期，这时候科学开始兴起，中世纪的神学开始崩溃了，这时候的人们不再迷信宗教，要求人的解放，相信人的意志比上帝的意志更重要，哈姆雷特就称人是"宇宙的精华，万物的主宰"。《驯悍记》的主旨也是强调人的意志的重要。(《金庸散文集》第 135 页)

金庸眼中的丹麦王子哈姆雷特，"具有相当强烈的民主思想，在谈到地位、阶级和财富的时候，总是表示不耐烦……他是王子，但把霍拉旭当作朋友，不喜欢听到是他'仆人'的话……他与卑微的演员们谈话的时候，态度与对朝中大臣们谈话一模一样。他认为，国王和乞丐都是人，重要的分别是他们作为一个人的价值，而不在于阶级地位。"(《金庸散文集》第 81—82 页，《再谈〈王子复仇记〉》，作于 1954 年)

以上所引录的，都是金庸写于 50 年代的文字。1964 年，金庸在《忧郁的突厥武士》一文中又谈到："伊斯坦堡最宏伟的建筑是'圣智大教堂'……其中和基督教有关的雕刻和绘画，仍旧予以保留……相形之下，那些连在文学艺术上也不能稍容异己的现代人，反而显得是中世纪黑暗时代的人物了。"

近一百年，有"独尊"现实主义、"不能稍容异己"的倾向。现实主义当然不坏，一旦"独尊"，就坏了，成为另一形式的中世纪思想。

欧洲中世纪，独尊神学。中国的中世纪，明面上独尊儒家，骨子里独尊的其实是严苛惨酷的法家思想。"秦政"在中国，或松或紧，时松时紧，竟延续了两千年。中国的"中世纪"，起于秦汉，历两千年之久。当然，两千年间，也有王纲解纽、思想开放的阶段。这一点，我们比欧洲的中世纪更不黑暗一些。

欧洲一度独尊神学，神学当然不坏，坏在"独尊"。吾国一度独尊儒家，儒家当然不坏，坏在"独尊"，如金耀基所言："由于二千年来始终在一个文化架构下发展，特别董仲舒罢黜百家，独尊儒家后'定于一尊'的局面，使儒家思想发生了堕落与僵化的现象（这十分相似于西方欧洲文艺复兴前中古阶段，西方的希腊文明与希伯来之原始宗教精神均被僧侣之经院哲学所腐蚀僵硬）。"

金庸一生尊崇儒家思想，但他也坚决反对"独尊儒家"，认为："中国人读经有很大的偏差，认为'四书五经'讲的就一定是对的，古代圣贤讲的是绝对没错的。现代青年应该有自己的思考，想一想他这个话对不对？对的你就相信他，不对的就要修正。"

"文学革命"之前，人们歧视"章回体小说"，以古文诗词来"踩低"章回体创作，"不能稍容异己"；"文学革命"之后，人们仍然歧视"章回体小说"，以"欧化"的"新文学"来"踩低"同时代的章回体创作，"不能稍容异己"；"文学革命"之前的数百年，人们所坚持的，固然是一种"中世纪"的思想，"文学革命"之后一百年，思想上又何尝走出"中世纪"了呢？

陈独秀在《新青年》（1917年2月）上发表的《文学革命论》鲜明地提出文学革命的三大主义："曰推倒雕琢的阿谀的贵族文学，建设平易的抒情的国民文学；曰推倒陈腐的铺张的古典文学，建设鲜明的立诚的写实文学；曰推倒迂晦的艰涩的山林文学，建设明了的通俗的社会文学。"窃以为，建设国民文学、写实文学、社会文学，再正确不过，但是贵族文学、古典文学、山林文学，亦自有其价值，何必推倒？雕琢、铺张、迂晦、艰涩，亦是一种文学风格，自有其价值，何必彻底否定？

《红楼梦》是"通俗文学"，同时也是"贵族文学"，甚至是"雕琢的贵族文学"，精雕细琢，竟看不出"雕琢"的痕迹。

《笑傲江湖》可以视为"山林文学"（或"隐逸文学"）。金庸自言："令狐冲是天生的'隐士'，对权力没有兴趣。盈盈也是'隐士'。"

中国的传统观念，是鼓励人"学而优则仕"，学孔子那样"知其不可而为之"，但对隐士也有极高的评价，认为他们清高。隐士对社会并无积极贡献，然而他们的行为和争权夺利之徒截然不同，提供了另一种范例……《论语》记载了许多隐者……孔子对他们都很尊敬，虽然，并不同意他们的作风。孔子对隐者分为三类……孔子对他们评价都很好，显然认为隐者也有积极的一面。（金庸《笑傲江湖》后记）

比较而言，还是孔子的思想更宽容、更健康，甚至更为"现代"。

《中庸》有言："万物并育而不相害，道并行而不相悖。"此是何等眼界，何等胸襟！实在比陈独秀的主张，更健全，更不"中世纪"。金庸晚年曾与池田大作谈到，"多元思考是中国人的历史智慧"。

我们要反对否定推倒的，不应该是某种文学风格、文学体裁，而是各种"独尊"，各种不宽容，各种"不能稍容异己"，如此，方可走出"中世纪"。

中国需要"文艺复兴"。欧洲是"复兴"古希腊、古罗马文化，中国的"文艺复兴"，更多是要"复兴"我们春秋战国时期的思想和文化，例如"道并行而不相悖"的主张，在任何时代都是熠熠闪光的。

在《卅三剑客图·赵处女》一文的开头，金庸说：

江苏与浙江到宋朝时已渐渐成为中国的经济与文化中心，苏州、杭州成为出产文化和美女的地方。但在春秋战国时期，吴人和越人却是勇决剽悍的象征。那样的轻视生死，追求生命中最后一刹那的光彩，和现代一般中国人的性格相去是这么遥远，和现代苏浙人士的机智柔和更是两个极端。在那时候，吴人越人血管中所流动的，是原始的、犷野的热血。

这里，金庸并没有否定"现代一般中国人的性格"和"现代苏浙人士的机智柔和"，但他更推崇、更认同的，是春秋战国时期的吴人、越人、中国人。

沈从文很早就在叹惋："民族衰老了，为本能推动而作成的野蛮事，也不会发生了。"（《如蕤》）

金庸在《神雕侠侣》后记中谈到："人的性格和感情，变动却十分缓慢。三千年前《诗经》中的欢悦、哀伤、怀念、悲苦，与今日人们的感情仍是并无重大分别。"金庸小说，直承《诗经》，写出中国人的欢悦、哀伤、怀念、悲苦，写出不变的"人性"。

金庸小说的精神源头，在《诗经》，在楚辞，在"原儒"，在《尚书》，在《周易》，在《南华经》，在《道德经》，在《山海经》。

胡河清认为："金庸是海宁查氏的后人，有着一个古老的名宦世家的血缘。他的情感体验，尤其具有一种饱经沧桑的家世感，'接通'到了中国文化传统的深处。"中国文化传统的"最深深处"，在哪里呢？在灿烂的先秦文化。

金耀基说："中西文化特质互有遗失，互相新生，中西文化模式互有破损，互相建立。"（金耀基《从"'五四'之批判"到"批判'五四'"》）金庸晚年与池田大作对谈时，也曾引述汤因比之言，强调"世界的希望寄托于中国文明和西方文明的结合"。

与其说金庸所做的是"一场静悄悄的文学革命"，不如认为，金庸小说是"中国文艺复兴"前期所产生的，重要的，也可能是最重要的成果。

金庸的文学创作，不是什么"文学革命"，而属于"中国文艺复兴"的一部分。这句话，是我第一个说的。但这层意思，在我之先，很多人已经表述过。他们只是没明确说出"文艺复兴"一词罢了。

何平《侠义英雄的荣与衰》一文指出："金庸蓄墨最多之处恰与春秋战国时原儒的圣王怀抱如出一辙……金庸群侠的英雄人格映现了原儒有天下之志的圣王气象……战国以前的原始儒家是从殷周贵族中的武士阶级转化而来，金庸小说复现的正是式微已久的那种文武兼包、大义凛然的原儒真精神。与群侠践履的春秋大义相表里，在思想上宰制金庸小说全局。"何平没有明确写出"文艺复兴"四个字，但金庸小说与"中国文艺复兴"的紧密关系，在该文中，不是已经呼之欲出吗？

前面已不止一次引述过的《民族灵魂的深沉安慰——从百年文化忧患看金庸小说兼及海外新儒学》一文，也涉及金庸小说与"中国文艺复兴"的紧密关系。

岭南大学中文系教授许子东认为："从武侠小说来看，金庸先生重新定义了严肃文学和通俗文学，他的小说符合通俗文学的生产机制，关注读者反应，又因出色的技巧满足文学性。金庸小说在此之外还有更大的意义：金庸武侠产生于上世纪六七十年代，内地正经历'文革'，文化母体传承艰难，而金庸在香港发表的小说以大众通俗的形式，客观上延续了中国文化的命脉。这一影响也令金庸远超文学家的地位，在那个时代他是为中国人保存传统最有贡献的一人。"

暨南大学教授费勇谈到："我记得那次会场上来的人特别多。1993年我写过一本《金庸传奇》，书中有一句评价写道：'在中国社会和文化从古典向现代转型的深刻变化过程里，金庸以武侠小说向古典中国作了一次深情的回眸。'没想到，金庸先生竟然在会上表示：'感谢费勇先生在书中对我的评价'。我当时还不到30岁，感到非常意外，这句话对我影响很深。"

后来，郭宇宽访问金庸，说起"从您的小说中我们能感觉到扑面而来的中国文化之美，有人把您的作品视作对中国文化最深沉的一次回眸"。这个"有人"，就是费勇。

窃以为，金庸不仅是"以武侠小说向古典中国作了一次深情的回眸"，金庸小说本身，就是中国古典文化在20世纪的"再生"。而"再生"，就是"复兴"。访谈中，金庸对郭宇宽说："我很眷恋古典中国的美……我在小说里创造一个现实中不大可能的世界，既是安慰自己，发怀古之幽思，也想借一支笔，记录传达中国人灵魂中曾经有过的美好情怀。"这几句话，染有很浓的"文艺复兴"意味。

冷成金《金庸小说与民族文化本体的重塑》中说：

金庸小说由于其对中国传统文化的富有成效的阐扬和艺术上的杰出成就而超越了一般的武侠小说……

金庸小说之所以能够在文学史上取得相当的地位，从内容上来看，最根本的原因在于它能在充沛的现代意识的融透中对传统文化进行苦心孤诣的梳理和显扬，暗合了我们民族重塑文化本体的百年祈盼。因此，金庸小说不是一种偶然的现象，而是一种历史的选择。

……金庸小说在艺术形式上表现出的大俗大雅、至幻至真的特点与其阐扬传统文化的宗旨和谐地统一起来，创造了一种小说的现代民族形式。这些成功的尝试使我们有理由相信在一定程度上找到了一条弘扬民族优良传统的正确之途。

…………

……金庸小说最大的突破还是在于创造了融历史于传奇，再借传奇表现传统的具有史诗意味的小说样式。在这种小说样式中，历史被深化为民族心灵的轨迹，历史事件被点化为代表民族性的符号，而与此无关的所谓历史真实则被删除……金庸小说的文化内涵远远超过了英雄、儿女所能达到的程度，在一定意义上达到了史诗的深度。

沈从文、张爱玲、金庸、高阳、白先勇等人，乃至更早的刘鹗，再早的曹雪芹，他们的共同点，是都对中国文化都有极大的温情与敬意，都重视刻画"人性"。他们的文学创作，不是什么"文学革命"，而属"中国文艺复兴"。

金庸说："我是很喜欢沈从文的。他的小说《边城》，写得很美，有气韵，文字很有中国人的风格特点，是中国人写的文章。"（张英《侠是一种很崇高的道德》第9页）

沈从文在《〈边城〉题记》中谈到："我的读者应是有理性，而这点理性便基于对中国现社会变动有所关心，认识这个民族的过去伟大处与目前堕落处，各在那里很寂寞的从事于民族复兴大业的人。这作品或者只能给他们一点怀古的幽情，或者只能给他们一次苦笑，或者又将给他们一个噩梦，但同时说不定，也许尚能给他们一种勇气同信心！"沈先生看到的，不仅是中国"目前堕落处"，更注目于"过去伟大处"，而希望以自己的作品，给"各在那里很寂寞的从事于民族复兴大业的人"以"勇气同信心"，这即是"文艺复兴"真精神。

1948年，沈从文谈到："余则于中国文史，古典文物艺术，特别倾心，亦若具有高度兴趣，及文艺复兴梦想。"

白先勇认为："有一点很重要——我们要重新发掘、重新亲近我们的文化传统，我希望至少是欧洲式的文艺复兴——古希腊文明经过了一段黑暗时期，最后复兴了，我们也经过'文革'。我们要重新发现自己文化的源头，然后把它衔接上世界性的文化，这个题目很难，但是我们必须做。"

沿着这个方向，一直做下去，积累起来，就可以开出一个中国的"文艺复兴"。

《笑傲江湖》与魏晋风度

在《湘西·凤凰》一文中，沈从文追忆自己少年时在湘西眼见的"游侠者行径"："重在为友报仇，扶弱锄强，挥金如土，有诺必践。尊重读书人……还能保存一点古风……（湘西的）游侠观念纯是古典的，行为是与太史公所述相去不远的。"

文章结尾处，沈先生强调："游侠者精神的浸润，产生过去，且将形成未来。"沈先生很期待"游侠者精神"之"复兴"。

2004年，金庸对记者说："形成于春秋战国时期的侠义精神是我们民族的宝贵财富。"他认为，当代国人，最缺乏侠义精神。

金庸小说中的很多人物，如郭靖、黄药师、杨过、乔峰、风清扬、令狐冲，与莎剧中的哈姆雷特等人，很有些相似。不是性格相似，而是说，莎剧与金庸小说中的人物都有"文艺复兴"的色彩与意味。

令狐冲，尤其如此。

中国文化的黄金时代，在先秦，在春秋战国，而终于"六王毕，四海一"。金庸认为："秦始皇要烧尽普天下的书籍。这强力的摧残，使得春秋战国时代百家争鸣的学术黄金时代风消云散。"而张荫麟眼中的"秦政"，则是"武力的统制不够，还要加上文化的统制；物质的缴械不够，还要加上思想的缴械"。

秦后是两汉四百年。前汉的前期还好，自汉武以后，三百多年的思想禁锢，人的头脑和整个社会形态都转向僵化。

由春秋以至战国时代，正是大纷乱的时候，国家不统一，没有强有力的政府，社会上更无道德标准之可言，到处只是乱闹乱杀，因此，文学上也没有统制的力量去拘束它，人人都得自由讲自己愿讲的话，各派思想都能自由发展。这样便造成算是最先的一次诗言志的潮流。

文学方面的兴衰，总和政治情形的好坏相反背着的。西汉时候的政治，在中国历史上总算是比较好些的，然而自董仲舒而后，思想定于一尊，儒家的思想统治了整个的思想界，于是文学也走入了载道的路子。这时候所产生出来的作品，很少作得好的，除了司马迁等少数人外，几乎所有的文章全不及晚周，也不及这时期以后的魏晋。（周作人《中国新文学的源流》）

中国第一次（或"半次"）的"文艺复兴"，发生在魏晋时代。周作人说："魏时三国鼎立，晋代也只有很少年岁的统一局面，因而这时候的文学，又重新得到解放。"宗白华认为："汉末魏晋六朝是中国政治上最混乱、社会上最苦痛的时代，然而却是精神史上极自由、极解放，最富于智慧、最浓于热情的一个时代。因此也就是最富有艺术精神的一个时代……这晋人的美，是这全时代的最高峰。"

金庸笔下人物，具"魏晋风度"者，为黄药师、令狐冲二氏。黄老邪得其骨，而令狐冲得其神。令狐冲最切身的"东西"，不外有三：《笑傲江湖》曲、"独孤"剑，与酒。三者，皆与魏晋有莫大瓜葛。

《笑傲江湖》之曲，是刘正风、曲洋二人以《广陵散》为底本，整理谱写而成。最后到了令狐冲、任盈盈手里，与冲、盈血脉相连，成为他们生命中不可分拆的一部分。想到令狐冲其人，必然会连带念及那一曲《笑傲江湖》。

《广陵散》萌芽于秦汉时期，其名称记载最早见于魏应璩《与刘孔才书》："听广陵之清散。"此曲之名世，却与嵇康分拆不开。聆赏《广陵散》，我们必然会想到："嵇中散临刑东市，神气不变。索琴弹之。奏《广陵》。曲终曰：'袁孝尼尝请学此散，吾靳固不与，《广陵散》于今绝矣！'"

《广陵散》是永远属于嵇叔夜的，就像《笑傲江湖》之曲永远属于令狐冲一样。

《广陵散》本是琴曲，到《笑傲江湖》，则改为琴、箫合奏。二曲差别，应该还有。但可以肯定的是，《广陵散》的精神、气韵，必然在《笑傲江湖》中得到完整的继承、阐发。否则，金庸尽可以把《笑傲江湖》定为刘、曲原创，何须劳烦曲洋先生作盗墓贼，去发掘蔡中郎的坟？

似乎可以推断，嵇康与令狐冲应当归属于同一精神谱系。他们二人的立身、个性、遭遇容或大不相同，但二人精神血脉相连，暌隔千载，而心灵相通。

这一谱系，见于《石头记》第二回"贾夫人仙逝扬州城，冷子兴演说荣国府"：

天地生人，除大仁大恶两种，余者皆无大异……使男女偶秉此（"清明灵秀"）气而生者，在上则不能成仁人君子，下亦不能为大凶大恶。置之于万万人中，其聪俊灵秀之气，则在万万人之上，其乖僻邪谬不近人情之态，又在万万人之下。若生于公侯富贵之家，则为情痴情种。若生于诗书清贫之族，则为逸士高人……如前代之许由、陶潜、阮籍、嵇康、刘伶、王谢二族、顾虎头、陈后主、唐明皇、宋徽宗、刘庭芝、温飞卿、米南宫、石曼卿、柳耆卿、秦少游，近日之倪云林、唐伯虎、祝枝山……此皆易地则同之人也。

雪芹翁借"方才你一说这宝玉，我就猜着了八九亦是这一派人物"的"假语村言"，将贾宝玉（乃至作者本人）归到这一谱系之中。

今日似乎可以再添一个令狐冲。金庸自称段誉的形象塑造得力于对贾宝玉的借鉴，实则，贾、段相似在于出身、外形、嗜好，与宝玉真正精神契合、心灵相通的，是令狐冲。

金庸塑造令狐冲这一人物，受到《庄子》与嵇康太多影响。

令狐冲亦难以忍受华山派"君子剑"门下的伪礼法——虽则表面上，他一直想要重回华山。

令狐冲与贾宝玉多有相似，而贾宝玉的令尊贾政与令狐冲的恩师岳不群相信若生在同一时代，也不缺乏共同语言。俞平伯说："贾政者，假正也，假正经的意思。"以岳不群之"伪君子"对贾政之"假正经"，似甚允当。

师至假而徒至真，岳不群、令狐冲师徒如此，贾雨村、林黛玉师徒，亦如此。

曹翁写《红楼》与宝玉，精神血脉渊源自《庄子》、阮籍。金老写《笑傲》与令狐，则与《庄子》、嵇康声息相通。

贾宝玉与令狐冲，都是庄子所言的"法天贵真，不拘于俗"的人物。

当年《笑傲江湖》香港版的封面、插页出于金庸手定。在第二册录入了唐寅的《吹箫仕女图》，画中人依稀仿佛任盈盈的神采。

在《石头记》所列谱系中，至少有嵇康、陶潜、唐寅三人与《笑傲江湖》的令狐冲有瓜葛。嵇康就不必细说了，至于陶潜，金庸在《笑傲江湖》后记中写道："令狐冲不是大侠，是陶潜那样追求自由和个性解放的隐士。"令狐的好酒与陶潜尤其相似。陶渊明似乎不曾奏过《广陵散》，而昭明太子萧统《陶渊明传》云："渊明不解音律，而蓄无弦琴一张。每酒适，辄抚弄以寄其意。"

中国内地版《金庸作品集》，似乎只有广州出版社所出朗声典藏版正文前有彩色插页，插页内容却与香港明河社所用不同。金庸别的小说倒也罢了，《笑傲江湖》实在不该另选插页。

明河版《笑傲江湖》，封面、印章与插页，皆由金庸亲自选定，并为之一一写出简介。这些与《笑傲江湖》正文是一个整体，放弃或替代了，《笑傲江湖》一书就不完整，就是天残地缺了。

第一册金庸用作封面的是徐渭所绘《梅花》，金庸并撰短文简介徐渭生平："徐渭（一五二一一一五九三），字文长，浙江绍兴人，于诗文、戏曲、书法、绘画等造诣颇深，他参加过抗倭战争和反对权奸严嵩的斗争，性格清高狂傲，愤世嫉俗，曾因发狂入狱，是艺术家中极有'笑傲江湖'性格的人物。"然后，金庸补充："本书选用徐渭、傅山、八大山人、郑燮四人的画作封面。这四人为人重风骨节操，书画重自由发挥。"

第一册中，有一幅书法插页。金庸介绍说："徐渭行草《青天歌》（局部）——此长卷书法跌宕有致，波澜迭起。本书选录其最后部分，文曰：'……三尺云璈十二徽，历劫年中混元斫，玉韵琅琅绝郑音，雅清偏贯达人心。我从一得鬼神辅，入地上天超古今，纵横自在无拘束，心不贪荣身不辱。同唱壶中白雪歌，静调世外阳春曲。我家此曲皆自然，管无孔兮琴无弦，得来惊觉浮生梦，昼夜清音满洞天。徐渭书。'首四句似说盈盈之琴，次四句似说令狐冲之剑。此后六句似说令狐冲、盈盈二人琴箫和谐、归隐世外之乐。"

第二册封面则是傅山画《山水》，附简介："傅山（一六〇七一一六八四），山西阳曲人，字青主，为人有侠气，抗清义士。入清后号未衣道人，穿道装，不肯剃发，行医为业，康熙帝强征入京，傅山佯病，坚不仕清，其书画磊落有奇气，以风骨胜。"

第二册第一张插页，金庸介绍说："黄慎《人琴图》。黄慎（一六八七一一七六六？），'扬州八怪'之一，好酒任性，研学怀素草书后豁然贯通，将狂草的笔法融入绘画，寥寥数笔而盘旋飞动。图中老人凝视瑶琴，深有所思（题字为'能移人情'），有点像本书中的魔教曲长老，盈盈的师侄绿竹翁或无如此风致。"

第三册封面为朱耷《鱼图》，简介："朱耷（音奪，大耳也），明末清初大画家，江西人，明朝宗室，号八大山人，画上题字有如'哭之笑之'，为人清高狂傲。图中之鱼寥寥数笔而神态生动，似是在江湖间自由游荡。"

第四册以郑燮画《竹》为封面，简介："郑燮（一六九三一一七六五），江苏兴化人，号板桥居士，"扬州八怪"之一，为人狂傲不阿，极具风骨……"

第四册扉页印章，金庸介绍说："屠倬'吾亦澹荡人'——屠倬（一七八一——一八二八），浙江钱塘人，诗、书、画、篆刻造诣俱深。'澹荡人'淡泊无争，自由散漫，当是令狐冲的性格。"

第四册第四张插页，金庸介绍说："黄慎《携琴图轴》。黄慎，福建宁化人，久寓扬州，清乾隆年间'扬州八怪'之一，好酒喜漫游。据说少年时在街头忽悟画法，急去店铺借纸笔作画。本图题字中说是酒后所作。图中女子当不及盈盈之美，然腼腆飘逸，神态或相仿佛。"

徐文长、傅青主、八大山人、郑板桥、黄慎这些人与曹雪芹所列之"逸士高人"，具有同质性，他们名字终于不见于《石头记》，窃以为是曹翁"免提畏闻文字狱"，这五人与他生存年代过于接近，写在书中多有不便，八大还是前朝宗室，傅山更反动透顶，抗拒王化……

要之，令狐冲所代表的"笑傲江湖"性格，与竹林七贤（非唯嵇中散）声息相通。用曹雪芹的话来说，就是"此皆易地则同之人也"，令狐冲若生于晋代世族，未尝不会与嵇康等人"把臂入（竹）林"，嵇康若长于江湖，亦当与令狐相交莫逆，"在江湖自由游荡"。

令狐冲当然不等同于嵇叔夜，但他们的精神品质是一致的。

嵇康之真精神，在于"非汤武而薄周孔""越名教而任自然"。前者之绪余，则黄药师得之；而令狐冲，独得"越名教而任自然"之神髓。

"令狐冲于世俗的礼法教条，从来不瞧在眼里"，"率情任性，不善律己"此即"越名教而任自然"。为此之故，当风清扬声言"大丈夫行事，爱怎样便怎样，行云流水，任意所之，甚么武林规矩，门派教条，全都是放他妈的狗臭屁"时，令狐冲才会"听来说不出的痛快"。

《笑傲江湖》后记中，金庸写道："在黑木崖上，不论是杨莲亭或任我行掌握大权，旁人随便笑一笑都会引来杀身之祸，傲慢更加不可。'笑傲江湖'的自由自在，是令狐冲这类人物所追求的目标。"

当年司马昭门下，宛如黑木崖，众人无不战栗惶恐，比赛"装孙子"，"晋文王功德盛大，座席严敬，拟于王者"，在奴才们的围困中，"唯阮籍在坐，箕踞啸歌，酣放自若"（《世说新语·简傲》）——老子不吃你那套！

嵇康在《与山巨源绝交书》中自述："今但愿守陋巷，教养子孙，时与亲旧叙阔，陈说平生，浊酒一杯，弹琴一曲，志愿毕矣。"此言，怕也说着了令狐冲的心声吧？

令狐冲的好酒，似嵇中散，似陶靖节，更似刘伶。他对生死淡漠从容，令方证大师惊叹："没想到这少年竟然如此的泯不畏死。"

令狐冲转念又想："眼下正邪双方，都是亟欲取我性命，我躲躲闪闪，纵自苟延残喘，多活得几日，最后终究是难逃这一刀之厄，这种怕得要死的日子，多过一天又有甚么好处？反不如随遇而安，且看是撞在谁的手下便了。"（三联版《笑傲江湖》第707页）

（刘伶）常乘鹿车，携一壶酒，使人荷锸而随之，谓曰："死便埋我。"（《晋书》）

二者情怀约略相似。只是，刘伶实开今日"行为艺术"之先河，不免于"做秀"的嫌疑，不及令狐冲之豁达自然。

敦诚《挽曹雪芹》诗云："牛鬼遗文悲李贺，鹿车荷锸葬刘伶。"雪芹字"梦阮"，当其晚年，穷愁潦倒而又嗜酒狂放，朋辈也多将其比作阮籍，斯人亦是深得阮籍、刘伶之魏晋遗风者。

当令狐冲与向问天在凉亭"联手"对敌时，遭嵩山乐厚偷袭，死生间不容发，令狐冲的反应是，"想起生死大事终于有了个断，心下反而舒泰。那人（乐厚）初见令狐冲眼色中大有惊惧之意，但片刻之间，便现出一般满不在乎的神情，如此临死不惧，纵是武林中的前辈高人亦所难能"。至于嵇康，则"临刑东市，神气不变"，那是真正的勇毅，假装不来的。嵇康、令狐，有"古之真人"风，"死生亦大矣，而无变乎己，况爵禄乎？"（《庄子·田

子方》)

若问：嵇康当年"临刑"之"东市"，究在何处？

答曰：洛阳城！

正是在可以对应"东市"的"洛阳东城"，一片"绿竹丛"（竹林，又见竹林！）中，令狐冲初遇盈盈，听她弹《笑傲江湖》，为二人最终"偕隐"埋下伏笔。

嵇康生前，酷爱"锻铁"，他的工作场所，亦在洛阳城郊。嵇康与钟会的故事，《笑傲江湖》一书，借曲洋之口，曾有提及："钟会当时做大官，慕名去拜访他，嵇康自顾自打铁，不予理会。钟会讨了个没趣，只得离去。嵇康问他：'何所闻而来，何所见而去？'钟会说："闻所闻而来，见所见而去。'"

在洛阳，令狐冲对一位不知名的"身穿粗布衣衫的老头儿"民间艺术家绿竹翁极尽礼遇，而对威仪棣棣的"金刀无敌"王元霸，竟是"翻起了一双白眼，漠然而视"。此举亦深具竹林遗风："（阮）籍又能为青白眼，见礼俗之士，以白眼对之。及嵇喜来吊，籍作白眼，喜不怿而退。喜弟（嵇）康闻之，乃赍酒挟琴造焉，籍大悦，乃见青眼。"

在"洛阳东城"，一片"绿竹丛"中，令狐冲与绿竹翁品酒，向任盈盈学琴，虽说前途未卜，有些惨淡，但有"花药分列，林竹翳如。清琴横床，浊酒半壶"（陶潜《时运》），终是一段神仙岁月。

令狐冲与恒山派女弟子同船，江湖上已是众口喧传，皆谓令狐冲艳福齐天。衡山掌门莫大先生在五日里，每天晚上，都到船上窥探，之后发表考察报告：

"我见你每晚总是在后艄和衣而卧，别说对恒山众弟子并无分毫无礼的行为，连闲话也不说一句。令狐世兄，你不但不是无行浪子，实是一位守礼君子。对着满船妙龄尼姑，如花少女，你竟绝不动心，不仅是一晚不动心，而且是数十晚始终如一。似你这般男子汉、大丈夫，当真是古今罕有。"（三

联版《笑傲江湖》第 990 页）

如此襟怀，虽说"古今罕有"，却非绝无仅有。据我所知，在令狐冲之前，唯阮籍有类似行止。《世说新语·任诞》篇："阮公邻家妇有美色，当垆酤酒。阮与王安丰常从妇饮酒。阮醉，便眠其妇侧。夫始殊疑之，伺察，终无他意。"

我说令狐冲是金庸笔下塑造最成功的"名士型"人物，网友多数不表赞同，仍以"浪子"目之。实则，称之"名士"，我亦感觉不妥。令狐冲何止是名士？！他是道家的理想人物，是庄子盛称的"真人""至人""神人""德人""大人""天人"。《庄子·大宗师》"古之真人，其寝不梦，其觉不忧，其食不甘，其息深深"之言，说的不正是令狐冲吗？

莫大先生自认："我莫大如年轻二十岁，教我晚晚陪着这许多姑娘，要像你这般守身如玉，那就办不到。"莫大坦诚如此，亦是了不得的人物。自承"办不到"，反而证明他应该"办得到"，只是要费些"修省""克己""慎独"的功夫，他是儒家的理想人物，是真君子。

至于那位以"君子"自命的岳不群，这次不在现场。好在金庸也没亏待他，在"注血"一章，让他遭遇相同的试炼，"只见四个苗女各自卷起衣袖，露出雪白的手臂，跟着又卷起裤管，直至膝盖以上"，当此情境，"君子剑"岳不群的反应极为迅速：

气凝丹田，运起紫霞神功，脸上紫气大盛，心想：……若不以神功护住心神，只怕稍有疏虞，便着了她的道儿……怕的是心神被迷，当众出丑，华山派和君子剑声名扫地，可就陷于万劫不复之境了。（三联版《笑傲江湖》第 616 页）

我读《笑傲江湖》至此，不觉莞尔：身为"气宗"大师，岳不群对自己的"养气"功夫实在很有自知之明——根本就是骗人的。他是孔子所说的

"乡愿，德之贼也"，是假君子。

《笑傲江湖》第三十六回回目为"伤逝"，很容易使人想到鲁迅的小说名篇《伤逝》，但金庸起这样一个回目，与涓生、子君关系不大，其源头仍在《世说》。——《世说新语》第十七章的总题即"伤逝"。

然则，金庸对《世说》是否熟悉，喜欢？他在《走近蔡澜》一文中明言："我小时候读《世说新语》，对于其中所记魏晋名流的潇洒言行不由得暗暗佩服。"

当然，《笑傲江湖》的二字回目，更可能是受《广陵散》之曲的影响。《广陵散》各曲段的小标题，皆为二字。

《笑傲江湖》借由令狐冲其人，所要体现的是中国文化精神之魂魄，倒不仅仅为了塑造某一名士型人物。

哪一时代最足体现中国文化精神？言人人殊。我个人认同魏晋。历代高人逸士，无不归宗魏晋，苏轼生平写了上百首"和陶（潜）诗"，袁中郎痴迷《世说》，直到古典文学的殿军也是集大成者的曹雪芹，乃字"梦阮"，朋辈亦将其比作阮籍。

在《笑傲江湖》后记中，金庸将令狐冲定位为"陶潜那样追求自由和个性解放的隐士"。粗略来看，令狐冲与陶潜，一个"没读过多少书，什么诗词曲赋，全然不懂"，一个则是"泛览周王传，流观山海图"的伟大诗人，很难将此二人联想到一处。因此，我在《金庸与古龙，我作如是观》一文中指认"令狐冲为金庸笔下最成功的名士形象"，也就几乎没有人赞同。

《世说新语·任诞》载录王恭之言："名士不必须奇才，但使常得无事，痛饮酒，熟读《离骚》，便可称名士。"要令狐冲"痛饮酒"完全没问题，关键是他根本不读书，更不读《离骚》。诗词曲赋、琴棋书画等等雅事，除盈盈为他"恶补"过琴艺，几乎全部在他的视野之外。

那是因为金庸在以武说文，令狐冲的"独孤九剑"就是他的诗篇，他的书法，他的泼墨……

对五柳先生，金庸的观感或与梁启超近似："（陶潜）是一位极热烈极有豪气的人……他所崇拜的是田畴、荆轲一流人，可以见他的性格是那一种路数了……渊明是极热血的人，若把他看成冷面厌世一派，那便大错了。"

陶渊明追忆自己"少而穷苦……东西游走。性刚才拙，与物多忤"，"少时壮且厉，抚剑独行游"，跟令狐冲不是没有相似之点的。

令狐冲的精神气质，既像嵇康，又似陶潜。嵇康与陶潜，两位魏晋大诗人，有一点很接近：嵇康借《广陵散》礼赞刺韩王的聂政，陶潜诗《咏荆轲》颂赞的则是荆轲刺秦王的伟绩。龚自珍《乙亥杂诗》有："陶潜诗喜说荆轲，想见停云发浩歌。吟到恩仇心事涌，江湖侠骨已无多。"

令狐冲从曲洋刘正风（以及嵇康）的手上，接过了《笑傲江湖》之曲，又从风清扬习得"独孤九剑"。

《笑傲江湖》之曲，改编自《广陵散》，而《广陵散》原称《聂政刺韩王》，其声忿怒躁急，有雷霆风雨、"戈矛纵横"的气势，幽微处，如闻聂政与韩王刀剑格斗之声。大儒朱熹敏锐地觉察到："其声最不和平，有臣凌君之意。"

"若有人一旦手掌大权，竟然作威作福，以暴易暴，世间百姓受其荼毒，那么终有一位英雄手执倚天长剑，来取暴君首级。"（三联版《倚天屠龙记》第 1562 页）"独孤九剑"亦是这样的"倚天剑"。我一直怀疑，在金庸最初的写作构想中，要让令狐冲效法聂政之刺韩王与荆轲之刺秦王，以独孤九剑刺杀即将"一统江湖"的任我行。

独孤九剑与吴清源新布局法

"强调着人的重要和心智的解放"，"强调人的意志的重要"，"不再迷信，要求人的解放"，这是金庸眼中的欧洲文艺复兴，独孤求败、风清扬、令狐冲独孤九剑的剑意，亦正有这种文艺复兴的气息。

有台湾读者请金庸说明独孤九剑之"无招胜有招"境界。金庸回答：

"整个社会其实还存在着教条主义，什么都有某某主义……这些招数都已经固定，其实社会千变万化，很多事情是古人想不到的，像现代科技的电脑网络，恐怕连列宁、孙中山都想不到吧！教条不适用，正如无招，没有固定的信念，发生什么事情，就用实际的方法解决。"（金庸《金庸一百问》）

金庸当年为明河版《笑傲江湖》自定封面画、印章与插页。第一册封面国画乃是徐渭的《梅花》，题字："从来不信梅花谱，信手拈来自有神……"金庸在图下附加说明："《梅花谱》自来是画梅的典范，徐渭不理经典的规范，信手挥写。"这是独孤九剑的剑意，亦是文艺复兴的精神。

明河版第一册插图十二至二十，系徐渭行草《青天歌》。金庸注曰"似说令狐冲之剑"。

第四册插图十，系郑燮《兰竹》。金庸注曰："题字云：'掀天揭地之文，震电惊雷之字，呵神骂鬼之谈，无古无今之画，固不在寻常蹊径中也，未画以前，不立一格，既画以后，不留一格。'似可为'独孤九剑'之剑法写照。"

艺术各门类，达到最高境界时，是完全相通的。

武术也可以归到艺术类吗？不能！但是，小说中的武功，非人间所有，出自作者浪漫的超现实想象。小说（尤其金庸）对武功的理解与虚构，更多源自儒、释、道三教的哲思与历代艺术家的灵悟。1981年，金庸说："拿武功来说，当它臻于化境，便自然成为一种艺术了，所以我会用书画之道去解释一些招式。"（《金庸茶馆》第五册第22页）

第三册插图十四、十五，系石涛《泼墨山水卷》。金庸介绍说："石涛，明末清初大画家，作画自创一格，气韵极高。本图题字中云：'从窠臼中死绝心眼，自是仙子临风，肤骨逼现灵气。'意谓摆脱前人一切规范，在困境中忽得灵感。中国一切艺术最高境界皆如此，武学亦然。"

石涛谈"画法"的两节文字，虽在《笑傲江湖》中未被采录，却尤其与独孤九剑的"剑理"相通，附记于此："古人未立法之先，不知古人法何法？古人既立法之后，便不容今人出古法，千百年来，遂使今人不能出一头地，冤哉！""画有南北宗，书有二王法。张融有言：'不恨臣无二王法，恨二王无臣法。'今问南北宗，我宗耶？宗我耶？一时捧腹曰：'我自用我法。'"

金庸借风清扬之口，将独孤九剑传授给令狐冲时，必然要取譬于诗文，从中见得"独孤"出世，灵感所由："熟读了人家诗句，做几首打油诗是可以的，但若不能自出机杼，能成大诗人吗？"后来，令狐冲与任我行在梅庄比剑，金庸再次借武论文、以诗说剑："使这'独孤九剑'，除了精熟剑诀剑术之外，有极大一部分依赖使剑者的灵悟，一到自由挥洒、更无规范的境界……每一场比剑，便如是大诗人灵感到来，作出了一首好诗一般。"（《笑傲江湖》第二十回）

风清扬道："一切须当顺其自然。行乎其不得不行，止乎其不得不止""剑术之道，讲究如行云流水，任意所之"，语出苏轼"吾文如万斛泉涌，不择地而出。在平地，滔滔汩汩，虽一日千里无难；及其与山石曲折，随地赋形而不可知也。所可知者，常行于所当行，常止于不可不止"。东坡居士用这话"自我表扬"，也曾大度地挪用来"表扬"文友谢民师："（谢的诗赋）如行云流水，初无定质，常行于所当行，常止于不可不止。"

东坡诗"我书意造本无法"，亦与"独孤九剑"可通。1960年，金庸在《关于武侠小说的几个问题》一文中谈到："苏东坡曾用硃画竹，有人说：'世界上没有红色的竹。'苏东坡说：'难道世界上有黑色的竹么？'"

大苏将"行云流水"视为文学艺术的最高境界，殆无疑义。而在金庸眼中，"行云流水，任意所之"就成为"武学"的最高境界。因此我谓，金庸以武说文，令狐冲的独孤九剑就是他的诗篇，他的书法，他的泼墨……

风清扬又道："单以武学而论，这些魔教长老们也不能说真正已窥上乘武学之门。他们不懂得，招数是死的，发招之人却是活的。死招数破得再妙，遇上了活招数，免不了缚手缚脚，只有任人屠戮。"读到这里，我于剑道并无长进，却想起了齐白石"学我者生，似我者死"的训诲，事实上，此语又被京剧大师梅兰芳所借鉴，以此自警，并教育梅派弟子。

独孤九剑更受到吴清源新布局法的影响。

记者问："您一生最崇拜谁？有没有偶像？"金庸答："没有什么特别崇

拜。在围棋上崇拜吴清源，是教过我的老师。"（《剑桥金庸访谈录》）金庸心高志大，"眼高四海空无人"，能让他真心崇拜的当世人物，没有几个。而吴清源，就是这"没有几个"中的一个。

20世纪40年代初，还在读中学的金庸就对同学余兆文说起："吴清源成长后让人四个子，谁能与他对弈交手，有力招架，其棋艺仍居一流，还不失为国手。"吴清源这种气派，就是独孤求败的气派。当时金庸又说日本有一位围棋高手，有一次围棋一开局，便将第一颗子扑笃一下投落在棋盘中央，观众大为惊奇，此举后来传为美谈佳话。金庸几次喜滋滋对余兆文提及此事，好像他对这位日本棋手的标新立异、敢于犯忌，也颇为赞赏。这位日本棋手的作风，也很有独孤九剑的韵味、气象。

金庸1955年开始写小说，次年，与梁羽生等人合写"三剑楼随笔"。"随笔"中那篇《历史性的一局棋》，谈的便是二十二岁的吴清源挑战本因坊秀哉的那局棋；另一篇《围棋杂谈》中，金庸也充满敬意地谈到吴清源。

吴清源生平出过两份回忆录性质的书稿，一是2002年发表的《中的精神》；一是1984年的《以文会友》，由日本的白水社印行，四年后，该书中译本出版，改名为"天外有天"。

《天外有天》中，有一张吴清源与金庸下"指导棋"的照片，又有金庸所作序言《崇高的人生境界》。文中，金庸谈起自己最佩服的人："古人是范蠡，今人是吴清源。"金庸说他"自幼就对这两人感到一份亲切"。因为佩服范大夫，"我曾将范蠡作为主角而写在《越女剑》的一个短篇小说中"。金庸又对吴清源那"不世出的天才充满景仰之情"，吴先生的人品与棋品，也会在金庸小说中留下一点印记。

吴清源说，在他和木谷实提出新布局法之前，"日本的初学者，一般都会被要求背定式"（《中的精神》第206页），这就像"五岳剑派中各有无数蠢才，以为将师父传下来的剑招学得精熟，自然而然便成高手"。华山派掌门岳不群课徒，尤其如此，《笑傲江湖》中写道："岳不群课徒极严，众弟子练拳使剑，举手提足间只要稍离了尺寸法度，他便立加纠正，每一个招式总要练得十全十美，没半点错误。"

围棋中的"定式"大致相当于武侠小说中的"招式"，"定式"的弊病就是"招式"的弊病：

"定式"这一名词本身就不好。既然说是"定式"，就容易被字面的含义所束缚，使人总是想当然地把它奉为固定不变的东西。可以说"定式"本来只是个单纯的"标准"而已，为了向初学者传授时方便才被过分地固定化了。因此要特别注意，千万不要像奴隶一样被它打上烙印而盲从于它。(《天外有天》第 170 页）

吴清源又说："死记硬背究竟是否有意义，我对此表示怀疑。我的指导是'忘记定式'。"(《中的精神》第 207 页）风清扬也反对"死记硬背"的学剑方式，一再对令狐冲强调："招数是死的，发招之人却是活的……这个'活'字，你要牢牢记住了。学招时要活学，使招时要活使。"他对令狐冲的指导是，"你将这华山派的三四十招融合贯通，设想如何一气呵成，然后全部将它忘了，忘得干干净净，一招也不可留在心中。待会便以甚么招数也没有的华山剑法，去跟田伯光打"。

吴清源并不彻底否定"定式"，他说："定式中也有好的东西。但是，我认为要摆脱原先的旧习惯，这才是最重要的。"(《中的精神》第 207 页）又说："应该把定式只当作一种'标准'，顶多记住五十至六十种基本形也就足够了。而后再靠自己的棋力，全力以赴地去下自己能透彻理解的棋即可。"(《天外有天》第 171 页）风清扬所传独孤九剑剑意，大致类此。

吴清源的《天外有天》比金庸的《笑傲江湖》晚出十五年，《中的精神》一书更比《笑傲江湖》晚出三十多年，但吴氏新布局法又比《笑傲江湖》早出三十多年，因此，我认为金庸（或独孤求败）创出独孤九剑，其灵感部分来自吴清源新布局。

关于新布局，吴清源如是说："不受任何繁杂的定式束缚……为昔日的小目定式所束缚一时的布局终于解放，人们布局的思维方法也获得自由，棋盘上的世界似乎越来越宽阔了。"（《天外有天》第 40 页）独孤九剑亦不受任何繁杂的招式束缚，而终于解放。

吴清源与风清扬，看起来，好像同属"清"字辈，但金庸小说中，与吴清源最相近的人物，却不是风清扬，而是独孤求败。吴清源是新布局法的两个创造者之一，独孤求败则是《神雕侠侣》中独孤剑法和《笑傲江湖》中独孤九剑（两种剑法并不相同）的创始者。

金庸在《崇高的人生境界》文中也谈到吴清源"在近百局'十番棋'中将当世高手尽数打得降级"的神奇战绩。这近百局棋，从 1939 年一直下到 1955 年。1959 年，金庸开始写《神雕侠侣》，独孤求败于此横空出世！

吴清源的天才与"超天才"，甚至不在于"苦战了十五年之久，在十盘棋的擂台上接连击退所有的对手，获得了'当代第一人'的崇高地位"（《天外有天》第 145 页），更在于"从那以后，寻遍天下也找不出能与我在十盘棋的擂台上相抗衡的合适对手，所以读卖新闻社就此宣布擂争十盘棋的所有计划都彻底告终了"（《天外有天》第 144 页），此时吴先生的口气，就很像《神雕侠侣》中的独孤求败了："剑魔独孤求败既无敌于天下，乃埋剑于斯。呜呼！群雄俯首，长剑空利，不亦悲夫！"《笑傲江湖》中，风清扬则道："创制这套剑法的独孤求败前辈，名字叫做'求败'，他老人家毕生想求一败而不可得。"

金庸说："在两千年之久的中日围棋史上，恐怕没有第二位棋士堪与吴清源先生比肩。"金庸小说，从《越女剑》的春秋时期写到《雪山飞狐》的清乾隆年间，时间跨度两千年，其间也没有哪一位人物的剑法堪与独孤求败比肩。

说吴清源就是独孤求败的唯一"原型"，太武断；说金庸写出独孤求败和他的剑法，与吴清源毫无干系，就更武断了。

吴清源与金庸都参加了 2001 年的"贵阳国际围棋文化节"，金庸当时说过："吴先生有一段时候，所谓日本最高的高手，全部被他打败，发扬我们中国的围棋的精神，像独孤九剑这样，（他的棋）没定式的，（招式）随时可以变化的，绝对创新，变化无穷，所以对方也招架不了，好像风清扬这样的。"似已含蓄地承认他笔下的独孤求败与吴清源之间的渊源。

吴清源说自己"有一个怪癖，越是被人反对，越是一味地固执到底"（《天外有天》第127页），似乎金庸也有类似的怪癖，是否多少受了吴清源传染，就不好说了。

在《崇高的人生境界》中，金庸说："吴先生爱读'易经'、'中庸'……他的弈艺，有哲学思想和悟道作背景，所以是一代的大宗师。"

近代以来，国人对传统文化的否定未免太彻底。旧文化，虽旧，也没旧到木乃伊的份上，到20世纪，仍可焕发出新生机，眼前的实例，便是吴清源的新布局法与金庸的新武侠小说。

吴清源布局之新与金庸小说之新，皆大得益于华夏旧文化。金庸说："中国文化是我生命的一部分，有如血管中流着的血，永远分不开的。"吴清源则说："要达到'中'的境界，并非易事。这需要精神上的修养。所以，我一直很重视信仰。从5岁（虚岁）开始，我就学习《大学》《中庸》等四书五经，至今我仍然坚持每天研究《易经》。"

2003年，金庸谈吴清源与中国传统文化："吴先生将这以争胜负为目标的围棋艺术，提高到了极高的人生境界。他独具匠心地在围棋艺术中提出了'调和论'，主张在棋局中取得平衡，包含了深厚的儒家哲学和精湛的道家思想。吴先生后期下棋不再注重胜负，而是寻求在每一局中有所创造，在艺术上有新的开拓，不愧为一代宗师。"（贾海红《博览群书学会做人——访金庸先生》）

吴清源逝世，江铸久作《师父吴清源》，谈到："吴老师的国学底子非常扎实……吴清源、木谷实携手共创新布局的时候……才20岁出头的吴清源，能够有这么大的视野，让人不能不钦佩，只有受过中国传统文化熏陶的人才有这样的本领……吴老师吸取的是日本棋界的术，而道的部分是从中国传统文化中吸取的。"（原载2012年12月4日《南方周末》）

又有《解放日报》记者问江铸久，棋坛会不会再出一位像吴清源这样的大师。江答："达到老师技术的，相信会有后来人，但论境界恐怕很难。"他的理由是"如今读传统国学的人越来越少了"。江铸久、芮乃伟夫妇都认为，吴清源的境界来自他的国学修养，芮乃伟说："到日本后那么多年，老师最爱读的还是中国古书。我们去时，他总给我们讲他研究《易经》的感想。"

赛珍珠为英文版《吾土吾民》作序，说："一位现代的中国人，他的根基深深地扎在过去，他丰硕的果实却结在今天。"这句话我一直喜欢，并且认为，把它用在吴清源和金庸身上，比林语堂更合身。而这句话，所流泻出的，亦正是"中国文艺复兴"之真精神。

1980年，在《笑傲江湖》后记中，金庸说："在中国的传统艺术中，不论诗词、散文、戏曲、绘画，追求个性解放向来是最突出的主题。"二十多年后，他对杨澜说："《笑傲江湖》的基本思想已经很现代化了，写是写的古代，其实是把现代思想化妆成为古代了。"读《笑傲江湖》，应将这两段话，合在一起，方可求得真解。《笑傲江湖》一面继承发扬了中国传统文化艺术中"追求个性解放的主题"，另一面，又融入了（主要来自西方的）"现代思想"。这部小说，读起来，就这样的"旧"，又这样的"新"。

"必须一方面吸收输入外来之学说，一方面不忘本民族之地位"（陈寅恪语），如此，才有中国的"文艺复兴"。

补课，要从"文艺复兴"补起，急躁不得。

金庸与围棋界的老师、朋友

金庸十五部小说中，有两位主人公，得了古代圣与贤的传授。

郭靖得到《武穆遗书》，是"武圣"岳飞的精神传人；令狐冲得了《广陵散》，是"竹林七贤"的精神传人。

郭靖是民族主义者，令狐冲是自由主义者，也是个人主义者。

风清扬将独孤九剑传授令狐冲，说："将全部变化尽数忘记了，也不相干，临敌之际，更是忘记得越干净彻底，越不受原来剑法的拘束。"后来，令狐冲与任我行比剑之时，金庸于此更有所阐发："那'独孤九剑'中的'破剑式'虽只一式，但其中于天下各门各派剑法要义兼收并蓄，虽说'无招'，却是以普天下剑法之招数为根基。"

沈君山谈吴清源："突破前人窠臼的能力必然是从前人窠臼中摸索而得，浸沉愈久，当然愈不容易脱离旧规。吴先生六岁习弈，十四岁东渡，到推出新布局时，已弈了十多年棋，这十多年，他使用传统的布局，战绩所向无敌，但为追求'和谐的完美'（吴先生语），乃一朝弃其旧所依恃，另创新天地，若无自由自在、无所滞着的心灵，焉能致此？独立自由的心灵是开启创新之门的钥匙。"（沈君山《浮生三记》第 110 页）

独孤求败之"剑"，与吴清源之"棋"，皆"从前人窠臼中摸索而得"，也皆出自"自由自在、无所滞着的心灵"，二者血脉相通。

吴清源是金庸的老师。

金庸曾半是自豪半是解嘲地说："木谷的弟子段数加起来最多，我这个弟子的老师段数加起来最多。"（《剑桥金庸访谈录》）2009 年，金庸又说："当时围棋界的朋友们开玩笑说'木谷实众弟子围棋段数最多；查良镛众师父围棋段数最多'。"（金庸《痛悼梁羽生兄》）

应该是有某一位"围棋界的朋友"，最先想起说起这句话，然后在"朋友们"中传扬开来。这某一位"围棋界的朋友"，或许就是沈君山。[1]

（聂）卫平和我第一次见面是在 1983 年香港金庸先生的宴席上。金庸、卫平和我都是因棋结交，金庸有一段时期极迷围棋，他有特殊的癖好，就是拜高手为师。历史上徒弟段数最多的，大家公认是木谷实，总共超过二百段。

---

[1] 这部《金庸评传》完稿后，我在张英《侠是一种很崇高的道德》一书第 113 页读到，金庸说："木谷实收很多很多徒弟，徒弟段数最多的……台湾的朋友讲我，查先生围棋下得不好的，但是他的老师段数是最高，最多的。"既是一位"台湾的朋友"讲的，必是沈君山了。

和木谷实相比,世界上师父段数最多的,现在肯定是金庸。我帮他算算有一百段以上!(沈君山《浮生三记》第 122 页)

金庸一生,痴迷于围棋这个"木野狐"。

一九四三年秋天,我在重庆南温泉中央政治学校外交系读书,蒋先生是我们校长。蒋的侍从室第三处,也是在南温泉,就在学校隔壁。第三处中有几位股长股员很喜欢下围棋,我和他们结成了棋友。逢到《刑法概要》《民法总则》《三民主义》这些索然无味的功课时,我总是溜出课堂,和他们下棋去。(金庸《谈〈彷徨与抉择〉》)

"尤其他的长子(1976 年)逝世后,他对围棋的喜爱,迹近疯狂"(杨莉歌《金庸传说》第 195 页),应该就是沈君山说的"金庸有一段时期极迷围棋"。1983 年,沈君山在金庸府上初会聂卫平,就处于这"一段时期"。聂卫平也谈过这次初会:

金庸先生是我 1983 年收的徒弟……沈君山先生是第一个把我引入金庸武侠小说世界的人。沈君山先生曾任台湾清华大学校长,比我大 20 岁。据说他是台湾有名的"四大公子"之一,才华出众,风流倜傥……沈先生不仅喜欢围棋,也喜欢桥牌,而且造诣很深,这也正合我意,我们一下子就聊到一起,有很多共同语言。他俩后来都成为我的至交,我们在一起很愉快。沈先生的棋要比查先生下得好一点儿,查先生的棋力究竟如何,大家很好奇,我想我们就以中国棋院给他颁发的"业余六段"证书为准吧。(聂卫平、徐梅《聂卫平追忆金庸:查先生是我人生的师父》)

90 年代,金庸对池田大作谈自己的朋友时,谈到"下围棋的有些棋友",但金庸当时并没有说出他们的名字。好在,1985 年,他在《围棋五得》一文中，已经谈过："（围棋）'得好友'和'得人和'。凡是喜欢下围棋的人都有这样的经验。楸枰相对，几个钟头一句话不说，也能心意相通，友谊自然而然地建立起来。我和沈君山、林海峰、陈祖德、郝克强诸位等结交，友谊甚笃，都是通过了围棋。"

沈君山说："棋友相见原不需要什么语言，很快就会回归真正的手谈。"果然，如金庸所言，"凡是喜欢下围棋的人都有这样的经验"。

金庸与沈君山，相知甚深，堪称"知己"。

2018年9月12日，沈君山仙逝。同年10月30日，金庸逝世。

金庸说："我一直对围棋很有兴趣。我的老师是聂卫平，我向他鞠躬拜过师，可惜的是聂卫平没有时间好好教我，我也没什么进步。"这句话里，有惋惜遗憾，应无对聂卫平的怨责之意。沈君山说过，金庸"学不学得到本领不论，拜师的仪式却一点不肯马虎，往往坚持要行跪叩的大礼"。

（金庸）完全不守武林中入门以后从一而终的行规。不分门派不分辈分，只要艺高，他就要拜为师父……有一次，他要拜王立诚为师，林海峰和我都被请去做观礼的嘉宾，那时他已拜了吴清源、林海峰为师。王是林的弟子，林又是吴的弟子，论年纪王也不到金庸的一半。金十分诚意地要拜，王却怎样也不敢受，僵了好一阵，最后还是搬了一张太师椅来，立诚端坐其上，金庸毕恭毕敬地鞠了三个大躬。海峰虽已是师父，但此时升格为师祖，又受了三鞠躬；立诚出国赴日学艺是经过我的手试，所以我亦沾光地受了金庸斜斜一拜。卫平的自传中，说金庸坚持对他要行跪叩拜师之礼，经过想亦如此。（沈君山《浮生三记》第122页）

聂卫平也说："金庸拜过吴清源，拜过林海峰，拜过王立诚，其实人家是师徒及师孙关系，结果都拜乱套了，（金庸）自己的辈分也是不断降……"

金庸早前还拜过陈祖德为师。1981年，陈祖德患上胃癌，并不相识的金庸函请："香港的冬天比较暖和，适于养病，你就到我这里来住吧。"陈祖德欣然前往，在金庸家里一住半年。2006年，金庸在香港书展上谈到，读者各有所爱，陈祖德最喜欢的金庸小说，居然是最短的《越女剑》。2012年，陈祖德逝世，金庸在香港得知消息，十分悲痛，托人致送一个近两米高的巨型花篮，表示哀悼。挽联为金庸亲拟："祖德我棋师灵佑永存　授业弟子查良镛敬挽。"

金庸拜了这么多一流棋士为师，他本人的棋力却不高，也就业余六段的水平。明白了这一点，再读《碧血剑》一段内容，自当别有会心：

围棋一道，最讲究的是悟性……如苏东坡如此聪明之人，经史文章、书画诗词，无一不通，无一不精，然而围棋始终下不过寻常庸手。成为他生平一大憾事。他曾有一句诗道："胜固欣然败亦喜"，后人赞他胸襟宽博，不以胜负萦怀。岂知围棋最重得失，一子一地之争，必须计算清楚，毫不放松，才可得胜，如老是存着"胜固欣然败亦喜"的心意下棋，作为陶情冶性，消遣畅怀，固无不可，不过定是"欣然"的时候少，而"亦喜"的时候多了。（三联版《碧血剑》第86页）

金庸似是借苏东坡事，自我譬解，自己解嘲：自己棋力不行，苏东坡的棋力，居然也不行，可能还不及自己呢，充分证明不是自己的智商有问题。

至于金庸在《碧血剑》所说"围棋最重得失"，吴清源也谈过："围棋完全是为了取胜才引起相互残杀，围棋是不折不扣的胜负世界，除了要求常胜不败之外别无他求。说到底，不获胜就无人承认它的巨大价值。"（《天外有天》第72页）

金庸自言："在我的许多作品中也都写到了围棋，《书剑恩仇录》中陈家洛下围棋，用棋子做暗器；《笑傲江湖》中的黑白子痴迷围棋；《天龙八部》的珍珑棋局等，不同的人物下围棋体现出了不同的性格。"

我本以为，一位小说家，在生活中，对佛陀有信仰，对围棋很痴迷，在他的小说中谈佛写棋即是再自然不过的事。岂知大谬不然，亏得天壤之间还有一位易中天，一眼看穿："金庸靠什么拯救了武侠小说？不是靠'学问'或'文化'……他之所以还要捣鼓那些劳什子，是为了哄骗'文化人'，或者说是用来解除这些人的心理障碍。"在易先生看来，"文化人更好骗。你只要弄些琴棋书画、佛理禅机在里面，他就上钩了"。当然，像易先生这样高品质、高能量的"文化人"是不受"哄骗"的，金庸"哄骗"得住的，尽是些半吊子文化人，例如金克木老先生。金克木认为，金庸十四五部小说，"已有一半以上含见道之意"。

看《天龙八部》中那个"变幻百端"的"珍珑棋局"：

这个珍珑变幻百端，因人而施，爱财者因贪失误，易怒者由愤坏事。段誉之败，在于爱心太重，不肯弃子。慕容复之失，由于执着权势，勇于弃子，却说什么也不肯失势。段延庆生平第一恨事，乃残废之后，不得不抛开本门正宗武功，改习旁门左道的邪术，一到全神贯注之时，外魔入侵，竟尔心神荡漾，难以自制。（三联版《天龙八部》第1217页）

既有棋理，亦富禅机，确是大含"见道之意"。

"棋圣"聂卫平，也谈过金庸小说中的围棋和《天龙八部》中的"珍珑棋局"：

金庸小说里常常写到围棋，但就棋而言，从我一个职业棋手的角度看，并不是都认同的。但是每看到小说中出现围棋，我都会感到很亲切熟悉，他也是懂棋的，不是乱写。比如说《天龙八部》里的那个"珍珑棋局"，我本来以为是他编出来的，后来有人跟我说，这个珍珑棋局确实存在，那个人给我摆出来，我让他又摆给查先生看看，啊呀，这很有意思，他能写出来不简单。

红学大家冯其庸，亦在被"哄骗"之列。冯其庸认为："在古往今来的小说结构上，金庸达到了登峰造极的境界。"金庸小说的结构，可圈可点，与围棋一道的总体布局也大有关系。1970 年，金庸对张大春说："常有人问起我下围棋的种种来。就直接的影响和关系而言，下围棋推理的过程和创作武侠小说的组织、结构是很密切的。"（《金庸茶馆》第五册第 24 页）金庸小说的情节设置，往往出乎读者意料，细思却又在情理之中，如此出奇制胜，或许得益于小说家对围棋的研习。

《笑傲江湖》的"明牌"与"暗牌"

1966 年，在《一个"讲故事人"的自白》一文中，金庸谦称："我只是一个'讲故事人'……我自幼便爱读武侠小说，写这种小说，自己当做一种娱乐，自娱之余，复以娱人。"

1967 年，金庸开始写作、连载《笑傲江湖》。《笑傲江湖》自然是一部"讲故事"和"娱人"的书，然而，同时，"通过书中一些人物，企图刻划中国三千多年来政治生活中的若干普遍现象"。（金庸《笑傲江湖》后记）金庸写这部小说，企图心甚大，并不以单纯的"讲故事""娱人"为满足。

泛泛而读，似乎《笑傲江湖》写出的"政治生活"如浮光掠影，《笑傲江湖》中的"政治人物"，在政治权谋上的表现也都平平无奇。

工于心计，机谋深远，足以令读者印象深刻的"政治人物"，似乎只有一个"君子剑"岳不群，只因为岳不群的心智还不成熟，隐藏得不够深。

红叶禅师、方证大师、向问天、林平之等人的真面目，比起岳不群，更深藏，更难窥破。

岳不群脸上那张"君子"皮，很早就被金庸撕去了。将书中其他政治人物的真面目，也明白通透地一一写出，有何不可？

"政治生活"本来就云山雾罩，"政治人物"多数都深藏若虚。

"政治人物"多是深不可测，"政治生活"往往云山雾罩。

适应这样的题材，金庸的笔法，也随之变得波云诡谲，不许读者轻易看破。连倪匡与温瑞安两先生，也都小看了"天王老子"向问天，以为此公竟是一位"血性义烈"的好汉子。曾任金庸秘书多年的杨兴安，可又高看了莫大先生。

窃以为，解读《笑傲江湖》中的"政治生活"，关键在于少林派方生大师所说"敝派与（日月神教）黑木崖素无纠葛"这一句话，以及红叶禅师、向问天这两位大人物。

同时用了一副"明牌"和一副"暗牌"，金庸模拟出他意念中"权力的游戏"。

"明牌"上的少林派，与五岳剑派精诚团结，共抗魔教；"暗牌"上的少林派，则与魔教暗通款曲。

"明牌"上的少林、武当联盟，似乎实力最强大；"暗牌"上，长期置身于江湖大战之外，少林、武当这两架战争机器，已然锈坏。

"明牌"上，少林方证和武当冲虚，笑到了最后；"暗牌"上，若非金庸谋杀了任我行，少林、武当两派势将灭亡。

"明牌"上，《葵花宝典》是三百年前一位太监的巨著；"暗牌"上，红叶禅师即是《葵花宝典》作者。

"明牌"上，岳不群荣任"五岳派"掌门，是他最风光的时候；"暗牌"上，此时的岳不群，最是虚弱。

"明牌"上，岳不群与魔教誓不两立；"暗牌"上，"五岳派"掌门岳不群最识时务，早早归附了任我行，高举起魔教"黑木令"。

"明牌"上，向问天，血性义烈，肝胆皆冰雪；"暗牌"上的向问天，凶残诡诈，大奸似忠。

"明牌"上，魔教元老童百熊，对东方不败情意深重、忠心耿耿；"暗牌"上，为了维护魔教数百年的基业，童百熊对任我行的复辟，乐见其成。

"明牌"上的莫大先生，颇具大丈夫气象；"暗牌"上的莫大，极是懦怯。

"明牌"上，令狐冲对岳不群一直温情脉脉、不离不弃；"暗牌"上，令狐冲领导的恒山派，于"并派"成功的当日，已与岳不群的"五岳派"彻底决裂，一点面子都不给。

"明牌"上，看到的只有江湖；"暗牌"上，江湖即是天下。

一正一反，《笑傲江湖》一书，并存着两个世界。江湖和江湖人物，在这"正""反"世界中，呈现出完全不同的面貌。

哈哈镜内外，人的形貌，大不相同。在现实生活中，对镜自照的人是真，镜中人是假。在《笑傲江湖》里，哈哈镜中那个奇形怪状，竟是此人本相；镜前那个"体面人"，反倒是经过扭曲和伪装后的假象。

警幻仙子所制风月宝鉴，对之正照，对之反照，所见大异。我读《笑傲江湖》，亦复如是。不过，此书无关风月，而关注于"三千年政治生活"，可称之为"鹿鼎宝鉴"（"逐鹿""问鼎"之谓也），名曰"葵花宝鉴"，亦无不可。

"正"看《笑傲江湖》，是通的；"反"看《笑傲江湖》，亦可通，更可通。

《笑傲江湖》的"明牌"和"暗牌"，都有极强的可读性。读了，皆有所得。

我十几二十岁读《笑傲江湖》，只看到"明牌"，已觉十分过瘾；看透《笑傲江湖》的"暗牌"，更惊叹此书底蕴之深潜渊厚、作者笔力才气之不可及！

1980年，在《笑傲江湖》后记中，金庸谈到："我写武侠小说是想写人性，就像大多数小说一样……影射性的小说并无多大意义，政治情况很快就会改变，只有刻划人性，才有较长期的价值。"

2003年，金庸又在新文《我读〈张居正〉》中谈到：

历史小说有"古为今用"的作用，但不能以"古为今用"作为目标而写小说，那有可能会牵强附会，勉强影射的作用。在文学上，"主题先行"的作风从来是不会成功的。要写主题，就清楚明了，直截了当地写一篇政治论文。

我欣赏《张居正》，因为作者选择张居正这样一个……人物，来抒写他的真实遭遇和感情，并不勉强将他推入现实的框子里，影射现实，反映现实。只能用现实人物来反映现实，古人就是古人，真实的抒写古人，就是很好的历史小说。

　　个人认为，金庸写《笑傲江湖》，确实不是"以'古为今用'作为目标而写"，不是那种"牵强附会，勉强影射"的"影射性的小说"。

　　不是稍有"影射"嫌疑的小说，就可以称作"影射性小说"的。"影射性小说"，不仅有"影射"，且以"影射"为主旨。《笑傲江湖》当然不是这样的小说。

　　金庸十七岁写作的童话小说《阿丽丝漫游记》，才是"影射性小说"，就是单纯地要"影射"和讽刺中学训导主任沈乃昌，这种小说并非毫无价值，其价值很难长久而已。

　　金庸老友周榆瑞（宋乔）所写《侍卫官杂记》也是"影射性小说"，金庸谈到："提到人名时，他用的都是谐音字或同义字，例如陈纳德的'飞虎队'，他称之为'飞猫队'。"《笑傲江湖》不同，写的可不是"一时"，不是"影射"当前的人与事，写的是"千秋"，欲图"刻划中国三千多年来政治生活中的若干普遍现象"。

　　金庸写《笑傲江湖》，争的也不是"一时"（"影射性的小说并无多大意义，政治情况很快就会改变……"），而是"千秋"（"才有较长期的价值"）。

　　以"影射"为主旨的"影射性小说"，不可能有永恒的艺术价值。

　　金庸作《笑傲江湖》，写的是千秋之事，争的是千秋之名。

　　金庸一向反对"文以载道"，因为这种主张蔑视人性，压抑人性，戕贼人性。"以'古为今用'作为目标而写小说"，其实也是一种"文以载道"，而为金庸所不取。

　　《笑傲江湖》一面写的是政治生活对人性的扭曲、戕贼与"异化"，一面写的是人的解放，"独立之精神，自由之思想"。2006年，杨澜问："在这部小说里出现的令狐冲，跟您过去写的郭靖、杨过、张无忌这些都有很大的不同啊，他是很有自由思想的一个人？"金庸答："特别强调一下，个人好像如果没有权力的欲，没有名利的欲，我就自由自在，潇潇洒洒，但是如果在大家权力斗争很厉害的时候，你想自由自在也不可能。我希望有一种个人，好像知识分子，中国自古以来有一种隐士的欲望，希望不要做官，能够退隐，但是在当时要退隐不容易的，所以一个人能够脱离名利牵绊，能够不受这个权力的控制是个很难的事情。"

《笑傲江湖》，其主旨既不在"影射"现代人物，写的也不是明朝的故事。

1994 年，在北大，有学生提问："《笑傲江湖》的时代背景是否明朝正德和崇祯年间？"金庸回答："写作小说不见得一定要有具体的时代背景。武侠小说中所表现的尔虞我诈、互相倾轧的权力斗争，在哪个朝代都会发生，不必特指，如果特指了，反而没有普遍性。当然大家一定要我说说写的是哪个时代的事，我想大概是明朝吧。这位同学估计是在明朝正德至崇祯年间，看来他很有些历史知识的。"（《金庸其人》第 238 页）

2006 年，金庸又对杨澜谈到："其实《笑傲江湖》我是想这种权力斗争在政治环境之下什么时代都有，所以《笑傲江湖》没有时代背景，清朝也可以，明朝、宋朝、唐朝每个时代都一样的，不论哥哥弟弟、父亲儿子，碰到权力就杀人放火什么事都干了。"

这两个回答，与他 1980 年在《笑傲江湖》后记所说"因为想写的是一些普遍性格，是生活中的常见现象，所以本书没有历史背景，这表示，类似的情景可以发生在任何朝代"，意思是一致的，态度是一贯的。

拙文《〈笑傲江湖〉"大三角"》结尾说："想那明帝国，享年何其短暂，版图何等蹙缩，实难装得下这恒久而浩瀚之'大江湖'。"于此，很多朋友表示不解，询问："明朝时间短吗？"

小男孩问上帝："一万年对你来说有多长？"上帝答："像一分钟。"男孩又问："一百万元对你来说有多少？"上帝又答："像一块钱。"男孩再问："给我一块钱，好吗？"上帝再答："没问题，你等我一分钟。"相对于中国千年万年的历史来说，明朝的二百年，也只比一分钟略长一点点。

明朝二百年太短了，两汉四百年也不长，甚至周朝的八百年，都太短暂。

金庸写《笑傲江湖》，"试图刻划中国三千多年来政治生活中的若干普遍现象"。许多朋友非要把这"三千多年"内每个时代都会发生的"普遍现象"，强行安置到明朝的二三百年内，似乎这部小说描述的景象，只能发生在明朝、必须发生在明朝，不发生在明朝就大错特错了！

试问，二三百年，如何装得下三千年？

《笑傲江湖》也不仅是在回顾与总结以往三千年的历史，接着这句"试图刻划中国三千多年来政治生活中的若干普遍现象"的，是"不顾一切的夺取权力，是古今中外政治生活的基本情况，过去几千年是这样，今后几千年恐怕仍会是这样"。两句话相对照，可以说，第二句中，"不顾一切的夺取权力"，这"政治生活的基本情况"，就是第一句中"政治生活中若干普遍现象"里面"基本"的，乃至"最基本"的，而这"现象"，这"情况"，仍将延续到"今后几千年"。也即是说，《笑傲江湖》所刻画的带有普遍性的东西，部分地——应非全部了——将在未来的世纪继续呈现。

应非全部了，就像金庸在《韦小宝这小家伙》一文中说的："人类在进步，政治斗争的手段越来越文明，卑鄙的程度总体来说是在减小……从历史的观点来看，今日的人类远比过去高尚，比较不那么残忍，不那么不择手段。"末一句，是说"残忍"与"不择手段"的程度降低了，不是说从此再不"残忍"，再不"不择手段"，再不"不顾一切的夺取权力"了。

《笑傲江湖》所"刻划的政治生活中的普遍现象"，适用于"过去几千年"，部分适用于"今后几千年"。加在一起，就是《大话西游》中至尊宝所希望的一万年。

明朝的二三百年，如何装得下这一万年？

读《笑傲江湖》后记可知，《笑傲江湖》写的不是明朝的江湖，也不是具体哪个朝代的江湖，而是以江湖隐喻着整个天下。

"中国"是古人眼中的"天下"，"世界"是今人眼中的"天下"。

《笑傲江湖》的那个江湖，既像古人眼中的"天下"，又像今人眼中的"天下"。

江湖中的各帮派之间，很像中国历史上那种诸侯争战、逐鹿天下的局面，同时也像20世纪的世界政治军事格局。甲像乙，甲又像丙，则乙与丙之间也该有相似之处，我是觉得现代的世界格局与中国某些历史时期很是相似，可惜，我这样想没用，关键看《笑傲江湖》的作者是否也这样想。我读新出版的《明窗小札1963》，最喜欢的一句，在《二千五百年前的一封信》一篇。此文开篇就说："春秋战国之世，诸侯纷争，这中间的纵横折冲，很有些像今日列国间的争执。"（明河社《明窗小札1963》第368页）这就证实了我2007年所写《山头林立——谈〈笑傲江湖〉的政治军事格局》一文的论点：解读《笑傲江湖》，如果可以联想到中国古代某些时期的局面，同时也就可以着眼于20世纪的世界格局。

日月神教教主任我行既然在"每一个朝代都有"，那他就不是一个人，而是一种政治人物的类型。明帝国的开创者朱元璋就是任我行类型的政治人物。后来，篡位为日月神教教主的东方不败，长期不理政务，躲起来炼丹服药，又绝似明朝嘉靖帝。日月神教教主像是明朝的皇帝，日月神教的体制与朱元璋创建的明帝国的体制也很相似。从江湖中单独拿出一个日月神教，就已经相当于整个明帝国了，而神教在江湖中仅占三四成的分量。

时间上，江湖比起大明帝国，更永恒；空间上，江湖比那大明帝国，更辽阔。

《鹿鼎记》美化康熙？

《笑傲江湖》自1967年4月20日起在《明报》连载，1969年10月12日连载结束，写了两年半，约百万字。《鹿鼎记》自1969年10月24日起在《明报》连载，1972年9月23日刊完，写了三年，约一百二十万字。

《笑傲江湖》与《鹿鼎记》，写的都是"政治生活"。

《笑傲江湖》写的是长期割据而即将"一统"的江湖，其实江湖就是天下；《鹿鼎记》写的是已经"一统"，而即将收拾三藩、统一台湾，更加"一统"的天下。

《笑傲江湖》写的是"乱世"，《鹿鼎记》写的是"治世"，或称"盛世"。

清康熙朝，可堪称为"盛世"？

《鹿鼎记》一书，两位主人公，一个"小流氓"韦小宝，一位"大皇帝"康熙。《鹿鼎记》中，金庸是否美化了康熙皇帝？

不少人说金庸美化了清朝和清朝的皇帝康熙、乾隆。金庸有三部小说，写到了清代三个皇帝。《书剑恩仇录》中的乾隆，并没有被美化；《鹿鼎记》中的康熙，有些美化，程度不严重；真正严重被美化了的，是《碧血剑》中的皇太极：

却听得皇太极道："……咱们得了南朝江山，第一件大事，就是要让天下百姓人人有饭吃……"……范文程道："皇上未得江山，先就念念不忘于百姓……"皇太极连连点头，说道："咱们进关之后，须得定下规矩，世世代代，不得加赋，只要库中有余，就得下旨免百姓钱粮。"……

袁承志听了这些话，只觉句句入耳动心，浑忘了此来是要刺死此人，内心隐隐似盼多听一会，但听他四人商议如何整饬军纪、清兵入关之后，决计不可残杀百姓，务须严禁劫掠。(《碧血剑》第十三回）

这就是毫无根据的瞎编了。历史上全没有证据，显示皇太极南下是出于真诚的吊民伐罪的愿望，更没有证据表明，假如指挥清军入关的是皇太极而不是他老弟多尔衮，"扬州十日"与"嘉定三屠"这种事必然不会发生。

在《袁崇焕评传》中，金庸对清代的治绩评价很高：

整体说来，清朝比明朝好得多。从清太祖算起的清朝十二个君主，他们的总平均分数和明朝十六个皇帝相比，我以为在数学上简直不能比，因为前者的是相当高的正数，后者是相当高的负数……明朝是中国历史上最专制、最腐败、统治者最残暴的朝代，到明末更成为中国数千年中最黑暗的时期之一。明朝当然应该亡，对于中国人民，清朝比明朝好得多。

1994 年，金庸在北大，说："在中国的皇帝中，我对康熙的评价很高，他不但思想开明，而且很好学，还去学外国的学问。"（《金庸散文集》第 238 页）

吕思勉认为："圣祖是个聪明特达的君主。他乐于求学，勤于办事。于天文、地理、律历、算术……学问，多所通晓。又颇能采用西洋的学问……他能励精图治，确是实在的……他能俭于用财，也确是真的。所以当三藩平后，国内已无战事，政治亦颇清明，百姓就得以休养生息。"（吕思勉《白话本国史》）吕思勉与金庸，在对康熙的评价上高度一致。

金克木指出："陈寅恪在论李唐氏族时曾说：'盖以塞外新鲜之血液注入中原屡弱之躯'，以此解说唐代之盛，实际也影射清朝前期之盛。"

再如唐德刚，说得更为斩截："从中国传统史学（包括《二十五史》和《通鉴》）的观点来看，满清二百六十八年实在是中国史上最值得称颂的一个朝代。论武功，它开疆拓土、四向扩张，幅员之广阔在中华民族史上是没有前例的……论文治，则清初康雍乾三朝一百三十余年的国泰民安，制度上轨道、政治有效率，真是'三代以下无斯盛'！——满清也是我国历史上唯一没有全国性'徭役制'的一个朝代。若论政府对人民的剥削，清朝实在是最少的啊！……所以我国帝制时代最后一朝的满清，实在是不可小视的。可是近百年来它却为中外史学家糟蹋得不成个样子，实在是很不公平的。"（唐德刚《晚清七十年》）

殷海光也讲过："中国在清朝统治之下，文治武功之盛，几乎可以比得上汉唐。"（殷海光《中国文化的展望》）

论得位之正，清不如明；论政权稳定之后的治绩，明不如清。"逆取顺守"，吕思勉、殷海光诸先生肯定的是清室"得位"之后的"治绩"，不是肯定它"得位"的过程，不是，也不可能是赞美"外族入侵"。

金庸在《袁崇焕评传》里也说：

袁崇焕抗拒满清入侵，却不能说是错了。当时满清对明朝而言是异族，是外国，清兵将汉人数十万、数十万的俘虏去，都是作为奴隶或农奴。清兵占领了中国的土地，总是烧杀劫掠、极残酷的虐待汉人。不能由于后代满清统治胜过了明朝，现在满族又成为中华民族中一个不可分离的部分，就抹煞了袁崇焕当时抗御外族入侵的重大意义……

只要专制独裁的制度存在一天，大家就只好碰运气。袁崇焕和亿万中国人民运气不好，遇上了崇祯。崇祯运气不好，做上了皇帝……归根结底，是专制制度害了他，也害了千千万万中国人民。

陈寅恪等史学大师，对清代治绩的高度肯定，是拿清代与本国的各朝代对比，是"纵向比"；不是与同时期的欧洲各国比，那是"横向比"。

明朝中后期开始，中国衰落。即便明朝皇帝中没出那么多"混账玩意儿"，也改变不了它（相对于欧洲文明的）衰落的整体趋势。

欧洲文明所包孕的民主与科学的因子，之前也没见有什么了不得的造就。这五百年，却猛然发力，加速度，加速度，加速度，一日千里、万里、光年！"资产阶级在它的不到一百年的阶级统治中所创造的生产力，比过去一切时代创造的全部生产力还要多，还要大。"

要想不落伍，必须彻底更换轨道。我们准备好了吗？

如果明清中国没有闭关锁国，能否放下"天朝大国"的架子（"天朝大国"的自信，不始于清，也不始于明，"久矣夫千百年非一日矣"），死心塌地向欧洲学习？

不能！

《鹿鼎记》写到了吾土康熙皇帝，也写到了俄国彼得大帝。小说第四十八回："罗刹国其时开化未久，要到日后彼得大帝长大，与其姊苏菲亚公主夺权而胜，将苏菲亚幽禁于尼庵之中，然后大举输入西欧文化。"彼得可以推动俄国全面学习西方，康熙做不到。俄国与西方，地理距离与心理距离都比我们更近。即便康熙有此意愿，整个中国，尤其重要的是中国的精英分子，也还没有准备好。

我对康熙有好感，对乾隆则毫无好感，而仍不自禁为乾隆抱屈。乾隆与华盛顿都死在1799年，这是很有意思的事。但是，有人似乎由此将中国落后的责任全推到乾隆一人身上。乾隆背不起这么大的一口锅。乾隆朝，中国全民都没准备好全面向西方学习，不是皇帝一个人的事。

当日世界上，华盛顿这样的最高统治者本是特例，因其特殊、超前而伟大，其他几乎所有国家的帝王，都是乾隆这一款。要求乾隆必须成为特例，必须成为世界第一开明超前的统治者，这很荒诞。

康熙朝或乾隆朝，若是我们肯于半心半意地学习西方，确实可以缩小与西方的差距，却改变不了文明衰落的整体命运。

如果明代之后，王朝仍主要由汉人管制，我们能否与欧洲并驾齐驱，甚至超车？如无与西方的接触，我们自己就能发明火车、电灯、电话、电脑……现今我们生活中的几乎一切？

还是不能！

我非常同意顾准的见解：

中国从不缺少商业……但是，中国的城市、市井、市肆，却从来是在皇朝严格控制之下，是皇朝的摇钱树，皇朝决不允许有商业本位的城市，城邦的产生。（顾准《资本的原始积累和资本主义发展》）

要（1）土地改革；（2）彻底取消徭税当差的制度；（3）大开海禁，"自由放任"；（4）清教徒式的"节欲"与积累，亦即要有"贫穷经济学"，才能真正有资本主义。没有这些条件，这些都成不了资本主义萌芽，只有循环往复的农民起义。（《顾准笔记》）

恩格斯认为，东方的统治"是和资本主义社会不相容的"，因为其所取得的剩余价值无法保证不受统治者的贪婪的劫掠；缺少资产阶级从事经营活动的首要的基本条件，即保证商人的人身及其财产的安全。

19世纪，无论执政者为汉为满，中、欧（英）必有一战，战争的结局毫无悬念，我们大败亏输。

再退一步，即使第一次中英战争中国赢了，朝野沉酣如故，自然更不肯全意去搞西方那套。于是，第二次交手，我们吃亏更惨。

吃亏以后呢？

如果明清中国不曾闭关锁国，吃亏之后，我们的心理调适会容易许多，相信不会走那么多那么弯的路。

明清两个王朝的末世，一样糟糕。明王室内外政策的种种失当，事实上为清入主中原打开了大门。清皇族把"保大清"置于"保中华"以上，更令中国转型为现代国家的过程横生波折。

明朝连来自关外的挑战都应付不了，现在却有很多人认定它足可轻松应对来自海外的、中国"三千年未遇"的绝大挑战。

金庸高度评价康熙这个政治人物的才能，但他从来不曾肯定清朝的君主专制制度，这是他与某些历史小说家最大的不同。

1994年，金庸在北大答读者问时谈到："在清朝，那时社会制度不很合理的时候，一个人要飞黄腾达，就要有韦小宝作风。"1998年，金庸又对杨澜说起："在一个很不民主、不讲法律的、专制的时代中间，韦小宝这样的人就会飞黄腾达，好人会受到欺负、迫害，所以写韦小宝这个人也是整个否定那个封建腐败的社会。"由此可见，《鹿鼎记》绝不是在肯定，更不是要歌颂明清的君主专制制度。金庸认为，君主专制是错误的，是必须抛弃的，所以他在《鹿鼎记》结尾部分让康熙拜读并思考黄宗羲的大文《原君》。

康熙摇了摇头，脸上忽有凄凉寂寞之意，过了好一会，说道："满洲人有好有坏，汉人也有好有坏。世上的坏人多得很，杀是杀不尽的，要感化他们走上正途，我也没这么大的本事。唉，做皇帝嘛，那也难得很。"向韦小宝凝视半晌，道："你去罢！"（《鹿鼎记》第五十回）

陆贽曾对唐德宗说的："以一人之听览而欲穷宇宙之变态，以一人之防虑而求胜亿兆之奸欺，役智弥精，失道弥远。"英明君主并不能以一己之力提升整个国家的道德水平。这个道理，在《鹿鼎记》一书中，写得很清楚。

况且，《鹿鼎记》中，康熙本人的道德先有几分可疑。觉得有必要，康熙是随时准备处死无辜的侍卫或宫女的：

　　康熙……颤声道："那宫女呢？"韦小宝道："我想这件事情太大，倘若她泄漏出去，那可不得了。因此奴才大胆，将她推入了一口井里，倒也没旁人瞧见。唉，实在对她不住。"康熙点了点头，脸上闪过一丝宽慰之色……

　　康熙道："事不宜迟，咱们即刻去慈宁宫。"……康熙点了点头，打定了主意："倘若非要侍卫相助不可，事成之后，将这些侍卫处死灭口便是。"（《鹿鼎记》第二十八回）

不是康熙一个皇帝有这样的毛病。马克思认为："专制制度的唯一原则就是轻视人类，使人不成其为人……专制君主总把人看得很下贱。"

　　（韦小宝）舒了一口长气，死里逃生，说不出的开心，身上到处是伤，痛得厉害，一时也不去理会，心想："……听她口气，似乎当真是跟我玩耍……可是小孩子玩耍，哪有玩得这么凶的？是了，她是公主，压根儿就没把太监宫女当人，人家死也好，活也好，她只当是捏死一只蚂蚁。"（《鹿鼎记》第二十一回）

康熙的御妹固然"压根儿就没把太监宫女当人"，康熙亦然。康熙"本来担心他怒气冲天，求自己给他出头，不过御妹虽然理屈，做主子的殴打奴才，总是理所当然之事……"

康熙又对韦小宝说过："……本来嘛，我身边也少不了你。不过做儿子的孝顺父亲，手边有什么东西，总是挑最好的孝敬爹爹……你上五台山去，出家做了和尚，就在清凉寺中服侍我父皇……"（《鹿鼎记》第二十一回）果然如马克思所言，康熙并不把韦小宝等太监当人看待，他们在皇帝眼中只是"东西"，有的呢，让皇帝特别喜欢，就是"最好的东西"。

金庸曾言："最不喜欢《英雄》（张艺谋影片），完全否定……把人的价值分几等，不尊重生命。"《鹿鼎记》中的清朝和康熙皇帝，同样也"把人的价值分几等，不尊重生命"。

金庸不会把这种没人性的社会看作一个好的社会。1981 年，他在《韦小宝这小家伙》一文中谈到："在某一个社会中，如果贪污、作弊、行骗、犯法的结果比洁身自爱更有利，应当改造的是这个社会和制度。小说中如果描写这样的故事，谴责的也主要是社会与制度。就像《官场现形记》等等小说一样。"

1981 年，金庸在《韦小宝这小家伙》一文中说："韦小宝自小在妓院中长大，妓院是最不讲道德的地方；后来他进了皇宫，皇宫又是最不讲道德的地方。"这里，此时，金庸是把皇宫，把康熙皇帝的皇宫，看得像妓院一样肮脏，一样的"最不讲道德"。

金庸肯定康熙，有点像梁启超之肯定曾国藩。梁先生认为："使曾文正生今日而犹壮年，则中国必由其手而获救矣。"又说："假定曾文正、胡文忠迟死数十年，也许他们的成功是永久了。"

梁启超寄望于再出一个曾国藩，曾国藩本人则寄望于康熙重临：

晚清名臣曾国藩和郭嵩焘的日记当中，都有梦到圣祖的记载。曾国藩还说"我朝六祖一宗，集大成于康熙"，并把康熙的《庭训格言》列为弟弟和子侄的必读书目。这一方面说明在国势陵夷之际，晚清朝臣潜意识当中是何等盼望再出现一位雄才大略的君主，挽救国家危局；另一方面也可见康熙皇帝在汉族士大夫心目中有着不同于其他清代帝王的独特地位。（张宏杰《康熙：千古明君亲手定下的畸形制度》）

梁启超与金庸，是希望曾国藩、康熙晚出世几十年或上百年，到了中国不得不变，且不得不大变的时代，靠他们的政治才能与魄力，向前走，推动整个国家民族的现代转型，而不是往后看，维护大清皇朝的"祖宗之法"。

金庸在《鹿鼎记》中有感而发：

《尼布楚条约》条文六条全部商妥……两国钦差派遣部属，勘察地形无误后，树立界碑。此界碑所处之地，本应为中俄两国万年不易之分界，然一百数十年后，俄国乘中国国势衰弱，竟逐步蚕食侵占，置当年分界于不顾，吞并中国大片膏腴之地。后人读史至此，喟然叹曰："安得起康熙、韦小宝于地下，逐彼狼子野心之罗刹人而复我故土哉？"（《鹿鼎记》第四十八回）

金庸不仅寄希望于康熙这样的大政治家，他也寄望于韦小宝这样的"小流氓"。

韦小宝，仅仅是"小流氓"？

《鹿鼎记》中的三位少爷

《鹿鼎记》在《明报》连载时，现在的第一回原为"楔子"。现在我们读到的第二回，实是韦小宝故事第一回。

此一回书中，茅十八就对韦小宝说起："刘白方苏四家，向来是沐王府的家将，祖先随着沐王爷平服云南。（沐）天波公护驾到缅甸，这四大家将的后人也都力战而死。只有年幼的子弟逃了出来。"遥想当年，四大家将的后人，有哪些年幼子弟逃了出来？

此前，茅十八韦小宝刚与"四大家将"中白家的后人白寒松打过交道。到了第九回，白寒松已死，他的弟弟白寒枫出来接待天地会来客。接着，苏家的后人"圣手居士"苏冈也赶到了。到了小说第十一回，方家的后人方怡也以刺客身份现身于紫禁城内。

"刘白方苏"，明朝开国功臣沐英的四大家将，似乎唯有刘氏一门没有后人在小说中现身。其实是有的。刘一舟，便是。金庸并不直接点明刘一舟的出身，笔法高明。

刘一舟是柳大洪先生的弟子。柳大洪是何许人物？

玄贞道人道："老前辈可是威震天南、武林中人称'铁背苍龙'的柳老英雄吗？"那老人笑道："不错……"玄贞心中一凛："……'铁背苍龙'柳大洪成名已久，听说当年沐天波对他也好生敬重。清军打平云南，柳大洪出全力救护沐氏遗孤，沐剑声便是他的亲传弟子，乃是沐王府中除了沐剑声之外的第一号人物。"（《鹿鼎记》第十三回）

沐剑屏称呼方怡为"师姊"，她们两个又都叫刘一舟为"刘师哥"。柳大洪的弟子，已知的只有四人：沐王府小公爷沐剑声、小郡主沐剑屏、刘一舟与方怡。

柳大洪在沐王府系统中地位尊崇，不是阿猫阿狗都有资格做他徒弟的。尤其此时柳大洪已到暮年，精力就衰，择徒自然更严。刘一舟又非资质绝佳，若是出于沐王府属下普通家庭，断无资格拜在柳大洪门下。

柳大洪女弟子方怡是四大家将中方家的后人，刘一舟就该是刘姓家将的后人。

沐剑屏说："师姊待我最好的。"方怡待她这么好，原因有三："这小姑娘年纪虽小，沐王府却当她是凤凰一般"，沐王府中每个人都待沐剑屏极好；二女性情投合，方怡愿意善待小师妹；照顾好小公爷或小郡主，本是四大家将延续数百年的家族传统。

方怡待沐剑屏最好，刘一舟待沐剑声，想来也是很好很好，极体贴的。后来，沐剑声对刘一舟亦是多所优容，甚至是包庇。

可以想象，柳大洪同时收了沐剑声和刘一舟为徒，收沐剑声是主，收刘一舟为宾；后来，他又同时收沐剑屏、方怡为徒，收沐剑屏是主，收方怡为宾。刘一舟、方怡，都像是"陪太子读书"的角色。

刘一舟与方怡，算是已经订婚了，二人正是加倍的门当户对：一位是家将刘家的后人，一位是家将方家后人，而刘家与苏家，乃是世交，并且是三百年的世交；二人又同出柳大洪老爷子门下。

刘一舟竟敢顶撞师叔吴立身，除了性格因素，还有就是他们刘家在沐王府是有体面、有地位、有势力的，刘一舟自小养成了几分少爷脾气。吴立身没有过分追究，也是念及刘家几百年来对沐王府的忠诚。吴立身尊敬刘一舟的历代祖先，对刘一舟就更宽容三分。

刘一舟有少爷脾气，因为他是少爷的身份。

"宰相门前七品官"，刘家虽然随沐王府的败落而败落了，当刘一舟幼年、少年时，家里七八个佣仆的排场还是有的。

四大家将的男性后人，对茅十八爱搭不理的白寒松，有"傲气"；"圣手居士"苏冈气派俨然，大有"贵气"；他们和有"躁气"的刘一舟一样，都占着一个少爷的身份。

在庄家大屋，刘一舟向神龙教教徒供认韦小宝的身份，害了韦小宝还不要紧，沐剑屏和方怡也从此失陷在神龙教中。刘一舟这一行径，形同背叛。按理说，沐剑声务须断然处置，将刘一舟处死，至少也该废去其武功，加以囚禁。然而，并不。沐剑声继续带着他，从事"反清复明"的大业，刘一舟可以与闻沐王府最机密的计划。

沐剑声不能忘怀刘家对沐王府数百年的忠诚服务，也难割舍他个人与刘一舟的同门之谊，存心厚道，但糊涂透顶。

终于，沐剑声也让他给害了。刘一舟向沐王府死对头吴三桂告密。沐王府精英，自沐剑声、柳大洪以下，尽数遭擒。若非韦小宝意外搭救，沐王府势将烟销灰灭，全军覆没。

沐剑声的糊涂，非止一端。更早前——

（陈近南）道："……你怎知沐家小公爷没什么本事？"韦小宝道："他派人去皇宫行刺，徒然送了许多手下人的性命，对吴三桂却丝毫无损，那便是没本事，可说是大大的笨蛋……如果真是吴三桂的手下，为什么会用刻上了字的兵器？吴三桂的儿子吴应熊正在北京……他一起兵，鞑子立刻抓住他儿子杀了，他为什么好端端的派儿子来北京送死？"……陈近南叹道："沐王府果然没有人才……"（《鹿鼎记》第十四回）

金庸写沐剑声，还算比较客气，比较克制，写起郑克塽、刘一舟和归钟这三位少爷，则极尽刻薄之能事，甚至很有些刻毒了。

金庸是很厚道的一个人，金庸小说是很温情、很厚道的书，但是，金庸写少爷，一贯不厚道，写《鹿鼎记》中三位少爷，尤其不厚道。

我甚至怀疑，金庸写韦小宝借助各方势力，轮番"凌虐"郑克塽这一情节时，很有几分"暗爽"。我读此节，初亦觉"爽"，而终于爽然自失，自觉太不厚道。

郑克塽被"虐"之时，除了无能，并没有表现出更多弱点。金庸写郑克塽等三少爷，感觉很有"无能就是有罪"的倾向。

怎么可以这样？怎么会这样？

韦小宝指着墙上所挂的一柄火枪，说道："王爷，这是西洋人的火器么？"……吴三桂拍拍他肩头，笑道："……火枪的确是很厉害的，只不过装火药、上铁弹、打火石、点药线，手续挺麻烦，不像咱们的弓箭，连珠箭发，前后不断。"

韦小宝道："是啊。倘若洋人的火枪也像弓箭一样，拿起来就能放，咱们中国人还有命吗？大清的花花江山也难保了。"说到这里，嘻嘻一笑，说道："不过那倒也有一桩好处，我有了这两把枪，武功也不用练了，什么武学高手大宗师，全都不是我的对手。"（《鹿鼎记》第三十回）

玄贞道人咬牙切齿，突然解开衣襟……道："这便是罗刹国鬼子的火枪所伤。"……想起罗刹人火器的凌厉，虽然事隔二十余年，半夜里仍是时时突发噩梦，大呼惊醒。（《鹿鼎记》第三十回）

韦小宝取出吴三桂所赠的那支洋枪……吴六奇谢了接过，依法装上火药铁弹，点火向着庭中施放一枪，火光一闪，砰的一声大响，庭中的青石板石屑纷飞，众人都吓了一跳。陈近南皱起眉头，心想："罗刹国的火器竟然这等犀利，若是兴兵进犯，可真难以抵挡。"（《鹿鼎记》第三十四回）

1981 年，金庸在《韦小宝这小家伙》中又说："拳脚刀剑在机关枪、手枪之前毫无用处。"

张爱玲小说集《传奇》的封面，"借用晚清的一张时装仕女图，画着个女人幽幽地在那里弄骨牌，旁边坐着奶妈，抱着孩子，仿佛是晚饭后家常的一幕。可是栏杆处，很突兀地，有个比例不对的人形，像鬼魂出现似的，那是现代人，非常好奇地孜孜往里窥视。如果这画面有使人感到不安的地方，那也正是我希望造成的气氛"。（张爱玲《有几句话同读者说》）

《鹿鼎记》中，是"西方文明"，在"好奇地孜孜往里窥视"，中国将迎来极大挑战，面临"三千年未有之大变局"。

西洋火枪太厉害，中国人遇到的将是从所未遇的强大对手，中华文明面临前所未有的挑战，整个民族遭遇极大的生存危机。因此，《鹿鼎记》中，金庸对少爷的"丑化"也就更厉害。

在龙山小学堂，一堂历史课上，历史老师讲到鸦片战争，突然情绪激动，掩面痛哭。金庸和小同学们也都跟着哭泣。金庸说："这件事在我心中永远不忘。"

最近一次修改旧作，金庸为《鹿鼎记》后记补充了一段话："这部小说……主要抒写的重点是时代而非人物。"《书剑恩仇录》《雪山飞狐》《飞狐外传》写的是更晚的乾隆时代，乾隆时代西洋火枪改进得更可怕，但此三书抒写的重点是人物而非时代，就没有《鹿鼎记》那样沉重的危机感。

《尚书·秦誓》曰："昧昧我思之，如有一介臣，断断猗无他技，其心休休焉，其如有容……以保我子孙黎民，亦职有利哉！人之有技，冒疾以恶之；人之彦圣而违之，俾不达是不能容，以不能保我子孙黎民，亦曰殆哉！"秦穆公之所以面向秦国军民说出如此痛彻的话语，盖因崤之战中，秦军惨败，秦国面临极大的生存危机。

《倚天屠龙记》中的那位寿南山，就是江湖普通民众，无能怯懦，百无一用，金庸对他却似乎并无多大恶感，只加以善意的嘲讽，因为寿南山不具有少爷的身份。

郑克塽等少爷，身处社会（或江湖）上层阶级，占着一个"精英"身份，甚至以"贵族"自居，却是像寿南山一样无能无用、败事有余，金庸写到他们，笔触就非常刻薄乃至刻毒了，因为这些"精英"，当民族面临危机，本该"以保我子孙黎民，亦职有利哉"，实际上呢，却是"不能保我子孙黎民，亦曰殆哉"。

秦穆公这么说，占着一个国君的身份，金庸若也有类似想法（未必明确想过，类似潜意识也算），也并不僭越，因为他是中华文明的继承人——其实，我们每个人，都可以是的。

以汤因比的观念而论，这些少爷，对于应对中国将面临的绝大挑战，完全无用，甚至有反面作用。

金庸此一思想意识，可以一直追溯到他中学时期所写《人比黄花瘦——读李清照词偶感》。文中有些话，很有几分偏激与偏执。金庸是在中华文明遭遇极大危机的时候才这么说、这么写的。明白了这一点，对他的偏激，可以多一点理解与包容。金庸在同样的焦虑之下，写出十五部小说。他的焦虑，尤其表现在《鹿鼎记》中。

对郑克塽、刘一舟这样的少爷，金庸投以最大的鄙视。比较而言，他宁愿喜爱欣赏韦小宝这样的"痞子英雄"。

韦小宝：内安外攘的"大英雄"

　　韦小宝不仅是"小流氓"，还是"大英雄"。说他"流氓"不是贬，说他"英雄"也不是褒。金庸一向喜欢周作人文章，知堂老人认为："英雄者实在乃只是一种较大的流氓。"

　　《鹿鼎记》尾声中，黄宗羲、吕留良等大儒劝韦大人更进一步——"自己做皇帝"，多数读者认为不可思议。

　　曾静读完吕留良遗著之后，得出这样的结论：自周代而后，做皇帝的人，"多不知学，尽是世路上英雄，甚者老奸巨猾，即谚所谓光棍也"。这算是吕留良的固有思想。而《鹿鼎记》明确写到韦小宝"深通光棍之道"。

　　只看《明夷待访录》第一篇大文《原君》，就知道黄宗羲对历代帝王，尤其开国帝王的德行有着怎样"崇高"的评价了："屠毒天下之肝脑，离散天下之子女，以博我一人之产业，曾不惨然，曰：'我固为子孙创业也。'"

　　黄、吕诸先生如以"驱除鞑虏"为第一甚至唯一考量，为此目的而敦劝韦小宝这样的痞子、光棍"自己做皇帝"，很可以视为小说家的合理假设。虽不符合历史事实（韦小宝这个人在历史上先就不存在），但符合黄宗羲、吕留良的一贯思想。

　　杨澜曾当面问过金庸："在你小说中出现的这些大侠，从陈家洛到郭靖、杨过、张无忌，然后乔峰，然后到了令狐冲，再到韦小宝，似乎我们看到你笔下的英雄从原来正统越来越走向叛逆，当然韦小宝是一个可能更反英雄的角色，这是不是反映出你当时有一种悲观的情绪？"金庸的回答，很突兀，相信出乎很多人意料："不是（悲观），我可能是对人性越来越了解了。年纪大了，对世界上的事情了解多了。年轻的时候崇拜英雄，好像还是有点迷迷糊糊的，好像真的有什么大英雄，但年纪慢慢大了之后，知道这个大英雄后边其实有他自己卑鄙的一方面，有他见不得人的一方面。"

　　这段话清楚表明，在金庸心目中，韦小宝不（仅）是"小流氓"，还是"大英雄"。韦小宝根本不是很多人以为的"反英雄"，他就是"英雄"，是

"大英雄"。《鹿鼎记》主要写的是"大英雄"的"卑鄙的一方面","见不得人的一方面"。

郭靖与韦小宝并非表面看来那样截然不同，他们各自代表、表现出"英雄"的不同侧面。1969 年至 1972 年，金庸写作《鹿鼎记》的时候，虽然还不像阿克顿勋爵那样，认定"大人物都是大坏蛋"，那些大人物、大英雄在他心目中却也不再是通体圣洁、全无瑕疵的好蛋了。这份见识，却是金庸 1957 年至 1961 年写作《射雕英雄传》和《神雕侠侣》的时候所不能具有的。

《鹿鼎记》之"鹿"，最初的出典，与汉高祖刘邦正有莫大关系。《鹿鼎记》第一回，吕留良对儿子说："古人常常拿鹿来比喻天下。世上百姓都温顺善良，只有给人欺压残害的份儿。《汉书》上说：'秦失其鹿，天下共逐之。'那就是说，秦朝失了天下，群雄并起，大家争夺，最后汉高祖打败了楚霸王，就得了这只又肥又大的鹿。"到了《鹿鼎记》最后一回，还是这位吕留良先生，又对韦小宝谈起汉祖：

> 吕留良道："凡英雄豪杰，多不拘细行。汉高祖豁达大度，比韦香主更加随便得多。"他心中是说："你是小流氓出身，那也不要紧。汉高祖是大流氓出身，他骂人赌钱，把读书人的帽子掀下来撒尿，比你还要胡闹，可是终于成了汉朝的开国之王。"（《鹿鼎记》第五十回）

《鹿鼎记》中，吕留良说刘邦擅长"骂人赌钱"，《鹿鼎记》主人公韦小宝，那更是嗜赌如命。韦小宝赌的，不止于钱。有这份赌性豪情垫底，到必要时候，以江山为赌注，不难。

枭雄多具赌性，政局即是赌局。唐德刚认为："英雄们都是最大的赌徒，你要赌翻摊、牌九，和二十一点，输了，你要有把老婆孩子也'押'到赌台上去的雄心，才能翻本，才能发财。畏首畏尾，婆婆妈妈，'多端寡要'，哪能上得了赌场，玩得了股票。萧何曹参，原都和刘邦是穿一条裤子的朋友，等到他们要联合造反了。萧曹都怕'秦人诛九族'，才公推刘邦带头。后来项羽把刘邦的老子捉去了，逼迫刘邦放卜武器，否则人头相见。刘邦说你把我老子宰了、烹了，可别忘'贻我一杯羹'。乖乖，这才是英雄。"十多年前我谈任我行时，引述过此节文字。许多朋友觉得老任做事过于冒险，让人不自禁为他捏把冷汗。这种感觉，当然不错。只是，不做赌徒，如何"一统江湖"？

其实，当汉高祖年轻的时候，亦只是一"小流氓"，一变为"大流氓"，再变为"大皇帝"，是以后的事。

《史记·高祖本纪》写的主要是刘邦的壮年与老年时期，《鹿鼎记》写的主要是韦小宝的少年时代。

韦小宝成年以后，已经在转变了。例如，小说第四十九回，"既是至好兄弟，韦小宝掷骰也就不作弊了"。而在此前，韦小宝是逢赌必作弊的。

还是小说第四十九回，开头就写："康熙接连召见韦小宝，询问攻克雅克萨、划界订约的经过详情。韦小宝据实奏告，居然并不如何夸张吹牛。康熙甚是欢喜，赞他大有长进。"此时的韦小宝，只是"少吹牛"，不是"不吹牛"了，而萧何眼中壮年的刘邦，也是"好大言，少成事"。

《史记·高祖本纪》："高祖被酒，夜径泽中……拔剑击斩蛇……后人来至蛇所，有一老妪夜哭。人问何哭，妪曰：'人杀吾子，故哭之。'人曰：'妪子何为见杀？'妪曰：'吾子，白帝子也，化为蛇，当道，今为赤帝子斩之，故哭。'"

刘邦被认为是"赤帝子"，韦小宝呢，茅十八给他起了个"小白龙"的外号，韦小宝进入神龙教被任命为"白龙使"，用以攻破雅克萨城的水炮，也被韦小宝亲自命名为"白龙水炮"。韦小宝身上这"白龙"二字，未必全无寓意。

若有人洞悉一切隐秘，以《鹿鼎记》笔法，写出少年刘邦的故事，故事中的汉高祖未必比韦小宝更不可笑。

韦小宝若真有其人，写在正史里，就是纯粹的"大英雄"了。少年时的种种荒唐，只需以"少无赖"三字一笔带过。

小说，比历史，更真实。小说作者，只要他愿意，是可以洞悉并描述书中人物的全部心理的。史书作者不可以。

《鹿鼎记》记录了韦小宝的光辉事迹："唯一的念头便是撒腿就跑……可是他吓得全身酸软，拼命想逃，一双脚恰似钉住了在地下，半分动弹不得。"像这样在险境中吓昏了头跑也跑不动，《鹿鼎记》中韦小宝做过也不是这一次。小说家可以这样写，写得这样细致、这样确定。而在正史的《××本纪》中，同样的事体、同样的反应，却只可以写作："众皆惶骇四奔，公独夷然挺立，不为少屈。"

罗刹众兵将……见到这位平素威严苛酷的将军变成这般模样，都觉好笑，其中数十人见到主将光溜溜的屁股，忍不住笑了出来……图尔布青大怒，转过身来，大声喝道："立——正！笑甚么？"他身上一丝不挂，兀自装出这副威严神态，更是滑稽无比。众官兵平日虽对他极为畏惧，这时却又如何忍得住笑？（《鹿鼎记》第四十七回）

正史中的"大英雄"，大多数像是身穿军服、威仪棣棣的图尔布青；《鹿鼎记》中的韦小宝，却犹如全裸或半裸的图尔布青大将军。

《乌合之众》一书中，勒庞提出："在决定人们历史地位上起着更大作用的，不是他们的'真实'面目，而是后人对他们的认识和感受。"《鹿鼎记》中的韦小宝，写的是他的"真实面目"；正史中的"大英雄"，写的是"后人对他们的认识和感受"。

倒有一个特例或反例。《旧唐书·张亮传》说："贼众奄至，军中惶骇。亮素怯懦，无计策，但踞胡床，直视而无所言，将士见之，翻以亮为有胆气。其副总管张金树等乃鸣鼓令士众击贼，破之。"这与《鹿鼎记》中的韦小宝极为相似，但虚构小说《鹿鼎记》中韦小宝因为害怕而未跑反而让部下以为他勇敢之事，可以视为实情（小说家金庸可以全知），而《旧唐书》此节却不算信史。张亮因为怯懦而有如此反应，史书作者怎能确定？无非是后来张亮以谋反嫌疑遭唐太宗诛杀，史官跟着丑化其人而已。

韦小宝有时吓得跑不动了，也有撒腿就跑、成功逃脱的良好记录。刘邦呢，"楚骑追汉王，汉王急，推堕孝惠、鲁元车下，滕公常下收载之"。

《史记·高祖本纪》："汉军绝食，乃夜出女子东门二千余人，被甲，楚因四面击之……以故汉王得与数十骑出西门遁。"《鹿鼎记》第二十二回："二十几名妓女从后门一拥而出，韦小宝混在其中……众妓奔出小巷，韦小宝一跃上马，向少林寺疾驰而去。"二者，如出一辙。

既胆怯，又勇毅，刘邦如此，韦小宝亦然。

韦小宝自有勇气过人的时刻。小说中写道："韦小宝忍不住向躺在地下的郑克塽瞧了一眼，心道：'你是王府公子，跟我这婊子儿子相比，又是谁英雄些？他妈的，你敢不敢站在这里，让人家在脑袋上砍一刀？'"我曾掂量自己："敢不敢站在这里，让人家在脑袋上砍一刀？"答案很明确，俺可不敢！各位朋友，亦不妨自问：有此胆色无？

小说中先写"他竟敢用脑袋试刀，（九难师太与阿珂）不禁都佩服他的胆气"。接下来，就急转直下了："只是韦小宝刚才这一下只吓得尿水长流，裤裆中淋淋漓漓，除他自己之外，却是谁也不知道了。"既然"除他自己之外，却是谁也不知道了"，金庸怎么会知道？小说作者，只要他愿意，是可以洞悉并且描述书中人物的一切心理的。写正史的史学家，不可以这么写。

即使生在乱世，韦小宝"创业垂统"也不是必然之事，但他绝对具备顶尖政治家的某些潜质，例如少年无赖、恢廓大度。

刘邦早年即已大方无比，《史记》上说他"喜施"，到了打天下之时，就能慷慨地"以天下城邑封功臣"（韩信语），"饶人以爵邑"（陈平语），"使人攻城略地，所降下者因以予之，与天下同利也"（王陵语），这才得各路豪杰死力相助，终于宰制天下。

韦小宝呢？

"为人别的没什么长处，于钱财器物却看得极轻"，"韦小宝本性慷慨"。

又有："韦小宝……对吴六奇道：'吴大哥，你这么远路来看兄弟，实在感激不尽，这把罗刹国洋枪，请你留念。'吴三桂本来送他两支，另一支韦小宝在领出沐剑屏时，交了给夏国相作凭证，此后匆匆离滇，不及要回。吴六奇谢了接过。"洋枪这洋鬼子的"奇技淫巧"，在那个时代最是难得。此时韦小宝手上也只剩此一枪，仍轻轻松松地赠予吴六奇。韦小宝不是把自己多余的东西，是把自己仅有而特别喜欢的东西，慷慨送人。

面对始皇帝的车辇，刘邦说出了"大丈夫当如此也"的壮语。韦小宝呢，"走到书桌之前，看到那张披了绣龙锦缎的椅子，忽有个难以抑制的冲动：'他妈的，这龙椅皇帝坐得，老子便坐不得？'斜跨一步，当即坐入了椅中"。

面对皇座，此时的韦小宝已经表现出极大的胆魄，等到有人劝他"自己做皇帝"之时，为何又那样的惊惶与不置信？

对比刘邦，韦小宝的格局确实有欠开展。

我们看到的是刘邦一生的故事，韦小宝的故事，到他十几二十岁时，就讲完了，没戏了。因为所处时世不同，向来韦小宝不曾得到一个独立的空间，彻底发挥长才。白道上有康熙压着他，黑道上有陈近南老师亲切指导，此二人皆足够强势，极大地压缩了韦小宝的展布空间。

如生于"天下未集"之世，乘乱而起，先独立控制一县，再一省，后占江山半壁，按照这个路子走下来，韦小宝的眼光、胃口就大不一样了，中途再有人劝他把皇帝拿来作为终身职业，也就不会那样慌张。

历史上"创业垂统"的开国帝王中的大多数，都有过类似的心路历程。

"时来"不可期，"大业"终难隆，这是韦小宝比较历史上那些"典型边缘人"更为吃亏的地方。

在短文《"英"与"雄"不同》中，金庸引述刘劭《人物志》的观点："聪明秀出谓之'英'，胆力过人谓之'雄'，如果只有聪明而无胆力，或者只有胆力而无聪明，都不能称为'英雄'。"看韦小宝，确实既有聪明又不乏胆力，大可以称为"英雄"。刘劭还指出："故一人之身，兼有英、雄，乃能役英与雄，能役英与雄，故能成大业也。"看韦小宝如何处理与赵良栋、孙思克、王进宝等武将的关系，的确"能役英与雄"，而终于未能像刘邦那样"成大业"，只为他生于"天下已集"、总体和平的年代，没机会充分发挥才能。

同样的天性，置于不同的环境，性格会随之有较大差异。如生于"天下未集"之世，乘乱而起，先独立控制一县，再一省，后占江山半壁，按照这个路子走下来，韦小宝的性格就会更少一点滑稽，更多一份庄严。

《鹿鼎记》中的韦小宝，也不是我们从表面看到的那么滑稽，那么不庄严。2000年，在"上海新世纪论坛"上，金庸谈周星驰主演的电影《鹿鼎记》："他们把韦小宝搞得太喜剧化了。韦小宝其实也有他正经的一面……如果完全当他是胡闹的喜剧角色，那我就会觉得太过分了一点。"

韦小宝，精神不死，化身无数。这种人在中国的任何时代都吃得开的。金庸说："韦小宝在中国古代有这种人的……中国古代成功的人，多多少少都有一点韦小宝的味道。"（谭胜《金庸访谈录》）

假设今日你我便在韦大人这样的领导手下当差，我们有多大把握看透看破他，体认到这也就是一痞子？我们很可能像一众御前侍卫那样"眼见韦小宝大人威风凛凛，指挥若定，忠心耿耿，视死如归，无不打心眼里佩服出来，均想：'他年纪虽小，毕竟高人一等！'"

其实，小说虽似尽量免提，还是难免会稍稍透出此中消息，"这等执礼甚恭的局面，（韦小宝）见得惯了。常言道：'居移气，养移体'……因此年纪虽小，已自然而然有股威严气象"。

威严气象？

威严气象！

苏菲亚公主垂询："你怎知道叫兵士杀人、抢钱、抢女人，就可以？"韦小宝微笑道："中国人，向来这样。"韦小宝在小说中确曾精确指导罗刹苏菲亚格格的夺权斗争，大获成功。至此，"打天下"的基本窍要，已归韦小宝掌握。韦小宝只是没有生在"乱世"，未得大展长才而已。

金庸以俯视角度、全知观点来刻画韦小宝的形象，某种程度上贬抑了韦小宝的政治能量。

"只会吹牛拍马"，韦小宝此言，体现了韦大人的"伟大的谦虚"，有朋友竟信以为真，殆矣！重读《鹿鼎记》，综观韦小宝之功业，所用手段虽不都是那么的"上九流"，不过呢，还真没多少是靠"吹"与"拍"建成的。不妨在这里说句套话：韦小宝的发迹，最初确乎得力于拍马屁，但"拍马"只是为他创造了一个自我发挥的"平台"，有料无料有能无能，还得看他此后的作为。

韦小宝最令我感到不可企及甚至不可思议的，是他一向清醒甚至过于清醒的自我认知。金庸送给《鹿鼎记》中的康熙一句最有道理的话，"真的英明，第一就得有自知之明。"韦小宝英明与否，暂且不谈。其"自知之明"，无人可比。

韦小宝面对各色糖衣炮弹、华夷迷汤，麻痹了没有？变质了没有？小人得志、得意忘形了没有？"韦小宝善于拍马，对别人的谄谀也不会当真"，始终保持了谦虚谨慎的作风。

听了华伯斯基（又名王八死鸡）的奉承话，韦小宝嘿的一声，心道："这是罗刹迷汤，简称罗刹汤，可喝不可信。"而"文正克复金陵，枢府疆吏与亲友纷纷缄贺，皆不外歌颂功德之言，文正汇次成册，签曰'米汤大全'"（陈赣一《睇向斋秘录》）。这方面，韦小宝甚至比曾国藩做得更纯粹，更加不着行迹。

曾文正公认为："创业垂统之英雄，以襟怀豁达为第一义。"襟怀豁达、没心没肺，是韦小宝与刘邦的共同特质。

韦小宝一向擅长"在地下打滚、躲在桌子底下剁人脚板、钻人裤裆、捏人阴囊、打输了大哭大叫、躺着装死这种种勾当"，还有"撒香灰、砸香炉的下三滥手段"。韦小宝的这些看门绝活，应该是有象征意义的。它们不入流，它们最管用。汉高祖的手段，也多类此。

韦小宝对着阿珂发誓："皇天在上，后土在下，我这一生一世，便是上刀山、下油锅、千刀万剐；满门抄斩、大逆不道、十恶不赦、男盗女娼、绝子绝孙、天打雷劈、满身生一千零一个大疔疮，我也非娶你做老婆不可。"韦小宝的前半生，贯穿着这样一种伟大的精神，非独"泡妞"为然，其生命力、意志力、承受力、抗挫力之强韧，令人惊叹。在这样的精神面前，天大的英雄也只好辟易、束手、栽倒。

我看楚汉战争，看到的是两个人的游戏态度。项羽，是大儿童的游戏态度；刘邦，是老痞子的游戏态度。儿童的游戏态度，有热情无长性；痞子的游戏态度，有长性少热情。

如果项羽笃信某位大神，这位大神又亲自打电话给项羽，并且项羽相信这通电话的内容——"你跟刘邦还要再战四年，最后胜利必然归你"——诚实无欺，我觉得项羽都未必肯干。

他，太累了。不仅是身体的疲累，最受不了的，是精神上的磨折。

敌手并不强大，却是无比强韧，又擅长"在地下打滚、躲在桌子底下剁人脚板、钻人裤裆、捏人阴囊、打输了大哭大叫、躺着装死、撒香灰、砸香炉"等种种手段，匪夷所思，防不胜防。

至今思项羽，不肯过江东？除了"不肯"，只怕也是懒得再过了。过了江东，又如何？一无凭借，一切从头再来？"江东子弟多才俊，卷土重来未可知。"这道理，项羽未必就不知，只是一想到还要跟那位痞子刘继续缠斗经年，不免泄气，"太累了，算了吧"！

如金庸自言，他笔下的郭靖、韦小宝，都是"大英雄"。

韦小宝回首生平功业："杀鳌拜是第一件，救老皇爷是第二件，五台山挡在皇上身前救驾是第三件，救太后是第四件，第五件大事是联络蒙古、青海，第六件破神龙教，第七件捉吴应熊，第八件举荐张勇、赵良栋他们破吴三桂，第九件攻克雅克萨。"康熙的圣旨中，褒扬韦小宝："提师出征，攻克雄城，扬国威于域外。"

（雅克萨）城内城外杀牛宰羊，大举庆祝。索额图等自是谀词潮涌，说韦大帅用兵如神，古时孙吴复生，也所不及……韦小宝得意洋洋，大吹牛皮:"要打破雅克萨城,本来也非难事。难在皇恩浩荡,体惜将士,不能伤亡太大……打胜仗而不死人,这就难一些了。"众将均觉他虽然自吹自擂,但要打一个大胜仗而己方不死一人,也确是天大的难事,当下人人点头。索额图道:"这是皇上的洪福,韦大帅的奇才。"(《鹿鼎记》第四十七回)

康熙帝"熟知韦小宝的性格本事";枭雄吴三桂怕他,一心要除掉他(阿珂道"爹爹答应我派人来杀了这人,也不是全为了我。他要起兵打鞑子,这人是个大大的阻碍");高僧玉林赞他"小小年纪,果然是个厉害脚色"。这样的韦小宝,岂仅是"小流氓"?韦小宝,是内安外攘、功业彪炳的"大英雄"。

韦小宝说过:"男子汉大丈夫,总要打外国鬼子才了不起。中国人杀中国人,杀得再多,也不算好汉。"韦小宝像郭靖一样,不仅是"英雄",更是真正可敬的"民族英雄"。

韦小宝:邪恶里也找得到美德

毛姆,一向为金庸所看重。

金庸说自己:"年轻的时候崇拜英雄,好像还是有点迷迷糊糊的,好像真的有什么大英雄,但年纪慢慢大了之后,知道这个大英雄后边其实有他自己卑鄙的一方面。"毛姆则在小说《月亮与六便士》中写道:"我那时还不了解人性多么矛盾,我不知道真挚中含有多少做作,高尚中蕴藏着多少卑鄙。"二人所言,颇有相通之处。

毛姆接着说:"或者,即使在邪恶里也找得到美德。"这句话,非常适合《鹿鼎记》主人公韦小宝。

2003年,金庸在香港与王蒙对谈,王蒙说:"我对韦小宝的印象还没有那样坏,因为他有一个做人的底线,他不出卖朋友。我觉得有这一条的人也还可以和他打交道。"金庸说："他有所不为。"王蒙附和："对，他有所不为了。"金庸接着说："所以康熙要杀他的师父，要杀他的朋友，他就不干，官也不做了，努力去救师父。"王蒙说："他还有一个底线……"金庸与王蒙，对韦小宝都不是一股脑否定，而认为他身上是有一些美德的。

傅国涌看韦小宝："在他身上差不多能找到国民性中所有的弱点……他是一面镜子，一面哈哈镜，照出了国民性中许多的丑陋。"（傅国涌《金庸传》第213—214页）我很反感这种中国"国民性丑陋"的滥调。

金庸说："我写（韦小宝和张无忌）这两个人，以及其他书中的人物，都是在努力表现他们是真正的人，有可爱的地方，也有讨厌的地方。你们想一想自己最亲近的人……多半会发现他们有很多可爱之处，也有不少讨厌之处。"

韦小宝是中国人，像大多数中国人一样，有很多缺点，也有不少优点，"有很多可爱之处，也有不少讨厌之处"。

旨在批判，写一个很坏很坏的小说主人公，认他为"国民性"之代表人物来否定本民族、丑化本民族，我没读过全世界任何一部真正伟大的小说是这么写的。金庸更不可能写这样一部"封笔"之作。

金庸最后两部小说，《笑傲江湖》不是"影射性小说"，《鹿鼎记》也不是讽刺性小说。

"影射性的小说并无多大意义"，金庸明白这个道理，也说过这句话。讽刺性小说的意义稍大一点，但不会有特别高的价值，金庸没说过这样的话，但他应该明白这个道理。

博尔赫斯认为：

如果一个作家要写一部只有一个主人公的长篇小说，那么唯一能让主人公有血有肉的方法就是和他融为一体。如果你对你写的长篇小说的主人公都不喜欢或是不了解，到最后整个故事就会四分五裂。在我看来塞万提斯也经历了这一过程。他开始写堂吉诃德的时候对这个人物还知之甚少，写到后来他就不得不对自己笔下的这一人物产生认同感。我觉得他一定已经觉察到了，如果他一直刻意和堂吉诃德保持距离，把他当成一个滑稽人物来取笑，这本书肯定也成不了杰作。(《博尔赫斯：最后的访谈》第 21 页)

金庸写《鹿鼎记》也经历了相似的过程。在《韦小宝这小家伙》一文中，金庸说："在最初写作的几个月中，甚至韦小宝是什么性格也没有定型，他是慢慢、慢慢地自己成长的。在我的经验中，每部小说的主要人物在初写时都只是一个简单的、模糊的影子，故事渐渐开展，人物也渐渐明朗起来……我写《鹿鼎记》写了五分之一，便已把韦小宝这小家伙当作了好朋友，多所纵容，颇加袒护，中国人重情不重理的坏习气发作了。"

在傅国涌等人看来，金庸写《鹿鼎记》，写韦小宝，竟是为了批判中国人"丑陋的国民性"，未免将金庸看得太浅薄。

韦小宝当然并不等同于堂吉诃德，金庸对韦小宝的态度更复杂得多。

对《鹿鼎记》一书与书中韦小宝其人，我特别喜欢，又特别不喜欢。推己及人，我很怀疑，金庸本人对自己创造的韦小宝这一人物形象，是否也有类似的倾向与矛盾？

韦小宝是矛盾的。既勇敢，也怯懦；既有大担当，又极为滑头；既残忍，也仁慈——既"忍"也"仁"；既有血性，又很老猾。一个多面性的人物。

在很多场合，或被动或主动，金庸经常谈起"韦小宝这小家伙"。有时他对韦小宝有更多否定，有时更多肯定，但金庸从来不是要彻底否定韦小宝，更不是要彻底否定所谓的中国人的"国民性"。

2000 年，在岳麓书院"千年论坛"上，金庸对韦小宝这一人物形象给予最大的肯定："借助了沈从文先生的好处，韦小宝不是全面肯定，十分之九是肯定的，也有十分之一的（坏）处在那里。"

论坛上，金庸说：

不久前看到一篇文章说：鲁迅先生写《阿 Q 正传》，把中国人不好的典型，愚蠢、愚笨，搞精神胜利，对于世界不了解、很尖酸刻薄、很否定的人物。鲁迅先生写了中国人中间，个性中间、性格中间有着很多不好的在内，特别他提出了要否定这种人。这篇文章就说，沈从文写的文章里面，那些人物都是善良的、温情的，使人觉得乐观的、和蔼的……要了解中国人，应该看鲁迅先生鞭策的这种中国人不好的个性之外，还要看沈从文先生所讲的中国人个性比较好的一面。

金庸最喜欢的现代小说家，是沈从文。包括《鹿鼎记》在内的十五部金庸小说，并不像鲁迅那样，尽写"中国人不好的典型"与"中国人不好的个性"，更多的，金庸是像沈从文那样，小说里面"人物都是善良的、温情的，使人觉得乐观的、和蔼的"，写"中国人个性比较好的一面"。

《中国新闻周刊》记者说："其实你心里并没有把韦小宝当作反面人物。"金庸答曰："对。"然则，金庸是把韦小宝看作"正面人物"？也不见得。韦小宝太复杂，难以归类。

马家辉自述，年轻的时候觉得韦小宝这个滑头的小子只会拍马屁，只会吹牛，"后来年纪比较大了，反而喜欢韦小宝，不一定是因为韦小宝娶了那么多老婆，而是你会看到韦小宝他好玩，在韦小宝眼中其实是没有坏人的，在他眼中就算你再怎么坏，他好像都能理解你，都能体谅你。他很努力地在坏人和好人之间，找出一个双赢的方案，努力往这个方向去做，那就变成中国人那种圆滑事故，甚至不是这么简单，就是体贴。"（游海洪《马家辉：就算金庸没去世，那个时代也早就结束了》）

1981 年，金庸在《鹿鼎记》后记中谈到："韦小宝的身上有许多中国人普遍的优点和缺点。"很多读者，如傅国涌，似乎没注意到"优点"二字，并且，金庸先说的不是"缺点"，正是韦小宝的"优点"。

韦小宝身上，确有很多优点。

韦小宝懂得平等待人。他对双儿说："我是小太监，你是小丫头，咱俩都是服侍人的，倒是一对儿。"他并不因自己受宠于大皇帝而自觉高人一等。

后来，又无视主仆之分，坚持要跟自己的丫鬟双儿一桌吃饭，有点像堂吉诃德与桑丘——

堂吉诃德受到几个牧羊人的热情接待……桑丘站在旁边用角杯斟酒。堂吉诃德看到桑丘站着，就对他说："快坐到这儿来，桑丘，坐在我的旁边。我们虽说是主仆，也不用分彼此，大家同饮共食，这有多快活！恋爱讲一律平等，游侠骑士也讲一律平等……"（《堂吉诃德》第十一章）

韦小宝不仅对年轻的漂亮姑娘如双儿是如此，再有，"他性子随和，喜爱交结朋友，在寺中是位份仅次于方丈的前辈，既肯和人下交，所有僧众自是对他都十分亲热"。看《鹿鼎记》全书，无论韦小宝爬到多么高的地位，都很少有盛气凌人的时刻。"小人得志"，越是出身底层而跃升高位的人，越是喜欢踩低别人。韦小宝没这毛病。这是极难得的，第一等的好教养。

面对大皇帝，韦小宝"嘴里自称'奴才'，心中却自居'妹夫'"，这也是有平等意识的表现。意识并不强，总归是有。若是奴性入骨，绝不敢有一丝这样的念头。

在《韦小宝这小家伙》一文中，金庸说："韦小宝并不是感情深切的人。《鹿鼎记》并不是一部重感情的书。其中所写的比较特殊的感情，是康熙与韦小宝之间君臣的情谊。"我的理解，比起杨过、段誉、令狐冲这些人，韦小宝不像他们那样"感情深切"，并不是说韦小宝比普通人更为情感淡漠。

2007年，《羊城晚报》记者说："有调查显示，多数男性喜欢韦小宝，而女性则不喜欢。"金庸马上为韦小宝抱屈，说："我怀疑这个调查结果。谁说女性不喜欢韦小宝？我到一些大学演讲的时候，问那些女大学生是否喜欢韦小宝？她们都说喜欢。"并以赞赏的语气引用倪匡"如果你们的丈夫有韦小宝的七分之一那么好都很不错了"的高论。

除了康熙，再除了韦小宝的七个老婆，韦小宝还对三个半人特别有真情、有深情：母亲韦春芳、"革命领路人"茅十八、男师父陈近南、女师父九难师太。

韦小宝是那种很"四海"的人，感情并不细腻，他在外数年，并不经常想念母亲，没给她送钱，也没接她到北京享福，但他与母亲感情很深，绝不是不孝子。韦小宝"从来不觉得自己妈妈是个'不识羞耻的坏女人'"，不以母亲的职业为耻，不嫌厌自己的出身，这是最大的、最难得的"孝"。

《鹿鼎记》第二回"绝世奇事传闻里，最好交情见面初"，开始讲述韦小宝和茅十八的故事。金庸解释："'最好交情见面初'是'一见如故'的意思，并不是说初见面交情最好，后来就渐渐不好了。"茅十八与韦小宝的交情，一直都"最好"。茅十八爱越深，伤也深。直到在长街大骂韦小宝，主要也是发抒自己心中的怨愤，那时的茅十八也没想真正打伤或打死韦小宝。韦小宝亦善始善终，尽最大努力救下茅十八性命。《笑傲江湖》中曲洋、刘正风的友情如"阳春白雪"，《鹿鼎记》中茅十八与韦小宝的交情似"下里巴人"，而同样令人动容。

鹿鼎山下的大宝藏，何等诱人。韦小宝竟将寻宝的地图送与男师父陈近南，又想送给女师父九难师太，若不是对两位师父有真情，怎肯舍得？

"韦小宝虽然油腔滑调，言不由衷，但生性极爱朋友，和人结交，倒是一番真心。这一路上和众僧谈谈说说，很是相得，陡然说要分手，心中一酸，不禁掉下泪来。"这里，明确写到了韦小宝对朋友的"一番真心"，他当众落泪，基本没有表演成分。

"眼前这般惨状，韦小宝从所未见，心情激动，登时放声大哭。他和杨溢之本来并没多大交情，只不过言谈投机，但既拜了把子，便存了有福共享、有难同当之心"（《鹿鼎记》第三十回），韦小宝对待朋友兄弟，是用真心、有真情的。

韦小宝道："奴才对皇上是忠，对朋友是义，对母亲是孝，对妻子是爱……"

康熙哈哈大笑，说道："你这家伙居然忠孝节义，事事俱全。好，佩服，

佩服。"(《鹿鼎记》第四十九回）

我也曾把韦小宝这几句，只当笑话看，细细思索下来，觉得他这话自夸的成份并不很多。

韦小宝离开通吃岛，回京谒见康熙——

康熙道："你对朋友讲义气，那是美德，我也不来怪你。圣人讲究忠恕之道，这个忠字，也不单是指事君而言，对任何人尽心竭力，那都是忠。忠义二字，本来是一而二、二而一的。你宁死不肯负友，不肯为了富贵荣华而出卖朋友，也算十分难得，很有古人之风。你既不肯负友，自然也不会负我了……"(《鹿鼎记》第四十七回）

韦小宝宁愿抛弃功名富贵，也要救师父和朋友们脱险，令康熙刷新了对韦小宝的认知。此时的康熙，对韦小宝是有极大敬意的。

康熙此言，其实是认可了韦小宝（稍后表达的）"对皇上是忠，对朋友是义"的自我认知。韦小宝"对母亲是孝"，也没有问题。"对妻子是爱"，放在当时的历史背景下，也是成立的（对于爱情这东西，古今的理解，有很大不同）；在今日，才是有争议、有疑问的。

听到康熙帝的纶音，韦小宝感激涕零，哽咽道："奴才……奴才是甚么都不懂的，只觉得别人真心待我好，实在……实在不能……不能对他们不住。"韦小宝这句话，说出的就是"义"字的真意，也见出此人仍自有一片"仁厚之心"。

在《韦小宝这小家伙》一文中，金庸谈到："孟子哲学的根本思想是'义'，那是一切行动以'合理'为目标，合理是对得住自己，也对得住别人。对得住自己容易，要旨是不能对不起别人，尤其不能对不起朋友。"金庸这段话，与韦小宝那段话，是对应的。韦小宝在"不能对不起别人，尤其不能对不起朋友"方面，做得尤其好。只要朋友付出"真心"，真心待他好，他总以真心回报，"不能对他们不住"。韦小宝待人，是有真心，用真情的。

韦小宝对康熙，尤其如此。

（韦小宝）想起……皇帝对待自己，真就如是朋友兄弟一般，若不把这事跟他说知，他给太后害死，自己可太也没有义气。想到此处，眼前似乎出现了康熙全身筋骨俱断、横尸就地的惨状，心中一酸，忍不住泪水夺眶而出……心情激动，寻思："陶宫娥说，我如吐露真情，皇帝不免要杀我灭口。英雄好汉什么都能做，就是不能不讲义气，大丈夫死就死好了。"（《鹿鼎记》第十五回）

韦小宝冒着生命危险（"大丈夫死就死好了"），向康熙和盘托出太后的秘密，并非"奴性"发作，而是将康熙（"小玄子"）视为"朋友兄弟"，才肯这样做。韦小宝待朋友兄弟，是真"讲义气"，此时他"忍不住泪水夺眶而出"，并非演戏。

还有这里：

韦小宝道："天下最好的地方，就是在皇上身边……皇上，这话千真万确，可不是拍马屁。"

康熙点头道："这是实情……小桂子，那半年中得不到你的消息，只道你在大海中淹死了，我一直好生后悔，不该派你去冒险，着实伤心难过。"

韦小宝心下激动，道："但……但愿我能一辈子服侍你。"说着语音已有些哽咽。

康熙道："好啊……咱君臣两个有恩有义，有始有终。"……他和韦小宝是总角之交，互相真诚。（《鹿鼎记》第三十七回）

"互相真诚"，是金庸对韦小宝、康熙二人情感的定位。这四字，不可轻易看过。

韦小宝对康熙说最想与康熙相伴，不是假话。后来，"韦小宝心中难过已极，眼泪夺眶而出，心想小玄子对我果然义气深重，死了之后，鬼魂还来找我。他平日十分怕鬼，这时却说甚么也要和小玄子的鬼魂会上一面，当下发足飞奔，直向声音来处奔去"（《鹿鼎记》第四十五回），可以为证。

韦小宝"说着语音已有些哽咽"，也不是表演。

若不是对康熙有着真挚的友情，当康熙险些被九难师太刺杀时，韦小宝不可能挺身为康熙挡下那一剑。若不是韦小宝并不总是"滑头"而同时有着勇敢的一面，也不会挺身为好朋友挡剑。

《鹿鼎记》写道："这白衣尼行刺康熙，他情急之下挺身遮挡，可全没想到要讨好皇帝，只觉康熙是自己世上最亲近之人，就像是亲哥哥一样，无论如何不能让人杀了他。"就算是自己的亲哥哥遭遇生命危险，也只有极少数人肯挺身代死，而韦小宝肯做也做到了。韦小宝实为康熙朝一代奇人，有对人极虚伪的时候，也有极真诚的时刻，大诚大伪，登峰造极。

韦小宝当然不是"至诚君子"，但也绝不是岳不群那样的"伪人"。很多读者，似乎只看到韦小宝之"伪"（"韦"），而忽视其"真"。很多人学习韦小宝，也只学其"伪"，不能学到他的"真"。于是，金庸一再表示，你们不要学韦小宝啦。

韦小宝有他"邪恶"的一面，也有"善良"的一面。在康王府，韦小宝保全了杨溢之等人的面子，在真假太后的交接班过程中，若非韦小宝照拂，现场的很多目击者，"众侍卫、宫女、太监"，都会被康熙处死。还有这里：

方怡提笔沉吟，只感难以落笔，抽抽噎噎的又哭了起来。韦小宝满腔豪气，难以抑制，大声道："好啦，好啦！我救了刘一舟出来之后，你嫁给他便是，我不跟他争了……还是让你快快活活的，去嫁给他妈的这刘一舟。你爱写什么便写什么，他妈的，老子什么都不放在心上了。"（《鹿鼎记》第十三回）

韦小宝有时候很是"心硬"（"内心深处，隐隐又有点失望，海老公不杀这小宫女，自己的处境就不算十分有利""老鸨买来了年轻姑娘，逼迫她接客，打一顿鞭子实是稀松平常……他瞑别已久，这时又再听到，倒有些重温旧梦之感，也不觉得那小姑娘有甚么可怜"），但也有"满腔豪气"而"心太软"的时候。

一个多面性的人物。

"唯一会的功夫就是挨打时就逃，谁都没有他溜得快"，金庸这样说，我觉得对韦小宝并不公道。韦小宝固然擅长逃跑开溜，但同时也有勇敢、担当的一面。我在上一节，已经谈过一些；下一节，还会再谈一些。此节从略。

韦小宝在天津，文武百官齐来恭迎，唯有一个大胡子武官神色傲慢，浑不将韦小宝瞧在眼里。韦小宝大怒，立时便要发作，转念一想："皇上吩咐了的，这次一切要办得十分隐秘，不可多生事端，惹人谈论。"（《鹿鼎记》第三十四回）韦小宝并不小肚鸡肠、小鼻子小眼；此人胸怀广，识大体，是做大事的人。

1981 年，金庸在《韦小宝这小家伙》中说："我写《鹿鼎记》写了五分之一，便已把韦小宝这小家伙当作了好朋友，多所纵容，颇加袒护。"2018年，金庸逝世，李纯恩回忆，金庸生前明确表示过他现实中最讨厌韦小宝这类人。这两种说法，未必完全矛盾。如金庸所言，社会上很多人都有些像韦小宝。有些人，太过分，太"韦小宝"了，他们比韦小宝还韦小宝，金庸最讨厌的，应该是这种人。

金庸说："《鹿鼎记》中的韦小宝，香港就可能很多。"

金庸认为，韦小宝在台湾，也很多。他在台湾说："一般台湾人决没有韦小宝那么坏。许多中国人（不论何地）性格中都有一点'韦小宝味'，但决不会这样夸张和彻底。"（金庸《我最爱的三种女人》）但是，我觉得，有些台湾人，可不"一般"，身上的"韦小宝味"，非常"夸张和彻底"，简直比韦小宝更韦小宝。

稍微有点"韦小宝特质"的人，都让金庸"最讨厌"？金庸应该没有这么大的洁癖。

金庸本人与韦小宝也不是完全没有共同点。

李纯恩接着说："但实际上他（金庸）不一定对韦小宝是全然厌恶的，角色里面肯定也有他自己本人一部分的投射。"（《金庸友人谈与金庸生前最后一次见面：不能说话用"摩斯密码"交流》）

博尔赫斯说："最后塞万提斯把自己变成了堂吉诃德，和堂吉诃德一起对抗其他的人物……"（《博尔赫斯：最后的访谈》第 21 页）金庸投入没有这么深，他断然否认韦小宝可以代表所有中国人，但并不否认这个人物身上有作者的影子。

确实有人问过："韦小宝这个人物有没有您查先生的些许影子？"金庸毫不责怪，坦荡地回答："在构思一些故事情节时，曾设想自己如果遇到韦小宝当时当地的境遇，自己也会作相同的选择。"（万润龙《金庸剑桥"论剑"》）

金庸将自己的一部分"投射"到韦小宝这一人物身上，但韦小宝并不是金庸。

韦小宝的优点，还有很多，这里不一一细说。

易中天看金庸：

金庸小说中唯一有点意思的是《鹿鼎记》。但意思也有限，丑陋却昭然。有人说韦小宝是中国文学史上又一个阿Q，甚至说他是"中国人的镜子"，意思说《鹿鼎记》和《阿Q正传》一样或差不多深刻，一样或差不多有文学价值。可惜在我看来不是什么差不多，而是差得远。阿Q最后是被杀了头的，韦小宝呢？享尽了荣华富贵……这可是差了十万八千里！……金庸在骨子里是不会有什么现代意识的。（易中天《你好，伟哥——当代社会生活与当代中国文学》）

小说深刻与否，要看主人公被砍头没有，我还是头一次听说。

张三受李四影响，但张三不是李四。金庸一直说他写韦小宝受《阿Q正传》影响，但韦小宝不是阿 Q。阿 Q 是一个完全负面的人物，身上几乎毫无闪光点。韦小宝哪是这样？

"中国人的镜子"里面照出来的，都是丑陋不堪、只有缺陷毫无优点的中国人，如此，一部小说作品，就不"丑陋"，就"深刻"了？这样的"现代意识"，不要也罢！

金庸对池田大作说起："我写的武侠小说……偶然也有一些对社会上丑恶现象与丑恶人物的刻画与讽刺，然而那只是兴之所至的随意发挥。真正的宗旨，当是肯定中国人传统的美德和崇高品格、崇高思想……"即便是他十五部小说中最负面的主人公——韦小宝，金庸也不是要对他彻底否定。

迎合所谓的"现代意识"，将韦小宝写得无比丑陋，也被砍头，才是最大的"媚俗"。金庸说："我没有把他塑造的很丑陋，很倒霉，叫大家一看就讨厌他，因为这样就没有意思了。"背离了基本的真实性，陷入了新式的"文以载道"，这才"没有意思"。

金庸说："我就觉得中国人性格中间最最重要的就是自己要求生存，只要人家不打死我，我什么事情都可以做，而且要赚钱，想自己要发达，什么事无所不为，什么手段都可以用。"这一点，集中体现在韦小宝这一人物身上。这也很难说是缺点，当然，也不好说就是韦小宝所代表的某些中国人的优点。韦小宝是这种人，阿 Q，也是吗？

这种人是客观存在的，也是普遍存在的。一个小说家，写出了这种人，就是"骨子里没有现代意识"？

2000 年，金庸在"上海新世纪论坛"上说："我写这个韦小宝，受'阿 Q'的影响是有的，但不能说是和他差不多，而是受到他的影响。"韦小宝是他自己，并不是阿 Q 的复制品。

金庸不是要彻底否定韦小宝这一人物，当然也不是完全肯定他。

《鹿鼎记》与韦小宝的社会影响，出乎金庸预想。

1981 年，金庸在《鹿鼎记》后记中还说："主角韦小宝的品德，与一般的价值观念太过违反。武侠小说的读者习惯于将自己代入书中的英雄，然而韦小宝是不能代入的。在这方面，剥夺了某些读者的若干乐趣，我感到抱歉。"后来金庸发现，很多读者不仅将自己"代入"了韦小宝，并且以韦小宝为学习楷模。面对这个结果，金庸可能很有些啼笑皆非。所以，他晚年更多强调韦小宝的缺点，殷殷劝导年轻人不要学韦小宝。

很多人看到的、学到的，都是韦小宝的缺点，坏的一面，邪恶的一面；韦小宝的好处，他们看不到，看到了也不肯学。所以，金庸说，你们不要学他啦。

金庸曾对《南方周末》记者张英谈到："我当时写小说的时候，我没有想过小说教化作用，从这样高度去考虑对社会的影响。"到了晚年，最后一次修改《鹿鼎记》，为了消除韦小宝可能造成的恶劣的社会影响，金庸甚至打算大做修改，让韦小宝的结局变惨。

他对杨澜谈过："有很多年轻读者他写信给我，说他最喜欢韦小宝，他想模仿韦小宝。所以我觉得这个小说，虽然小说不是社会教科书，不一定要教人家怎么样怎么样做，但是如果社会影响不好的话我觉得也是不好的，所以我希望读者看了我的小说之后受到良好的一种感染，所以我曾经想过把《鹿鼎记》的结局最后大大修改一下……有个老朋友敲他竹杠，要他多少钱多少钱，他就给他钱了，这个老朋友很坏了，要把他抓到北京去见皇帝，他就很怕了，再给他贿赂逃出来，我想在他很倒霉的时候，他几个很不喜欢的太太，逃走三四个人。"

想这样改，而终于没改。何以故？

中国新闻周刊：小说里一个很受关注的改动是韦小宝。

金庸：我本来想让韦小宝的太太走掉几个，最后保留两三个。韦小宝这个人应该让他受点教训。他爱赌钱，我要让他遇到一个赌钱高手，输得倾家荡产，受点教训。最后韦小宝逃跑了，遇到一个老朋友，结果这个老朋友忠于皇帝，又敲他竹杠，把韦小宝抓住了，给钱才放了他。所以有些老朋友靠不住的。

中国新闻周刊：但你心里实际上是喜欢他的。改动是让对他不好的几个妻子走掉，对他好，武功高强的，都要留下来保护他。其实你心里并没有把他当作反面人物。

金庸：对，我其实心里还是希望他好的。但现在有很多不好的影响，很多年轻人都崇拜他，说最崇拜的英雄是韦小宝。呵呵。

中国新闻周刊：可你以前说过，文学作品不应该承担太多文以载道的责任？

金庸：这个意见很对，不要搞文以载道，不要搞意识形态。韦小宝作为文学作品中的形象还是比较完整的，变成教育性很强的东西，反而不好，主要他的性格是随着社会在变化，无所谓善恶，是应该批判这个社会。我觉得这个意见很好，接受这个意见。（中国新闻周刊《专访金庸：我没有忘记外面的世界》）

2007年，金庸在北大，又谈过："在书的后记中，我也写到了年轻人切不可学韦小宝。但我没想到，《鹿鼎记》的社会效果并不好，有读者就坏坏地说想做韦小宝，于是我就想把小说的结尾修改了，让他在一次赌博中把全部家产赔光，几个太太也走了一大半。但这个想法一出，有读者就给我写信，说文学是要讲究完整性的，这样一改，就不完整了，虽然有了教育意义，却没有了文学意义，于是我也只能作罢。"（王庆环《金庸与北大学子趣谈中国文化》）

金庸不想陷入他生平最反感的"文以载道"的窠臼，不想迎合所谓的"现代意识"，这才悬崖勒马，没有大改韦小宝的结局。

韦小宝式的人物，也偶有失败的，有不曾"享尽了荣华富贵"的，但这样写或这样改，就不具有"普遍性"了。

金庸对杨澜说："我一直主张写小说不要主题为主，而要表现人性，表现人的情感，所以韦小宝这种人在清朝的时候可能存在，民国时候可能存在，现在中国内地上有，台湾有，香港也有，而且在全世界有华人社会的地方，韦小宝这种人还是有的。所以我写韦小宝这个人，写他这种个性，写他吹牛，他求生存，这种人中国人好像几千年来几百年来就是这样子，是一种特别的现象……韦小宝就是这样一种人，而且无往不利的。韦小宝，中国社会上有这样一种人，我就写这样一人，不一定要人家学。所以最后我想既然有这样一种人，就不一定写他赌钱输了，因为这种人不大会输的。"

在《新闻会客厅》节目上，金庸谈到："韦小宝肯定不好，所以我在书里重点讲了不要学他，但这个劝告不一定有用，写了韦小宝做了这样的事，最后结果不好。读者就得到教训，但这个不大现实了。现实社会中间，很多坏人做得很成功的。"

韦小宝并不是阿Q的翻版，他这种性格的人，很难不成功。

《鹿鼎记》中，金庸写的不只是韦小宝一个人的成功，还写出一个民族（可能的）成功。

韦小宝："有担当"的"大才子"

遭遇险境，撒腿就跑，这种事，韦小宝确实做过很多次。但是，这从来不是他的全部。

《鹿鼎记》第四十七回，"抚远大将军"韦小宝，回首昔年的英雄事迹："我小时候在扬州跟人家赌钱……输了只管混赖，要打架就打，我也不怕。"这最后九字，可以见出，韦小宝自小就有"英雄肝胆"，也有"痞子性格"。不完全是优点，却足以证明韦小宝并不总是遇险就跑的懦夫，自幼就不是。

《鹿鼎记》一书最早写到的韦小宝故事，可完全是写他的优点了。

大门撞开，涌进十七八名大汉……手中拿着明晃晃的钢刀……有个三十来岁的中年妓女"格格"一声，笑了出来。一名私盐贩子抢上一步，拍拍两记耳光，打得那妓女眼泪鼻涕齐流……

蓦地里大堂旁钻出一个十二三岁的男孩，大声骂道："你敢打我妈！你这死乌龟、烂王八……"……那盐枭气无可泄，砰的一拳，打在那中年妓女脸上。那妓女立时晕了过去。那孩子扑到她身上，叫道："妈，妈！"（《鹿鼎记》第二回）

当母亲受辱，面对近二十个手持凶器的恶汉，韦小宝挺身而出，卫护其母。我若处在他的地位，很不自信也有勇气做到。推己及人，我觉得大多数人很难做到韦小宝这么好。此时的韦小宝，是孝子，是勇士，是英雄，值得再三礼敬。

还是《鹿鼎记》第二回："韦小宝本给军官围在核心，当史松和茅十八、吴大鹏二人说话之际，他一步一步的退出圈子……待得众人动上手，他已躲在数丈外的一株树后，心想：'我快快逃走呢，还是在这里瞧着？茅大哥他们只三个人，定会给这些官兵杀了。这些军爷会不会又来杀我？'转念又想：'茅大哥当我是好朋友，说过有难同当，有福共享。我若悄悄逃走，可太也不讲义气。'"韦小宝并没有撒腿就跑，而是以"撒石灰"这很不高尚的手段，杀了军官史松，救了茅十八一命，践履了他与茅十八"有难同当"的高贵承诺。

金庸在《韦小宝这小家伙》一文中说："士大夫懂的道德很多，做的很少。江湖人物信奉的道德极少，但只要信奉，通常不敢违反。"后一句，称赞的就是韦小宝这样的人物。韦小宝并不是阿Q的复制品，并不是阿Q那样完全负面的人物形象。

"天下第一美人"陈圆圆女士，称赞韦小宝"有见识，有担当"。

韦小宝，有担当？

（柳大洪）问道："但不知这位小老弟，于贵我双方的纠葛，能有所担当么？"韦小宝道："老伯伯，你有什么吩咐，不妨说出来听听。我韦小宝人小肩膀窄，小事还能担当这么一分半分，大事可就把我压垮了。"天地会与沐王府群豪都不由微微皱眉，均想："这孩子说话流氓气十足，一开口就要

无赖，不是英雄好汉的气概。"（《鹿鼎记》第十三回）

此时韦小宝口中，也出现了"担当"二字。听他的话，确实太滑头，"耍无赖"，无担当。然而，我们看结果，最后天地会与沐王府之间的极大纠纷，不是仍靠韦小宝之力顺利解决了吗？

再看这里：

（韦小宝）左手连挥，叫茅十八先逃出去再说，自己须得设法稳住海老公……心想："这次祸事，都是我惹出来的。茅大哥双腿不能行走，不知要多少时候才能逃远。我在这里多挨一刻好一刻……"（《鹿鼎记》第三回）

韦小宝对茅十八，有"情"有"义"；对事，则是"一人做事一人当"的态度。此时的韦小宝，绝不是临难苟免、见危先遁的懦夫。

还有这里："陈近南浴血苦战，难以支持……韦小宝眼见情势危急，心想今日舍了性命也要相救师父。"（《鹿鼎记》第二十九回）此时的韦小宝，自然不是临难苟免、见危先遁的懦夫。

多数时候，韦小宝都是"有担当"的，陈圆圆没有错夸他。

陈女士完整的赞语："诗词文章做得好，不过是小才子。有见识、有担当，方是大才子。"由"大才子"一词，我联想到的是，龚自珍写在 1815 年至 1816 年的一段话："衰世者……左无才相，右无才史，阃无才将，庠序无才士，陇无才民，廛无才工，衢无才商，抑巷无才偷，市无才驵，薮泽无才盗；则非但鲜君子也，抑小人甚鲜。"在龚自珍看来，一个社会，有很多的"才偷""才驵""才盗"，也是好的；连"才偷""才驵""才盗"都没有，才是令人绝望的"衰世"。

韦小宝不是坏人，也说不上是好人，但他确是"有才""有大才""大有才"之人。

郑克塽、刘一舟与归钟这三位少爷，人品未必比韦小宝更坏，但他们都"无才"，都"没用"，金庸对他们就有更多否定（龚自珍也可能是如此态度）。而韦小宝"有才""有大才"，金庸对他就有更多肯定（龚自珍可能也是这样态度）。

韦小宝与阿Q，有相同处，而不同处更多。最大不同，阿Q是一个有死气、死样活气、半死不活的中国人，韦小宝则是一个有活力、生龙活虎、活蹦乱跳的中国人。

有活力，才有转机，才有可能促成社会的转变与进步。

金庸很喜欢司各特《艾凡赫》一书。《艾凡赫》有一段话，很有意思：

> 这是一个不幸的事实：尽管英国的各种自由权利，是多亏一些英勇的贵族面对国王据理力争，才得以实现的，他们自己却也是骇人听闻的压迫者，他们的暴虐行径不仅违背英国的法律，也为天理人情所不容。（《艾凡赫》第二十三章）

今日国人所艳称的英国《大宪章》等社会进步，其促成者，那些英国贵族，其个人品性，比《鹿鼎记》小说中写出的韦小宝并不更好，只有更坏。他们像韦小宝一样，做坏事不少，但有血性，有担当，有定力，有手腕。

丘吉尔在《英语民族史》一书中也说："许多人自童年时代就对著名的《大宪章》有所耳闻，但是，如果我们把不久之前，纽约所收到的一份珍贵副本拿起阅读的话，就又会难免大失所望。或许会认同一些历史学家提出的观点，那就是将'自由大宪章'这一标题改译为'以国家利益为代价的贵族特权名录'。"

那些英国贵族，他们做事，多是出于自利之心，并不如何高尚，但各种机缘巧合，在各方博弈之下，英国终于稳步前行，最终嘉惠于几乎所有英国普通民众。

《鹿鼎记》第一回，吕留良对儿子说起："鹿这种野兽，虽是庞然大物，性子却极为和平……凶猛的野兽要伤它吃它，它只有逃跑，倘若逃不了，那只有给人家吃了……咱们做老百姓的，总是死路一条。'未知鹿死谁手'，只不过未知是谁来杀了这头鹿，这头鹿，却是死定了的。"这部小说，命名为"鹿鼎记"，有深意焉。金庸在这部小说中，不仅是回顾历史，更寄望将来：总有一天，"老百姓"不再只是"鹿"。

1981 年，金庸在《韦小宝这小家伙》一文中谈到："现代正常的国家中，人民与政府是一体，至少理论上是如此，事实上当然不一定。"做到了"人民与政府是一体"，"老百姓"就不再只是"死定了"的"鹿"。即便只是理论上如此而事实上不一定，比之中世纪社会，亦已是极大的进步。

司各特在很多人眼中，仅仅是一个小说家，甚至只是一个"通俗小说家"，但拉塞尔·柯克并不这样看。其名著《保守主义思想》第四章第一节题为"边沁主义与沃尔特·司各特"。司各特还算不上思想家，至少是一个思想者，一个保守主义思想者。

金庸也是一个保守主义思想者。算不上思想家，但金庸的思考比起吾国广受推崇的某些"思想家"，更通达，更足以自洽。

经过历代（品格可能比韦小宝更卑劣的）英国贵族的努力与抗争，英国社会不断进步，英国民众的素质也随之不断提高。人性的弱点在英国民众身上越来越不显著。只是更不显著而已，人性的弱点不可能彻底克服，所以丘吉尔眼中 20 世纪的很多英国人仍有"看客心理"存焉。

先有社会进步，后有民众素质提高。

马克斯·韦伯说得好："一个国家的落后，首先是精英的落后，而精英落后的标志就是嘲笑民众落后。"

世界上任何没有走出"中世纪"的国家，其民众不可能不落后，不可能不愚昧，不可能不麻木。迟迟未能走出"中世纪"，主要责任在精英，不在民众。精英们应该以实际行动去推动社会进步，而不是一味地"嘲笑民众落后"。

20 世纪 90 年代，日本学者池田大作在与金庸对谈时，有句话很有意思："明治维新的进行，并非起于民众的自发。"福泽谕吉也曾说过："我国的战争只是武士与武士之间的战争，而不是人民与人民之间的战争，是一家与另一家之间的战争，而不是国家与国家之间的战争……人民只是袖手旁观。"

没有证据表明，在近代之前，日本民众的总体素质高于中国人。明治维新之后，民众素质普遍提高。日本"二战"战败后，经过一次大的社会改造，民众素质又一次普遍提高。

黑泽明电影《七武士》中，菊千代对武士们说："你们把农民当作什么，以为是菩萨吗？简直笑话，农民最狡猾，要米不给米，要麦又说没有，其实他们都有，什么都有……表面忠厚但最会说谎，不管什么他们都会说谎！一打仗就去杀落败的武士抢武器，听着，所谓农民最吝啬，最狡猾，懦弱，坏心肠，低能，是杀人鬼。"

黑泽明拍这部电影，却不是要控诉日本当时以农民为主体的民众，指责他们素质太低。菊千代接着说："但是……是谁令他们变成这样的？是你们，是你们武士，你们都去死！为打仗而烧村，蹂躏田地，恣意劳役，凌辱妇女，杀反抗者，你叫农民怎么办，他们应该怎么办。"

雨果认为："民众愚昧，活在黑暗中跌跌撞撞，但他们是无罪的，有罪的是制造黑暗的人。"

严复认为，秦朝以后的帝王，致力于"坏民之才，散民之力，漓民之德"，"必弱而愚之"。两千年下来（当然这两千年也有宽松的时候，并非一片黑暗），民众的素质，怎么可能不低？

1793 年英国派遣来华的马戛尔尼使团的一个成员——巴罗，看到了中国人"道德品格中的巨大缺陷"，而认为"其错当在于政治制度，而不在于民族的天性或气质"。

《连城诀》第二章："如此忽忽过了数月，冬尽春来，在狱中将近一年。狄云慢慢惯了，心中的怨愤、身上的痛楚，也渐渐麻木了。"此时的狄云，除了麻木自己，他能怎么办？他能怎么争？

韦小宝之母韦春芳，是"哀其不幸，怒其不争"的最佳对象。金庸写她，却是充满温情，甚至不乏敬意。聪明的，你若是韦春芳，请问，你怎么"争"？

《侠客行》中，石破天问："你……你说甚么？……我就是不懂，你教我罢！"你教我们吧，应该怎么争？

金庸并不认为中国人的"国民性"有大病，他也几乎从不"嘲笑民众落后"。

金庸是一个保守主义思想者。

90 年代，金庸与池田大作对谈，引用伯里克利名言"时间是最好的忠告者"，然后自我发挥："这真是真知灼见。对于过分急躁的'欲速不达者'，与其固执己见，认为缓进派的主张一定错误，不如多想一想古希腊这位大政治家的忠告。"

2004 年，金庸接受采访：

记者：读您的社论文章，您实际上在政治观点上是偏保守派一些，是自由保守派。

金庸：也不算保守，是稳健派。你说保守也可以。

记者：为什么您会形成这样的见解？

金庸：我看中国历史，中国传统思想对我影响很大，孔夫子当年就是比较保守的。中国很多事情都需要慢慢地改革……我个人主张循序渐进，不喜欢一下子天翻地覆，不主张大革命，很多事情不慢慢地改变是行不通的……

记者：对邓小平的评价有这样的说法：邓小平先生是一个现实主义者，他不太像理想主义者，理想主义者某种程度上可能更为奔放。

金庸：（越说越激动）我不赞同理想主义者，让理想主义者走开！我做事比较现实，根据现实走最好的道路，最伟大！（《南方人物周刊访金庸：拒绝理想主义》）

金庸希望国家可以很平和、很缓慢地转型、进步，他一向"不主张大革命"。1963 年，金庸在长文《谈〈彷徨与抉择〉》中引述罗素所言："即使是民主吧，如果到了狂热过激的程度，例如法国大革命中罗骚（卢梭）的信徒们所干的那样，那也已不是自由主义了；事实上，如果对民主有一种狂热的信念，便会使民主制度无法实施，例如在克伦威尔统治英国的时朝，罗伯斯皮尔统治法国的时期便是这样。"像罗素一样，金庸对法国大革命、对卢梭抱持着质疑的态度。

金庸并不认为他的韦小宝就是阿 Q 的复制品。金庸说："鲁迅笔下阿 Q 的精神胜利法主要针对的是中国社会底层人物……而韦小宝式的人物在中国的各个层次都有。"（万润龙《金庸剑桥"论剑"》）

韦小宝这种性格的人，很难像阿 Q 那样，沦落在社会的最底层。相对而言处于下层的韦小宝们，属于民众的一部分，他们素质很是不高，而金庸认为："环境好就成为好人，环境不好就干坏事。这是我写韦小宝的一个主要原因。环境非常重要，要改掉陋习，一定要营造文明环境。"（同上）金庸并不嘲笑民众落后。

处于更高层级的韦小宝们，他们对社会有消极影响，更有积极影响。最大的积极影响就是为社会注入活力。

《鹿鼎记》中，顾炎武、黄宗羲等几位大儒，很有些"百无一用是书生"的味道。未必是金庸真的对他们有什么不满，我更觉得，这反映了金庸对吾国现代知识分子群体的失望。[1]

无望之下，金庸寄希望于韦小宝这样的人物，但韦小宝应该不是金庸心目中的第一选择、最佳选择。中国的发展与复兴，需要各方合力，共同推动，不能只靠韦小宝这种人和"韦小宝的精神"。

---

1 钱穆在《国史大纲》中指出："凡此皆晚近中国之病，而尤其病于士大夫之无识。士大夫无识，乃不见其为病，急于强起急走以效人之所为。跳踉叫嚣，踊跃愤兴，而病乃日滋。于是转而疑及于我全民族数千年文化本源，而惟求全变故常以为快。不知今日中国所患，不在于变动之不剧，而在于暂安之难获。必使国家有暂安之局，而后社会始可以有更生之变……不幸此数十年来，国人士大夫，乃悍于求变，而忽于谋安；果于为率导，而怠于务研寻。又复搀以私心，鼓以戾气，其趋势至于最近，乃继续有加益甚而靡已。"

韦小宝与"中国文化最后还是要成功"

2004 年,《南方人物周刊》访问金庸。记者问:"您怎么看待中国传统文化中产生的精明人,比如韦小宝?"金庸回答:"韦小宝最后还是成功了,中国文化最后还是要成功的。"

为了金庸这句话,我困惑了十几年。埋怨金庸没把话说清楚,更埋怨记者没追问下去让金庸说清楚,就换了别的话题。

金庸这句话,说得很是含混,有歧义,却令人起无穷的想象。我一直不确定,金庸此言是否可以理解为,韦小宝某种程度上代表了中国文化,而中国文化,还是要,总是要,成功的。

2018 年金庸逝世,他的更多访问记录出现于网上。我终于读到 1991 年金庸对一位港刊记者说的一段话:

> 很难说我对韦小宝是否抱有肯定的态度。事实是很多中国人都会像韦小宝这样,这是中国民族性格里很强的一点……在文明古国历史中,中国文化生存得最久。如果一个民族只有坏处没有好处,不会生存得这么久……韦小宝的精神是中华民族文化成功发展到今天的因素之一,因为他很会适应环境。短期来看,像是没有原则,但这也可以看成是一种韧力,这次不行,就先退下,下次再反攻。

华夏民族强韧的生命力,在韦春芳、韦小宝母子身上,表现尤为突出。

美国作家赛珍珠说过:"没有任何人任何事可以摧毁中国人。他们是善于从苦难中生存的坚韧之人,他们知道屈服,他们在大风来临之时躬身,但他们永不毁灭。"与金庸这段话,意思很相似。

金庸认为华夏民族并非"只有坏处没有好处",他也不认为韦小宝这种人和韦小宝所代表的精神"只有坏处没有好处"。相反,金庸认为:"韦小宝的精神是中华民族文化成功发展到今天的因素之一。"这就印证了我先前关于"韦小宝最后还是成功了，中国文化最后还是要成功的"一语的理解基本无误。

之所以这样理解，是我不断地将金庸"韦小宝最后还是成功了，中国文化最后还是要成功的"一语，与他的《韦小宝这小家伙》一文，对照阅读、思考，得来的结论。

该文中，金庸谈到："韦小宝这样的小流氓，我一生之中从来没有遇到过半个……我一定是将观察到、体验到的许许多多的人的性格，主要是中国人的性格，融在韦小宝身上了。他性格的主要特征是适应环境，讲义气。"那么，很多中国人性格中的"适应环境"的特点，算优点，还是缺点？

金庸基本上将其视为优点。接着前面这段话，金庸就由"韦小宝这小家伙"引申开来，谈中国和中国人：

中国的自然条件并不好，耕地缺乏而人口极多。埃及、印度、希腊、罗马等等古代伟大的民族消失了，中国人在极艰苦的生存竞争中挣扎下来，至今仍保持着充分活力，而且是全世界人口最多的民族，当然是有重大原因的。从生物学和人类学的理论来看，大概主要是由于我们最善于适应环境。

再则，很多中国人性格中的"讲义气"的特点，算优点，还是缺点？金庸基本上将其视为优点。后文中，金庸就由"韦小宝这小家伙"引申开来，谈中国和中国人：

中国社会中另一项普遍受重视的是情，人情的情。

注重"人情"和"义气"是中国传统社会特点，尤其是在民间与下层社会中。

……在民间的观念中……"无情无义"绝对没有（英雄好汉的含义），被摒绝于社会之外……

……在中国社会中，"情义"是最重要的社会规律，"无情无义"的人是最大的坏人。传统的中国人不太重视原则，而十分重视情义。

重视情义当然是好事。

中华民族所以历经千年而不断壮大，在生存竞争中始终保持活力，给外族压倒之后一次又一次的站起来，或许与我们重视情义有重大关系。

……父母和朋友是人生道路上的两大支柱……西方社会，波斯、印度社会并没有将朋友的关系提到这样高的地位……

一个人群和谐团结，互相讲爱，在环境发生变化时能采取合理的方式来与之适应。这样的一个人群，在与别的人群斗争之时，自然无往不利，历久而常胜。古代无数勇武强悍、组织紧密、纪律森严、刻苦奋发的民族所以一个个在历史上消失，从此影踪不见，主要是他们的社会缺乏弹性，在社会教条或宗教教条下僵化了。没有弹性的社会，变成了僵尸的社会。再凶猛剽悍的僵尸，终究会倒下去的。

中国之所以没有变成"僵尸的社会"，并没有"倒下去"，延续发展至今，因为我们更"讲情义"，也更能"适应环境"，如金庸所言，"这两个特点，一般外国人没有我们显著"。而在韦小宝这一人物身上，集中体现了华夏民族这两个特点，也体现了华夏民族之"弹性"。

韦小宝某种程度上代表了中国文化，而中国文化，还是要，总是要，成功的。

金庸基本上是将"适应环境"与"讲情义"视为我们民族的优点，只是基本上肯定，并不完全肯定。

然而人情与义气讲到了不顾原则，许多恶习相应而生。中国政治的一直不能上轨道，与中国人太讲人情义气有直接关系。拉关系、组山头、裙带风、不重才能而重亲谊故旧、走后门、不讲公德、枉法舞弊、隐瞒亲友的过失……合理的人情义气固然要讲，不合理的损害公益的人情义气也讲，结果是一团乌烟瘴气，"韦小宝作风"笼罩了整个社会。对于中国的处境，"韦小宝作风”还是少一点为妙。

"讲人情"与"讲义气"，讲得太过分，讲到了彻底不顾原则，而"适应环境"竟做到了完全没有底线的地步（韦小宝本人反而是有一点底线的，他收到的最大一笔贪污款一百万两银子，最终"完璧归台"），对于中国的今天与未来，正面作用有多大，负面作用又有多大，仍是难言。

1981 年金庸说"'韦小宝作风'还是少一点为妙"，1991 年金庸又说："韦小宝的精神是中华民族文化成功发展到今天的因素之一。"相隔十年，两种说法，并不十分矛盾。

"作风"与"精神"，毕竟是不同的。金庸晚年敦劝年轻人不要学韦小宝，恐怕也是发现，他们学的多是"韦小宝作风"，而不是"韦小宝的精神"。金庸对《南方周末》记者谈过："韦小宝是一个旧社会造就的江湖人物，他好色好赌博，喜欢骗人捉弄人，现在想起来，我在香港、在海外看到这一类的人太多了，当然韦小宝比较集中。他唯一的好处是重情义、讲义气。所以韦小宝我不是全面否定，我想他身上也有一定的优点……一直有小朋友觉得有趣，写信给我，想学习他、模仿他……让年轻人不要学他的样。"（张英《侠是一种很崇高的道德》）

"在我的作品中，陈家洛出身高贵之家，而韦小宝比较寒微，这种变化主要是因为我想赋予读者新的想像力，鼓励读者无论遇到怎样的困难都要迎难而上。"（梅志清、谢苗枫、陈枫、李汉荣、何晓锺《金庸：如果人类只重视技术而忽视情操与动物无异》）这里，金庸谈的才是"韦小宝的精神"，是金庸希望中国人，尤其中国青年，能够学到的。

华夏民族是复杂的，金庸对国家民族命运的思考是矛盾的、困惑的。这种困惑，在《韦小宝这小家伙》一文中明白写出："小说的任务并不是为任何问题提供答案，只是叙述在那样的社会中，有那样的人物，他们怎样行动，怎样思想，怎样悲哀与欢喜。"若是金庸知道答案，他也不会，也不该，在小说中"提供答案"。实则，金庸自己，怕也没有答案，更无从"提供答案"了。

在《韦小宝这小家伙》一文中，金庸说："我没有企图在《鹿鼎记》中描写中国人的一切性格，非但没有这样的才能，事实上也决不可能。"又说："韦小宝的身上有许多中国人普遍的优点和缺点，但韦小宝当然并不是中国人的典型。民族性是一种广泛的观念，而韦小宝是独特的、具有个性的一个人。刘备、关羽、诸葛亮、曹操、阿Q、林黛玉等等身上都有中国人的某些特性，但都不能说是中国人的典型。中国人的性格太复杂了，一万部小说也写不完的。"

韦小宝不是"中国人的镜子"，阿Q也不是。没有哪一部小说中的哪一个人物具有"中国人的一切性格"。所以，我前面说韦小宝只是"在某种程度上"代表着中国与中国文化。

韦小宝的文化程度近于文盲，他也可以部分地代表中国文化？

似乎，金庸并不认为完全不可以。在《韦小宝这小家伙》一文中，金庸说："韦小宝不识字，孔子与孟子所教导的道德，他从来没有听见过。然而孔孟的思想影响了整个中国社会，或者，孔子与孟子是归纳与提炼了中国人思想中美好的部分，有系统的说了出来。韦小宝生活在中国人的社会中，即使是市井和皇宫中的野蛮人，他也要交朋友，自然而然会接受中国社会中所公认的道德。尤其是，他加入天地会后，接受了中国江湖人物的道德观念。"金庸挚友倪匡，更不认为不可以。倪匡说："韦小宝也有古文学根底……韦小宝的古文学根底是从坊间说书听回来的。"

韦小宝受中国民间文化（说书、戏曲）影响极深，也不自觉地接受了"孔孟的思想"的引导。

"孔孟的思想"并不一味因循守旧、故步自封。《韦小宝这小家伙》一文中，金庸说："古今中外的哲人中，孔子是最反对教条，最重视实际的。所谓'圣之时者也'就是善于适应环境，不拘泥教条的圣人。"

韦小宝，是否可以部分地代表中国？《鹿鼎记》结尾说：

（韦小宝）问道："妈，我的老子到底是谁？"韦春芳瞪眼道："我怎知道？"
…………

……韦小宝道："汉满蒙回都有，有没有西藏人？"

韦春芳大是得意，道："怎么没有？那个西藏喇嘛，上床之前一定要念咒念经，一面念经，眼珠子就骨溜溜的瞧着我。你一双眼睛贼忒嘻嘻的，真像那个喇嘛！"

如此韦小宝，韦小宝如此，当然可以在某种程度上代表中国。

在中俄《尼布楚条约》谈判过程中，韦小宝事实上是"首席谈判代表"，当时就是代表了中国，与外敌作战、谈判。然后，金庸感叹："安得复起康熙、韦小宝于地下，逐彼狼子野心之罗刹人而复我故土哉？"

金庸塑造韦小宝这一人物，太多灵感，来自对海外华人的观察与思索。这一点，他多次表述过：

我们知道，中国人到海外谋生，最初总是很困难，可到后来却逐渐地安身立命，并发展成大事业。像美国的"唐人街"是举世闻名的……不仅美国有，在其他很多地方都有。这说明中国人有很强的生命力，一方面适应环境，另一方面保留了自己民族的生活方式和文化传统。

当然，"唐人街"也有许多缺点，并不是什么都好，就像中国文化传统一样，也有一些不好的地方。

我们中国人在海外的很多，其中一些人的道德并不一定很高尚，但他们适应环境的能力很强，并不是什么坏人。（1994年金庸在北大谈武侠小说，《金庸其人》第237页）

韦小宝这个人，现在我想起来，我在香港、在海外看到这一类的人太多了，当然韦小宝比较集中了。各种不好的行为、各种不好的说法，很多的人贪污呀、受贿呀这些都搞。我觉得好像是中国人性格中好像是比较普遍的一种缺点，但是，其性格中也有一些优点，所以韦小宝我不是全面否定。我想他身上也有一定的优点，写《鹿鼎记》的时候，脱离了以前一些小说的模型，不完全是浪漫主义，加了一些现代主义（重按：疑为"现实主义"，记录有误）的情况，从现在生活中间，出来一些认识的人，这些模型也加进去了，来描写这些人了。（2003 年金庸在西安"金庸小说高层论坛"上的谈话）

"韦小宝与'文革'无关，"金庸明确表示，"这个人物的由来主要是受海外华人的启示。中国人去海外发展的很多，在美国就有 100 多万，在欧洲、澳大利亚都有许多。他们讲义气，内部很团结，对环境的适应性很强，但是也有许多不好的习惯。"他举了个例子：德国原先的税收政策比较宽松，于是在德国发展的华人就变着法儿瞒税；后来德国收紧了税收政策，华人很快就改掉了瞒税的习惯，依法纳税。"环境好就成为好人，环境不好就干坏事。这是我写韦小宝的一个主要原因。"（万润龙《金庸剑桥"论剑"》）

当然可以说，海外华人是在世界各地部分地代表了"中国"。

李光耀曾言："新加坡成功的关键，是英国人留下的法治制度，而不是什么儒家文化。"此言未必无理，却也只是"局部的真理"。可以不谈儒家文化，甚至不谈中国文化，狮城总是以华人为主体的国家。当年英国到处实行殖民统治，获得经济成功的，不过狮城与香江两地而已。两地皆以华人为主体。

"二战"以前，因为接受现代文明需要一个过程，更因为长期的战乱，华人地区比起其他亚非拉地区，发展并不更好。"二战"结束之后，世界总体和平，所有华人地区陆续创造出各自的经济奇迹，散处世界各国各地的海外华人，也各自都有不凡的造就。

我们这个民族，满身都是"劣根性"？我们的文化，一无是处？果真如是，曷克臻此？！

我们民族的"根"是好的，不是"劣根"，不是"坏根"。诚然，"秦政"实行了两千年，民族的许多好品德，往往被扭曲、被隐藏。如何恢复？需要社会的整体转型与进步，也需要"中国的文艺复兴"，靠文学艺术作品来"发潜德之幽光"，以促成之。

中国文化最后还是要成功的。

清末以来，西方文化对中国的冲击，相当于半个外星文明，胡适哀叹：百事不如人。

提请朋友们郑重思考一个问题：假如哪一日，果真有外星文明以较为和平的方式来到地球，他们在典章制度、科技文化等绝大多数方面都比西方文明更高明，是否本来被普遍认为很高明的西方文明，立刻就变得一钱不值，该当彻底抛弃呢？

而这，正是百年来很多国人面对西方文明带来的极大冲击时的态度主张。

世界并不是只有黑白二色。相对于西方文化，中国文化显得"不够好"，但"不够好"，不等于"坏"。即便在两千年的"秦政"之下，华夏民族仍有不凡的成就。我们比世界上大多数民族都做得更好。

我在一个小城市生活，外地也到过一些地方，不愉快的事当然也遇到不少，更多的，是感受到人们发自内心的善良与善意，如吴宓所言，大多数中国人民勤劳朴实，明事识理，此乃"民之秉彝"。这个民族，有很多很多小毛病，大毛病也有，不多。说我们民族满身都是"劣根性"，完全是污蔑，是自轻自贱。

中国文化，在总体上，仍是"好"的。遭遇更先进的西方文明，我们"必须一方面吸收输入外来之学说，一方面不忘本民族之地位"，以应对这绝大的"挑战"，使我们的固有文明更好，更丰富，"苟日新，日日新"。时间长河中，每日都在更新，而不是急躁地试图在"一日"之内就要毁灭旧文化、建立新文化。数百年后，即使最终我们的固有文明几乎被完全替换了（事实上不可能），也不是十分值得惋惜的事。至少，文明没有消失，社会没有断裂，我们民族是一直拥有文明的，且在不断地变得更文明。

一个人，没考上第一名（落后于西方），你就认定他脑子有大毛病，要给他做"换头"手术（"彻底改造国民性"）。其实，脑子真正有了大毛病的，只能是这个"你"。

我不是说世界上所有民族都没有"劣根性"。"劣根"的民族或许有，华夏民族却不在其内，因为我们并不比世界上大多数民族更坏、更差。是吧?

一面将本民族贬得几乎一无是处，另一面，又坚信这样一个民族只要彻底否定、彻底抛弃自己固有的一切，即可以最快的速度，接受并发展更高一级的现代文明，这种思路，真够分裂的了。

潘光旦认为:"欲期社会改革事业之成功，对于文化之积聚，不能不先加以参考，继加以评估，最后加以选剔，合者留之，不合者将次匡救之……若欲举已往之积聚而全盘推翻之，则不特势所不能，抑且理有未顺;强而行之，行见庭构未成而藩篱尽撤，改革家将无所措手足耳。"

金庸惋惜:"古代有些人为了'信'字失掉性命也在所不惜，这种人现在没有了。所以我写这种人的传奇故事，英雄侠客，大概是中国的一种童话、一种神话了，说是一种理想主义也可以……这种人我很佩服，希望这世间能有。"(张英《侠是一种很崇高的道德》)

《鹿鼎记》终，金庸"封笔"

有人称斯蒂芬·金为"美国的金庸"。陆谷孙曾撰文，谈及斯蒂芬·金患上的一种特殊疾病，叫作"写作强迫症"。每天每时每刻，都必须要写东西，强烈的创作冲动，作家本人根本遏制不住，当他不写作的时候，总能听见一个声音，在耳边说话:"怎么不写了，怎么不写了?"

除了这种"写作强迫症"，我从来不希望金庸老先生患上其他任何疾病。

1972年9月23日，《鹿鼎记》最后一天连载于《明报》，结尾处有了一个小启:"金庸新作在构思中。明日起刊载古龙新作《陆小凤》。"写完《鹿鼎记》，金庸事实上已"封笔"，不写小说了。

金庸的十五部小说中，超长篇小说有六:《射雕英雄传》《神雕侠侣》《倚天屠龙记》《天龙八部》《笑傲江湖》《鹿鼎记》;长篇小说有七:《书剑恩仇录》《碧血剑》《雪山飞狐》《飞狐外传》《连城诀》《侠客行》;中篇与短篇小说有三：《白马啸西风》《鸳鸯刀》与《越女剑》。

十五部小说中，《鹿鼎记》是最独特的作品，绝对的"另类"。

记者张英谈到："《神雕侠侣》是你作品中唯一的浪漫主义作品。"金庸接话："不是，我所有的小说，整个都是根据浪漫主义方式来写作的。当然，《神雕侠侣》的浪漫主义成分更大，但是其他的作品，浪漫主义的东西也很多的。"

金庸十五部小说，都属于浪漫主义作品吗？也不尽然。

2004 年，"第四次中国国民阅读调查"，读者最喜爱的作家，排首位是金庸。再有，武汉科技大学图书馆统计，最受欢迎的是金庸小说《鹿鼎记》。金庸为此感到欣喜。万润龙问他：在您的十四部长篇小说中，中国读者为什么最喜欢《鹿鼎记》？金庸表示，中国读者喜欢现实主义作品，他的其他十三部小说浪漫主义色彩比较重，而《鹿鼎记》是现实主义的，所以读者喜欢。（万润龙《金庸剑桥"论剑"》）

金庸这句话，应无扬现实主义而贬浪漫主义之意。他说的是"中国读者喜欢现实主义作品"，读者的阅读口味与习惯更倾向于现实主义，这才更喜《鹿鼎记》。

在金庸十五部小说中，《神雕侠侣》是最"浪"的（也包含现实主义的成分），而《鹿鼎记》是最不"浪"的（仍含有浪漫主义的成分）。

写于《鹿鼎记》之前的《天龙八部》与《笑傲江湖》，都已经不是武侠小说了，超越了武侠小说这一文体，但看着总还像武侠小说，到了《鹿鼎记》，则既不是，也不像武侠小说。

写于《鹿鼎记》之前的《连城诀》《侠客行》《笑傲江湖》，这三部小说，都没有明确的历史背景（《连城诀》的历史背景，是到了新修版，才补上、确定的），到了《鹿鼎记》，不仅有了明确的历史背景，且写出了康熙朝早期几乎所有的重大事件。金庸自言，《鹿鼎记》"毋宁说是'历史小说'"。

作为"历史小说"，《鹿鼎记》更格外"另类"：这部"历史小说"的主人公，在历史上竟查无此人，根本不存在！

《鹿鼎记》一书，受大仲马"达达尼昂三部曲"影响甚大，但金庸比大仲马走得更远。《三个火枪手》主人公达达尼昂的故事，固然多是出于大仲马编造，但此一人物，毕竟存在于法兰西历史中。

然而，无论《鹿鼎记》如何"另类"，总不是"反武侠小说"。

金庸写《鹿鼎记》，不是要否定武侠精神。武侠精神不等于"反清复明"，"攘夷"固然是20世纪中国武侠小说中所表达的"武侠精神"的重要内容，但它再怎么重要，也不是武侠精神的全部。《鹿鼎记》不是反武侠小说。

我不认为《堂吉诃德》对《鹿鼎记》影响很大。"骑士小说"的主人公，建功立业，宏图大展；《堂吉诃德》的主人公，四处碰壁，一事无成；所以，《堂吉诃德》被视为"反骑士小说"。《鹿鼎记》的主人公，韦公小宝，可没有到处碰壁，更不是一事无成。《鹿鼎记》不是反武侠小说。

无论我们怎样否定韦小宝这个人物，他也还没走到"侠"的反面。《鹿鼎记》不是反武侠小说。

《鹿鼎记》中，最堪称"为国为民"的"侠之大者"，是天地会总舵主陈近南。有读者看《鹿鼎记》写陈近南的失败，就认为此书"反武侠"。

陈近南在海峡那边的功业就不必说了，仅在海峡这边，便手创第一大帮会，受江湖普遍崇敬，与堂吉诃德骑士风马牛不相及。

陈近南总舵主"反清"的事业失败了，然而《书剑恩仇录》中，于万亭老舵主、陈家洛少舵主的"反清"事业又何尝成功呢？"射雕三部曲"中，"北侠"郭靖守襄阳抗蒙元的大业，最后不也一败涂地吗？《书剑恩仇录》和"射雕三部曲"不是反武侠小说。陈近南的失败，虽比陈家洛、郭靖更彻底，但不能由此认定《鹿鼎记》意在"反武侠"。

主人公韦小宝"侠气"不显的《鹿鼎记》，只是"非武侠"小说（金庸自说的"已经不太像武侠小说"），绝不是反武侠小说。

在《鹿鼎记》后记中，金庸说："单就'自己喜欢'而论，我比较喜欢感情较强烈的几部：《神雕侠侣》《倚天屠龙记》《飞狐外传》《笑傲江湖》《天龙八部》。"里面没有《鹿鼎记》。

《鹿鼎记》未必是金庸最喜欢的作品，却是他最满意的作品。后记继续说："又常有人问：'你以为自己哪一部小说最好？'这是问技巧与价值。我相信自己在写作过程中有所进步：长篇比中篇短篇好些，后期的比前期的好些。"《鹿鼎记》是他最后期的，也是最长篇的，很可能是他最满意的作品。

《韦小宝这小家伙》一文结尾说："这些意见，本来简单的写在《鹿鼎记》的后记中，但后来觉得作者不该多谈自己的作品，这徒然妨碍读者自己去判断的乐趣，所以写好后又删掉了……因编者索稿，而写好了的文字又不大舍得抛弃，于是略加增益，以供谈助。"金庸生平，确实很少撰文"谈自己的作品"。他虽曾在报纸上写文章，谈过《书剑恩仇录》，也谈过《射雕英雄传》，都是二三千字的短文。而《韦小宝这小家伙》近万字，其中比较重要的意见，本来是金庸为《鹿鼎记》后记而写，"写好后又删掉了"，而终于"略加增益"，在报上发表。由此可见，金庸对《鹿鼎记》真是格外重视。

《鹿鼎记》中留下金庸更多的思索与困惑，所以他"谈自己的作品"以谈《鹿鼎记》最多。这部《金庸评传》，谈《鹿鼎记》最多，也是这个缘故。由《鹿鼎记》最能通过读其书而知其人，了解金庸对国家民族诸方面问题的关注、思考与困惑。

写完《鹿鼎记》，金庸带着更多的困惑，"封笔"了。

1969 年 8 月 22 日，金庸在与林以亮等人对谈时说："也许要停写几年，才再继续写下去也说不定。现在娱乐自己的成分，是越来越少了，主要都是娱乐读者。"林以亮说："我却不能同意你的看法。我觉得你最近的《笑傲江湖》实际上是又达到了一个新的高峰。我们当然希望你能继续写下去，不能够休息三年五年。"此时《笑傲江湖》还没有写完，《鹿鼎记》当然不曾动笔。两个月后，10 月 24 日，《鹿鼎记》才开始在《明报》连载。

好在金庸 1969 年说的是"停写几年"，并无彻底"封笔"之意。《笑傲江湖》之后，《鹿鼎记》的写作最多算是半个"特殊的意外"。金庸写完《笑傲江湖》之后，就此"封笔"，不写《鹿鼎记》？可能性不是没有，总是很低。他有可能休息两年，再写此书。

金庸逝后，倪匡回忆："《鹿鼎记》写到差不多五分之一，很多人都说《鹿鼎记》不好。"《鹿鼎记》实在太不像"武侠小说"，挑战着读者的阅读爱好和习惯。金庸仍是坚持自己的写法，他更是在挑战自己，突破自己旧有的格局。金庸最满意《鹿鼎记》，或许也有这个因素，他不恤人言，独行其是，最终《鹿鼎记》仍得到广大读者的认可与喜爱，让金庸格外地喜出望外。在近乎"举世皆非之"的处境下，倪匡是少数的知音，是金庸唯一的精神支持。倪匡说好就行了！金庸很看重倪匡的意见。

金庸赞倪匡："无穷的宇宙，无尽的时空，无限的可能，与无常的人生之间的永恒矛盾，从这颗脑袋中编织出来。"倪匡写的是科幻小说，与金庸所写，文体不同。这几句话，不完全适用于评价金庸自己，但稍改几个字，就很可以了。

怎么改，才合适？我不知道，金庸自己最知道。

我很怀疑，这几句话本来就是金庸自我陶醉时想到的自我评价，然后，改了几个字，用来推崇倪匡。"常行于所当行，常止于不可止"这两句话，很明显是苏东坡对自己文章的评价，又"一鱼两吃"，挪用来推崇朋友谢民师。

虽然像梅兰芳一样，谈及自己成就时，多数会表示"那不行啦"什么的，谦逊一番，但写出"重阳一生，不弱于人"这八字的金庸，内心可能是极自负的。

80 年代，卢景文执导的粤语话剧《乔峰》，在香港大会堂剧院演出。剧终，台上演员介绍，金庸先生也在这里，观众热烈鼓掌，长达一分钟之久。金庸在《深挚热烈的演出》一文中说："我开心得好像飘在云雾一样。"

金庸说过："自己胡思乱想，几千几万人跟着自己胡思乱想，觉得很有趣。"又说："早些年，国家新闻出版主管部门向我提供的数据是，金庸的小说在内地销量是三亿套（册）……有这么多的读者，跟着我的小说展开想象的空间，对我来说是十分开心的事。"（张英《侠是一种很崇高的道德》）

还是金庸对记者张英说的："我一个人写了十五部小说，已经非常够了，后来不写了，多写就重复了。我觉得写得够了，过去那些很伟大的作家，作品都不多，写到十五部小说，已经很好了。"金庸自觉十五部小说即使尚未"伟大"，也已接近"伟大"之境界，这才"封笔"。他的"封笔"有遗憾，也不是特别遗憾。

金庸心目中"很伟大"的小说家们，狄更斯应该算一个（金庸说《圣诞欢歌》是"一个伟大温厚的心灵所写的一本伟大的书"）。金庸写了十五部小说，狄更斯则是十六七部，但像《天龙八部》与《鹿鼎记》这样一百二三十万字的超长篇，狄更斯没有写过。论创作量，还是金庸高一些。

2012 年，金庸小女儿查传讷谈到："父亲很欣赏自己的作品，每每翻阅之，也会笑眯眯地说：'写得真的好！'"

1972 年，写完《鹿鼎记》这部最是"写得真的好"的作品，金庸"封笔"。

1981 年，金庸在《鹿鼎记》后记中明确说此书极可能会是他最后一部作品。此前约十年间，金庸不是没想过写小说。此后二十年间，金庸也想过的。后记中那句"生命中永远有特殊的意外"，并非空口白话。

1983 年，金庸与沈君山、林海峰等人对谈时说："真要写还是可写的。主要因为很多偶然因素，个人事情比较忙啦，在这方面的兴趣也减淡了……各种因素加在一起。"（《金庸其人》第 118 页）

2001 年，金庸在台湾谈过："将来我也希望有充裕的时间再写小说，写那种很大的娱乐性，自己写了也高兴的，可以分享自己的经验。"

直到 2005 年，金庸还说："如果我精力还可以，在这里（剑桥大学）念完书后，我再写一本小说都有可能。写武侠小说有时是一种享受，有时我躺在床上，喝茶，都会想到一些故事。"（曹丽君《访金庸：谦谦君子，只求学问》）

有一段时间，金庸不仅是想，马上就要做了。要写的，可能不再是武侠，而是历史小说，无奈 1995 年他患了严重的心脏急症，迁延下来。潘耀明回忆："他当时就叫我辞了《明报月刊》总编辑一职，跟他过去明河出版社，他真的想搞一本历史小说杂志，让他的历史小说在杂志上连载……他动了心脏搭桥手术后，真的意兴阑珊。历史小说杂志没有办成，也没有写历史小说。"（《明报月刊·金庸纪念专号》第29页）

做心脏手术的前一年，金庸在北大，有读者问："你为什么不再写武侠小说了？"金庸答："什么事情总有一个终点，我的武侠小说写得够多了，意思也表达得差不多了，不必一直写到死为止。况且我自己也有个原则，写过的就不再重复。至于将来怎样，很难说得清。如果精神足、气力够的话，再写一部也是好的。"（《金庸其人》第240页）结合潘耀明的回忆，可以想象，金庸为自己拟办的那份杂志，必定要写几部历史小说，写一二部武侠小说也在考虑之中。

早在金庸办《武侠与历史》杂志的时候，他就想写刘永福黑旗军的故事。跟倪匡、董千里说了，二人愕然。倪匡说："这东西冷门到极点了！"金庸说："愈冷门愈好，愈冷门愈可以发挥。杨贵妃还有什么好写？都给人写完了！"（《明报月刊·金庸纪念专号》第29页）

金庸十五部小说，写的都是古代，刘永福却是近代人物。刘永福的时代，华夏已直接面对西方文明的极大挑战。金庸这部小说若能写成，我们可以从中看到比《鹿鼎记》更多的对国家民族各方面问题的思考以及困惑。

2018年10月30日，金庸先生与世永辞。他三十七年前说的那个"特殊的意外"，再也不可能出现了。

时任国务院副总理韩正致唁电，其中说："查先生是著名作家、杰出报人，毕生坚守和弘扬中华传统文化，以如椽之笔，书家国情怀……先生赤子丹心，侠肝义胆，其文采风范永为世人景仰。"此言甚好。

金庸热爱中国文化，金庸学习中国文化，金庸丰富了中国文化。

中国，自古就不是，就不仅是一个地理概念，也是一个文化概念。我们共同拥有的中国文化，将一个伟大的民族联结在一起。

金庸小说，在增强华夏民族的凝聚力、向心力这一点上，做了一些微小的工作。香港五〇、六〇一代中学生，从小读着金庸的小说长大，没有一个不认同自己是中国人。

我们从《诗经》、楚辞一路读下来，一直读到今日的沈从文、金庸，认识到这个国家是伟大的，这个文化是伟大的，这个民族是伟大的。

金庸曾言："生命中充满着意料不到的事情。可是，我对中国的文化传统、中国人应付困难和战胜极端趋向的超凡才能，充满着十足信心……让我们期望最好的到来，并为此奋斗。"（金庸《大众传媒与开放社会》）

1972 年，金庸写完《鹿鼎记》，"封笔"不写小说了。但他继续为《明报》写政论、写社评。就在 1972 年，金庸写了一篇《明报》社评，题为"中国伟大，自古已然"。

第十一章

十年修订，风行两岸

人力有时而穷

金庸太累，太辛苦。

1955 年至 1972 年，十七年间，金庸完成十五部小说，约千万字。

每年写五十几万，每天写一千多字，似乎也算不上很辛苦。

那得看怎样写了。

近代以来，为报刊写连载的章回体小说家，绝大多数是"急就章"的态度，报刊来人，当面催稿，笔不停挥，瞬间可成。有的小说家，甚至同时为五六家报刊写连载。对他们来说，每天千余字，小儿科，毛毛雨啦。

金庸不是这样的，没那么潇洒。

金庸曾对沈西城说："一直以来，我的稿写得并不多，通常只是写一段连载。有一段时期，《明报》创办《武侠与历史》，为了销路，我也在那里写连载。同一时期写两个连载，在我来说已是破天荒之举了。"这里，金庸说的是在《神雕侠侣》从 1959 年 5 月到 1961 年 7 月连载于《明报》的同时，《飞狐外传》从 1960 年到 1961 年连载于《武侠与历史》。

我对《神雕侠侣》《飞狐外传》这两部小说一直不喜欢，可能正因为金庸同时在写两个连载，精力分散，小说就不够细致精彩。同时写两个，甚至多个连载，是许多通俗小说家都做过的事，并且常为人所艳称，以为是小说家才气惊人的表现。于今看来，不足为训，不可为法。好在，这样的事，金庸只做过此一两次。

一个连载更容易写好，因为精力集中，今天写了一千字的故事，到明天动笔之前的一天时间内，无须刻意去想，也会不自觉地想着下一步的情节与文字。若是同时写着两三个连载故事，那就除非逼着自己去想，再难构思了。逼着自己去想，也容易想乱了。于是，干脆不想，直到第二天拿起笔的那一刻，再构思，才构思。

沈西城还问过金庸："后来你脱离了《大公报》，自己创办《明报》，日理万机，你用什么时间写（小说）稿呢？"金庸回答："我的写稿速度其实是很慢的，一字一句都斟酌，所以一千字的稿，往往是改了又改，起码花两个钟头。"一千余字的连载稿，要写两个多小时，真够慢的。朋友们不妨试试，自己用两小时写一千字，便知这是何等的蜗牛速度。这还仅是下笔定稿，打腹稿的时间尚未计算在内。

1973 年 4 月，金庸首访台湾——

谈到他写作的方式，就和《书剑恩仇录》一样，他是把故事的大纲编写以后，才开始动笔。虽然他另一部轰动海内外的著作《射雕英雄传》是在报上连载的，但是他绝不想到那，写到那。他说，如果这样的写法，必然有很多的漏洞，无法弥补的。（刘永宁《名报人"雕虫小技"，写武侠"功夫读到"》）

从《书剑恩仇录》起始，金庸的写作态度就很认真，很用心。

又有人问金庸："您写小说是先构思好结局再填充剧情，还是想到哪里写到哪里？您的作品中的人物及情节构造是先构造出人物及世界还是写到哪里算哪里？"金庸答说："当然是先构思呢，想到哪写到哪不乱套了。我平时写作都是每天先花上几个小时构思。"（《金庸其人》第 262 页）

每一天中，金庸除了写稿的两个多小时外，稍有闲暇，可能都会想着他正在写的故事，如何布局，下一步如何发展。金庸自己说过："如果灵感来了，一下子就想通了，有时故事结构摆来摆去都不满意，想的时间就长了。"（《八旬老人侠士风骨》）

金庸的助手潘耀明也曾谈到："我长年在金庸先生身边工作，我亲眼看见金庸先生本人对写作的文字（重按：所指应是金庸所有的文字，包括小说、社评等等）要求历来是非常严谨，甚至可以说十分苛刻，一字一句，甚至一个标点符号，都要反反复复审看修改很多次。"

1981年，金庸说："开计程车，就希望自己能开得最好，朝向最好的目标走。"最初，可能金庸像许多武侠前辈作者一样，对这一文类也不是很看得起的，但金庸是不做则已做了就必须做到最好的那种人。不仅在同行中要做到最好，跟自己比，也要最好。发挥最大潜力，付出最大努力，达到最高水准。即便武侠小说这一文类，真是不足道，真的就是兔子，金庸也用上了"狮子搏兔"的劲道，全力对待。

2004年，《南方人物周刊》记者问金庸："据说您是您那个时代写影评最好的？"金庸很"认真地"回答："我不是写得最好的，但我是最用心的。"认真乃至最认真，用心乃至最用心，是金庸的一贯作风，非独写影评为然。到了2009年，金庸又对《时代周报》记者李怀宇说："我写武侠小说还是比较认真，比较用心的。"

聪明人即便不很用心也能把事情做得很好，最聪明的人如果做事不够用心、不最用心，绝不能把事情做到极致、做到最好。

金庸写的是武侠小说，武侠小说属于通俗小说，金庸写的是通俗小说，但他的写作态度绝不"通俗"。

金庸和金庸小说的成功，岂是幸致！

这一百年中，在所有的"通俗小说家"中，金庸写作态度之认真、恳挚，无人可比。

金庸自己都说他写小说是"娱乐读者"，这动机，可够"俗"的。然而，古希腊的盲诗人编那特洛伊战争的故事，也在"娱乐"听众；古希腊的悲剧家、喜剧家写剧，也在"娱乐"观众。莎士比亚为自己创办经营的环球剧场写剧本，"娱乐"观众的动机只有更重，就像金庸为自己的《明报》写小说争取读者一样。

1972 年以后，金庸不再写新的武侠小说，也没闲着。1970 年他就着手修改旧作，改了又改，改了几十年。

这一百年中，在中国所有的小说家中，修改旧作之投入之坚执，除了巴金等一二人外，再无人可与金庸相比。

金庸视为楷模的，是老托尔斯泰。他说："我自己不是好的作家，好的作家都是这样子的。托尔斯泰写《战争与和平》……他太太又帮他抄一遍，托尔斯泰又把它改了。所以自己写的文章，一定可以改的。"金庸是不是"好的作家"，今日仍难断言，但他对待写作，是"好的作家"的好的态度。我不知道一百年后金庸是否还让人们仅仅看作一个"通俗小说家"，我总知道这数十年间金庸是以比绝大多数"纯文学"作家更"纯"的态度，在写作、修改他的"通俗小说"。

我们可以由金庸修改旧作的认真态度，推想他为报纸写连载时投入了多么大的心力。一个小说家，写新作的时候，很是草率敷衍，却肯不断修改旧作，这种可能性不是完全不存在，是几乎不存在。一般情况下，写得草率的小说家，根本就不会耗费心力修改旧著。有这精神头儿，他们宁愿再草率飞快地写一部新小说。

十几年前，金庸又一次大幅修改旧作，改得好坏暂且不论，很多人认定的金庸再改是为了多卖书赚钱的说法，却是绝对不成立的。金庸要是只为赚钱，偌大年纪，何必费神修改，只要肯授权出版自己作品最早的那个版本，大批读者会买，金庸在家数钱就可以了。

连载版跟三联版相比，太多的情节、文字都不一样。虽然是最早的版本，读者见了，却几乎等同于金庸新著。

金庸当年为报纸写连载时，打腹稿要用好一些时间，写定稿再用两三个小时，每天写一千多字，也不算多么辛苦。然而，从 1959 年以后，金庸（几乎）每天要写的，不只是一篇小说的连载，还要为他的《明报》写社评。《明报》老员工追忆金庸每天的社评是如何产生的："一般他晚上大约 10 点就回报馆工作，秘书已下班……千把字的社评常常一写就是两三个小时，字斟句酌，还要翻书查资料，写得很慢，很辛苦。写完，还要翻来覆去看几遍，不满意的地方立即修改，或者重写。往往要等到排字房副领班翁荣芝来敲门……才会文思泉涌。所以他自称'字字皆辛苦'，离开编辑部时往往已是深夜两点。"

金庸和他的《明报》的成功，岂是幸致？

每天写连载两个多小时，写社评两三个小时，五个小时就过去了。金庸每天读书至少四个小时（金庸倒绝不以读书为苦事），近十个小时过去了。余下的时间，金庸有太多事要做。要打理他的《明报》，时不时还要为报纸写散文、写评论。

金庸写社评与评论的这三个小时，对他的小说构思也是大有影响的。金庸 1980 年为《笑傲江湖》撰写后记，说："我每天为《明报》写社评，对政治中龌龊行径的强烈反感，自然而然反映在每天撰写一段的武侠小说之中。"

身为报人，金庸每天读书最少四个小时。所阅读的，应该不止文史著作，还有大量的与时政有关的国内外报刊。金庸读文史，对他的小说创作有启发；金庸读报刊，对他的小说创作，更有触动。

熟悉金庸的人，都说他完全不热衷于夜夜笙歌的生活。每天，大约有十个小时，他做的，都与小说创作有或深或浅的关系，而他每天写出的小说，只有一千字。

1994 年在北大，有人问金庸"封笔"的原因，金庸答："写小说是相当辛苦的，相当痛苦的。"（《金庸散文集》第 237 页）"痛苦"比"辛苦"，还要"辛苦"很多倍，由金庸此语，可以想见他写那些"通俗小说"是如何殚精竭虑。

因为金庸是"通俗小说家"，便想当然地以为他必然粗制滥造，这种想法，很正常，却也很荒谬。

这样的日子，过一天两天，一年两年，也不算多么辛苦。金庸1959年创办《明报》，1972年写完《鹿鼎记》，这样的日子，他苦挨了十三年。

金庸和他的小说、他的《明报》的成功，岂是幸致？

金庸太累，太辛苦，到1972年，他的《明报》早已确立"大报"地位，不太需要靠他的武侠小说增加读者了，这是金庸写完《鹿鼎记》后"封笔"的原因，但我认为，这些都不是主要原因。

为什么还要写？因为最好的作品还没有写出！

我认为，到1972年，金庸认为他最好的作品已经写出、已经写完，"我欲无言"，这才断然"封笔"。

在为自己最后一部作品所写后记的最后一段，金庸说："常有人问：'你以为自己哪一部小说最好？'这是问技巧与价值。我相信自己在写作过程中有所进步：长篇比中篇短篇好些，后期的比前期的好些。"

我把金庸小说前后期的分野，定为1964年的《连城诀》。《连城诀》之前八年时间，金庸写了九部小说；《连城诀》之后八年时间，金庸只写过四部作品（短篇《越女剑》也是这一时期写的，写得好，但太短，没算在内），卷轶却有十六册之多，在三十六册的《金庸作品集》中约占一半。

《侠客行》《天龙八部》《笑傲江湖》《鹿鼎记》，这四部，十六册小说，是金庸最后写的，也是写得最好、价值最高的。

仔细一想，就知道金庸《笑傲江湖》后记那句"这部小说通过书中一些人物，企图刻划中国三千多年来政治生活中的若干普遍现象"，这话说得可有多狂妄！以一部小说（且是武侠小说！），刻画中国三千年政治生活中的普遍现象，小说的作者需要多大的才气，多大的格局，多大的气魄。

在《笑傲江湖》后记中，金庸说他在设想任我行、东方不败、岳不群、左冷禅、林平之、向问天、方证大师、冲虚道人、定闲师太、莫大先生、余沧海这些人时，主要不是武林高手，而是政治人物，"这种形形色色的人物，每一个朝代中都有，大概在别的国家中也都有"。这话，也真狂妄到家。令狐冲、任盈盈、风清扬等不是"政治人物"的人物已刨除在外，一部《笑傲江湖》，塑造的具有"典型性格"的"典型（政治）人物"就有十余人之多，则小说家的思维能力与艺术手腕将是何等的高超而不可测。

具有高度典型性、概括性的，不仅是这么多的人物形象，在作者看来，他的《笑傲江湖》，整体上便具有高度的典型性与概括性："本书没有历史背景，这表示，类似的情景可以发生在任何时代、任何团体之中。"

2003年5月，金庸补写《笑傲江湖》后记，结尾是说："本书几次修改，情节改动甚少。"这句话，也够自负。《笑傲江湖》之体大思精，从在《明报》连载时便是如此，不是后来几次修改加工的结果。靠着后来的修改，也绝难达到如此境界。此言，也可见得金庸1967至1969这两年写作《笑傲江湖》时，在构思与写作上付出了多大的心力。

要不是金庸对《笑傲江湖》极自信、极满意、极自负，以他"大傲若谦"的性格，写不出后记中这么多这么狂妄的话语。

《天龙八部》后记中的金庸，似乎不够狂妄。但后记之后，他附录了陈世骧写给他的两通书信。何以有此附录？因为陈世骧是真正的大学问家，因为陈世骧这位大学问家说的是好话，因为陈世骧这位大学问家说的好话深为金庸所认同，令金庸引为知己，视为知音。陈世骧说出的，几乎就是金庸自己想说而不好意思说，或说不了这么到位的话。某种程度上，陈先生这两封信，可以视为金庸所写《天龙八部》后记的一部分。

陈世骧看《天龙八部》："实一悲天悯人之作也……金庸小说非一般者也……其精英之出，可与元剧之异军突起相比。既表天才，亦关世运……艺术天才，在不断克服文类与材料之困难，金庸小说之大成，此予所以折服也。"这是陈先生的意见，也代表金庸的意见。如果金庸真是感觉受之有愧，以他的个性，绝不会把这两封似乎"溢美"的私信拿出来，附录于《天龙八部》，公之于众。

金庸对他的《天龙八部》，极自信，极满意，极自负。

在《鹿鼎记》后记中，金庸说"我相信自己在写作过程中有所进步……后期的比前期的好些。"而《鹿鼎记》本身，是金庸小说创作后期的最后一部作品，按理说应该是最好、价值最高的一部。其后，金庸在不同的场合，也确实一直声称《鹿鼎记》是他自己最满意的作品。

金庸说："钱先生曾送我一套他签名的《管锥编》，我非常感激；后来我也送给他一套书，是《鹿鼎记》。"（宋元《金庸谈创作、修订与出版：我在写一些自己做不到的事》）金庸很佩服钱先生，说："钱锺书先生的学问很广博，我万万及不上他，我有他一半学问就很好了。"赠书给钱先生，必然选一部自己最满意的作品，以免"见笑于大方之家"。金庸选出的，是《鹿鼎记》。

金庸对他的《鹿鼎记》，最自信，最自负，最满意。

除《笑傲江湖》《天龙八部》《鹿鼎记》，金庸在其他十几部小说的后记中，表现得都不像在这三部小说的后记（及附录）中那样自负。

金庸最后三部作品，《笑傲江湖》里面作者的自负与狂妄，主要体现在"刻划中国三千年政治生活中的若干普遍现象"一语中；《天龙八部》《鹿鼎记》里面作者的自负与狂妄，主要体现在小说的书名中。

《鹿鼎记》第一回，解说《鹿鼎记》书名之由来：

> 那文士……说道："鹿这种野兽，虽是庞然大物，性子却极为平和……凶猛的野兽要伤它吃它，它只有逃跑。倘若逃不了，那只有给人家吃了。"又写了"逐鹿"两字，说道："因此古人常常拿鹿来比喻天下。世上百姓都温顺善良，只有给人欺压残害的份儿……最后汉高祖打败了楚霸王，就得了这只又肥又大的鹿。"……那文士道："……问鼎，逐鹿……是专指做皇帝而言。"说到这里，叹了口气，道："咱们做百姓的，总是死路一条。'未知鹿死谁手'，只不过未知是谁来杀了这头鹿，这头鹿，却是死定了的。"

这样的"鹿"与这样的"鼎"，自古以来就是这样，不独清代康熙一朝为然。《鹿鼎记》其实就是取一"横断面"，写的是几千年来的中国和中国人。

"天龙八部"一词，在《天龙八部》小说正文中，竟从未出现过；小说故事中，也没有与书名有关的明示或暗示。正文之前，金庸必须先写"释名"，解释书名的由来："天龙八部……虽是人间之外的众生，却也有尘世的欢喜和悲苦。这部小说里没有神道精怪，只是借用这个佛经名词，以象征一些现世人物。"如此看来，《天龙八部》所要书写的，是整个人类从古以来的"欢喜和悲苦"。

《天龙八部》《笑傲江湖》《鹿鼎记》三书，格局极大，寄托遥深。

金庸写完《天龙八部》《笑傲江湖》《鹿鼎记》这三部生平杰作，自觉可以无憾，于焉"封笔"。

尽管我非常喜欢《雪山飞狐》《白马啸西风》《越女剑》等篇幅较短的金庸小说，但仍认定《天龙八部》《笑傲江湖》《鹿鼎记》三部各超过百万字的小说代表着金庸的最高成就。这三部作品的高度，就是金庸的高度。其他十二部作品令金庸更丰富，但几乎不能使金庸的高度长进一寸。

《天龙八部》《笑傲江湖》《鹿鼎记》是金庸小说三大主峰，就像莲花峰、光明顶、天都峰是黄山三大主峰一样。莲花峰海拔 1864 米，光明顶海拔 1860 米，天都峰海拔 1830 米，高度相差无几。《天龙八部》《笑傲江湖》《鹿鼎记》这三部小说的成就与高度，也是相差无几。剩下的金庸十二部小说，比这三峰，都差得远。

金庸其他小说，令金庸更丰富；《天》《笑》《鹿》三书，才让金庸的境界更高绝。

我认为金庸再写不出比《鹿鼎记》更好的作品了，靠最后几部作品，他的文学成就与将来的文学史地位已然确立，不必再那么辛苦那么累；《明报》也已站稳，不很需要他的小说了；就这么的，他在四十九岁的壮年，毅然"封笔"。

金庸一再修改旧作，有人说他是为了多卖几本书。这样的动机，即使有，也不是主要的。金庸一再修改旧作，出于他"超完美主义"的个性，更为"千秋万岁名"。

将最短的《越女剑》置之不论，我看金庸十四部小说，可分六大类：独一无二的《侠客行》，自成一类；独一无二的《天龙八部》，自成一类；独一无二的《笑傲江湖》，自成一类；独一无二的《鹿鼎记》，自成一类；《雪山飞狐》《白马啸西风》《连城诀》这三部比较独特的小说，算是一类；剩下七部作品，属于同一类。

《书剑恩仇录》《碧血剑》《射雕英雄传》《神雕侠侣》《飞狐外传》《鸳鸯刀》《倚天屠龙记》，这七部作品，属于同类，走的仍是传统武侠小说的路子，就是讲说故事和塑造人物。这七部作品中最著名的《射雕英雄传》，其故事框架，几乎完全套用金庸八岁那年读到的第一部武侠作品《荒江女侠》。

陈世骧说："艺术天才，在不断克服文类之困难。"上述金庸七部前期作品，并未明显地"克服"武侠小说这一"文类"的限制。到最后的《侠客行》《天龙八部》《笑傲江湖》《鹿鼎记》，才真正做到了。

在《鹿鼎记》后记中，金庸说："一个作者不应当总是重复自己的风格与形式，要尽可能的尝试一些新的创造。"这"新的创造"，也是从《侠客行》之后表现得更突出、更明显。

《书剑恩仇录》《射雕英雄传》等七部前期作品，彼此间，时代背景不同，人物性格不同，故事情节不同，似乎不是"重复"，但这七部作品，都以讲说故事和塑造人物为主，路子一样，仍是在"重复自己的风格与形式"。

"《鹿鼎记》和我以前的武侠小说完全不同，那是故意的"，金庸不仅"故意"让《鹿鼎记》与他自己以前的十四部小说完全不同，也"故意"写得与他之前千百年来所有的武侠小说完全不同。

《鹿鼎记》是这样，《侠客行》《天龙八部》《笑傲江湖》也是这样。

《侠客行》《天龙八部》《笑傲江湖》《鹿鼎记》这四部后期作品，其风格既与前期作品完全不同。它们彼此间也是判然有别，全然不同。

武侠小说此一文类，适合天马行空，纵横想象。金庸在构思小说情节上表现出惊人的想象力，但我所佩服的金庸的想象力，更在于他居然想得出这样写武侠小说，他竟然写出了这样的武侠小说！前者可及，而后者不可及。

1983 年，金庸在台湾参加一次访谈，座中有位王建元，所言甚好："关于查先生的独创性，跟他看的东西很多当然有关系，他关心的事情，因此和别人都不同。举个例子，像乔峰，他忽然把汉族和外族间的关系提出来，把非常现代的话题用武侠来表现，其他武侠小说家都不会这样子写。"（《金庸茶馆》第五册第 44 页）

《侠客行》《天龙八部》《笑傲江湖》《鹿鼎记》这四部书，别人写不出。在小说的细节上，他们的想象力未必能够；尤为重要的是，他们想不到武侠小说可以这样写。

这四部书，皆极大地突破了武侠小说这一文类的限制，克服了武侠小说这一文类的困难，戛戛独造，出人意表。但它们，在天壤之间，又都是"不可无一，不可有二"的。

《侠客行》，空灵，纯净，醇美，像一个"仲夏夜之梦"。有此一"梦"，就够了，不必重复，不可重复。

再写一部"无人不冤，有情皆孽""背后笼罩着佛法的无边大超脱"（陈世骧语）的小说？没必要！

"刻划中国三千年政治生活中的普遍现象"（《笑傲江湖》后记），再写一部这样的小说？没必要！

再写一部小说，书中主人公像韦小宝一样"身上有许多中国人普遍的优点和缺点"？没有必要！

这四部小说，走的都是金庸的武侠小说前辈与侪辈（也可以包括后辈）从未走过的新路。

虽新，再走一遍，就没意思了。

2006 年，金庸为新修版《鹿鼎记》后记补写了一段，有云："这部小说……抒写的重点是时代而非人物。"这是《鹿鼎记》区别于金庸其他作品，尤其是早期作品的一大特点。金庸早期约十部作品，主旨都无外乎讲述故事和塑造人物。

我认为，1972年写完《鹿鼎记》的金庸，再想象不出还有什么更新的路可走，对他个人而言，已经穷尽了所有的可能性。如不"封笔"，金庸就只好归回到《侠客行》之前他所走的传统武侠小说的老路。

再多一部《神雕侠侣》或《倚天屠龙记》这样的作品，对提升金庸的高度、拉抬他在未来的更为公正的文学史上的地位，几乎毫无帮助。

这十多年，金庸又那么累，那么辛苦。

算了，不写了！

据倪匡说来，在《鹿鼎记》之后，饮宴闲谈之间，常有熟稔或陌生的人问金庸："你为什么不写了？"在金庸未及回答之前，倪匡总抢着回答："因为他写不出来了！"如是数十次之后，金庸也感叹："真的写不出来了！"金庸"真的写不出来"的，是能够实现自我突破的新作品，不是说他再不会编故事了。

金庸也还没把话说死，没有完全排除写新作的可能性。2004年那次访谈，《南方人物周刊》记者问："现在还有写小说的冲动吗？"金庸答道："能够写得好就写。"早前，在《鹿鼎记》后记中，金庸也说："如果没有特殊意外（生命中永远有特殊的意外），这是我最后的一部武侠小说。"我所理解的"特殊意外"，是金庸无意间想出一条更能为武侠小说开生面的特别有价值的新路，如此，他才会重为冯妇，再写武侠。

可惜，这样的"特殊意外"，终于未见。

无新路，走旧路，那么，金庸即使一直写到今天，他与曹雪芹的差距，不可能明显缩短。

金庸初写武侠小说时，可能对这一文类也不是多么看得起，越到后来，他越是有抱负的小说家、文学家。金庸心中，有一曹雪芹，有部《红楼梦》在的。1972年他写《鹿鼎记》的结尾，提到曹雪芹；1981年，他为这部

"封笔之作"写后记，谈及《红楼梦》；与《鹿鼎记》后记同时写成的《韦小宝这小家伙》中，金庸也谈及《红楼梦》。

自信最后几部，尤其是最后一部小说，已经可以在中国小说史上占据一个极高的位置，当四十九岁的盛年，金庸悍然"封笔"。

写最后四五部小说时的金庸，是有抱负的小说家，但他毕竟是中国的有抱负的小说家，谈及自己作品时，在绝大多数场合，金庸都表现得低调含蓄，对于种种盛誉，总是逊谢不遑。

金庸有自信，只是自信得还不充分。金庸应该不会怀疑自己小说写得不够好，他怀疑的应当是，自己所写"武侠小说"这一"通俗"文类是否不够好，是否永远上不了台盘。

1999 年，"纯文学"麾下一员不很"纯"的，穿一件不白不灰战袍的小将王朔，出营，搦战，此时，老先生的阵脚，就有些乱了。

连载版金庸小说，已然接近"伟大"

台湾学者叶洪生，知识是很丰富的，关于武侠小说的知识尤其丰富。我最佩服的，却是他的幽默感。叶先生像是《侠客行》中的石破天，并不刻意"搞笑"，而其奇思妙想，发为奇谈怪论，往往令人喷饭，实已臻幽默的至高境界。

叶洪生对"据新版《金庸作品集》（修订本）来高估金庸的小说艺术成就"深致不满，说："若仅以金庸修订本作品（实为重新改写）来与并世各武侠名家小说原著比较高下，在立足点上即不公平。"叶洪生似乎说得很认真，并不刻意"搞笑"，却是极端好笑。

金庸是 1970 年至 1980 年间大幅修改旧作的，当时古龙等"并世各侠名家"都还活着，他不知道他们会不会修改。金庸修改旧作，应该不是针对他们。当然，没有事先知会"并世各武侠名家"，就擅自修改自己的小说，怎么说都是荒唐的、不厚道的，活该受到严厉谴责。

罗马不是一天建成的，金庸的十五部小说也不是一天修订好的。金庸陆续修订出版作品集的十年间，叶洪生为什么不致信香港明报社予以警告、阻止？或者在港台报纸上发文谴责金庸这种不道德、单方面的修订行为，阻止他从事这种明显的不公平竞争？子曰："虎兕出于柙，龟玉毁于椟中，是谁之过与？"

金庸修改旧作，并不针对古龙、司马翎等"并世各武侠名家"。

金庸写了十七年小说。写到第三年，1957 年 10 月，就在《谈批评武侠小说的标准》一文中表示，其写作不仅要"使读者感到有趣"，而"确也希望武侠小说能有资格被称为'文学'，确是在努力依着文学的途径来写作武侠小说"。斯时，金庸已经明确表示，假如要赛跑，他无意只在"武侠小说"的赛道上与"并世各武侠名家"比试，要比，就跟全中国乃至全世界的小说家或文学家一较高下。

《射雕英雄传》中，柯镇恶等江南六怪致信黄药师："前辈当世高人，惟可与王重阳王真人争先决胜，岂能纡尊自降，与（丘处机等）后辈较一日之短长耶？"金庸让江南六怪给黄药师写这封信（与上面引述的《谈批评武侠小说的标准》几乎写于同时，相距不过数月），本就寄寓其个人情怀。就像是查良镛致信金庸："阁下当世高人，惟可与施耐庵、兰陵笑笑生、曹雪芹、狄更斯、大仲马诸公争先决胜，岂能纡尊自降，与梁羽生辈较一日之短长耶？"

李怀宇问："您的小说在 48 岁前精力最旺盛的时候就写完了，后来做了第一次修订，还有第二次、第三次，这个我觉得很好奇。"金庸笑了笑，说："我自己不是好的作家，好的作家都是这样子的。托尔斯泰写《战争与和平》，写好后要交给印刷厂付印了，印刷工人看不懂这个字，他太太就重抄一遍，抄好了放在那里……但他始终觉得自己写得不好，又把他太太抄的草稿改得一塌糊涂。印刷工人还是看不懂，他太太又帮他抄一遍，托尔斯泰又把它改了。所以自己写的文章，一定要不断修改。"金庸解释自己何以一再修改旧作，想到、谈到的是托尔斯泰的光辉榜样，大概率想不到梁羽生等同侪。

以"武学"比拟"文学"，金庸相当于黄药师，梁羽生的境界大致与"六怪"之首柯镇恶相当，后来的古龙当然比梁羽生高很多，堪比丘处机的武学境界。

中国小说家，唯有曹雪芹，达到王重阳或独孤求败之境界。

黄药师旁观之下，不禁暗暗叹气，心道："我在桃花岛勤修苦练，只道王重阳一死，我武功已是天下第一，哪知老叫化、老毒物各走别径，又都练就了这般可敬可畏的功夫！"（《射雕英雄传》第十八回）

首次"华山论剑"之后，"勤修苦练"的黄药师，相当于用十年功夫修订旧作的金庸。通过"勤修苦练"，黄药师缩小了与王重阳的差距；通过十年修订，金庸缩小了与曹雪芹的差距；二人仍比王重阳或曹雪芹低半级，突破不了。

假如黄药师不"勤修苦练"，就此停步不前，而由着丘处机和柯镇恶"勤修苦练"，似也不必战战兢兢，耽虑被二人赶超。倘若金庸不曾修订旧作，而古龙和梁羽生各用十年二十年功夫精心修订，他二人的小说也比《金庸作品集》差远了，没有可比性。

金庸最大的优点，是继承中国古典小说的伟大传统，最擅长写人物。如台湾武侠小说家上官鼎（刘兆玄）所言："金庸最厉害的还是写'人'。他对人物的塑造堪称天下第一，不但我自己远远不及，恐怕写小说的很少有人能比得上他，也许可以跟曹雪芹媲美吧。"武侠小说名家上官鼎的眼光，就不像叶洪生那样，局限于武侠小说范畴。

20世纪中国所有写过长篇作品的小说家，写人物的功力，皆远不及金庸。

《云海玉弓缘》主人公金世遗、《围城》主人公方鸿渐，还有《活着》的主人公福贵，似乎有性格，又似乎没有性格，飘飘浮浮，模糊不清。他们好像是活着的，却又不是全须全尾地活着。小说家好像赋给了他们性格，甚至是鲜明的性格（金世遗），可惜他们的性格或个性，恍如"离魂"，飘浮在皮肤与衣服之间，没有进入人物的内里，不在眸子，不在腠理，不在心腑间，一个字：隔。张爱玲写人物，亦有此病，比梁羽生、钱锺书、余华轻一点。

古龙几部小说的主人公，陆小凤、楚留香、沈浪等等，区分度并不高，都像是古龙幻想的他自己。

"鉴别小说家伟大与否，以他创造人物的多寡和人物是否有自己的面目为定。"（李辰冬语）连载版金庸小说，已经写活了上百个人物（保守的数字）。后来的修订版并没有使这些人物更明显地活灵活现、活蹦乱跳。金庸的大小说家地位，写完连载版，已全然确立。

除非古龙或梁羽生服用了豹胎易筋丸，本人先已"脱胎换骨"，否则无论怎么用心修改，其作品在人物塑造上，都远不及未经修订的连载版金庸小说。写人物的功力，靠修改，靠黄药师那种"勤修苦练"，难以精进、猛进。

叶洪生说："金庸是当代最值得重视的武侠大家。"他也承认古龙、司马翎等台湾武侠小说家与金庸是有差距的，让叶先生愤怒不已的，是金庸居然恬不知耻地修订旧作，拉大了彼此的差距。是可忍，孰不可忍？叶洪生直指金庸这种做法竟是"偷天换日"！

金庸从来没有表示，自己要与"并世各武侠名家"比较高下，叶洪生等读者、论者喜欢做比较，是他们的自由，他们自己的事，与金庸何干？

金庸刚开始写作那一两年，或许还略有与梁羽生争竞之意，等到1970年，他已经写完了《天龙八部》与《笑傲江湖》，正在写作、连载《鹿鼎记》，还会为了要与梁羽生或古龙"比较高下"，而去修改自己的十五部小说？

中国小说家（不是"中国武侠小说家"）的创作比赛中，金庸跑在第三名，他不想着追上跑在前面的两位，而是一边跑一边回头看，看到古龙跑在第十七名（我没有"雅高于俗"的成见，在所有"中国小说家"中，给古龙排这个名次，应该不低），仅仅落后自己八千米。不好了，我要快跑，可不能让古龙这小子追上！金庸要是这么想，岂不好笑？作此设想的叶洪生，实在太幽默。

金庸若是在"并世各武侠名家"全不知情，或都已死去的时候，突然发力，修改旧作，说他此举会造成"不公平"，还有那么一丝半毫的道理。事实上他们都健在，且都方当壮年，有些人觉得金庸的修改对自己不公平，也可以修改自己的旧作，这不就公平了吗？另一些人觉得金庸的修改没有造成不公平或认为无所谓，就不必修改旧作，何须叶洪生代表他们呼喊"不公平"？叶洪生的奇思妙想、奇谈怪论，真是太幽默了。

《一个作家的成长与转变——我为何改写〈铁血大旗〉》一文中，古龙满是赞许地说："在香港，有一位我一直非常仰慕推崇的名家已经把他自己的作品修饰整理过一遍，然后再重新发表。"别的台湾武侠小说家不知道，至少古龙没觉得金庸的修改对他造成"不公平"，不会授权叶洪生代表自己抗议金庸。古龙不需要别人为他打抱不平。

一位热爱武侠小说的专业评论家，看到一位武侠小说家精心修订旧作，改得比较成功，提升了武侠小说的总体成就与地位，正常反应不该欢喜赞叹吗？不肯点赞也倒罢了，更横加指责，诬为"偷天换日"，这是什么人啊？这都什么事啊？

万事都该讲求"公平"，唯独在文学艺术领域绝不可以。枪打出头鸟，别人不修改，唯你修改，即遭严厉批评、批判，这种心态的文学评论家，只是在糟蹋文学、祸害文学。

叶洪生似乎认定，金庸小说一经金庸修改，就不是金庸小说，不是金庸改出来而是偷出来的。他的脑回路，真让人无语。

叶洪生或许是想拉低金庸到比古龙、司马翎仅高一寸的程度，这才拼命夸大金庸修订旧作的成功。很多朋友不察，居然也跟叶洪生同调，谬矣。

《金庸作品集》从连载版到修订版，立意未改、格局未改，人物塑造不变、故事框架不变、叙事手法不变、小说结构不变，仅仅是对文字进行润饰、打磨，再是修正了一些小问题，而非大拆大建式修改，怎好算作脱胎换骨，而由低端跃升高端？

许多朋友夸大了修订版对金庸小说成就的提升作用，顺理成章，以为古龙、梁羽生如果像金庸那样修订一番，其作品即可"脱胎换骨"。请朋友们三思：立意未改、格局未改，人物塑造不变，故事框架不变、叙事手法不变、小说结构不变，经过这样的金庸式修改，古龙、梁羽生的小说，能提高到哪里去？

叶洪生又说：

金庸于1957年所著《射雕英雄传》，历经1973年的增删改写，已非原著面目。据金庸在新版《后记》中的说法：

"修订时曾作了不少改动；删去了一些与故事或人物并无必要的情节，如小红鸟、蛙蛤大战、铁掌帮行凶等等。除去了秦南琴这个人物，将她与穆念慈合而为一。也加上一些新的情节，如开场时张十五说书、曲灵风盗画、黄蓉迫人抬轿与长岭遇雨，黄裳撰作《九阴真经》的经过等等。我国传统小说发源于说书，以说书作为引子，以示不忘本源之意。"

金庸说得很含蓄，实则语藏玄机全在"等等"中，例如：

（一）金庸是用1973年的见识眼光来修改十六年前的"旧作"，而且是逐字逐句的推敲，大段大段的增删；迥异于一般修饰、整理，殆可视为脱胎换骨，重新改造——仅仅保留原著故事主要人物、情节而已。因此，凡原著中所沿用的传统章回小说套语如"且说"、"暂且不表"等，一律删去，以适应今人阅读习惯，趋近现代小说外在形式要求。

（二）所谓"我国传统小说发源于说书"，却单单以说书作为《射雕》引子，正有借此书"开宗立派"——建立既传统又改良的流派风格之意……其不欲以"新派"自居，良有以也。

（三）所谓"等等"，还包括改写各种武功招式名称、各种物事属性、量词以及运用补笔描写人物心理活动等在内，但其弄巧成拙之处，亦不一而足。（详后）

是故，论者若仅以金庸修订本作品（实为重新改写）来与并世各武侠名家小说原著比较高下，在立足点上即不公平。（叶洪生《"偷天换日"的是与非》）

《射雕英雄传》能修改得更好，因为本身就是好小说。除非"推倒重来"式的改写，坏小说根本改不好，例如《碧血剑》。

金庸修改幅度最大的长篇小说是《碧血剑》，改动虽最大，仍是金庸最差的作品。叶洪生当然不会拿这部金庸小说举例，以证明"仅以金庸修订本作品（实为重新改写）来与并世各武侠名家小说原著比较高下，在立足点上即不公平"。没办法证明。

金庸最后两部长篇——《笑傲江湖》与《鹿鼎记》，修订版改动很少，却是他成就最高的两部小说。叶洪生在《"偷天换日"的是与非》一文中，独推《射雕英雄传》，他也不好意思说《射雕英雄传》是金庸小说中唯一的最好，而强调《射雕英雄传》在读者中影响最大（未必）和对金庸本人影响最大（借以"开宗立派"）。

叶洪生当然不会拿《笑傲江湖》《鹿鼎记》这两部金庸小说（实为没有重新改写）举例，以证明"仅以金庸修订本作品（实为重新改写）来与并世各武侠名家小说原著比较高下，在立足点上即不公平"。没办法证明。

《射雕英雄传》是金庸改动较大而改得最成功的小说，叶洪生就用他擅长的一叶障目、以偏概全之障眼法，由《射雕英雄传》这一部金庸小说，猛然转换、切换为全部金庸修订本作品，前面还加上"是故"二字。这种小伎俩，亦可笑矣。

"仅保留原著故事主要人物、情节"，所谓的"仅"，并非实情，即便叶洪生所言属实，也不能算"脱胎换骨"。请问叶先生，"主要人物、情节"若不是一部小说的"胎"与"骨"，还有什么是"胎"，什么是"骨"？

"改写各种武功招式名称、各种物事属性、量词以及运用补笔描写人物心理活动"，这些细节的、鸡毛蒜皮的处理和改动，就是"脱胎换骨"？

"原著中所沿用的传统章回小说套语如'且说'、'暂且不表'等，一律删去"，删与不删，更是无关紧要，叶洪生也知道这种修改只是"趋近现代小说外在形式要求"，这算"脱胎换骨"？难道叶先生本人的"胎"与"骨"，皆以"外在形式"存在？

叶洪生的奇谈怪论，虽是幽默到家，同时也浅薄无聊到家。

1972 年，金庸写完《鹿鼎记》而"封笔"，十五幢高高低低的大楼已经建立起来，就是连载版十五部小说。修订版无非是做了外墙美化、房间调整和室内装修，个别楼宇，如《白马啸西风》，加建了一个小阁楼。很多朋友像叶洪生一样，认定金庸小说的高度要等到修订版完成才得以确立——实属荒唐。

1958 年，张五常对朋友说："如果《水浒》是好文学，那么金庸的作品也是好文学了。"他读的是连载版《射雕英雄传》。

1960 年，夏济安认为，金庸早期的几部小说，"其结构文字人物描写等已可与大仲马的《三个火枪手》《基督山伯爵》等相颉颃"。金庸小说在台湾和海外华人中的受欢迎程度，又让他联想到昔年狄更斯小说在美国之受欢迎。夏济安读的，也不是修订版《书剑恩仇录》和《射雕英雄传》。

陈世骧 1966 年给金庸写信，说："当夜只略及弟为同学竟夕讲论金庸小说事，弟尝以为其精英之出，可与元剧之异军突起相比。既表天才，亦关世运。所不同者今世犹只见此一人而已。"说的当然是连载版金庸小说。

夏济安、陈世骧早逝，连载版金庸小说都没福缘全部读完，他们恐怕也料不到金庸后来会大幅修改旧作。

夏济安、陈世骧、张五常等人认为，凭借连载版，金庸已经是施耐庵、王实甫、关汉卿、狄更斯、大仲马这一层级"伟大"或至少接近"伟大"，"天才"或至少接近"天才"的大文学家，不需要等修订版以确立其地位。

马伯庸说："武侠小说本质上是为了娱乐大众，脱胎于传统评书话本。但我相信金庸小说会像当年的三国水浒西游一样，从市井文学升华成一种经典名著。"诚然诚然。"脱胎于传统评书话本"的武侠小说，可以改掉"传统章回小说套语如'且说'、'暂且不表'等"，也可以不改。不改，毫不妨碍金庸小说"从市井文学升华成一种经典名著"。

马伯庸接着说："检验一部作品是否经典，最简单的办法是把它放在不同时代，看是否魅力不减。金庸作品完成于 60 年代末，历经近五十年，至今仍旧被人传看、翻拍，可见其魅力是超越时代的。"

一个小说家，乃至一个国家，其创作成就，还是要看写出的长篇小说所抵达的高度。中国几百年白话小说史，曹雪芹是"中神通"王重阳。施耐庵、兰陵笑笑生、金庸、吴承恩相当于"东邪西毒南帝北丐"这"四绝"，逊"中神通"半筹。罗贯中如"铁掌"裘千仞，又逊"四绝"半筹。

《儒林外史》从细部来看，比《水浒传》《金瓶梅》《鹿鼎记》《西游记》更精彩，甚至不逊于《红楼梦》，可惜气魄不足，有点像短篇小说与长篇小说之间的"城乡接合部"。吴敬梓如古墓派林朝英。

我认为金庸成就最高的小说是《鹿鼎记》《笑傲江湖》与《天龙八部》。叶洪生与我看法不同。他认为金庸"最著名且影响最为深远的经典作品，当首推《射雕英雄传》一书"，恐怕很少读者会赞同，即便赞同，也只有更少数的读者，相信《射雕英雄传》是金庸最好的小说。

叶洪生说："《射雕》故事之曲折离奇、人物之多种多样、武功之出神入化乃至写情之真挚自然、用语之诙谐隽妙，均为同辈作家所不及。"又说："《射雕》稳居当代中国武侠小说史上泰山北斗的地位。"叶洪生不能不承认，金庸是 20 世纪后半叶最好的武侠小说家，金庸最好的作品（不管是不是《射雕英雄传》）"为同辈作家所不及"，"稳居当代中国武侠小说史上泰山北斗的地位"。既有这个认知，叶洪生一段话就更不可理解，更不可理喻。他说：

在当代芸芸武侠小说家中，"金庸"这个名字响彻云霄，无人能及。特别是晚近十年，《金庸作品集》……经过全面改写而正式来台发行之后，更风靡一时，颠倒众生！……不仅于此，近年来在有心人士的推动下，港、台两地甚至大陆，又掀起了所谓"金学研究热"；学者、专家、文人、名士于酒酣耳热之余，均给予金庸小说最高的评价（例外者极罕），仿佛不如此便不够文化水平！于是金庸这位"武侠长青树"乃成了天之骄子，各方吹捧文字甚嚣尘上，几臻"神话"地步！（叶洪生《"偷天换日"的是与非》）

"学者、专家、文人、名士于酒酣耳热之余，均给予金庸小说最高的评价"，他们不是给金庸这位武侠小说家，以"当代最好的武侠小说家"的最高评价，而是把他看成最好的小说家、文学家（或之一）。这让叶洪生很不爽，很不开心。

金庸是当代最好的武侠小说家，基本无争议。叶洪生在他那部谈《蜀山剑侠传》的著作中也说："金庸为世所重，名下无虚，当系还珠以后第一人。"但是，只要超出这个评价，叶洪生一概视为对金庸的"吹捧"。

相信武侠小说写到极致，就是最好的文学作品，而不仅是最好的武侠小说，同时认为最好的、接近理想境界的武侠小说还没写出来，因此反对给予金庸"最高的评价"，反对把金庸视为最好的小说家，而不仅是最好的武侠小说，这种态度，就很可佩服。叶洪生明显不是这样。不然他不会反对金庸修改旧作，不会指控金庸此举对"并世各武侠名家"不公平。

叶洪生似在为台湾武侠小说家古龙等人抱不平，然而古龙绝不会像他这样。假如古龙看到"学者、专家、文人、名士于酒酣耳热之余，均给予金庸小说最高的评价"，稍微会有点眼热——此是人之常情，更多当是欣慰之情，因为古龙一直期待"让武侠小说也能在文学的领域占一席地，让别人不能否认它的价值"。

"金学"兴起，令叶洪生怒火填膺，古龙不会如此。古龙说："在全世界的中国人当中，金庸先生的影响力在我认识的朋友中无出其右者。他作品中深思熟虑的看法，在中国小说史及思想史上都具重要的地位。"对金庸评价之高，无与伦比。"金学"研究中，没有谁对金庸的评价高于古龙所给出的。

武侠小说名家古龙，也不像叶洪生，眼光局限于武侠小说范畴。古龙将金庸置于"中国小说史（及思想史）"而不是"中国（当代）武侠小说史"中，肯定其重要地位。

古龙是浪子，也是君子，断不是那种悻悻然小丈夫。

古龙对武侠小说这种文学形式有自信，有期许。叶洪生骨子里却是自卑的，他从来不向外争取武侠小说的地位，只执着于激起武侠小说家内部的"窝里斗"。

"近年来在有心人士的推动下"这句，尤其"有心人士"一词，更是含沙射影，而兼捕风捉影。这些"有心人士"都是什么人？这些人士的"有心"都是什么心？不知道。却可见叶洪生之心，左看右看，都不似君子之心。

亦舒更爱连载版，不喜欢修订版

网友找证据，用以反驳我的观点，结果呢，他所提供的证据，恰足以证实我的观点。这种事经常发生。

朋友以《金瓶梅》几个版本的差异为据，试图证明修订版《金庸作品集》相对于连载版是脱胎换骨的进步，证明若无修订版则金庸的创作成就很低。

说《金瓶梅》最早的词话本很粗糙，后来经他人修订的绣像本和张竹坡评本就大为改观云云，这不能为他的论点提供佐证，而恰足以证明我的观点：没有修订版，金庸只靠连载版，已是中国小说史上第一流的小说家。

就算词话本远不及后来的绣像本《金瓶梅》（未必），《金瓶梅》仍是中国最好的古典小说之一，同时代没有任何一部长篇小说可与之相比，也没有任何一部同时代的长篇小说，经过修改后可以超越这未经修改的词话本《金瓶梅》。

除非是"推倒重来"式的改写，否则，坏小说根本改不好，只有好小说才可以改得更好。

并不是每个读者都同意修订后的绣像本好于原生态的词话本《金瓶梅》，也不是每个读者都同意修订版《金庸作品集》好于连载版。

　　从小看金庸小说长大、变老的老读者亦舒，喜欢的就是连载版，而不是金庸小说修订版：

　　改过的《书剑恩仇录》，我不喜欢，改过的《射雕英雄传》，我不喜欢，我不想再看改过的金庸作品，却又死命忍不住要看，看完之后，极之不乐。需知金庸写作，历时廿载，这人每隔几年改一次风格，从《碧血剑》到《鹿鼎记》，不晓得转了几转，变了几变，每本书有每本书精采之处，各有巧妙不同，本本是杰作，从郭靖那傻蛋到韦小宝这鬼灵精，其中廿年的改良，变调，不是一朝一夕搞得清楚的，非要穷数年功夫直追，才可以稍有了解。金庸改他自己的小说，是最近的事，他以一九七六的目光看《射雕》，自然觉得大大不妥，他要精益求精，却苦了咱们这班老读者，改得简练了，合理了，我看了却气坏了，这根本不是金庸的小说啦，改的仿佛是另外一个高手，学问资格是够的，到底金庸当年当时的风格是抹煞了。

　　射雕改得我最伤心的是穆念慈那一段。旧本何等凄艳浪漫，杨康作恶多端，中了毒躺在破庙中，无一人去理他，穆念慈排开众人，视若无睹，扶起杨康，温柔地问：你还认得我吗？杨康回光返照，已不能作声，但是尚能点头，穆念慈大喜点头，说很好很好，抱着杨康，用匕首抵胸，殉情而死。杨康如此恶待，她犹痴情一片，新本竟改得无影无踪，我真要哭出来，何必叫穆念慈活下去？黄蓉活着也就是了。

　　小红鸟那段虽无关重要，却好看之极，全节删掉，也是可惜。新本整齐美观，紧凑严格，但我还是要去买了旧本来看。我这个人是牛脾气，有很多东西，我坚持要旧的好，旧的好！（亦舒《旧的好》）

　　"这根本不是金庸的小说啦，改的仿佛是另外一个高手，学问资格是够的，到底金庸当年当时的风格是抹煞了。"亦舒说这话，或已联想到《金瓶梅》，想到"学问资格是够的""另外一个高手"，将兰陵笑笑生原著《金瓶梅》词话本改换为绣像本。很多人认为词话本比后来经"高手"修订的绣像本《金瓶梅》更原汁原味，更元气淋漓，更有价值。亦舒看连载版金庸小说，似亦如是。

亦舒《五体投地》一文前半部分，也谈到金庸小说的修改：

《书剑恩仇录》则改得略比《射雕》完整，新旧对照（旧本背在脑子里），没什么大分别。陈家洛功夫差了，学问也差了，我读着也就泄了气了。皇帝追妓女玉如意那段，更加可笑可叹，但是最后玉如意还出现过一次，又惨被删掉了。当时玉如意已从了良，可是她丈夫却因远征受伤，小命不保，玉如意吹箫解愁，身边还伴着皇帝当年送的一大堆珍宝名画，这段的确是无关重要，可是当场叫我想起《红楼梦》里的"好了""好了"，没这一段，不行。总而言之，金庸最好只改错字别字，不准改其他的。《红楼梦》里何尝没有错漏，那秦兼美到底春去秋来，病了多少日子，谁晓得了？后面还少了四十回呢，但是这些年，读者一样如痴如醉。美人脸上有几颗雀斑并不碍事呵，唉唉！

然而陈家洛假扮福康安去安慰那姓马的女子，余鱼同在树下吹起了他的笛子，无尘道长因此想起了往年那个狠心的千金小姐……这还是好的，至少可以使读者掩书，借题发挥的也乘机大哭一场。

金庸武侠小说内的缠绵结郁，一向是特色，他笔下男女之情，比一些挂牌写爱情小说的人，高明过岂止千倍万倍，风流如金蛇郎君，对爱人至死不变，恐怖凄艳，没有第二个人写得出来，不能改，也没有必要改。

我完全接受金庸的新作风，韦小宝的"诸葛之亮，关云之长"，我照单全收，而且爱甚。我无法接受改过的新版本，新版有好处，可是日久生情，我连旧本的小毛小病也都承了，要改，不舒服。想来想去，只好新的一套，旧的一套，两套并看。

个人认为，金庸第一次修改，非常必要，也是比较成功的，同时，我又非常喜欢亦舒这两篇反对金庸修改的文章。若非对金庸小说投入极深的感情，写不出如此文章。

尤其这句"金庸最好只改错字别字，不准改其他的"，还有"没这一段，不行"，我极喜欢。这样的颐指气使，这样的谆谆告诫，这样的痛心疾首，这样的不留余地，这样的不把金庸当外人……

修订版金庸小说，总体水准高于连载版，但连载版中很多被删的情节，如亦舒文中谈到的这几处，也是极之精彩的。

非常希望，连载版与修订版《金庸作品集》可以并行于世。如亦舒那样，"新的一套，旧的一套，两套并看"，是读者之幸。

我只是不赞同夸大修订版对金庸小说的提升作用，总体上还是认同修订版的，与亦舒的观点并不一致。

金庸小说连载版更好还是修订版更好，《金瓶梅》词话本更好还是绣像本更好，都是可以讨论的问题。很多事并没有唯一正确答案。

亦舒认为连载版金庸小说最好，我不完全同意，但觉得她说的是有道理的。她或许是错误的，却是有道理的错误。

微信群里，我说连载版金庸小说已接近"伟大"，而"修订版"的作用没有那么大，网友回："刘老师这话就……不够客观了吧。"我说亦舒等人比我更过分，认为连载版更好，他回："那都是老头老太太了，思维固化，接受不了新事物。"我说亦舒是在70年代发表意见，时年三十周岁，虽老，还不是老太太嘛。这位网友就继续找亦舒自身的问题，反正一定是亦舒有问题，没问题没毛病就必然与这位朋友意见一致。

我极力避免使用"客观"这个词，不用它自我标榜，不用"不客观"指责异见者。

多甫拉托夫认为："最难沟通的不是没文化的人，而是被灌输了标准答案的人。"以为自己已找到"标准答案"的朋友，也很不容易沟通。你都已经掌握了标准答案、客观标准或客观规律，别人怎么跟你讨论？还有什么必要讨论?

如法朗士所言:"客观的批评并不存在,正如客观的艺术并不存在。"对某位文学艺术家及其作品的评价,需要用上几年、十几年、几十年、上百年,甚至几百年,无数读者的"主观感受"汇聚起来,斟酌平衡,求同存异,才可能形成较为"客观"的评价。是比较"客观",而不是完全"客观",世界上不存在完全"客观"的观点或评价。

前面的文章里,我对叶洪生的批评不太客气,很多朋友以为是为了我与他对金庸小说的评价不同之故。

不是的。此事别有根芽。

我尊重不同意见,尊重提出不同意见的朋友,因为我尊重我自己。

漫说叶洪生还承认金庸比古龙、司马翎高一点,即便他提出古龙、司马翎比金庸高千尺、千仞乃至千丈,我都泰然以视,若觉得有必要讨论,会以最平和的态度,细细道来。

王朔对金庸小说评价很低,我写过三四篇文章,讨论二人异同,其间无一恶言。并且,我一再申明,推究王朔的"动机",说他为了卖新书才撰文批评金庸小说,这种"动机论"我坚决不赞成。

以"动机论"等不高尚的方式,阻止别人发表不同的意见,或者对已发表的异见"污名化",都是我所不能为、不屑为的事。

不尊重异见的人,我不尊重。不宽容的人,我不宽容。

叶洪生完全不能容忍别人与他意见不同,甚至不允许别人反驳他所加予的指控。

1998 年,美国科罗拉多大学金庸小说研讨会上,叶洪生发言,开头就说:"笔者学养不足,见识浅陋,岂敢强作解人!惟愿提出一得之愚,借供各方高明讨论,或不无参考价值。以下即就'夺胎换骨'、'群体共生'、'移花接木'、'隐喻讽世'以及其他等五类武侠人物原型分别析论其来龙去脉。如有曲解文心或穿凿附会之处,尚祈作者及方家谅之。"这段话,尤其最后两句,说得真好,具见休休有容之学者风度与气度。

叶洪生认为："金庸创造'君子剑'岳不群时，便极可能不自觉地以'神州一君'易天行为模板。"说得也还有分寸，是"极可能"，而非断定必如此。等金庸在研讨会作总结发言，对叶洪生的猜度予以否认，情形就变了，就坏了。会后，叶洪生撰文破口大骂：

1998年5月下旬，笔者以"武侠达人"的身份应邀参加在美国科罗拉多大学举行的"金庸小说与二十世纪中国文学研讨会"，提出了《论金庸小说美学及其武侠人物原型》论文。奈何金庸"死要面子"，不肯承认；并在致闭幕词时自比"帮主"，而将卧龙生、古龙等人比为"堂主"。笑说："我作了帮主，总不好意思去偷帮中堂主、香主的传家宝了。"以此"不成理由的理由"来为自己的剽窃行为开脱、找借口。由是乃知此公踌躇满志，已摇身变为"朝阳神教教主任我行"了。（叶洪生《论武侠小说人物及其"创作原型"——从"北派五大家对港、台六名家之影响"说起》）

叶洪生说金庸小说人物原型是谁，金庸就必须照单全收，不接受、不承认，就是"死要面子"。更有甚者，在叶洪生笔下，金庸更是有"剽窃行为"的任我行！

同一篇文章中，叶洪生说：

古今中外凡涉及艺术创造活动（包含小说创作）都不是无中生有、凭空出现的；它通常是从某些老作品或原始素材中获得灵感和启示，方能借机生发，博采众长，研究改进，而创造出具有艺术特色的新作品。其所以如此，正是由于艺术家的审美经验激发了想像力使然……正所谓"天下文章一大抄"！（叶洪生《论武侠小说人物及其"创作原型"——从"北派五大家对港、台六名家之影响"说起》）

把"天下文章一大抄"的说法与对"剽窃行为"的指控放在一起，我不相信是出自同一人之手，又写在同一篇文章里。

承认岳不群"脱胎于"卧龙生所写易天行，金庸就是在"借鉴"，不承认，金庸就是"剽窃"！身具这种利维坦霸气的叶洪生，才更像是顺我者昌逆我者亡的神教教主任我行。

我想象不出，还有比易天行更不像岳不群的"伪君子"。

易天行在《玉钗盟》的世界里，其武功，一直都是超一流的高手；岳不群不是，直到他最后练得了《辟邪剑法》，才算达到易天行的武功境界。

岳不群在《笑傲江湖》中，一直受迫于霸气的左冷禅，狼狈万状；易天行则在《玉钗盟》里呼风唤雨，只有他欺负人，没见有谁能欺侮他。易天行随身带有"催命之牌"，"久历江湖、见闻广博的金老二"，一见此牌，"立时脸色大变，顶门之上又滚下点点冷汗"，据他说来："此牌一出，必然有人要死。四个时辰之内，如若见牌之人还不自断肢体一死，立时将被拘回，身受万蛇惨噬，用刑之惨，世无伦比……我曾目睹他在一宵之中，连传六面银牌，天色未亮之前，六人无一逃过银牌拘捕之谕，推入蛇穴被毒蛇生生咬死。"（《玉钗盟》第十八回）别说还没练"辟邪"的岳不群，就是他最后做了五岳派掌门，也没有易天行这样的威势。

岳不群这"伪君子"，最大的性格特点是小肚鸡肠、"襟怀不广"（冲虚的评语），而在易天行身上，完全看不到此一特点。

易天行、岳不群与各自小说主人公的关系，完全不一样：易天行是徐元平的杀父仇人，令狐冲却是将收养自己的岳不群视为父亲。

同样是"伪君子"，写法完全不一样：岳不群是直到小说故事过了一大半，才露出"伪君子"面目；易天行因为杀害了主人公徐元平的父亲，《玉钗盟》以徐元平的角度记事写人，从头就把易天行定位为"伪君子"。

《笑傲江湖》深入刻画了岳不群的妻子、女儿和弟子的形象；《玉钗盟》中的易天行，不见其妻女，倒是有弟子，这些弟子也与岳不群的弟子不同，他们是没有性格的，基本上就像是听命于师父的机器人。

这样两个人物形象，叶洪生居然能把其中一个看成另一个的"模版"，这份眼光，真是神奇。

叶洪生在科罗拉多大学继续说：

两位武侠名家在塑造（或改造）易天行、岳不群这两大武林伪君子时，用的都是"背面敷粉法"；只是前者作伪到家，风雨不透；而后者则一步步揭穿其丑恶的真面目。结果易天行"弄假成真"，居然觉悟前非，拨乱反正，端的发人深省。可惜岳不群"假作真时真亦假"，以致死不改悔，自取灭亡。故以"夺胎换骨"的成就而论，岳不群之执迷不悟实不如易天行在阴谋败露后，当机立断，惩恶除奸，来得精警有力，令人动容。（叶洪生《论金庸小说美学及其武侠人物原型》）

岳不群与易天行，作为不同，以致结局不同，在我看来，分明是这两个人物形象没有关系的证据。在叶洪生，先确定金庸是"改造"了卧龙生所"塑造"的易天行，断定金庸画龙必然是照着卧龙生笔下的蚯蚓画的，那为什么龙与蚯蚓的尾巴不同呢？叶洪生解释为金庸学着画，没学好！

假如叶洪生以这种方式指摘诋毁另一位武侠小说家，我也同样因此而鄙薄其为人。一个厚道人，写不出叶洪生这样刻薄的文字。"以彼之道，还施彼身"，我只对不厚道的人刻薄。

《"偷天换日"的是与非》一文中，叶洪生一口咬定"九阴"二字在佛教、道教中都不可能存在，金庸写错了，世界上就不应该有《九阴真经》。然而，范笑我、严晓星查证古籍，发现《山海经》《道德经序》（葛玄著）《云笈七签》等著作中都有"九阴"一词。

严晓星《金庸识小录·九阴》说：

叶洪生错批，情有可原。[1]只是他一心要提高台湾武侠小说家的文学地位未免意气用事。一次金庸小说国际研讨会上，仅仅因为与会的台湾学者少于大陆，他就颇有不平之意。移于交游，是性情中人；用于学术，难免出现纰漏。至于这样的话："乃知作者胡诌，原无宿构；其后将错就错，遂只好避而不谈；然即使原著有误，今本何不改正？莫非欺弄读者不学无知乎？"说到这里，就有点自取其辱了。

严晓星兄这样性情温和的人，都忍不住给叶洪生下了很重的一个词：自取其辱。

这么大年纪，并不肯给自己留半分体统，行出来的事总不叫人敬服。

子曰："如有周公之才之美，使骄且吝，其余不足观也已。"叶洪生的研究还是很有价值的，我不齿其为人，也没必要掩饰。

《颜氏家训·勉学篇》云："观天下书未遍，不得妄下雌黄。"比起颜之推的时代，今日更难"观天下书已遍"。叶洪生"观天下书未遍"，还是可以指摘金庸的"九阴"二字写错了，他竟不懂"说有容易说无难"的道理，若懂得，好歹也会留点余地，给自己留点体面，不会那么铁口直断，那么顾盼自雄，那么嘟嘟嗫嗫，那么器小易盈。

为"九阴"二字，叶洪生写了一千多字，嘲笑挖苦金庸无知，嘲笑挖苦金庸小说研究者无知，连《射雕英雄传》中的虚拟人物也不放过："书中所谓功参造化、学究天人的大高手如'中神通'王重阳（全真教鼻祖）与'东邪'黄药师(桃花岛主)皆精玄学易理，竟然也未对'九阴'怪名加以究诘。"

<hr>

1 严晓星说："在最初的版本里，金庸用'九阴'这个词恐怕真是'胡诌'的。中国文字组合性极强，恰好给他撞上了……今版《九阴真经》的作者已被（从达摩祖师）改成了北宋刊印《万寿道藏》的黄裳。为什么这么改？我的理解是，后来金庸不仅发现他'胡诌'的'九阴'果真有此一说，更知道了这是道家之说。他修订作品，真是非常认真的，对读者也足够负责。"这种可能性是存在的，但可能性极小。更可能是金庸读古籍时记得有"九阴"一词（他记忆力极好），就用在自己小说中。《九阴真经》是《射雕英雄传》一大关节所在，金庸自己胡诌瞎编一个新词？很不可能。不仅修订时，金庸写新作时，也是比较认真的。写连载版时，金庸或许不清楚记得"九阴"二字出于"道家之说"，后来明确了，便在修订版《射雕英雄传》中将《九阴真经》的版权由达摩祖师转归黄裳。

书里书外所有人都无知，都在出丑，都不如他叶洪生高明，结果证明"九阴"二字完全没有问题，唯一出丑的是叶洪生自己。

此刻的叶洪生，像是王小波的那个傻表姐，以为只有自己会缝扣子。给机会让他缝扣子，他能把半斤重的螺丝帽缝在衣襟上。

叶洪生不懂得尊重别人，因为他不尊重自己，太不自重。《道德经》曰："重为轻根，静为躁君……轻则失本，躁则失君。"叶洪生太轻躁。

也谈新修版《金庸作品集》

一　导言

金庸再次大幅度修改旧作，为世间留一新版本，这是做加法，不是减法。修改过程中，难免有处理不好，让人感觉"书不如故"的地方，却仍值得肯定。不肯写新的，改旧的也好。即便新版确乎不及旧版，所幸《金庸作品集》早已流播天下，欲寻旧版，并非难事。

有那么二十年，金庸太累。从 1955 年算起，到约 1975 年，金庸写小说、社论等等，得文约两千万字，每日码字近三千。新修版问世前二十年，金庸太闲！就没见他有多少新作发表。慰情聊胜无。不肯写新的，改旧的，也不坏。借用钱锺书的话，可以说：亦可见新版旧版之相辅，即早晚心力之相形也。

想想金庸也蛮可怜。不改，读者（如我）要找病的。改吧，争议四起。

有所得必有所失。金庸很可怜，金庸又很幸运，那么多人关注他的作品，这才会有争议四起。

小说家有权修改自己的作品，改得好不好，读者尽可以讨论，可以批评。有些人，却是以金庸改作之举为大逆不道，这样的论调，鄙人万难理解。

修改旧著，值得肯定。不过，我仍感觉，修改过程中，多有处理不够妥当的地方。

新版的好处，倪匡已经谈得很多很好。拙文，主谈新版之失。

二　旁人听来毫无意义

歌德《维廉·麦斯特的学习时代》中说："维廉走进来。她（马利亚娜）是多么活泼地向他飞过去！他搂住她那穿着红色制服的身躯，让那白缎子小背心紧紧贴在他的胸前，心情是何等的愉快！"走笔至此，歌德老人并不曾做这样的描述："马利亚娜问维廉：'你一天想我几次？'维廉说：'一天至少想两百次。'马利亚娜道：'两百次不够，我要三百次。'维廉说：'我一天想你四百次，上午两百次，下午又两百次。'马利亚娜接着道：'你吃饭时也想我，就多一百次，一天想五百次。'"

《维廉·麦斯特》下文说："谁肯在这里继续描写，谁又适于述说两个爱人的幸福！老女仆喃喃抱怨着躲到一边去，我们也随她走开，让这两个幸福的人儿单独留在那里。"行文至此，这一章节，就结束了。

"谁肯在这里继续描写"？呵呵，大有人在！例如，金庸这次修改《神雕侠侣》，当杨过与小龙女久别重逢，就多了些添加剂：

小龙女问杨过："你一天想我几次？"杨过说："一天至少想两百次。"小龙女道："两百次不够，我要三百次。"杨过说："我一天想你四百次，上午两百次，下午又两百次。"小龙女接着道："你吃饭时也想我，就多一百次，一天想五百次。"

有朋友认为以杨过的个性，应该不会说得这样肉麻，鄙人大不谓然，感觉恋爱中的男女，什么昏话都是可能脱口的。问题不在杨过会不会说出这样的话，而在就算杨过如是说，也不必写到书上——小说又不是当年皇帝老儿的起居注，讲求有闻必录。

适当的留白，是必须的。

与其将此看作歌德与金庸的差距，毋宁看作壮年金庸与晚年金庸的差距。"谁肯在这里继续描写"的道理，当年的金庸，不是不明白。

天色渐渐黑了，李文秀坐得远了些。苏普和阿曼手握着手，轻轻说着一些旁人听来毫无意义、但在恋人的耳中心头却是甜蜜无比的情话。（三联版《白马啸西风》第 344 页）

杨过、小龙女的对话，就算符合二人性格，但在读者看来听来，却是"毫无意义"，写入书中，多此一举。

金庸谈莎剧《恺撒大帝》："莎士比亚的用词遣句十分精简，观众可以意会的地方绝对不再浪费笔墨。例如凯修斯等人到勃罗特斯家里去劝他反对恺撒，观众们知道凯修斯会说什么话，所以在戏中，凯修斯把勃罗特斯拉在一旁，就省却了一大篇对话。这只是一个简单的舞台技巧，然而在三百多年后的今天，许许多多戏剧与电影的剧作者仍旧不懂得这一点，以致我们常常看到很多沉闷的、不必要的舞台剧和电影场面，观众早就知道了的话，还要让剧中人翻来覆去的啰唆。"（《金庸散文集》第 87 页）

金庸此文，写于 1954 年 1 月，其时金庸还没动笔写小说，几个月后，才有《书剑恩仇录》写出。五年后，开始写《神雕侠侣》。金庸当时是很"懂得这一点"的，可惜，约五十年后，他改写《神雕侠侣》，竟忘了"这一点"。

曾几何时，金庸对着后辈温瑞安耳提面命："文学上，节制是很重要的，要将奔腾的感情约束在含蓄的文句之中。"可惜，金庸这次修订旧作，新加的情节，多数犯了与温瑞安作品同样的毛病，"往往放而不能收，给人一种'过分'的感觉"。（温瑞安《王牌人物金庸》）

《射雕英雄传》写郭靖远离大漠、与母亲分别一年多之后重新相聚，惜墨如金，只用了十二个字："郭靖母子相见，自有一番悲喜。"此是何等手笔！

王朔称金庸小说为"金馒头"，此未见得即是恶谥。

齐白石绘大白菜，并有题句："牡丹为花中之王，荔枝为果之先，独不论白菜为蔬之王，何也？"

在白石老人看来，白菜实为菜蔬之王，如此，馒头亦可视作"面食之王"了，虽不及各色"宫廷点心"精巧华贵，但它的实际价值只有更高。

馒头，大气、朴素，无花巧，少雕琢，淡乎寡味，却是人间至味。

这人间至味，被败坏，黑手却出自作者本人。

金庸小说是朴素的，元气淋漓，不事雕琢。而此次大修，金庸丧失、背离了以往的朴素。馒头，不像馒头，倒像是北方人家过年时在素白的馎馎上印上红点，透着说不出来的一份喜气，同时也就沾染上一份说不出的俗气。

感觉金庸这几年所做的，竟是为万里长城贴瓷砖的工作。如全部贴上瓷砖，效果又未必不佳。金庸则是每隔二里地给贴上一平方米的瓷砖，不见华丽，徒见其斑驳陆离。

三　黄药师的户口问题

三毛女士，快些醒来啦！看看新版黄药师，还认识吗？还会再说"最爱黄药师，什么都爱"吗？

知道黄药师出生在何处吗？我们现在都知道，而你是不知道的，黄药师"生在云南丽江"！

知道黄药师说哪处方言？现在知道了，据老顽童周伯通揭发，黄药师满口"浙江口音"，因为老黄祖籍浙江。

知道黄药师的家长是谁吗？知道了，他"祖父在高宗绍兴年间做御史"，"父亲教他忠君事亲的圣贤之道"。

知道"东邪"的前称与全称吗？"邪怪大侠"！

原籍，有的。出生地，有的。家长，有的。曾用名，有的。口音，有的。居住地，有的……

好了好了，现下可以给黄老邪办户口了。

一直，我以为黄药师是庄生梦中幻化的那只蝴蝶，栩栩然飞动，不肯安生。这下好了，金庸用图钉把它钉在墙板上，制成蝴蝶标本……

我一直以为桃花岛就像"忽闻海上有仙山，山在虚无缥缈间"，现在好了，已经开发成旅游景点了，有金庸亲笔题词，"碧海金沙桃花岛"。

曾经错认黄药师为世外高人，神龙见首不见尾。现在好了，其人首尾，皆历历可见。

四　降龙十八，降龙二八，降龙三八？

关于修改旧作，金庸说："（小说在报上连载时）很多时候拖拖拉拉的，拖得太长了。不必要的东西太多了，从来没有修饰过。本来，即使最粗糙的艺术品吧，完成之后，也要修饰的，我这样每天写一段，从不修饰，这其实很不应该。就像一个工匠，造成一件工艺品，出卖的时候，也要好好修改一番。"

一件工艺品，总该尽可能减少其瑕疵，令其更加圆润浑成，至若与这位匠人的其他出品风格是否一致，非所计也。

一部稍微长些的小说，存在漏洞是难免的，总该将各处漏洞尽可能补上。不过，一部小说，只是一部小说，它只对自己负责，这部小说与这位作者的其他作品是否合拍，完全不重要。

《天龙八部》写的是北宋故事，《射雕英雄传》和《神雕侠侣》写南宋故事。

《天龙八部》与《射雕英雄传》中的丐帮帮主，用着同样的降龙十八掌。

然而，《天龙八部》中，丐帮前帮主萧峰（乔峰）未及将降龙十八掌传授与人便已自尽在雁门关前，如何到了南宋背景的《射雕英雄传》中，降龙十八掌仍复出江湖？

最近这次修订，金庸作了如下安排：降龙十八掌，在北宋年间本为降龙二十八掌，萧峰（乔峰）去繁就简，将降龙二十八掌减了十掌，成为降龙十八掌，由义弟虚竹代传，由此在丐帮世代传承。

有必要这样啰唆吗？

一部小说，只是一部小说，只对自己负责，这部小说与这位作者的其他作品是否合拍，完全不重要。

况且，《天龙八部》与《射雕英雄传》原来的情节也不能说是彼此矛盾。既然萧峰（乔峰）的恩师汪剑通帮主可以留下"乔峰若有亲辽叛汉、助契丹而压大宋之举者，全帮即行合力击杀"的遗令，谁又能断言，那位首创降龙十八掌的丐帮老帮主没有安排下一旦帮主未及传授降龙十八掌而猝死的相应应急预案？

我对《飞狐外传》一书，向来评价不高。但绝对佩服"（《雪山飞狐》《飞狐外传》）是两部小说，互相有联系，却并不全然的统一"的处理方式。

壮年的金庸，气魄、手腕，皆足惊人！晚年的修改旧作的金庸，失之琐碎了。

降龙十八掌改称降龙二十八掌，气势骤减，韵味大失。

幸亏金庸没有写过一部发生在北宋之前的丐帮故事，要不然，会不会再冒出个"降龙三十八掌"？

可怕！可怕！

加法哪及减法好？——再谈新修版

闹，太闹，太热闹了。

《红楼梦》第二十二回："贾母因问宝钗爱听何戏，爱吃何物等语。宝钗深知贾母年老人，喜热闹戏文，爱吃甜烂之食，便总依贾母往日素喜者说了出来……吃了饭点戏时，贾母一定先叫宝钗点。宝钗推让一遍，无法，只得点了一折《西游记》。贾母自是欢喜，然后便命凤姐点。凤姐亦知贾母喜热闹，更喜谑笑科诨，便点了一出《刘二当衣》。贾母果真更又喜欢……"

"年老人，喜热闹戏文"，贾母如此，金庸也如此。贾母喜听热闹戏文，金庸就不仅是听，他自己改写他的戏文，太闹了，太热闹。

金庸最近这次修改旧作，补写了不少内容，这些内容，共同特点就是热闹，又有些甜俗，因他时年已是八十岁了，年龄决定风格。

看增写的部分，老先生的文笔也不似壮年之健笔纵横，有衰颓之气，也有一股"甜烂"的味道。

《天龙八部》中，面对"珍珑棋局"，"爱财者因贪失误，易怒者由愤坏事。段誉之败，在于爱心太重，不肯弃子；慕容复之失，由于执着权势，敢于弃子，却说什么也不肯失势。"

小说家修改旧作，改动情节，慕容复"敢于弃子"的做法更为可取。

这一道理，金庸曾经很明白的。1969年，金庸决定对旧作进行"大修"，当时对林以亮解释说："至于小说，我并不以为我写得很成功，很多时拖拖拉拉的，拖得太长了。不必要的东西太多了，从来没有修饰过。本来，即使是最粗糙的艺术品吧，完成之后，也要修饰的……将来有机会，真要大的删改一下，再重新出版才是……也许只有《雪山飞狐》一部，是在结构上比较花了点心思的。大概因为短的关系，还有点一气呵成的味道。其他的，都拉得太长了。"

在另一场合，金庸又说："我从1970年开始修改……报上连载总是比较啰唆些，出版单行本就把不必要的、冗长部分删掉好多。情节方面也是如此，删除不需要的，或者再补充一些进去。"1970年至1980年，金庸第一次修改旧作，走的就是慕容复的路线，"敢于弃子"，主要做的是减法，多删少增，效果非常之好。

最近这次修改，金庸却是像段公子一样，"爱心太重，不肯弃子"，对小说情节，增补很多，很少删除。做的，主要是加法。

子曰："君子有三戒……及其老也，血气既衰，戒之在得。"不舍得放弃自己已有、已写的东西，亦是当"戒"之"得"。

《笑傲江湖》中，得知眼前的"少侠"便是华山派弃徒令狐冲，"定静师太'啊'的一声，道：'你……你……'一口气转不过来，就此气绝"。老师太死得并不如何安心和放心。晚年的金庸不忍心她如此，改写为："定静师太'啊'的一声，道：'你……你……多谢少侠……'颤巍巍地伸手抓住了他手，目光中尽是感激之意，突然一口气转不过来，就此气绝。"如此，老师太终于可以"安心上路"了。

这样修改，很像贾母所爱吃的甜食。太甜了。

几天前定静师太还认定令狐冲是"混账东西"，对仪琳说："岳先生传书天下，将令狐冲逐出了门墙，说他与魔教中人勾结，还能冤枉他么？"几天后，临死前，老师太突然明白了一切，破除了一切对令狐冲的成见，这并不现实。

原来的写法，本来甚好，根本无须修改。"不如意事常八九"，一个人临死前有很多不放心、不安心的事，这才是人生的真相。

金庸真要大发慈心，不让老师太死得太不安心，也不该增补，而当删掉一些内容，很可以让她来不及问令狐冲真姓名，就与世长辞。

增不如删，加法哪及减法好？

心脏手术之后，"心中的温暖却增加了160%"

1972年，金庸写完《鹿鼎记》，宣布"封笔"，不再写武侠小说。此后，他说过很多次，说自己可能会写历史小说。我一直以为就像他那部《中国通史》一样，就是说说而已，没什么具体行动。

读到潘耀明的忆述，才知20世纪90年代前半期，金庸确有写作历史小说的决心与规划：

查先生卖了《明报》，也曾想过另起炉灶，做一番文化事业。首先他想办一份类似历史文化的杂志，他准备写长篇历史小说，并在这份新杂志连载……

我毅然辞去《明月》职务，准备追随查大侠干一番文化事业。当时查先生与我签了五年合约，可惜在我入明河社前夕，查先生入了医院，动了一次心脏接驳大手术。这次手术不是很顺利，他在医院住了大半年……他的历史小说并没有写出来，对原来宏图大计也意兴阑珊，我只能做一点文书工作……

世纪之交，我策划了一次香港作家联会与北京大学举办的"二〇〇〇年北京金庸小说国际研讨会"，金庸在北京研讨会一次活动的休憩缝隙，蓦然讪讪地对我说：潘先生，谢谢你替我做了许多事，你离开出版社的事，当时处理很不当，你受了委屈，为此，我表示歉意。与金庸相交多年，他虽然文采风流，却不擅于词令，以上进出的几句话，相信是发自内心的肺腑之言。（潘耀明《我与金庸》）

金庸逝世之后，潘耀明对《南方人物周刊》记者说："写历史小说是要很大精力的，他从医院出来之后，就没法写了。这是金庸晚年最大的遗憾。"在潘耀明看来，这个遗憾引起了之后的一系列连锁反应。"他写不出历史小说，办不了这本新杂志，然后就去浙江大学人文学院做院长了，有这本杂志的话，我觉得他不会去。"

潘耀明在养和医院的走廊里焦急地等待了 8 个小时。手术不太成功，淤血进入脑部，查良镛甚至一度丧失了语言能力，"讲不出话来，对他打击蛮大的。后来他们通过找的三个香港最有名的脑科专家会诊，清理了，元气大伤。"潘耀明回忆。
…………

23 年前的那个 4 月 1 日，按照早先的计划，潘耀明带着秘书入职了，即便此时查良镛的手术已过去 10 天。令他没想到的是，查良镛在医院住了大半年，出来时的身体状态大不如从前，办公室不再天天去了，一周只能去个一两次，历史小说，很难有精力再写了。（荆欣雨《查良镛的遗憾》，《人物》

2018 年 12 月 8 日）

历史小说是不能写了。几年后，金庸开始第二次大幅修改自己的十五部小说，并不很成功。

金庸最后一次修改旧作，情节上的改动得失且不说，文笔也是大不如前，与这次大病损伤了脑力有关。损伤脑力，不是说病愈后的金庸脑力不及平常人，是与他巅峰时期差太大了。

金庸体质一直很好，精力过人。这次心脏病发作，很突然，也很凶险。金庸幼弟查良钰说："1995 年 3 月 2 日，良镛小阿哥在香港家中突发心脏病，当时，阿嫂林乐怡受他委托在外宴请客人，所以两小时之后才送他进医院抢救。院方作了很大的努力，成功地为他进行了'小球弹性通塞手术'，使得他转危为安。"

这次死里逃生的经历，对金庸触动很大。

当年 9 月，金庸在给查良钰的家信中说："许多人到医院来看我，问候我。叶运兄双目失明，拉着我的手，久久不放；传媒作了许多关心善意的报道，使我深刻感到人生感情的可贵，觉得虽然大病一场，经历了肉体极大的痛苦，其实还是所得多于所失。倘若我没有这样一次死里逃生的困厄，自己还不知道，以我这样的性格，平日很少对人热情流露，居然还有许多人关怀我，真心地爱我……我心脏肌肉虽然坏死了 16%，心中的温暖却增加了 160%。"（《金庸是我的"小阿哥"》）

11 月底，金庸又在给陈祖芬的信中写道："居然有这许多人关怀我，真心地爱我，觉得我这个人还不讨厌，还可暂时不要死，不妨再多活几年，瞧他以后还做些什么。"（陈祖芬《永远的金庸》）

听闻金庸的病讯，陈祖芬想到："乙亥年是查先生本命年。是不是本命年容易有病？"我由此更倾向于相信金庸的生年并不是公认的 1924 年，而是 1923 年（癸亥年）。

1997 年，金庸在与池田大作对谈时说："前年我因心脏病动大手术，

（沈）宝新兄在医院中从手术开始到结束，一直等了八个半小时。"

　　同事、朋友与读者这样善意关怀的反应，令金庸有些意外。意外，是因为他自知"平日很少对人热情流露"。金庸也极为感激，很是欣慰。金庸不是惯于"对人热情流露"的人，这绝不意味着他对朋友、同事和读者们缺乏"热情"与善意。这份深藏内心的"热情"，很多人体会到了，让金庸有些意外，甚是感动。

　　十年前，我谈任盈盈："她为司马大们求取解药，不是为了给自己在政治交易上增添筹码，仅仅出于其天性中的善良。司马大、计无施、祖千秋、黄伯流他们不是傻瓜！就算盈盈对他们表面上严苛冷漠，但他们对盈盈仍是'又是敬畏，又是感佩，欢喜之情出自心底'。盈盈一方面为江湖豪客排难解纷，一方面又刻意对他们严厉苛酷，但在内心，盈盈对他们从来不缺乏温情。"这一评价，并非完全不适用于金庸。

　　金庸个性极强，当与人发生矛盾的时候，他会有些不近人情——虽然还不像任大小姐那么"邪性"，但总体而言，金庸是一个善良的人。

　　在泉州，有读者问："我发现您很喜欢笑，脸上一直挂着微笑。那么，您是如何做到笑对人生的？"金庸答："……对于我的笑容，曾经有一个比我年纪大的同事对我说：'小查，给你提个醒。不要整天笑嘻嘻的，看起来笨头笨脑。'我对他说，微笑其实是我心里对人的一种善意。人家对我好，我当然也要对人家好；人家对我笑，我也要对人家笑。"（洪佳景、陈毅香《金庸：为了看书宁可坐牢十年》）

　　石贝在《我的老板金庸》一书中说："有不喜欢他的人，背后也称他'笑面虎'。"金庸生平接触的人太多了，不可能每个人都喜欢他，不喜欢金庸的人暗地里称呼喜欢微笑的金庸为"笑面虎"，这是太正常、太平常的事。若是有相当多的人都如此称呼他，金庸的人品，才稍微可疑。

　　有读者问："现在这世上对您来说，最重要的是什么？"金庸答："我所爱的人们（包括太太、小孩、朋友等等）都对我很好，我也对他们很好。"（《金庸一百问》）

金庸接受杨澜采访，他说的两段话，很值得注意：

杨澜：（祖父）对您幼年的所谓这种正义感，为民请命这种基本的价值还是有很大的影响？

金庸：不单单是祖父，而且从小受这个教育，中国人教育都是教育做个好人，做正派点的人，都不要做坏事。我祖父干了这个事情对我当然有切身的影响，所以有影响的，我觉得做一个好人好像是天经地义应该做的，也不能说是希望做好事将来有好报，我今年八十岁，我自己人生经验就是做好事不一定有好报的。

杨澜：但是仍然要做，是吧？

金庸：好像是问心无愧，然后朋友也好，子女也好，好像都对他得起，也没有做什么坏事，唯一觉得心里良心不好过的，就是我跟我太太结了婚之后我有婚外情，我就对她不起。这个事情已经过去了，也没办法补救了，除此之外我觉得什么事情都是问心无愧的，所以这个事情也不是说为了将来有好报，好报恐怕没有。

金庸最末一段话，可与《世说新语》相对照："王子敬病笃，道家上章，应首过，问子敬：'由来有何异同得失？'子敬云：'不觉有余事，唯忆与郗家离婚。'"沈海波《〈世说新语〉探隐二十则》解析最切："王献之对离婚一事固然感到遗憾，但本文的重点并不在于此。人之将死其言也善，既然王献之回顾一生只有离婚这么一件憾事，那就足以表明其德行之高尚，所以编者将本文列入'德行'，而非'尤悔'。人非圣贤孰能无过，今之读者切忌偏执一端，将道德问题绝对化。"

金庸许多事，我们只能说他做得"不够好"，却很难判定为"坏"与"恶"。他从来都不是一个有害人之心的人。

中学同学王浩然说："大大小小的善事，良镛做过很多次……良镛的为人处世也很可称道，内敛、稳重、正派、儒雅。"（王浩然《金庸少年行》）

金庸是一个感情不外露的人，却也是一个很重感情的人。

当年王司马患癌病重，昂贵的医药费用无限的为他供给，最后丧礼以极隆重仪式进行，突显他（金庸）对欣赏的人至为尊敬。（《明报月刊·金庸纪念专号》第 101 页）

王司马因癌病去世，金庸知道了，不禁流下眼泪。王司马的殡葬费，全由金庸支付，出殡那天，他赶去扶灵，神情懊丧，就像死去的是自己的儿子一样。（沈西城《金庸与倪匡》第 95 页）

沈西城《金庸与倪匡》初版于 1984 年。三十年后，2015 年，沈先生又谈起金庸旧事："有一个上海老乡戴文祺，某年除夕，身无分文，眼看过不了年，人急智生，跑上《明报》找金庸，期期艾艾，语不对题。金庸心水清，知其来意，和颜悦色地说：'文祺兄！我格得刚刚有两万块，侬先掏去用！'事后，戴文祺竖起大拇指向我说：'查老板，讲义气，是天下第一等好人！'"（沈西城《金庸逸事》第 124 页）

石扉客总结说："老先生生前助人甚多，却从来缄口不言，颇有胡适之先生之风。这一点，此前读另一人的回忆录时亦可见踪影。"

在窦文涛的节目上，李纯恩又说："黄永玉跟他是老同事。黄永玉跟我说，他说很多人都误会金庸，因为金庸是不出声，做了好事他不出声。他有很多的老同事老朋友的，特别是那些子女有需要的时候，出去留学什么的，他都给钱。"

1985 年，《明报》副刊编辑蔡炎培右眼视网膜脱落，金庸让他休假。休了几个月，工资照发，连医药费，金庸也照顾了。（《缅怀泰斗·拥抱鸿篇——细味金庸传奇一生》第 57 页）

1996 年，张圭阳辞去了全职的工作，专心撰写博士论文。金庸就委托他整理《明报》社评，说是准备出一两册金庸社评选。张先生整理了半年多，出版社评选一事却不了了之。张圭阳多年以后才想明白，金庸应该是以此为幌子，付给张先生薪酬，解决他在写论文时没有收入来源的窘境。（《明报月刊·金庸纪念专号》第 48 页）

这些，都印证了我在《此刻，此夜，怀念金庸先生》一文中所言："先生是传统中国人的作风，为善不欲人知，绝少对外宣扬。"读到这些，我不意外。

金庸不仅绝口不提对朋友们的帮助，除非记者问到这个话题，他对自己在公益活动中几千万的捐助，也是提也不提。这一点，金庸与李敖完全不同。李敖捐给北大台币一百万元（约人民币二十万元），嚷嚷得满世界都知道，然后，接着骂金庸，骂金庸"伪善"，捐款太少，不是真正佛教徒。

倪匡很早就谈到："金庸事业大成，自然比一般摇笔杆的朋友们富有许多，向他有所求的，很少受到拒绝。曾问过他：你手上一定有不少借条，如何处理？他的回答是：放在哪里都不记得了！施惠毋念，金庸是做得到的。但受恩勿忘，受过金庸好处的人，若能表达一下心中的感激，金庸也总会高兴的。"（倪匡《金庸一二三》）倪匡眼中的金庸，"为人好到不得了"。

沈西城与金庸妻子林乐怡聊天时，问起金庸的性格，林乐怡说金庸"沉稳，内敛，从不背后说人"（沈西城《金庸逸事》第 82 页）。沈西城在接受明报出版社访问时，转述林乐怡的话，表达与在《金庸逸事》书中稍有不同："听查太说，查先生在家很少说话，也从未听到他说谁的坏话。"

我很早了解，金庸从来不对一位朋友说另一位朋友的坏话，已觉甚为难能。读了沈西城 2018 年这本新著才知道，甚至是回到家里，对着妻子，金庸也从来不肯说别人一句坏话。这份教养，这样风度，令人叹服。

不说别人坏话，植根于内心的善良。

从 50 年代中期开始，金庸一直很欣赏潘粤生。1989 年，《明报》创立三十周年，金庸以笔名慧之发表短文《儒雅风趣潘粤生》："《明报》人才济济，潘先生为众所推服，不仅有才，更兼有德。俗语云：'谁人背后无人说，哪个面前不说人。'这句话用在潘先生身上，完全不适合……三十年来……没有一个在潘先生背后说过他的坏话，而潘先生也从来没有说过任何一人的

是非。"（《明报月刊·金庸纪念专号》第 35 页）

金庸在浙大工作时，也曾称道同事徐岱从不说别人坏话。

2002 年，金庸称许《中国时报》创办人余纪忠和《联合报》创办人王惕吾这两位台湾报人："余、王二先生，就像是晋初的羊祜和陆抗，二人在业务上尽管拼斗激烈，但背后从来不说对方的坏话，一切光明正大，是君子之争。"（金庸《深切悼念余纪忠先生》）

不能在人前人后说别人的坏话，说了，就不"有德"，非"君子"也，金庸有这样的自觉、自律。

1993 年，金庸在海峡两岸及香港新闻研讨会上说起："中国读书人有一个长期传统，重视'温柔敦厚'，瞧不起尖酸刻薄，即使对于别人的缺点，也长存一份谅解和善意。"这段话，可以视为金庸的"夫子自道"。

据陈墨说，金庸在新修《倚天屠龙记》时，竟然打算凡是提到张无忌的时候，省去姓氏，直呼为"无忌"。金庸在张无忌这一人物身上"投入"太深了。2003 年金庸补写过的《倚天屠龙记》后记中，有一句："张无忌只记得别人对他的好处，于是，人人都是好人，人人都很可爱。"金庸当然没有张无忌那么好，我仍感觉，这句话说的不仅是张无忌，似乎作者也在自抒胸臆。

1995 年这次患病，死里逃生，金庸领会到他对人的善意换来的他人的善意，心中温暖。

金庸最喜欢的几部西方小说，《基督山伯爵》在列。金庸病中及病愈后的感受，有点像在巴黎初次探访莫莱尔一家的伯爵：

"噢，那么说您认识他的了？"尤莉大声说道……

"他是一个怪人，不相信世上有'感恩'这种东西的存在。"

"噢，天哪！"尤莉紧握着双手大声说道。"那么他相信什么呢？"

"我认识他的那个时候他还不相信，"基督山说道，他听了尤莉的语气，心里很受感动。"但也许他后来得到了证据，知道'感恩'的确是存在的了。"

…………

"夫人，"基督山以真挚的目光凝视着那从尤莉脸上滚下来的两颗流动的珍珠，庄重地说道，"要是威玛勋爵看到了我现在所看到的这番情景，他一定会舍不得抛弃这个世界的，因为您所流的眼泪可以使他和人类言归于好的。"(《基督山伯爵》第五十章）

到医院看望金庸，以各种方式为金庸祝福的，当然不全都曾直接受惠于金庸，很多人是从金庸的小说和他的《明报》上，体会到金庸对人的善心善意。

金庸很早就说过：

《明报》成功有一个原因，就是我主张不要得罪人，与人为善，就算有人干尽了坏事，写稿的时候，我总是对同事说最好抱着同情、温情、体谅的态度，不要用侮辱性的言辞，不要打击他的尊严……

有些人做了一些不好的事情，我们不要一棍子把他打死，不要把他骂得很厉害，也要想到他的困难和痛苦。《明报》的长期读者有一个感觉：《明报》向来对人很友好、很善良。长期对人友好、善良，终会有回报的，一来人家喜欢亲近你，二来一旦有困难的时候，人家也愿意帮忙。（冷夏《文坛侠圣——金庸传》第 402 页）

《明报》与人为善，《明报》的"报格"，某种程度上反映了金庸的"人格"。金庸的"人格"，塑造了《明报》的"报格"。金庸是一个厚道人，对人怀有极大的善意，他的《明报》亦然。

1981 年，金庸访问内地回港，对《明报月刊》记者说："近年来我信仰佛教，对一生所犯的各种错误内心惭愧，更加盼望努力对别人好些。只是实际上也没有什么真正的好事做出来。"这是金庸的"内省"与"自讼"，并不是说，他的错误比一般人更多，做的好事比一般人更少。

一个作恶甚多而隐藏极深，恶行从未暴露的人，反而不会说出金庸所说。

金庸这句话，与基督徒常说的"没有义人，连一个也没有"，基本是一个意思。我们每个人，都犯过太多错误，做了太少的好事，都不是真正的"义人"。

金庸是经常"自讼"的。

1996年12月15日……有人告诉我，金庸来了。

有记者问他很浅近的问题，他总是笑笑地、平和地、诚心诚意地道来。以前，有的记者问得不讲道理，他偶也不客气地讥讽几句。然后就要反省自己，觉得可以驳斥人家，但是不应该对年轻记者不客气。像查先生这样的人望，还在不断修正自己，包括他的小说。他后期的小说明显地比前期的小说更有包容性。

他平和地说着平实的话，平等地看待世界。这种心性的平和，如同作家的文风，平实是一种最高的境界。（陈祖芬《金庸的997房间和1997年》）

1997年，金庸对《新明日报》记者谈起："第二个太太对我很好的，也跟我生了孩子，事业上也很帮助我。后来我跟了现在的太太，第二个太太不满意就跟我离婚了，当然我心理上就觉得对她不起了。她一直对我很好的，是我背叛了她。"记者问："经过一场大病，您对生死有什么体验？"金庸答："我是不怕死的！作为一个佛教徒，相信轮回，这一生做人要是好一些，可以影响到下一生，下一生大概也是会比较好的。"（韩咏梅《访问金庸》）看来，除了对不起朱玫女士，金庸自觉一生问心无愧，他这"一生做人"，还是很好很好的，没有再做特别糟糕、特别特别对不起人的事。

金庸也只是一个人罢了，他也伤害过人，也犯过错误，对这些，都不妨给他指出来，加以指摘亦无不可，但是，指摘的同时，真不必怀有那么强大的"道德优越感"——毕竟，金庸并不比普通人更不道德。

这些年，加于金庸其身的捕风捉影之事、污蔑不实之词，也真不少。金庸自重身份，不屑辩驳，默默承受。

在位于柴湾的明报工业大楼的一间办公室中，挂着金庸的一幅字："看破、放下、自在。人我心，得失心，毁誉心，宠辱心，皆似过眼云烟，轻轻放下可也。"老先生希望自己能，但他确实还不能完全达到此等境界。

我相信，时间与人心，会还金庸先生一个公道。

先生逝去了。相识的，不相识的，无数的朋友，发自内心地，在怀念他。先生天上有知，心中温暖。也如金庸在悼念冰心的诗作中所说：

我们失去了你，但是你找到了亲爱的妈妈。

在蓝天下，星光下，在碧海上，你在妈妈的怀里，

带着我们千千万万小读者，大读者，老读者的爱。

此刻，此夜，怀想金庸先生

2018 年年前就听说，金庸先生的神智，有时已经不很清楚了。这样绝顶聪明人，竟部分丧失了思考的能力！深深感到造化弄人的荒谬与残忍[1]。

曾经暗暗想过，以这样的状态离开，在先生自己，也未尝不是一种解脱。

若今日离世的，是神智始终清明的先生，我心当有更多不舍。

在网上，听人读《诗经》，正读到有关祭祀的几个篇章，得知先生去世的消息，很突兀，竟不觉如何的心痛。

半小时后，才觉一颗心慢慢抽紧，而终于泪目。

恍然想起弗吉尼亚·伍尔夫写在日记中的几句话："在海报上读到'名小说家去世'……这个下午多么阴沉……我有一种奇怪的感觉：当像斯·本这样一个作家去世时，一个人的反应是往里收缩。'此地'与'此刻'，再也

---

1 后来看到倪匡追怀老友，也说："查先生过身前一两年，根本看东西一点反应也没有。他目光，眼睛睁开也没有焦点。这么精彩的人都会变成这样，看得很难过。"

无法被她照亮。是生命本身在收缩。"说得真是好，于我心有戚戚焉。

初读金庸小说，坚决不相信是出于今人手笔。金庸小说与我以前读过的古典小说血脉相连，风格酷肖。再则，当时不知如何，有最美好的文艺创造都在古时候的意识，就觉得金庸小说应该是古人写的，必须是古人写的。确认了作者与我生在同一时代，真觉荣幸。那一刻，天地都比之前光明得更多。

金庸小说十五部，十五束强弱不等的光，照亮这个世界，照亮了两个世纪。

知道金庸活在当代，转而对古时候的人多了几分同情：他们竟无机缘得睹金庸小说。

如今，棺已盖，而论未定。

先生的作品，远未得到应有的评价。

人们往往只因它们是"通俗"的"武侠小说"，低估其价值。其实，先生的海宁乡贤王国维，早已揭出："雅俗古今之分，不过时代之差，其间固无界限也。"

可惜，千百年来多少次被证明是完全错误的"雅俗"之见，在今日人们的头脑中仍有着极大的势力。人们往往不加思索，信之不疑。

金克木、程千帆、饶宗颐、柳存仁、许倬云、夏济安、陈世骧、章培恒、刘再复、胡文辉、张文江……这些大学问家，对金庸小说皆有很高的评价。反而是其他一些文人，把金庸小说贬得一钱不值。

人们对金庸为人处事的非议，也往往过甚其词，求全责备得太过分。

很感谢傅国涌搜集那么多关于金庸的资料，利于我理解金庸其人其书。但是，也不得不说，他的《金庸传》问题很大。我不敢确定傅先生对传主是否有那么一点"恶意"，但他选择性处理原始资料的手段，总是难说公道的。

《金庸传》写《明报》的第三位股东，很明显取材于张圭阳《金庸与〈明报〉》一书。这位股东，1959年入股，两年后迫于压力，要求退股。关于此事，傅国涌告诉读者，金庸把钱还了。但在《金庸与〈明报〉》上面，写得更清楚：入股时是港币一千五百元，两年后，金庸退给这位朋友两万元。

我们从某些金庸传记中读到的，几乎都是金庸吝啬的一面。

很多人强调金庸给《明报》员工的薪酬低，以"苦大仇深"的心态，"控诉资本家"的姿态，描述《明报》老板金庸，就差高呼"砸烂金庸的狗头"了。实则，在自由社会，觉得薪酬低，谁都可以辞职不干。

某些人觉得唯独自己精明得不得了，而将世人都看作傻瓜。殊不知，基本上每个人都是"理性经济人"，关涉切身利益，哪个不懂得权衡利弊得失。

几十年来，《明报》员工很少有辞职的，说明金庸给出的薪酬即使不很高，至少可以接受，干他人何事？企业家是办实业，不是做慈善的。都把企业办成慈善，企业只好全数倒闭，大家更没处吃饭。

先生在某些时候某些方面确实有些吝啬，但这从来不是先生的全部。

金庸累计捐款，据我所知，早已超过六千万元。以他的身家而论（毕竟他不是比尔·盖茨、李嘉诚、马云那样千亿级别的巨富），真是不少，有些太多了，但先生是传统中国人的作风，为善不欲人知，绝少对外宣扬。

既吝啬，也慷慨；既宽和，也执拗；既出世，也入世；既悲观，也乐观；既世故，也童真——金庸先生，是"一捆矛盾"。

既温情，也冷漠。

金庸也曾冷漠、冷酷过（谁没有过？），有意无意间也曾伤害过他人（谁又从来没有？），总体上看，他仍是一个厚道人，对人怀有极大的温情与善意。金庸在他的小说中和小说外，都算得一个人道主义者。

白岩松说金庸耳根子软，遇到有人要求题字，有求必应。先生不是耳软，是心软。他不想让任何人难堪，让人没面子，不开心。[1]——除非是有人设局要他跳，要他必须做某事，这时候的查先生，就像不愿做的事谁也无法勉强的令狐冲了。

1　金庸逝世后，倪匡与潘耀明对谈，怀想金庸。潘耀明说："我看金庸挺尊重你的。"倪匡接口说："金庸每个人都尊重的！他从来没有当面诋毁过别人。"（《明报月刊·金庸纪念专号》第 26 页）

我看金庸其人：小德有出有入，大节无亏无愧；大醇小疵。

有人要我谈谈金庸先生的缺点。这问题，太难了。主要不是考虑逝者为大，要为尊者讳，只是越来越觉得自己一身毛病，怎么好意思随意指摘别人？停顿很久，才答出一个缺点：金庸看某些"政治人物"，多数时候（倒不是一直如此），仍是一种仰望的态度，不该这样的。

仍是王国维的话："生百政治家，不如生一大文学家，何则？政治家与国民以物质上之利益，而文学家与以精神上之利益。夫精神之于物质，二者孰重？且物质上之利益，一时的也；精神上之利益，永久的也。"（王国维《文学与教育》）

哈佛大学校长德里克·博克认为："以千百年的眼光看，能给我们的文明留下最永久性印记的，毕竟不是将军和总统，也不是为他们出谋划策的专家们，而是那些最纯粹的知识分子。"

金庸比很多政客更伟大，更接近永恒。

约翰逊博士认为："卓越的智慧禀赋，才是至高无上的福祉；每一个国家的声誉，都建立在国内文学家的成就与尊严上面。"我心目中，先生一直是"当代伟人"，真正的"大人先生"。

立德、立功、立言，古称"三不朽"。先生自少年时代，即以从政为职志，要做范蠡、张良那样的人物，以"立功"而"不朽"。后因政局丕变，改而从文，终以"立言"的实绩，优入"不朽"之域。

老先生本来就是"天上有份"的人物。此刻，此夜，先生重回天界，化为星辰。

留下我们，读先生的书，也读先生读过的书，因阅读而心生欢喜。

十多年前，我曾谈过：后五百岁，亦必有人乐读金庸，且其狂喜如我！

千秋万载，四海列国，先生永在。

2018 年 10 月 30 日初稿

附录 金庸生年生月生日考

金庸的生年，有 1923、1924、1925 三种说法。金庸的生日，都说是 2 月 6 日。

金庸幼弟查良钰在那篇口述的《金庸是我的"小阿哥"》中说："小阿哥良镛是属猪的，生于阴历 1923 年底，阳历 1924 年初（有报刊讲其 1925 年生，是错误的）。"（《金庸其人》第 63 页）也即是说，金庸的公历生日和农历生日跨年，农历生日在癸亥（1923）年底，公历生日在 1924 年初。

但我查了一下万年历，问题就出来了：金庸如果属猪，他就不可能生于公历 2 月 6 日，如果生于公历 2 月 6 日，金庸就不可以属猪。

公元 1924 年的 2 月 6 日，农历是甲子年正月二日（这一年，立春与春节是同一天，都在公历 2 月 5 日），金庸应该肖鼠；假设金庸不是 1924 年而是 1923 年生人，则公元 1923 年 2 月 6 日是农历壬戌年十二月二十一日，金庸应该属狗。

总是哪个地方出岔子了，或者金庸不属猪，或者他不是公历 2 月 6 的生日。

一般情况下，兄弟之间，生日有记错传错的，属相很不容易错。

剩下唯一的可能，金庸确实生在猪年，也确实生于 2 月 6 日。但这个 2 月 6 日，不是公历 2 月 6 日，而是农历癸亥年二月六日。金庸的公历生日应该是 1923 年 3 月 22 日。

以上，原题《金庸生年生日考》，2008 年发在网上。当时大多数网友都以为金庸生日是公历 2 月 6 日。

傅国涌在网上看到此文，觉得可信，在修订版《金庸传》中说："刘国重考证，如他（金庸）确实属猪，也确实生于 2 月 6 日，应不是阳历 2 月 6 日，而是阴历癸亥年二月六日，即 1923 年 3 月 22 日。"别的都没什么，看了其中"考证"二字，却让我一阵阵脸热、心虚。有时给自己的文字安上

"考"或"考证"的名目，其实都有戏谑意味，并不是真的以为自己所为乃是正经的"考证"。不料傅先生当真了，就怕《金庸传》的读者也跟着当真，岂非误人太甚。

不是严格的考证，只是按常情常理做出的一点揣测，而已。

查枢卿与原配徐禄，生有五子：良铿、良镛（金庸）、良浩、良栋、良钰；与续弦顾秀英生有四子：良钺、良楠、良斌、良根。

《金庸是我的"小阿哥"》的口述者查良钰，与二哥金庸差十多岁。兄弟俩接触多的时候，查良钰还不怎么记事；查良钰记事以后，金庸又总在外地求学、工作；1950年以后，更是天各一方，难得相见。他记错了二哥的具体生年生日很不奇怪，遇记者采访，将记得不准确的二哥生年生日（"生于阴历1923年底，阳历1924年初"）随口说出，毫不奇怪，但兄弟之间记错彼此的属相，我觉得这样的可能性很小很小。这是常情，是常理。

当初也是推己及人。我自己用的就是农历生日，金庸那一代人用农历的就更多了。

傅国涌修订版《金庸传》又说："杭州东南日报社档案中有查良镛1946年亲笔填写的简历，'出生年月'一栏是'民国十二年二月'。"这个"二月"，与人们一向认为的2月6日的金庸生日，是相合的；"民国十二年"与1923年当然更相合了。

查良钰证实金庸是猪年生人。在衢州中学读书时与金庸很熟，英文曾得金庸辅导的毛信仁，也说金庸属猪。

基本可以确定，金庸生于癸亥年二月六日，也就是公历1923年3月22日。

早金庸一年写起武侠小说的梁羽生，比金庸小一岁。他的生日，居然也是3月22日。如果这是梁先生的公历生日，则金庸与梁羽生不仅同一星座（白羊），根本就是在相隔整一年（365天）的同一日期出生。这就不是一般的巧合，令我疑惑：香港新武侠小说的兴起，真的是运会使然？

金庸1955年写《漫谈〈书剑恩仇录〉》，说"梁羽生弟是我知交好友，我叨长他一岁"的时候，未必知道他二人同一天的生日。第一，金庸未必精确知道梁羽生的生日；第二，金庸当时未必推算过自己的公历生日；第三，可能当金庸记得梁羽生生日的时候没算过自己的公历生日，算出自己公历生日的时候又忘记了梁羽生的具体生日。

2014 年 3 月 10 日，很多人把这一天当作金庸九十岁的寿辰。有记者致电金庸办公室，工作人员称办公室不知金庸的寿辰，也未为其举行贺寿仪式。《华西都市报》记者联系到金庸次子查传倜，查传倜透露，几天前，家人及亲友已经聚会吃饭，为查老贺寿。老先生庆生，"是按照农历生日（二月初六），而不是阳历（3 月 10 日）"。

看《华西都市报》，似乎金庸虽不过公历生日，但他确是九十整寿，公历生日也确是 3 月 10 日。然而，2014 年 3 月 28 日，《北京青年报》报道："昨天，'金庸武侠与中国梦——百度贴吧金迷群英会'在北京举行。金庸先生亲属查台传、查竟传出席了活动。据他们透露金庸先生应该是九十二岁生日，而不是外界所说的九十岁生日。他们还提供了一张金庸先生在九十二岁生日当天与儿子查传倜的合影。"

对照之下，可知《华西都市报》所述金庸过二月六日的农历生日而不是公历生日是查传倜的原话，"而不是阳历"后面括号里那"3 月 10 日"很可能是报社记者按自己的推算给添上的。

金庸应是生于公历 1923 年 3 月 22 日，农历癸亥年二月六日。中国人算虚岁，洋人算周岁。金庸是很传统的中国人，过的是农历生日，年岁也照传统算法。2014 年，金庸九十二岁。

然而，有记者在一位网友上传的照片上看到，金庸的北大博士毕业证书上写着："查良镛，1924 年生，于 2009 年 9 月至 2013 年 7 月在中国语言文学系中国古代文学专业学习，修完博士研究生培养计划规定的全部课程，成绩合格，通过毕业论文答辩。"这张（将颁发而终于未颁发的）毕业证，应该是经过金庸阅看、认可的。

问题仍是金庸究竟生于 1923 年，还是 1924 年？

海宁市档案局主办的海宁档案史志网上写明金庸的祖父查文清逝世于1923年。2004年《丹阳日报》有一篇长文《金庸的丹阳情结》，详细地介绍了金庸于1986年春到丹阳寻访其祖父查文清遗踪的缘由和经过，文中也说："1923年，查文清病逝于海宁。丹阳百姓为他在公园内召开了追悼大会。"（《侠坛巨擘》第15页）金庸说自己出生不久，祖父就去世了。如属实，则金庸的生年也必为1923而非1924。

《乡踪侠影——金庸的30个人生片断》第4页说："1924年金庸出生之时，查文清已于上一年的9月去世，享年75岁。"我重视75（岁）和9（月）这两个数字。能精确到月，当是做过查证，并非信口瞎说。9月这个月份可信，1923年这个年份也就比较可信。只是该书作者没注意到金庸说过他们祖孙二人曾经相见，仍坚信金庸生于1924年。实则，金庸生于1923年3月，查文清当年9月逝世，生前见过这个孙儿，并为他取名宜孙。

《乡踪侠影》收入了金庸初小、高小和初中毕业证的照片。初小毕业证颁发于1934年，写着金庸十二岁。高小毕业证颁发于1936年，写着金庸十三岁。初中毕业证颁发于1939年，写着金庸十六岁。高小、初中毕业证上的年龄是彼此相合的，但与第一张毕业证上写的年龄不相符合。

我所能想到的唯一合理的解释：初小毕业证写的是金庸的虚岁（不是虚岁的话，金庸就生于1922年了），高小、初中毕业证上写的是实岁，也就是周岁。

空间上，金庸在乡村读小学，读初中则在县城。乡村往往比县城更传统，更多算虚岁的。

时间上，初小毕业后的第五年金庸初中毕业。五年时间内，周岁的观念更普及。不仅在县城普及了，金庸读过的那家小学可能也都算周岁了。

金庸生于1923年，1939年初中毕业，实岁十六。

金庸1946年二十岁多一点的时候，在东南日报社填写简历，写明生于"民国十二年"。民国十二年就是公元1923年。这应该不会错的。

1955年，三十多岁的金庸，写文章说，他比1924年出生的梁羽生大一岁，应该不会错的。

1997年，金庸接受新加坡《新明日报》采访，谈到："我跟李光耀同年，所以他退休不做的时候，我也是要退休不做了。"（韩咏梅《访问金庸》）李光耀生于1923年，这是确定无疑的事。

很多民国人物的年龄，都是一笔糊涂账。

关于夏梦的生日有两个版本。

某些公开资料上，夏梦生于1933年2月16日，但她墓碑上写的是"一九三二壬申年正月十一日"。究竟那个版本准确？

杨洁对此解释，姐姐（夏梦）属猴，应该是"壬申"年出生的，生日是农历正月十一日。

查民国时期的农历壬申年一月十一日，公历是1932年2月16日。可见，某些公开资料上夏梦出生时间的日月是对的，年份则弄错了一年。

原来，夏梦1947年去香港报户口时，继母因没弄清公元年份而报了1933年1月11日，导致她出生年份被登记错了，所幸月和日后来被改了过来。

其实，杨氏家族出生时间被报错的还不止夏梦一人。杨洁、杨铭新也报错了，公历和农历被杂糅在了一起。有一次，杨洁和杨铭新一起回香港，过关时，杨洁说他们是亲姐弟，查证件的人说：那你们的生日怎么只差5个月？他们解释了半天才被放行。（施晓平《夏梦和苏州的那些事》）

再如：

张充和究竟是出生于哪一年呢？维基百科和百度百科一样，都把张充和的出生年份定为1914年，明显有误。其实张充和的出生年月是非常确凿的，就是如陈安娜编撰的《张充和手抄昆曲谱》中所写的："1913年阴历四月十二（阳历5月17日）出生在上海铁马路图南里"，属牛。但由于那时恰逢新旧时代交替，阳历阴历还有民国纪年交叉，加之国人特有的虚岁实岁算法，有时不免会造成一些混乱，也是在情理之中……

…………

2013 年广西师范大学出版社出版了苏炜的《天涯晚笛》，兹节录第 57 页苏炜采访张充和的相关段落如下：

"您是哪一年出生的？"我顺口问。

"一九一三年。就是民国二年。阴历是四月十二日，公历是五月十七日。现在很多书里提到我是一九一二年出生，是传错了。大概是当初结婚时候登记婚书的人，按中国岁数的算法，算多了一岁，就这样以讹传讹啦。"（陈蓓《张充和生于哪一年》）

有些糊涂账，还是本人刻意造的假账。例如，金庸的高中同学刘衍文，"关于他的年龄一直是个谜。在人事档案中登记的是 1920 年生人。但我曾听说因为他年轻时就很有学问，想提早进入社会工作，于是虚报了五岁。这样一推算他应是 1925 年生人，属牛。然而根据他家属的多次证实，他的正确的生肖是属鼠，应该是 1924 年生人"（张冰隅《海上易学"高人"》）。

再如，1946 年，齐白石拜访胡适，请胡适为他撰写传记。齐白石把《自状略》、《白石诗章》、日记等资料交给胡适。胡先生编写过程中发现，《自状略》比其他资料记载的年岁往往有两岁差异。胡适又研究齐母周太君的身世，知道齐白石是 1863 年 1 月生的，也证实两岁差异确有蹊跷。胡适带着这个问题去找过齐白石的同乡黎锦熙，黎锦熙向胡适讲述了齐白石在长沙算命的故事。原来，1937 年，有人给齐白石算命，说他七十五岁时流年不利，有灾难。齐白石为了回避七十五岁，就瞒天过海，把七十五岁过成了七十七岁。

类似的故事，未必不会发生在金庸身上。在台湾，有读者问："你是否相信算命？哪一种最准？"金庸答："曾经有人帮我算过八字、紫微斗数，有些事情都蛮准的，另外，香港有一种铁板神算，也是很准确，但是我想它

算过去是很准，对它所算的未来，我则存疑。"（《金庸一百问》）

《明报》旧人石贝在《我的老板金庸》一书中谈到："还有一个传闻，说（长子自杀后的）查先生从此对相术算命之类深信不疑，因为早年有人曾为查算过命，说他命中只有一子，但朱玫为他生下两子，他心想这算命的真是乱说，结果长子的过世竟然不幸验证了那位术士的预言。从此，查先生开始信命。""他对命理相术、气功及特异功能抱有'宁可信其有'的心态。"沈西城也说，长子自杀后，金庸"对玄学深信不疑"。这虽是传闻，感觉真实性还是很高的。

金庸小说中，某一人物说自己的话，或别人说他的话，都带有一点预言的性质，最后也都应验了。这样的"一语成谶"，在金庸小说中为数极多，宿命论的味道强烈。

有人曾问刘再复、潘耀明两位，他们2月一起去看望金庸，得知是九十整寿。金庸称，九十大寿不让庆祝（风水师的提醒），所以刘、潘两位本来要写文章祝贺，因为老先生这句话，两人都没写。《明报月刊》本来要做金庸的专题，也因此作罢。

金庸能因为风水师的提醒而不过九十整寿，他也可能因为类似原因而不反对自己生于1924年。既然金庸选择1924年出生，他就没办法拒绝承认公历生日是3月10日。好在他庆寿都按农历，公历生日是哪天对他没什么影响。

2016年5月7日的《明报周刊》上，又登载了记者对与金庸关系极好的王世瑜的采访。王世瑜说："查先生比我大十六岁，他属猪，我属兔。"

2018年，沈西城在他的新著《金庸逸事》中，还有接受明报出版社访问时，也都说，金庸夫人林乐怡曾请他吃饭，席间谈及金庸、倪匡、沈西城都属猪。金庸属猪，是金庸夫人亲口对他说的。沈西城认为："那年头的人来港把出生年份报早报迟一两年不足为奇。"

2018年10月30日，金庸逝世。

"金庸先生享年应该是 95 岁，而不是 94 岁，金庸先生是 1923 年出生，属猪的。金庸先生生前曾几次亲口告诉我说。有媒体朋友这两天在报道金庸先生的年代上，没有报道准确。我特别纠正一下。"

10 月 31 日晚 11 时，当封面新闻记者在北京再一次电话采访金庸先生 20 多年的好友、著名导演张纪中时，张纪中特别向封面新闻记者说道："金庸先生的年龄应该更正一下。金庸实际真实年龄，今年确实是 95 岁了，而不是许多媒体报道的享年 94 岁。在金庸年龄这个问题上，金庸生前几次和我喝茶时，他曾亲口对我说，他是猪年出生的，是 1923 年生人。希望媒体朋友再报道金庸先生时，能及时更正过来。"（杜恩湖《张纪中：金庸先生出生于 1923 年，应是享年 95 岁》）

2018 年 11 月 4 日，红星新闻记者彭志强侧面采访查传倜，在《"爸爸，感谢五十多年，和你分享的美食！"金庸儿子查传倜泣别父亲》一文中谈到："在查传倜的微信朋友圈，之前几乎看不到他发布与金庸有关的文图信息，只是会在 3 月 10 日这天集中发布几条与父亲有关的消息，然后给一众朋友反复解释，'3 月 10 日不是父亲的生日，他只过农历生日，他的生日实际上是每年农历二月初六'。"1924 年农历二月初六，就是公历 3 月 10 日。查传倜说 "3 月 10 日不是父亲的生日"，足证金庸不是生于 1924 年。

张纪中很早就知道金庸生于 1923 年，但总要等到金庸逝世后才公开，似乎之前有所顾忌与避讳。这似乎印证了我先前 "金庸能因为风水师的提醒而不过九十整寿，他也可能因为类似原因而不反对自己生于 1924 年" 的猜想。

我比较相信金庸生于 1923 年，还有一个很 "唯心" 的理由。1995 年金庸突发心脏病，送医院再晚一点就没救了，做手术失败也会丧命。金庸如生于 1923 年，这一年，正好是虚岁七十三，是民间重视的一个 "关口"。过了这一 "关"，金庸又活了二十三年。

1995 年抢救时刻，金庸的心脏停止跳动一分钟更久一点，按古代的医疗条件，他已经死过一次。[1]

---

1 金庸给余兆文的书信中说："谢医生诊断为急性心血管栓塞，以药剂稀释血栓，扩张血管，但病势突然转恶，心痛剧烈，心脏停止跳动逾一分钟之久，谢医生紧急抢救，得以转危为安。"

　　每次从电视或图片中看到似乎总在微笑、"满面佛光"的查良镛，我总是困惑：这位查先生，当真快乐吗？

　　揆情度理，似乎再没有比查先生更不具备不快乐资格的人了。

　　金庸的大半生功成名就、花团锦簇，近乎传奇。他名满天下，闻达于世；富甲文苑，其财富较诸李嘉诚、郭炳湘等工商巨头或不足道，而在一干"爬格子"的文人中却是自古及今，一人而已。比之欧、美、日畅销书作家的收入亦未遑多让。

　　金庸，于著述治学与经商办报两途均有绝大的成就。在香江一隅之地固然是大人物，在全球华人圈中也是大人物。似乎真的像令狐冲之吹捧任盈盈：占尽了天下的好处。

　　尤属难能的是，金庸的武侠小说日益得到文苑推重，自林野而臻庙堂，金庸的文学成就亦渐为学界所公认。

　　当关汉卿、施耐庵、曹雪芹、莎士比亚、塞万提斯、莫里哀分别完成他们最伟大的作品时，小说与戏剧完全不具备今日的正统地位，他们生前名气或许很大，但在当时的文坛及整个社会上不被看重，被认为只是雕虫小技，不值一提。

　　同样从事于被其时代认为"未入流"的文学品类的创作，而能及身见到自己的作品经典化，金庸几乎是中外古今第一人。

法兰西的金庸要等到逝后一百三十年才获得入祀巴黎先贤祠的荣誉，中国的大仲马则身名俱泰，入牛津、剑桥为院士，入北大为名誉教授，入浙大为文学院院长，而且他得到了杨联陞、许倬云、王浩、柳存仁、牟宗三、陈世骧、夏济安、章培恒、冯其庸、刘再复、胡文辉、张文江、钱理群、严家炎、贾平凹、莫言、张大春、宗璞、张五常、陈省身等中华文化圈学者文人几乎一致的推许，国学大师饶宗颐更称"金庸小说已经是百节疏通，万窍玲珑"。

虽间有鄢烈山、王朔等人起而鼓噪，却正如蚍蜉撼树，无如金庸的"大师"地位事实上早经确定，难以撼移。

金庸无疑是极其幸运的一个人。

但每次从电视或图片中看到似乎总在微笑、"满面佛光"的金庸，我总是想问一声：查先生，你真的快乐吗？

这个问题势必牵涉后期金庸皈依佛法之事。

当代文人中最擅长四面树敌、不给人留一点面子的是李敖。金庸表白："自从儿子去世后，自己精研佛学，已成为虔诚的佛教徒。"李敖的反应是："佛经里无不以舍弃财产为要件，你有这么多财产在身边，又说自己是虔诚的佛教徒，你怎么解释你的巨额家产呢？"金庸无言以答。

李敖解释："金庸的所谓信佛，其实是一种'选择法'，凡是对他有利的，他就信；对他不利的，他就佯装不见。自私的成分大于一切，你绝不能认真，他是伪善的。"除去"伪善"的讥评外，我非常赞同李敖的观点：金庸不是，也难能成为一个虔诚纯正的佛教徒。

论及传统文化对金庸的影响，人们往往过分重视他前期的"崇儒"和后来的"入佛"倾向。我倒分明感觉：与金庸天性最接近的反而是三教中最不被重视的道家思想。[1]

金庸与池田大作对谈，曾同时谈及儒、释、道三家，认为"大乘佛教普度众生的大慈大悲十分伟大，儒家'修齐治平'的理想也崇高之至"。可惜"我们大部分普通人是做不到的"，然后金庸就大谈"中国传统的处世之道"："'知足不辱，知止不殆。'其出发点可以说是自私自利的，然而是十分高明的自私自利。一个人能克制欲望，能够知足，能够适可而止，做事不太过分，就不会受到羞辱，不会垮台，倒也合乎自私自利的原则，终究对己对人都大有好处。"（《探求一个灿烂的世纪》第 166 页）

金庸对儒家与佛家思想都不乏敬意，但却自知"做不到"，能做到的是道家之祖老子的训诫。

林语堂说的就不仅是哪一个人了，他认为"中国人民出于天性的接近老庄思想甚于教育之接近孔子思想"（林语堂《吾土吾民》）。

假设不曾自幼接受世代书香的儒学熏陶，假设金庸一生未读佛经，那么孔夫子和释迦文佛的学说与金庸不会有任何干系。但我敢断言，就算生于火星，就算金庸如令狐冲几乎从来不读书，就算他与老庄思想从未有过接触，金庸仍然是一个不可救药的自由主义者（金庸老友董千里谓"我在金庸的作品中和谈话中体会出他是一个彻头彻尾的自由主义者"）、道家思想的"同路人"。

"天生的'隐士'"是金庸对笔下人物令狐冲的考语，我们正可将它套用到金庸本人头上。[2]

此一臆测应从以下事实得以证明：少年金庸两次因放言无忌而遭学校开除的经历；他对于"放下无求自在"的一贯追求；他对于严守纪律感到痛

---

1 此文写于 2006 年，2020 年我又读到金庸对香港记者说的一句"我既不是佛家也不是儒家，倒有一点道家味道"（戴萍《金庸求真求细读历史》），甚是惊喜。看来我当初的猜想与金庸的自我认知并不相悖。

2 2020 年读到《大侠金庸：常常幻想自己是令狐冲》，金庸说："我常常幻想自己是令狐冲，醒来才发现我已经老了。"

苦，"独往独来、我行我素的自由散漫性格"的自我认知；他对老子"知足不辱，知止不殆"这种"高明的自私自利"的推崇；《明报》事业在他手中三十年所坚守的自由主义立场……

金庸自称："我的权力欲很淡泊，我觉得'且自逍遥没谁管'是人生的一大乐事。"他认为"且自逍遥没谁管"本是道家的理想。

金庸至为崇仰的历史人物是功成身退飘然而去的范蠡与张良，金庸的毅然退出《明报》也与范、张的行事风格相近，体现了道家"生而不有，为而不恃，功成而弗居"的人生理想。

1959 年的金庸，最初想要创办的并不是一份报纸，而是一份小说杂志，名字已经取好了，叫作《野马》。"野马"之名，出自《庄子·逍遥游》，"野马也，尘埃也，生物之息相吹也"，金庸自言，喜欢这个名字，"很自由，有云雾缥缈之意"。

金庸笔下最有光彩的人物，除个别例外，多染有浓重的道家色彩，如令狐冲、黄药师、郭襄、风清扬、杨过、张三丰、周伯通、任盈盈、何足道、韦小宝、石破天、张无忌诸人莫不如此。金庸对这些人的共同概括为"大吵大闹一通后飘然而去"。

《金庸作品集》中所杜撰的种种神奇武功，从陈家洛参悟的庖丁解牛，到后来的空明拳、《九阴真经》、黯然销魂掌、乾坤大挪移、北冥神功、吸星大法、独孤九剑，甚至《葵花宝典》，其灵感也无不源于道家典籍。

金庸难能成为"虔诚的佛教徒"。其思想与性情的底色实为道家，前期浸淫于儒学久，后期沉潜于佛学深，如斯而已。

金庸身上的道家特质出于天性，而非后天被动接受、信从。我相信一个人的性格特征主要得自先天生成，而非后天的环境影响。这一点在中国的天人感应、阴阳五行等观念中均有所体现，近来更有基因的科学理论以为验证。[1]在《韦小宝这小家伙》一文中，金庸也谈到："一个家庭中的兄弟

1　金庸一直因"吝啬"为人所讥，而 2007 年以色列科学家的研究成果表明：人的吝啬与否，是某种基因决定的。当然，金庸是否真的吝啬，这个问题值得推敲。

姐妹，秉受同样遗传，在同样的环境中成长，即使在幼小之时，性格已有极大分别。"

金庸将令狐冲称为"隐士"，并且称为"天生的'隐士'"。

《世说新语》记王衍品藻山涛："此人初不肯以（清）谈自居，然不读老庄，时闻其咏，往往与其旨合。"

金庸于古代大文人，最爱苏轼。苏轼自号东坡居士，似乎也在以"佛教徒"自居。然而世人眼中的东坡总是与释家远，而与道家近；与佛陀疏，而与老庄亲。苏轼自陈初读《庄子》的感受："吾昔有见，口未能言，今见是书，得吾心矣。"刘熙载更认定苏轼诗"出于《庄》者十之八九"。

山涛与苏轼都不是被动地接受庄子学说，而是与庄周的精神契合，是睽隔千载的同声相应、同气相求。

金庸读过不少王尔德著作。王尔德说："影响过我的只有济慈、福楼拜和沃尔特·佩特，而在我与之相会前，我已经迎着他们走了一大半的路程。"我们也可以说：苏轼与庄子相会前，苏轼已经迎着庄子走了一大半路程；金庸与庄子、苏轼相会前，也已经迎着他们走了一大半的路程。

苏轼与金庸后天都受有相当程度的儒学与佛学影响，但他们"自由人"的本性无从更改，其主流与底色仍为道家。

他们是道家思想的"同路人"，而非"追随者"。

苏轼更亲近庄子，而金庸更接近老子。

"小隐隐于野，中隐隐于市，大隐隐于朝。"既将金庸定位为"天生的'隐士'"，那么他算哪一种呢？都有些仿佛，又都不是。其实金庸是隐于佛，刻薄点说，就像鸵鸟之埋首沙丘，金庸是将破碎甚至绝望的灵魂栖隐于释迦的寂灭之说，寻求逃避与解脱。

欧阳修在《释秘演诗集序》中说："石曼卿隐于酒，而秘演隐于浮屠。"栖息于佛学的隐士，古已有之。

概括言之，金庸既是功名之士，兼具隐逸之心；既入世，又出世；其行为入世，而精神出世。如朱光潜所言：以出世精神来做入世事业。

金庸"皈依佛法"之后，并不曾减少，更没有放弃对现实生活的介入和干预。相反，介入层面更广而干预程度转深。从他的立身处事上也看不出太多"四大皆空"的觉悟，而分明是一种"无为而无不为"的态度。

倡言放弃一切作为的是庄子，老子则否。对《道德经》中"无为而无不为"一语历来有不同解读，我的理解是，之所以"无为"正是为了"无不为"，这种解释至少用在金庸身上未见失当。林语堂对"老子的智慧"径以"老猾"评之。"老猾"二字，适用于金庸。

金庸为吴清源自传《天外有天》所写序言中，提到了几个自己崇仰的人物："以大智大慧而论，我最敬仰的自然是释迦牟尼；以人情通达而论则最佩服老子……"林语堂言老子"老猾"，金庸看老子"人情通达"，这两个词的意涵很大程度上是重叠的。金庸先提到佛陀，而后才论到老子。似乎前者对他更重要。但"大智大慧"对金庸的影响，体现在纯粹精神层面的哲理思索上；"人情通达"则落实到金庸立身行事、待人接物的各方面。哪一个更紧要，宜可深长思之。

与其说金庸近于佛，毋宁说更近于道；与其说金庸近于庄，毋宁说更近于老。

鲁迅、知堂兄弟皆认为，国人思想的根柢乃是道教（家）。而金庸身上具有中国文人的典型性格，他的一切优点与缺点几乎都是"完全中国"的。梁羽生乃以"洋才子"目之，尤属皮相之见。

金庸为人，更近于老子；金庸为文，则受庄子更大影响。

武侠小说处女作《书剑恩仇录》结尾，陈家洛参悟《庄子》，在武学上乃臻于超一流高手的境界。这一情节，隐隐预示：文学上，金庸在写作过程中，一步步领悟庄子之神髓，一部部小说写出来，乃成一代大宗师。

《书剑恩仇录》之后，金庸每一部小说，皆见庄子的深刻影响。

鸠摩智的内功，实是逍遥派的道家功夫，以之运使"少林七十二绝技"的佛家武功。金庸近似于此。其思想底色，实是老庄，是道家，以此"内功"为根基，吸纳、运用东西方各种思想与技艺。

金庸的本性是自由主义者，是隐士，无奈当今之世久无桃源南山可供归隐。今日此地要获自由，则鱼与熊掌必须兼得，金钱与书籍不可或缺。财产、地位可使金庸获得更多行动上的自由（哈耶克认为，金钱是人类发明的最伟大的自由工具；陀思妥耶夫斯基说，货币是被铸造的自由），"且自逍遥没谁管"的自由；而佛经及其他典籍则可使金庸获得心灵上的自由，"独与天地精神往来"的自由。

于是我们看到的金庸，一方面精研佛学，另一方面却又坐拥数十亿家产，出现于各种场合，参加各种活动，发表各种见解，乐此不疲……

金庸的"隐于浮屠"，无从证实其"虔诚佛教徒"的自我认知。入佛仅是一种手段与凭借，仍无损于金庸的"隐士"本色，同时也就难逃李敖的"伪善"之讥了。

问题是，别人也倒罢了，金庸有什么资格不快乐，以至于要从佛学中寻求逃避解脱？

尝试论之。

一则，金庸有着极为深彻的人伦隐痛。

金庸对池田大作谈到："母亲和我最亲爱的弟弟都是在抗日时被日本人间接害死的。"金庸之母徐禄，因"战时缺乏医药照料而死"。《书剑恩仇录》中陈家洛吊祭亡母一节，情意真切，应有作者本人的情感投注。弟弟良栋的死因金庸不曾细说，十几岁的少年遽而夭亡，诚堪痛惜。

1950 年，查枢卿先生被杀，后虽予以平反并致歉于金庸，无补于人子的惨痛。《倚天屠龙记》中张三丰临摹《丧乱帖》"羲之顿首：丧乱之极，先墓再罹荼毒，追惟酷甚"时书空咄咄，忽忽如狂。王羲之、张三丰那"字作丧乱意彷徨"的心境，金庸也曾身历。

1976 年，金庸长子查传侠以十九岁的英年自杀于美国哥伦比亚大学，金庸"伤心得几乎自己也跟着自杀"。四个月后，金庸为《倚天屠龙记》写后记："张三丰见到张翠山自刎时的悲痛，谢逊听到张无忌死讯时的伤心，书中写得太也肤浅了，真实人生不是这样的。因为那时我还不明白。"

金庸于丧父、丧子之时，都曾痛哭几日几夜。金庸极重亲情，却接连遭逢丧母、丧弟、丧父、丧子且均非自然死亡的惨事，心中凄苦莫可言喻，中心藏之，又何日忘之！

再则，金庸内心的痛苦有来自地域文化的影响。

在提及近世海宁乡贤王国维、蒋百里、徐志摩时，金庸写道："他们的性格中都有一些忧郁色调和悲剧意味，也都带着几分不合时宜的执拗。"这分明是金庸的夫子自道。能如此深入地体认海宁人物的共同禀性是因为金庸"心有戚戚"而致同病相怜。

金庸与王、蒋、徐诸先生不同程度地拥有源自海宁潮的天性与禀赋。他与蒋百里、徐志摩且是亲戚。金庸称蒋百里的女公子蒋英为表姐，而志摩之姑正是金庸之母。

尤其可注意的是，三（四？）个人身上，都有某种厌世轻生的倾向。蒋百里于保定军官学校校长任内开枪自杀，获救；王静安"经此世变，义无再辱"，自沉于昆明湖；徐志摩死于飞机失事，但此前情绪极其消沉，多次发出类似"这魂魄……除了消灭更有什么愿望"的哀鸣。我也曾于《连城诀》中读到一个对人性绝望到近乎崩溃的灵魂。金庸并坦承查传侠自杀后自己曾有过从亡儿于地下的心念。

沈西城先生谈到："一个作家做到金庸的地步，可谓苦乐兼尝。他一方面享受成功带来的乐趣，另一方面又受着精神压力煎熬的苦处，正是茫茫然不知所措。日本著名作家川端康成便是受尽这种心情的煎熬而踏上自毁之路的。金庸比川端康成聪明得多，在事业上，他有《明报》，让他享受成功的果实，在精神上，他靠潜修佛经和围棋来得到解决，所以他能超脱，不会有任何困扰。"

不会有任何困扰？不见得吧！不过金庸确实从佛学中获得了心理平衡与

精神寄托，"佛法解决了我心中的大疑问，我内心充满喜悦，欢喜不尽"[1]。

第三，金庸有非常惨淡的家国情怀。

百年前的倭仁、徐桐犹能自慰：虽不及欧美富庶雄强，要论道德文章，中国终是天下第一。这种论调到了王国维、陈寅恪一辈就已经很难自欺了。再到金庸、高阳一代，答案久已彰明昭著地摆在那里：国势不强，这个民族的文化在世界上就没有地位，甚或被认为毫无价值。

高阳生平至感遗憾的是没有学好英文，不能将己作亲手迻译而使欧美人士亦得见识高阳小说写得如何之好。

金庸、高阳的文学成就未必逊色于欧美名家，而文人著述总切望得到更大范围、更多人的欣赏，这都事属寻常。

没有一个欧美作家抱憾因不曾掌握中文而失去数以亿计可能的读者。以欧美之雄强，其文苑艺界诸名家亦必为举世所瞩目。其作品自有各东方民族最优秀的学人译者争相绍介。

高阳此念，充分表露了当时中国文化及中国文化人的尴尬与窘困。

王国维自沉于昆明湖，其缘由言人人殊，众说纷纭。陈寅恪则认为："凡一种文化值衰落之时，为此文化所化之人，必感苦痛，其表现此文化之程量愈宏，则其所受之苦痛亦愈甚。"王国维无力承受这种痛苦，终致自戕。

金庸像他的海宁前辈王国维一样，身罹此痛。相较于此一痛苦，其他各种苦难颇减分量，如此消除此一痛苦，一切牺牲在所不计，在所不惜。

第四，金庸身上有太多不可调和的矛盾需要调和，心中太多无力解决的冲突仍待解决。

董桥谈到："上乘的艺术家，内心总是寂寞的，个性总是复杂的，感情

---

1 杜南发问："像您这样在创作和事业上都达臻巅峰状态的'一流高手'，从创作心理而言，内心是否会感觉到特别寂寞呢？"金庸答："'一流高手'是绝对谈不上的……至于寂寞感的问题，我觉得，像一般写作人，或宗教信仰不强烈的人，到了一个时候，可能会觉得人生没有意义，没有出路，于是便滋生了孤独或寂寞的问题。就我而言，倒没有这种寂寞不寂寞的感觉，因为，我是一个宗教信仰很强的人，我知道做人为了什么，就没寂寞与否的问题了。"（杜南发《长风万里撼江湖——与金庸一席谈》）

总是内蕴的……金庸和查先生是矛盾的杰出人物。"古来文人就没有不矛盾的，但在一个人身上同时存在如此繁杂而剧烈的矛盾冲突如金庸者，仍属罕见，一旦从金庸身上发现某一性格特征和思想倾向，我们立刻可以找到与此正相反的性格、思想也正存在于此人身上，且难分轩轾。

狄德罗认为："说人是一种力量与软弱、光明与盲目、渺小与伟大的复合体，这并不是责难人，而是为人下定义。"金庸认为："在莎士比亚的剧本中，最值得我们研究的就是人类性格的多面性。我们在某个人物中发现的特征愈多，我们也就愈接近真理。看起来似乎相互抵触的各种不同的解释，事实上是完全可以容许的。"这种对莎剧人物的认识，尤其适用于金庸自身。

金庸其人既有恢廓大度的一面，又有睚眦必报的一面；既有向崇高人格理想的践履，又不乏庸人气息；既是"世故老人"，却又童心未泯；既乐天知命，又悲观厌世；既尊尚文化，又政治本位；既矫矫不群昂首天外，又不免对大政客的英雄崇拜；既崇尚自我，又强调群体；既道学气十足，又时而放浪形骸；对名利既趋之若鹜，又似避之唯恐不及；既是功名之士，又具隐逸之心……

金庸内心满是困扰：儒、释、道三家的莫衷一是；从商、论政、治学、述侠的轻重权衡；希望与绝望的瞬息更变；色与空的迷茫莫辨；"可爱"与"可信"间的依违不决；理智与情感的冲突；忠与孝的两难；神与魔的对垒；天人交战……

金庸如身中玄冥神掌的张无忌，一阴一阳、一冰一炭集于一身，当此境遇，欲求心魂的自在无碍，戛戛乎其难哉！

"桃谷六仙竞以真气替他（令狐冲）疗伤，六道真气分从不同经脉中注入，内伤固然并未治好，而这六道真气却停留在他体内，郁积难宣。偏生遇上了内功甚高而性子急躁的不戒和尚，强行以两道真气将桃谷六仙的真气压了下去，一时之间，似乎他内伤已愈，实则是他体内更多了两道真气，相互均衡抵制……"金庸更像是这样的令狐冲。令狐冲体内"郁积难宣"的真气，不是两道、三道，而有八道之多，此节极具象征意义。某种程度上，令狐冲的痛苦就是金庸的痛苦，令狐冲的矛盾就是金庸的矛盾。

王国维自沉之后，吴宓深有怅触，在与陈寅恪的谈话中提出了"二马之喻"：两条处世之道，或积极入世谋求功利，或怀抱理想恬然退隐。如果硬要二者兼得，就如同二马并驰，两只脚分别踏在它们背上，勉强要求它们并驰一途。然如果控制不当，则二马分途而奔，自身必将受车裂之刑矣。

既"入世"，又"出世"，金庸亦然。金庸如何控驭"出世"与"入世"两匹烈马？我想，他倚靠的就是佛学。

金庸的小说，并不是金庸的自传；郭靖、令狐冲、杨过、段誉、陈家洛等人，当然也不等于金庸本人，但这几个人身上，都或多或少带有金庸性格、个性中某一方面的特点。金庸的复杂、矛盾成就了他笔下人物的奇情壮彩及作品的瑰丽变幻而不可测，同时却也造成他精神上的大苦恼。

佛陀于是入于金庸之心。

金庸于是入佛。

金庸在十数年间写出了十五部武侠小说。从《书剑恩仇录》到《鹿鼎记》，完成一个轮回：

始于书剑飘零、指点江山；终于逐鹿问鼎、一争天下。

始于乾隆的少不更事，终于康熙的老谋深算；

始于海宁陈家，终于海宁查氏。

始于红花会，终于天地会；

始于满汉之争，终于满汉全席；

始于手法百变之"百花错拳"，终于足蹴百花之"神行百变"；

始于天山，终于鹿鼎山；

始于残缺的英雄，终于完美的流氓；

始于香香公主，终于陈圆圆；

始于查良镛自撰联语为回目，终于取查慎行的诗联为回目；

始于"为赋新词强说愁"的青春忧郁，终于"却道天凉好个秋"的强自宽解；

始于"齐人有一妻一妾"的茫然，终于韦小宝坐拥七美的坦然；

始于书、剑，终于鹿、鼎；

始以江山，终以天下……

此中因缘，殊不可解。

一、图书

金庸 . 金庸作品集（修订版）. 北京：生活・读书・新知三联书店 .1994

金庸 . 金庸作品集（新修版）. 广州：广州出版社 .2010

张凤来、马胡莶、查良镛编 . 献给投考初中者 [M]. 桂林：南光书店 .1948

林欢（金庸）. 中国民间艺术漫谈 [M]. 香港：长城画报社 .1956

黄爱华（金庸）. 论祖国问题 [M]. 香港：明报出版部 .1964

金庸，梁羽生，百剑堂主 . 三剑楼随笔 [M]. 上海：学林出版社 .1997

查良镛 . 香港的前途——《明报》社评选之一 [M]. 香港：明报公司 .1984

金庸，池田大作 . 探求一个灿烂的世纪：金庸 / 池田大作对话录 [M]. 北京：北京大学出版社 .1999

金庸 . 金庸散文 [M]. 香港：明河社 .1997

金庸 . 金庸散文集 [M]. 北京：作家出版社 .2006

金庸 . 寻他千百度 [M]. 北京：中华书局 .2013

李以建 . 香港当代作家作品选集・金庸卷 [M]. 香港：天地图书有限公司 .2016

金庸 . 金庸散文集 [M]. 香港：天地图书有限公司 .2019

金庸，等 . 莫若相逢于江湖 [M]. 武汉：长江文艺出版社 .2019

金庸 . 明窗小札 1963[M]. 香港：明河社 .2013

金庸 . 明窗小札 1964[M]. 广州：中山大学出版社 .2015

金庸 . 明窗小札 1965[M]. 广州：中山大学出版社 .2016

江堤，杨晖 . 金庸：中国历史大势 [M]. 长沙：湖南大学出版社 .2001

朱汉民 . 智者的声音：在岳麓书院听演讲 [M]. 长沙：湖南大学出版社 .2002

大仲马 . 情侠血仇记 [M]. 金庸，译 . 香港：野马小说杂志出版社 .20 世纪 60 年代

金庸华山论剑 [M]. 西安：陕西华山旅游发展总公司编印 .2003

钱穆，胡适，金庸，余英时，白先勇，等 . 明报·大家大讲堂 [M]. 北京：新星出版社 .2008

饶宗颐，李欧梵，吴冠中，张恨水，等 . 明报·出入山河 [M]. 北京：新星出版社 .2008

黄苗子，郑愁予，林文月，北岛，等 . 明报·茶酒共和国 [M]. 北京：新星出版社 .2008

严家炎 . 大师金庸纪念专集 [M]. 作家出版社 .2019

林丽君 . 金庸小说与二十世纪中国文学国际学术研讨会论文集 [M]. 香港：明河社 .2000

吴晓东，计璧瑞 .2000 北京金庸小说国际研讨会论文集 [M]. 北京：北京大学出版社 .2002

王敬三 . 金庸小说 2003 年浙江嘉兴国际研讨会论文集 [M]. 香港：天马出版有限公司 .2006

王敬三 . 金庸小说 2008 年浙江海宁国际学术研讨会论文集 [M]. 北京：中国文史出版社 .2009

陈和祥 . 童谣大观 [M]. 北京：新世界出版社 .2007

查继佐 . 明书（罪惟录）[M]. 济南：齐鲁书社 .2014

沈起，陈敬璋.查继佐年谱查慎行年谱[M].北京：中华书局.1992

查慎行集[M].张玉亮，辜艳红，点校.杭州：浙江古籍出版社.2014

查嗣瑮查嗣庭合集[M].李林，查玉强，点校.杭州：浙江古籍出版社.2021

洪水锂，等.海宁查氏家族文化研究[M].杭州：浙江大学出版社.2006

潘光旦.明清两代嘉兴的望族[M].上海：上海书店.1991

陈其元.庸闲斋笔记[M].北京：中华书局.1997

孟森.海宁陈家[M].北京：北京大学出版部.1948

沈炳忠主编.影响中国的海宁人[M].杭州：浙江人民出版社.2008

方慧.百年家族：徐志摩[M].石家庄：河北教育出版社.2003

陈从周.徐志摩：年谱与评述[M].上海：上海书店出版社.2008

刘心皇.徐志摩与陆小曼[M].广州：花城出版社.1987

赵遐秋，曾庆瑞，潘百生.徐志摩全集[M].南宁：广西民族出版社.1991

穆旦.穆旦诗文集.北京：人民文学出版社.2006

杜运燮，袁可嘉.一个民族已经起来：怀念诗人、翻译家穆旦[M].南京：江苏人民出版社.1987

谢冕，周与良.丰富和丰富的痛苦：穆旦逝世20周年纪念文集[M].北京：北京师范大学出版社.1998

陈伯良.穆旦传.北京：世界知识出版社.2006

易彬.穆旦评传[M].南京：南京大学出版社.2012

王宏印.诗人翻译家穆旦（查良铮）评传[M].北京：商务印书馆.2016

查玉强.同学眼里的金庸[M].杭州：吴越电子音像出版社.2023

查玉强，李林.查公沧珊哀挽录[M].杭州：吴越电子音像出版社.2023

查重传，查玉强.查良鑑先生文选[M].香港：心一堂有限公司.2023

纪念张印通先生[M].张印通先生纪念刊

张印通校长铜像揭幕纪念集[M].编写组.1995

程正迦.程正迦回忆录[M].自印本

斯杭生.斯杭生诗文集[M].自印本

马尚骥 . 耕耘集 [M]. 香港：天马出版社 .2001

董桥 . 董桥文录 [M]. 成都：四川文艺出版社 .1996

董桥 . 文字是肉做的 [M]. 上海：文汇出版社 .1997

董桥 . 英华沉浮录 [M]. 北京：海豚出版社 .2012

董桥 . 文林回想录 [M]. 香港：牛津大学出版社 .2021

温迪雅 . 温迪雅访谈 [M]. 上海：东方出版中心 .1998

陈朝华 . 最后的文化贵族：文化大家访谈录（第一辑）[M]. 广州：南方日报出版社 .2007

葛继宏 . 叩访名家 [M]. 杭州：浙江文艺出版社 .1997

宋智明 . 文化的盛宴 [M]. 北京：新世界出版社 .2017

程步高 . 影坛忆旧 [M]. 北京：中国电影出版社 .1983

李翰祥 . 三十年细说从头 [M]. 北京：北京联合出版公司 .2017

张纪中 . 行走江湖 [M]. 杭州：古吴轩出版社 .2005

乾达婆 . 芝麻开门 (张纪中访谈录)[M]. 南宁：广西人民出版社 .2002

杨君 . 笑容：与媒体英雄面对面 [M]. 北京：中国电影出版社 .2001

田晓菲 . 留白：秋水堂论中西文学 [M]. 天津：天津人民出版社 .2014

胡文辉 . 最是文人 [M]. 合肥：安徽文艺出版社 .2000

胡文辉 . 拜金集 [M]. 广州：广东人民出版社 .2018

刘绍铭 . 文字不是东西 [M]. 南京：江苏教育出版社 .2006

章培恒 . 灾枣集 [M]. 济南：山东友谊出版社 .1998

黄永玉 . 黄永玉八十 [M]. 桂林：漓江出版社 .2006

潘耀明 . 一代人的心事 [M]. 南昌：江西教育出版社 .2017

彦火（潘耀明）. 异乡人的天空 [M]. 北京：作家出版社 .2006

梅兰芳，马连良，程砚秋，等 . 中国戏剧大师的命运 [M]. 北京：作家出版社 .2006

余英时，赵冈，徐复观 . 四海红楼 [M]. 北京：作家出版社 .2006

王蒙等 . 大家 [M]. 北京：作家出版社 .2006

沈西城 . 金庸与倪匡 [M]. 香港：利文出版社 .1984

沈西城 . 香港名作家韵事 [M]. 香港：奔马出版社 .1984

沈西城 . 香港三大才子：金庸、倪匡、蔡澜 [M]. 香港：利文出版社 .2008

沈西城 . 金庸逸事 [M]. 杭州：浙江文艺出版社 .2019

沈西城 . 江湖再聚：武侠世界六十年 [M]. 香港：中华书局 (香港) 有限公司 .2019

费勇、钟晓毅 . 金庸传奇 [M]. 广州：广东人民出版社 .1995

冷夏 . 文坛侠圣——金庸传 [M]. 广州：广东人民出版社 .1995

杨莉歌 . 金庸传说 [M]. 香港：香港次文化堂 .1997

张圭阳 . 金庸与报业 [M]. 香港：明报出版社 .2000

张圭阳 . 金庸与明报 [M]. 武汉：湖北人民出版社 .2007

艾涛 . 金庸新传 [M]. 济南：山东友谊出版社 .2002

石贝 . 我的老板金庸 [M]. 香港：富达出版公司 .2005

傅国涌 . 金庸传 [M]. 杭州：浙江人民出版社 .2013

彭华，赵敬立 . 挥戈鲁日：金庸传 [M]. 南京：江苏文艺出版社 .2001

桂冠工作室 . "侠之大者"：金庸评传 [M]. 北京：中国社会出版社 .1994

葛涛 . 金庸其人 [M]. 北京：社会科学文献出版社 .2004

葛涛 . 金庸评说五十年 [M]. 北京：文化艺术出版社 .2007

廖可斌 . 金庸小说论争集 [M]. 杭州：浙江大学出版社 .2000

王敬三 . 名人名家读金庸 [M]. 上海：上海书店出版社 .2000

温瑞安，等 . 金庸茶馆》丛书 . 北京：中国友谊出版公司 .1998

项庄，温瑞安，等 . 金庸小说赏析 [M]. 长春：时代文艺出版社 .1998

邹凯 . 守望家园——生活·读书·新知三联书店 [M]. 北京：生活·读书·新知三联书店 .2008

明报编辑部 . 缅怀泰斗·拥抱鸿篇——细味金庸传奇一生 [M]. 香港：明报出版社 .2018

倪匡 . 我看金庸小说 [M]. 重庆：重庆大学出版社 .2009

倪匡 . 三看金庸小说 [M]. 重庆：重庆大学出版社 .2009

蔡澜 . 蔡澜谈友 [M]. 济南：山东画报出版社 .2006 年

蔡澜 . 蔡澜谈倪匡 [M]. 济南：山东画报出版社 .2008

蔡澜 . 江湖老友 [M]. 广州：广东人民出版社 .2015

亦舒 . 我哥 [M]. 长沙：湖南文艺出版社 .2018

亦舒 . 生活志 [M]. 长沙：湖南文艺出版社 .2018

杨兴安 . 金庸小说十谈 [M]. 北京：知识出版社 .2002

杨兴安 . 文心侠骨——金庸小说与文学 [M]. 上海：上海书店出版社 .2020

胡菊人 . 小说金庸 [M]. 南昌：江西教育出版社 .2017

郑政恒 . 金庸：从香港到世界 [M]. 香港：三联书店 (香港) 有限公司 .2016

张文江 . 渔人之路和问津者之路 [M]. 上海：复旦大学出版社 .2006

张文江 .《史记·太史公自序》讲记 [M]. 上海：上海文艺出版社 .2021

裘小龙 . 外滩公园 [M]. 成都：四川文艺出版社 .2019

胡河清 . 灵地的缅想 [M]. 上海：学林出版社 .1994

胡河清 . 胡河清文存 [M]. 上海：上海三联书店 .1996

胡河清 . 胡河清文集 [M]. 合肥：安徽教育出版社 .2014

赵毅衡 . 对岸的诱惑：中西文化交流记 [M]. 上海：上海人民出版社 .2007

赵毅衡 . 握过元首的手的手的手 [M]. 天津：百花文艺出版社 .2004

赵毅衡 . 意不尽言 [M]. 南京：南京大学出版社 .2009

徐晋如 . 高贵的宿命 [M]. 北京：华龄出版社 .2010

林燕妮 . 偶像画廊 [M]. 上海：上海人民出版社 .2000

严晓星 . 金庸识小录 [M]. 北京：中华书局 .2012

严晓星 . 金庸年谱简编 [M]. 成都：四川文艺出版社 .2021

陈夫龙 . 侠坛巨擘 [M]. 北京：人民出版社 .2015

张浚生 . 乡踪侠影——金庸的 30 个人生片段 [M]. 北京：红旗出版社 .2015

陈祖芬 . 看到你知道什么是美丽的 [M]. 北京：作家出版社 .2009

邱健恩，邝启东 . 流金岁月：金庸小说的原始光谱 [M]. 台北：远流出版

公司 .2023

邝启东 . 另类金庸：武侠以外的笔耕人生 [M]. 香港：中华书局（香港）有限公司 .2023

杨晓斌 . 纸醉金迷：金庸武侠大系 [M]. 台北：远流出版公司 .2019

梁守中 . 武侠小说话古今 [M]. 南京：江苏古籍出版社 .1992

严家炎 . 金庸小说论稿 [M]. 北京：北京大学出版社 .1999

施爱东 . 金庸江湖手册 [M]. 合肥：安徽教育出版社 .2008

三毛等 . 金庸百家谈 [M]. 长春：春风文艺出版社 .1987

刘再复 . 审美笔记 [M]. 北京：生活·读书·新知三联书店 .2014

刘再复，刘剑梅 . 两地书写 [M]. 北京：生活·读书·新知三联书店 .2013

黄南翔，冯湘湘 . 港台作家小记 [M]. 北京：中国友谊出版社 .1988

丘彦明 . 人情之美 [M]. 北京：中信出版社 .2017

张发财 . 人五人六 [M]. 长沙：岳麓书社 .2017

张宗子 . 一池疏影落寒花 [M]. 北京：生活·读书·新知三联书店 .2012

张宗子 . 往书记 [M]. 北京：生活·读书·新知三联书店 .2016

徐扬尚 . 金庸解读 [M]. 武汉：武汉大学出版社 .2001

图雅 . 图雅的涂鸦 [M]. 北京：现代出版社 .2002

新垣平 . 剑桥倚天屠龙史 [M]. 北京：万卷出版公司 .2011

新垣平 . 剑桥简明金庸武侠史 [M]. 武汉：长江文艺出版社 .2013

六神磊磊 . 你我皆凡人：从金庸武侠里读出来的现实江湖 [M]. 北京：北京联合出版公司 .2015

六神磊磊 . 六神磊磊读金庸 [M]. 杭州：浙江文艺出版社 .2021

张佳玮 . 浆糊梦：金庸的侠与江湖 [M]. 北京：北京联合出版公司 .2019

刘勃 . 金庸江湖志 [M]. 北京：北京联合出版公司 .2017

贺兰 . 金庸随想录 [M]. 北京：北京联合出版公司 .2017

武五陵 . 金庸十二钗 [M]. 北京：北京联合出版公司 .2017

刘国重 . 金庸师承考 [M]. 北京：北京联合出版公司 .2017

刘国重 . 破译金庸密码 [M]. 合肥：安徽教育出版社 .2015

张峰编 . 王朔挑战金庸 [M]. 广州：广州出版社 .1999

王朔 . 无知者无畏 [M]. 沈阳：春风文艺出版社 .2000

王彬彬 . 文坛三户 [M]. 南京：南京大学出版社 .2009

石玉昆 . 小五义 [M]. 北京：北京十月文艺出版社 .2004

还珠楼主 . 蜀山剑侠传 [M]. 长沙：岳麓书社 .1988

还珠楼主 . 自家 [M]. 北京：中国文史出版社 .2018

宫白羽 . 竹心集——宫白羽先生文录 [M]. 天津：天津人民出版社 .2015

顾明道 . 荒江女侠 [M]. 北京：农村读物出版社 .1988

梁羽生 . 笔不花杂记 [M]. 广州：花城出版社 .1986

梁羽生 . 笔·剑·书 [M]. 长沙：湖南文艺出版社 .1988

梁羽生 . 笔花六照 [M]. 上海：上海古籍出版社 .1999

陶钢 . 文心侠骨——蒙山之子梁羽生传 [M]. 桂林：广西师范大学出版社 .2015

陶钢，陶桃 . 梁羽生轶事 [M]. 桂林：广西师范大学出版社 .2016

刘维群 . 梁羽生传 [M]. 武汉：长江文艺出版社 .1999

古龙 . 笑红尘 [M]. 长春：时代文艺出版社 .2012

覃贤茂 . 古龙传 [M]. 成都：四川人民出版社 .1995

高阳 . 风尘三侠 [M]. 北京：华夏出版社 .2004

高阳 . 大故事 [M]. 沈阳：辽宁教育出版社 .2000

刘若愚 . 中国之侠 [M]. 上海：上海三联书店 .1991

张赣生 . 民国通俗小说论稿 [M]. 重庆：重庆出版社 .1991

徐斯年 . 侠的踪迹：中国武侠小说史论 [M]. 北京：人民文学出版社 .1995

陈平原 . 千古文人侠客梦 [M]. 北京：北京大学出版社 .2010

林遥 . 中国武侠小说史话 [M]. 上海：上海文化出版社 .2018

龚鹏程 . 侠的精神文化史论 [M]. 济南：山东画报出版社 .2008

叶洪生 . 论剑：武侠小说谈艺录 [M]. 上海：学林出版社 .1997

叶洪生 . 天下第一奇书：《蜀山剑侠传》探秘 [M]. 上海：学林出版社，2002

林保淳 . 解构金庸 [M]. 北京：中国致公出版社 .2008

林保淳 . 台湾武侠小说史 [M]. 台北：风云时代出版公司 .2022

潘国森 . 金庸与我 [M]. 香港：心一堂有限公司 .2019

章克标 . 章克标文集 [M]. 上海：上海社会科学院出版社 .2002

冯其庸口述、宋本蓉整理 . 风雨平生——冯其庸口述自传 [M]. 北京：商务印书馆 .2017

杨宪益 . 杨宪益自传 [M]. 北京：人民日报出版社 .2010

周一良 . 毕竟是书生 [M]. 北京：北京十月文艺出版社 .1998

王鼎钧 . 昨天的云 [M]. 北京：生活·读书·新知三联书店 .2013

王鼎钧 . 文学江湖 [M]. 北京：生活·读书·新知三联书店 .2013

柏杨 . 柏杨回忆录 [M]. 北京：中国友谊出版公司 .1997

司马春秋 . 蒋纬国外传 [M]. 北京：中国档案出版社 .1988

王世贞编 . 剑侠传 [M]. 上海：上海古籍出版社 .2017

金圣叹 . 金圣叹全集 [M]. 南京：凤凰出版社 .2008

严复 .《严复集》补编 [M]. 福州：福建人民出版社 .2004

王国维 . 王国维全集 [M]. 杭州：浙江教育出版社 .2010

牟宗三 . 牟宗三文集 [M]. 长春：吉林出版集团 .2016

唐君毅 . 唐君毅全集 [M]. 北京：九州出版社 .2016

钱穆 . 国史大纲 [M]. 北京：商务印书馆 .2013

钱穆 . 从中国历史来看中国民族性及中国文化 [M]. 北京：九州出版社 .2011

钱穆 . 中国历代政治得失 [M]. 北京：九州出版社 .2012

余英时 . 余英时回忆录 [M]. 台北：允晨文化 .2018

陈致，余英时 . 余英时访谈录 [M]. 北京：中华书局 .2012

余英时 . 师友记往——余英时怀旧集 [M]. 北京：北京大学出版社 .2012

余英时，李怀宇.余英时谈话录[M].台北：允晨文化.2021

许倬云，李怀宇.许倬云谈话录[M].桂林：广西师范大学出版社.2010

李怀宇.亲爱的风流人物：58位港台妙人素描[M].广州：南方日报出版社.2004

李怀宇.访问历史[M].桂林：广西师范大学出版社.2007

李怀宇.访问时代[M].南京：江苏文艺出版社.2012

李怀宇.思想人：当代文化二十家[M].桂林：漓江出版社.2013

夏济安.夏济安选集[M].沈阳：辽宁教育出版社.2001

夏济安.夏济安日记[M].北京：人民文学出版社.2011

陈世骧.中国文学的抒情传统[M].北京：生活·读书·新知三联书店.2014

陈世骧.陈世骧文存[M].沈阳：辽宁教育出版社.1998

杨牧.昨日以前的星光[M].广州：花城出版社.1989

杨联陞.中国语文札记[M].北京：中国人民大学出版社.2011

金克木.金克木集[M].北京：生活·读书·新知三联书店.2011

胡适.胡适文存[M].合肥：黄山书社.1996

唐德刚.胡适杂忆[M].北京：华文出版社.1990

唐德刚.晚清七十年[M].长沙：岳麓书社.1999

戈公振.中国报学史[M].长沙：岳麓书社.2011

王文彬.中国报纸的副刊[M].北京：中国文史出版社；1988

方汉奇，张之华.中国新闻事业简史[M].北京：中国人民大学出版社，1995

徐运嘉，杨萍萍.杭州报刊史概述[M].杭州：浙江大学出版社.1989

浙江省政协文史资料委员会.老报人忆《东南日报》[M].杭州：浙江人民出版社.1997

陶菊隐.记者生活三十年[M].北京：中华书局.1984

陶菊隐.蒋百里传[M].北京：中华书局.1985

张友鸾 . 胡子的灾难历程 [M]. 北京：北京十月文艺出版社 .2005

胡玫，王瑾 . 胡政之文集 [M]. 天津：天津人民出版社 .2007

胡玫，王瑾 . 回忆胡政之 [M]. 天津：天津人民出版社 .2009

王芝琛 . 百年沧桑：王芸生与大公报 [M]. 北京：中国工人出版社 .2001

王芝琛、刘自立 .1949 年以前的大公报 [M]. 济南：山东画报出版社 .2002

"大公报一百周年报庆丛书"编委会 . 我与大公报 [M]. 上海：复旦大学出版社 .2002

徐铸成 . 徐铸成回忆录 [M]. 北京：生活·读书·新知三联书店 .2010

徐铸成 . 报海旧闻 [M]. 上海：上海人民出版社 .1981

徐铸成 . 报人六十年 [M]. 上海：学林出版社 .1999

徐铸成 . 报人张季鸾先生传 [M]. 北京：生活·读书·新知三联书店 .2009

徐铸成 . 风雨故人 [M]. 北京：生活·读书·新知三联书店 .2011

程沧波 . 程沧波文存 [M]. 北京：华龄出版社 .2011

陈纪滢 . 陈纪滢文存 [M]. 北京：华龄出版社 .2011

寄丹 . 报业豪门——胡文虎、胡仙传，广州：广州出版社，1995

乔冠华 . 乔冠华国际述评集 [M]. 重庆：重庆出版社 .1983

陈凡 . 一个记者的经历 [M]. 南宁：广西人民出版社 .1985

陈少校 . 金陵残照记 [M]. 北京：农村读物出版社 .1988

宋乔 . 侍卫官杂记 [M]. 昆明：云南人民出版社 .1980

唐大郎 . 唐大郎纪念集 [M]. 北京：中华书局 .2019

罗孚 . 南斗文星高 [M]. 北京：中央编译出版社 .2010

罗孚 . 文苑缤纷 [M]. 北京：中央编译出版社 .2011

罗孚 . 香港·香港……[M]. 北京：中央编译出版社 .2010

罗孚 . 罗孚友朋书札辑 [M]. 北京：海豚出版社 .2017

罗海雷 . 我的父亲罗孚 [M]. 香港：天地图书公司 .2011

许君远 . 许君远文集 [M]. 天津：百花文艺出版社 .2007

许礼平 . 旧日风云 [M]. 北京：生活·读书·新知三联书店 .2014

许礼平 . 旧日风云（二集）[M]. 北京：生活・读书・新知三联书店 .2017

张五常 . 学术上的老人与海 [M]. 北京：社会科学文献出版社 .2001

吴清源 . 中的精神：吴清源自传 [M]. 北京：中信出版社 .2016

吴清源 . 天外有天 [M]. 北京：北京燕山出版社 .1996

聂卫平，王端阳 . 聂卫平：围棋人生 [M]. 北京：文化艺术出版社 .2011

沈君山 . 浮生三记 [M]. 北京：生活・读书・新知三联书店 .2004

沈君山 . 浮生再记 [M]. 北京：生活・读书・新知三联书店 .2006

李辰冬 . 知味红楼 [M]. 北京：中国档案出版社 .2006

李长之 . 李长之文集 [M]. 石家庄：河北教育出版社 .2006

王国维 . 宋元戏曲史 [M]. 上海：上海古籍出版社 .1998

王国维 . 人间词话 [M]. 上海：上海古籍出版社 .1998

袁英光、刘寅生 . 王国维年谱长编 [M]. 天津：天津人民出版社 .2005

吴宓 . 吴宓日记 [M]. 北京：生活・读书・新知三联书店 .1998

齐如山 . 齐如山文存 [M]. 沈阳：辽宁教育出版社 .2010

白先勇 . 第六只手指 [M]. 广州：花城出版社 .2000

白先勇 . 蓦然回首 [M]. 上海：文汇出版社 .1999

吴学昭 . 吴宓与陈寅恪 [M]. 北京：清华大学出版社 .1992

吕思勉 . 白话本国史 [M]. 上海：上海古籍出版社 .2005

殷海光 . 中国文化的展望 [M]. 北京：中国和平出版社 .1988

木心 . 文学回忆录 [M]. 桂林：广西师范大学出版社 .2013

萧瀚 . 闲思录 [M]. 北京：法律出版社 .2010

何兆武 . 上学记 [M]. 北京：生活 . 读书 . 新知三联书店 .2008

周作人 . 周作人文类编 [M]. 长沙：湖南文艺出版社 .1998

周作人 . 中国新文学的源流 [M]. 长沙：岳麓书社 .1989

沈从文 . 沈从文全集 [M]. 太原：北岳文艺出版社 .2009

金介甫 . 沈从文传 [M]. 长沙：湖南文艺出版社 .1992

鲁迅 . 中国小说史略 [M]. 北京：人民文学出版社 .2006

郭沫若．沫若剧作选 [M]．北京：人民文学出版社．1978

文美惠．塞万提斯和《堂·吉诃德》[M]．北京：北京出版社．1981

王佐良．英国文学史 [M]．北京：商务印书馆．1996

普鲁塔克．希腊罗马名人传 [M]．陆永庭，吴彭鹏，等译．北京：商务印书馆．1990

普鲁塔克．希腊罗马名人传 [M]．席代岳，译．长春：吉林出版集团有限责任公司．2011

莎士比亚．莎士比亚全集 [M]．梁实秋，译．北京：中国广播电视出版社．1995

莎士比亚．莎士比亚全集 [M]．朱生豪，译．北京：人民文学出版社．1978

莎士比亚．莎士比亚全集 [M]．方平，译．上海：上海译文出版社．2014

格林布兰特．俗世威尔——莎士比亚新传 [M]．辜正坤，邵雪萍，刘昊，译．北京：北京大学出版社．2007

布克哈特．意大利文艺复兴时期的文化 [M]．何新，译．北京：商务印书馆．1997

歌德．浮士德 [M]．郭沫若，译．北京：人民文学出版社．1959

歌德．歌德谈话录 [M]．朱光潜，译．北京：人民文学出版社．1978

歌德．维廉·麦斯特的学习时代 [M]．冯至，姚可昆，译．北京：人民文学出版社．1988

狄更斯．圣诞颂歌 [M]．刘凯芳，译．北京：人民文学出版社．2016

狄更斯．狄更斯英国简史 [M]．渊博，译．杭州：浙江人民出版社．2018

韦尔斯．世界史纲 [M]．吴文藻，谢冰心，费孝通，译．桂林：广西师范大学出版社．2001

司各特．艾凡赫 [M]．刘尊棋，章益，译．北京：人民文学出版社．1978

外语教学与研究出版社．司各特研究 [M]．北京：外语教学与研究出版社．1982

大仲马．基督山伯爵 [M]．蒋学模，译．北京：人民文学出版社．1978

毛姆.文学回忆录——世界十大小说家及其代表作 [M].宋碧云，译.太原：北方文艺出版社 .2016

毛姆.书与你 [M].刘宸含，译.南京：译林出版社 .2016

摩根.毛姆传 [M].奚瑞森，张安丽，译.杭州：浙江文艺出版社 .1993

博尔赫斯.布罗迪报告 [M].王永年，译.上海：上海译文出版社 .2015

博尔赫斯.博尔赫斯：最后的访谈 [M].汤笛，译.北京：中信出版集团 .2019

纳博科夫.文学讲稿 [M].申慧辉，译.上海：上海译文出版社 .2018

布鲁姆.西方正典 [M].江宁康，译.南京：译林出版社 .2015

加乐尔.阿丽思漫游奇境记 [M].赵元任，译.北京：商务印书馆 .2002

罗素.中国问题 [M].秦悦，译.上海：学林出版社 .1999

罗素.人类有前途吗？ [M].吴忆萱，译.北京：商务印书馆 .1964

罗素.为什么我不是基督教徒 [M].沈海康，译.北京：商务印书馆 .2010

汤因比.历史研究 [M].郭小凌，王皖强，等译.上海：上海人民出版社 .2016

汤因比.中国纪行 [M].司佳，译.上海：上海人民出版社 .2019

汤因比，池田大作.展望二十一世纪 [M].荀春生，朱继征，陈国梁，译.北京：国际文化出版公司 .1985

波普尔.历史决定论的贫困 [M].杜汝楫，邱仁宗，译.上海：上海人民出版社 .2009

波普尔.开放社会及其敌人 [M].陆衡，等译.北京：中国社会科学出版社 .1999

阿隆.知识分子的鸦片 [M].吕一民，顾杭，译.南京：译林出版社 .2012

柯克.保守主义思想 [M].张大军，译.南京：江苏凤凰文艺出版社 .2019

约翰逊.知识分子 [M].杨正润，等译.南京：江苏人民出版社 .2003

索维尔.知识分子与社会 [M].张亚月，梁兴国，译.北京：中信出版社 .2013

古尔丁 . 古典作曲家排行榜 [M]. 雯边，译 . 海口：海南出版社 .1998

扎克斯 . 西方文明的另类历史 [M]. 李斯，译 . 海口：海南出版社 .2002

博勒 . 四十任美国总统轶事趣闻 [M]. 陈文，韦大玮，王伟，王陈铭，冯沛祖，译 . 广州：花城出版社 .1988

蒙蒂菲奥里 . 耶路撒冷三千年 [M]. 黄煜文，译 . 北京：民主与建设出版社 .2015

泰纳 . 现代法国的起源 [M]. 黄艳红，译 . 长春：吉林出版集团 .2018

丘吉尔 . 英语民族史 [M]. 李超，张峭楠，译 . 北京：新华出版社 .2017

吉田茂 . 激荡的百年史 [M]. 孔凡，张文，译 . 北京：世界知识出版社 .1980

二、报刊

太平洋杂志 [J].1945（1）

紫荆 [J].2009（1）

明报月刊·金庸纪念专号 [J].2018（12）

明报周刊 [J].2008.11.3

三、网络资源

牛阿曾 . 金庸年谱简编补正 . 金庸江湖公众号